国家社会科学基金青年项目资助

华中科技大学人文社科基金资助

SOCIAL CAPITAL

社会资本：

中国经济转型与发展的新视角

张克中 ◇著

人民出版社

自　序

在研究社会资本过程中，我感觉自己如汪洋中的一条小鱼，正在思考水如何影响鱼的生活，这是一项充满挑战甚至遥不可及的课题。只能感叹"不识庐山真面目，只缘身在此山中"！

作者

一

本书是在笔者主持的国家社会科学青年基金项目（05CJL002）结项报告基础上修改而成。它从经济学视角，尤其是以发展经济学和制度经济学为理论基础，研究社会资本对经济转型与发展的影响，吸收了社会学、政治学和管理学等领域的研究成果进行多学科交叉研究，试图回答中国经济转型与发展过程中社会资本何以至关重要。以发展中国家和转型国家尤其是中国的社会资本构建问题为研究对象，构建了一个宏观（政府）、中观（企业）和微观（个体）有机结合的框架体系。这里宏观层面是指国家和政府社会资本，中观层面是指企业社会资本，微观层面则指的是社区中的个人社会资本。探寻政府、市场与社区（社会资本）三位一体的经济转型与发展模式。

传统的经济学理论介绍得最多的是鲁宾逊的故事中个体决策面对的选择和约束，鲁宾逊世界不需要法律、制度和规范。传统的新古典经济学在建立经济模型时，明确界定的产权、完备的信息和无摩擦交易的一般均衡被作为暗含的假定，再加上生产函数和效用函数特征的所谓"古典环境"所作的假设①，进而抽象掉法律、社会规范等因素。价格理论作为传统经济学理论的核心，不同的个体通常都是独立地对市场信号作出反应，人和人之间通过市场价格体系直接或者间接地相互交往，相应地，仅对市场信号起反应的代表性行为人成为经济学模型中的行动主体。但是，人从历史起源来看却始终生活在一个社会中，并且不得不和其他人发生交往和联系。相对价格理论而言，非市场行为的社会互动（social interaction）则长期处于经济学研究的边缘地带，② 尽管"人类学家和社会学家反复地告诉经济学家文化、规范和社会结构的重要性，经济学家却不听，主要是因为这些其他学科没有发展出强有力的技术来分析行为所受到的社会影响"（Becker and Murphy，2000）。③ 这一状况在最近 20 年，特别是最近 10 年的经济学研究中正在发生显著的变化，经济学的理论和实证研究越来越重视社会因素的形成机制及其影响。非市场行为的社会互动是指不同行为人之间的相互影响，而这种影响又不是直接在市场上通过价格的变化而产生的。事实上，社区、学校和工作单位中人与人之间的相互影响过程并没有价格机制的直接作用，这就是经济学家们所关注的社会互动。也正因此，非市场行为的社会互动也被称为"社会规范（social norms）"、"邻居效应（neighborhood effect）"、"遵同效应（conformity）"、"从众效应（bandwagons）"、"羊群效应（herd behavior）"等等（Manski，2000）。④ 转型国家建立和完善市场经

---

① 这些假定包括：没有外部经济和规模经济，产品具有完全的可分性，偏好函数和生产函数为凸集函数，以及其他一些数学特征，霍维茨（Hurwicz，1972）称之为"古典环境"（Hurwicz，L.，"Organizational Structures for Joint Decision Making：A Designer's Point of View"，in Matthew Tuite，Roger Chisholm，and Michael Rador（eds.），*Interorganizational Decision Making*，Chicago：Aldine，1972，pp. 37-44）。

② "互动"实际上是指行为人之间的相互作用，social interaction 翻译为社会互动。

③ 诺贝尔经济学奖得主贝克尔（Gary S. Becker）和克拉克奖得主墨菲（Kevin M. Murphy）的著作《社会经济学：社会环境中的市场行为》被认为是一部代表性的著作，广泛地涉及到了社会经济学的各种问题，包括社会资本、习惯与社会互动、群分（sorting）与婚姻市场、社区的分割与融合、产品质量的升级、身份与不平等，以及时尚、规范和价值观的建模（Becker and Murphy，2000）。

④ 社会学们也对非市场的相互作用进行了大量的研究。Manski（2000）认为，由于社会学中的概念庞杂，使得相关研究进展非常慢。

济不是一蹴而就的，构建完善的市场经济不仅仅是简单地让价格机制发挥作用，也需要考虑市场经济生存的"土壤"的非市场行为，社会规范、社会伦理以及社会互动等非市场因素都影响着市场经济的规范和完善。在这一理论背景下，社会学家所提出的社会资本被经济学家嫁接到经济学领域，作为分析非市场因素的主要工具。过去的十年里，经济转型和发展的研究进入了一个新的前沿研究领域——社会资本理论，把发展经济学的研究从"市场至关重要"演进到"制度至关重要"，又推广到了一个新的发展阶段——"社会关系至关重要"。

从国家经济转型和发展的实践层面来看，20世纪90年代后期，包括前苏联、东欧国家和中国在内的近30个欧亚国家从中央计划经济体制向现代市场经济体制的转型是21世纪前夕全球经济一个最重要的特征之一。经济学家斯蒂格利茨（J. Stiglitz）将其与社会主义国家的建设一起称之为"二十世纪两项最伟大的经济实验"[①]。毫无疑问，这场涉及多达世界三分之一人口的重大变革吸引了全世界学者的目光，他们应用新古典经济学、新制度经济学、发展经济学、信息经济学、演化经济学以及比较经济学等最前沿的理论成果从不同侧面对这一变革加以研究。然而，世界上29个总人口接近16.5亿的社会主义国家在向市场经济转型过程中为何困难重重？为何不同的国家呈现不同的转型轨迹，并且转型进程中经济绩效具有较大差异？如何解释中国近三十年来经济增长、制度变迁和国家治理之谜？中国经济发展的可持续性与转型的成功是否有制度上的保障？这些问题都有待进一步论述！

中国经济转型与发展进程中所表现出的突出特点是：中国具有悠久的历史与传统文化、实行的是社会主义制度、经济转型与经济发展问题并存、还是人口和地域大国。中国这些独特的差异性无论是经验研究还是理论研究，还都没有能为制度构建或者经济转型提供有效的政策建

---

① 斯蒂格利茨：《改革向何处去——论十年转轨》，载《经济管理文摘》2002年第3期，第40—43页。

议。新自由主义试图用"华盛顿共识"包打天下，把发达国家的制度简单地复制到其他国家，但却难遂其愿。中国渐进式改革和以俄罗斯为代表的激进式改革表明，发展中国家更应该在自己的人力资本和社会资本积累下开发出与国家历史文化传统相一致的发展制度，而不是简单地实行拿来主义。制度建设是一个长期的渐进过程，新组织的创建和平稳运行、新法律规则的制定和实施，需要花费较长的时间。经济转型与发展中政府的作用至关重要，它不是简单的外生变量，而是内生于经济转型与发展过程中。同时，市场经济的发展也是一个漫长的培育与完善的过程。社会资本有助于市场机制发挥作用，弥补市场失灵，也可以限制政府权力，矫正政府失灵。因而，成功的经济发展需要改善公共部门、私有部门以及民间组织的功能，三者的平衡在实现可持续发展过程中起着重要的互补作用，中国的经济转型与发展应让政府、市场和社区共同推动经济可持续发展。

二

为了清晰表述本书的基本思想，便于读者从整体上把握全书内容，本书以社会资本为主线，针对中国经济转型与发展的实际进程，构建了政府、市场与社会资本三位一体的分析框架。这本书共分六个部分十章。

第一部分为总论，包括第 1 章和第 2 章。第 1 章以"中国押金文化"作为案例指出了社会资本——这一非经济因素在经济发展过程中所呈现的作用与功能，以及对中国经济发展所产生的实质性影响。在转型时期研究社会资本具有重要意义，第 1 章在对社会资本理论研究进行文献梳理的基础上，给出本书的研究思路、结构安排和研究方法。第 2 章从新古典经济学的缺陷、经济增长与发展的原因以及经济转型的角度来论述社会资本何以至关重要：第一，社会资本理论认为制度、社会规范等并非存在于经济系统之外，而是内嵌于经济体系之中的重要因素，社会资本理论的研究有助于弥补新古典经济学的缺陷，丰富经济学的研究视野；第二，经济增长理论解释难以适应世界经济发展的差异性需要，社会资本的研究有利于进一步认识经济增长的深层次原因；第三，经济转型与发展是一个系统工程，仅仅考虑政府与市场的行为难以厘清经济转型的复杂性，社会资本的引入有利于我们分析制度构建的社会资本基础，避免传统的政府与市场二分法的缺陷，形成政府、市场与社会资本的分析框架。

第二部分为理论篇，包括第3章和第4章。本部分主要目的是介绍社会资本基本理论问题。第3章首先从资本理论的演进这一角度阐释社会资本的资本属性。社会资本是指有利于促进集体行动的规范与信任网络，它的载体是社区与非政府组织。同时，社会资本的基本属性决定了它是一把双刃剑，它既可以是经济增长的源泉，也会成为社会经济发展的障碍。第4章阐述了社会资本理论的兴起为政府与市场之间架起了一座桥梁，摆脱了传统治理模式的政府与市场的二元分析框架的困境，构建政府（命令）、市场（竞争）与社会资本（互惠）三位一体的分析框架。

第三部分研究个人社会资本与社区治理，包括第5章和第6章。本部分认为社会资本与社区之间具有高度的关联性，在熟人社会的农村社区中，社会资本与社区规范可以说是不同内容的同一表述，社会资本的重要载体便是社区。第5章从现代经济学的角度，结合个人社会资本理论，探讨社区作为促进集体行动而形成组织在发展中国家经济转型过程中的作用。传统的观点认为，社区规范与现代化的市场经济是一个简单的替代关系，经济发展过程中，传统的社区规范将被规则型市场契约所替代。本章认为，经济转型与发展过程中，社区与市场和政府一道支持中国经济发展，社区、市场和政府之间不是简单的替代关系，而是一种互补协同关系。第6章通过将参与意识纳入博弈论分析框架演绎出社区参与发生的外部条件，外部通过降低个体参与的成本收益比率，促使社区参与规模产生临界值效应而形成高水平集体行动均衡，社区参与形成的集体行动促使"公用地悲剧"转变为"公用地繁荣"。并且，结合我国农村项目建设的公共物品供给的案例分析认为，新农村建设过程中，需构建政府和社区参与的协同治理模式。

第四部分为企业社会资本与中国企业成长，即第 7 章。本部分认为，现今的企业治理涵盖了命令、交换和习俗三种不同层次的治理模式，其中又以重视信任的社会资本对企业治理意义最为深远。这一部分首先在梳理既有企业社会资本研究成果的基础上，提出了构建企业社会资本测度体系的设想，并应用该理论指导企业的社会资本投资。然后，以武汉某工业园区为样本进行的实证研究，不但对相关指标的可靠性进行了验证，而且揭示出了在不同行业的企业之间进行企业社会资本测度所使用的指标和权重之间存在一定程度的差异。最后，结合中国企业的实践，从企业社会资本角度探讨中国家族企业的转型。

第五部分研究政府社会资本与中国经济发展，包括第 8 章和第 9 章。本部分目的是试图从转型期这个特殊的历史阶段去探讨政府构建新型社会资本的有效机制，寻求中国经济转型与发展的路径。第 8 章论述了中国经济发展进程中政府的社会资本投资。通过社会资本投资有利于政府效率的提升，在自上而下的治理模式中嵌入自下而上的社会资本治理机制有利于中国经济的可持续发展，投资社会资本需要加强农村社区建设，放松社团等非政府组织的管制，社会资本的形成有利于不同利益集团表达机制的形成，从而使法律制度的效率得以发挥。第 9 章在评述解释中国经济发展的相关理论的基础上，从社会资本角度阐述中国经济发展的动力机制，并认为社会资本可以看成是中国社会结构转型时期经济发展的特殊动力。这种力量使创新的制度更容易得到公民的认同，内生为自觉遵守的社会规范，并在此基础上形成信任关系，促进制度创新，推动经济增长。

第六部分是结语和展望，即第 10 章。提出了本书研究的政策含义和对未来研究的启示。

本书始终在政府、市场和社会资本这一基本框架下分析社会资本在经济转型与发展中的作用，可能产生的价值包括：

第一，理论创新价值。把社会资本引入经济学分析框架扩大了经济学家的研究视野，突破传统分析的局限性，推进发展经济学这门学科更深入地发展。还会推动形成"经济学—社会学—政治学"的跨学科研究，从而推进我们对经济转型与发展的认识和理解。我国对社会资本的研究还只是处于初创时期，利用社会资本研究转型国家经济发展问题几乎没有涉及，因此本书的研究具有一定的前瞻性。

第二，实际应用价值。要实现完善社会主义市场经济与构建和谐社会的战略目标，除了要完善和加强法制建设之外，还需要建立与市场经济相一致的行为规范、诚信和利益均衡机制。从某种意义上说，后者更是一个长期而且容易被忽视的问题。通过社会资本理论的研究，可在某种程度上为提高我国和谐社会的构建能力提供理论与实践的参考依据。经济转型和发展过程中可以通过以下几个方面投资社会资本：加强农村社区建设，夯实社会资本的载体；发展民间非政府组织，改良社会资本的有效途径；投资企业社会资本，推动中国企业成长；构架政府社会资本，推进服务型政府形成。

第三，政策含义。中国独特的差异性使得仅仅依赖传统的经济学难以有效地解决中国实际问题，西方发达经济的治理模式在中国也不是灵丹妙药。本书从社会资本角度出发，探讨基于社会资本的制度变迁模式。构建了国家、市场与社区（社会资本）三位一体的治理和发展模式是中国经济转型与发展的关键。由此，在经济发展与转型过程中，培育社会资本，推动民间组织与社区的发展，有利于推动政府向服务型政府转型；在自上而下的治理模式中嵌入社会资本的自下而上的治理模式，有利于处理好中央与地方之间集权与分权产生的经济与社会问题。从而社会资本与政府共同为市场经济发展提供支撑作用，社会资本与政府、市场一道支撑现代经济的发展。在中国经济转型与发展进程中，应推进服务型政府改革，政府让利于市场，放权给社会，建设官（政府）、民（社会资本）、商（市场）携手共进的和谐社会。

三

改革开放以来，中国经济发展、社会风貌以及人情世故发生了翻天覆地的变化，"中国奇迹"进入了世人的视野。2008 年美国《新闻周刊》首期的封面文章给予中国的评价是"一个威猛而又脆弱的超级大国"(*A Fierce Yet Fragile Superpower*)。不可否认，中国目前正在迅速的崛起，民族的复兴之路就在眼前，在经济和物质积累逐渐庞大的过程中，文化自觉和复兴无疑是我们面临的紧迫任务，我们必须面对摆在我们的面前一些深层次问题。由于传统的社区范围内的信任关系逐渐残缺凋零，在单一制的社会主义国家权力的卵翼之下的稳定生活也几乎变成了历史的记忆，而人际互动关系中固有的社会伦理规范经过革命大潮和市场经济的商业浪潮先后冲刷洗礼之后所剩无几，以法治秩序为凭借的治理模式却尚未成型，在中国经济转型与发展过程中，市场化和全球化带来的挑战将会比其他社会更强烈。在我们近 30 年的"增长导向"的发展过程中，如何应对经济、社会与政治协调发展的挑战，通往和谐之路，仍然是新世纪面临的重大课题。

社会资本的出现似乎成为解决中国经济转型与发展的良药。很少有一个概念像"社会资本"一样，在如此短的时间内成为跨学科广泛关注的焦点，它已经吸引了经济学家、社会学家和政治学家们的眼球，该领域的研究方兴未艾，社会资本为跨学科"理论交响曲"的演奏提供了舞台。社会资本这一概念来源于西方，它与国内相关的概念如社会关系、人情以及信任等领域颇为接近。中华民族一直是一个重视人际关系的社会，冯友兰说，基督教文化重的是天，讲的是"天学"；佛教讲的大部分是人死后的事，如地狱、轮回等，这是"鬼学"，讲的是鬼；中国文化讲的是"人学"，注重的是人。① 用社会资本来解读中国经济转型与发展问题具有较强的理论和现实意义。社会资本在经济学领域的研

---

① 《金明馆丛稿二编·冯友兰中国哲学史下册审查报告》，上海古籍出版社 1982 年版，第 140 页。

究才刚刚起步，本书试图从社会资本角度探寻经济转型和发展之路，试图用社会资本这把钥匙探索中国可持续发展问题。本作品作为初级产品试图抛砖引入，与其说从经济学角度研究了社会资本与经济转型与发展的一些基本问题，不如说留下了更多的内容有待进一步的探索，希冀更多的学者加入到社会资本的研究，为寻找中国可持续发展之路提供智力支持。

目　录

第一部分　社会资本何以至关重要

第1章　问题的提出 ················· 3

1.1　问题的提出：信任是市场经济有序运行的基础 ········· 3

1.2　研究意义 ····················· 8

1.3　经济学界关于社会资本的研究综述 ········· 13

1.4　研究思路和研究方法 ··············· 21

1.5　研究框架与内容安排 ··············· 22

1.6　基本概念界定 ·················· 24

第2章　社会资本何以至关重要 ········· 25

2.1　弥补新古典经济学之缺失 ············ 26

2.2　探寻经济增长之源 ················ 37

2.3　解析经济转型之惑 ················ 54

第二部分　社会资本基本理论及分析框架

第3章　社会资本的基本理论 ········· 61

3.1　资本理论的发展与社会资本概念的兴起 ······· 63

3.2 社会资本的定义 76

3.3 社会资本的属性及其经济绩效 86

第4章 政府、市场和社会资本：一个新的分析框架 96

4.1 政府与市场的反思 96

4.2 避免有害的二元论：社会资本是政府与市场

之间的楔子 108

4.3 经济治理的三元模式 124

第三部分　个人社会资本与社区治理

第5章 个人社会资本与社区治理 131

5.1 个人社会资本和社区功能 132

5.2 社区与公共池塘资源管理 158

5.3 社区失灵与社区治理机制 167

第6章 社区与公共物品供给 174

6.1 社区参与和集体行动：结合文献的评论 175

6.2 社区参与的博弈分析 180

6.3 结论与政策建议 191

第四部分　企业社会资本与中国企业成长

第7章 企业社会资本 197

7.1 企业社会资本的文献综述 199

7.2 企业社会资本的基本理论 210

7.3 企业社会资本的测度与实证研究 225

7.4 企业社会资本与中国企业成长 251

第五部分　政府社会资本与中国经济发展

第8章　转型期的政府与社会资本 ································· 269

8.1　政府与社会资本 ··· 269

8.2　政府失灵、社会资本与中央和地方之间的关系 ············· 280

8.3　社会资本的构建与政府作用 ······························· 287

第9章　社会资本与中国经济发展：理论分析 ··············· 291

9.1　中国经济发展与转型的基本理论 ························· 292

9.2　中国经济发展与转型的社会资本视角 ····················· 304

9.3　路径依赖与社会资本投资 ······························· 321

第六部分　结论与展望

第10章　结论与展望：投资社会资本通往和谐之路 ········· 327

10.1　政策含义 ··· 328

10.2　对未来研究的启示 ····································· 330

参考文献 ·· 333

后　记 ·· 373

第一部分
社会资本何以至关重要

假如说希腊人注意人与物的关系，中东地区则注意人与神的关系，而中国是注意人与人之间的关系，中国文化的特点更多是考虑社会问题，非常重视现实的人生。①

——庞朴，1982

新古典经济学的发展逐渐遗忘了古典经济学曾经重视的要素，亚当·斯密认为私利的驱动可改善人们的福利，但是他从来也不会仅仅赞同经济活动中理性公理的最大化，除了经济学开篇之作《国富论》，它的姊妹篇《道德情操论》阐述了经济行为的高度复杂性，经济行为深深根植于社会习俗和道德价值观。新古典经济学在解释现实经济和社会生活存在的缺陷时需要有新的理论来充实，"社会资本"概念的出现似乎为社会科学界注入兴奋剂，并成为跨学科研究的词汇。我国在社会主义市场经济建设进程中，构建和谐社会面临各种挑战，从社会资本的角度探讨中国经济转型与发展的路径选择具有重要的理论和实践意义。本部分包括两章，第1章——问题的提出，试图在文献综述以及经济发展实际基础上探讨研究社会资本的重要性。中国需要培育社会资本以促进有利于经济发展的信任水平。第2章——社会资本何以至关重要，从新古典经济学的缺失、经济增长与发展的源泉以及经济转型路径三个方面阐述社会资本的重要性。

---

① 《金明馆丛稿二编·冯友兰中国哲学史下册审查报告》，上海古籍出版社1982年版，第75页。

第1章 问题的提出

人在市场关系中的行为,反映着这种关系所能实现的物物交换、等价交换和多重变化关系的本性……,而这些关系都是经济学家研究的恰当的主题。

——詹姆斯·布坎南,1964

1.1 问题的提出:信任是市场经济有序运行的基础

1.1.1 中国"押金文化"的思考

毋庸置疑,一个国家的社会秩序、文化和信任状况影响经济和社会的转型以及市场经济的完善。这里我们以韩国记者列举的让他看不懂的现象——中国"押金文化"① 为例,引出对中国经济转型与发展过程中的社会秩序等软环境问题的探讨。

在中国生活一段时间后,手头有了三张爱不释手的卡。这里所说的并不是 VISA 卡、Master 卡之类的信用卡和银行借记卡等。这种卡在中国固然也很重要,但还有一些卡更是生活中不可缺少的。

---

① 中评社香港讯:《中国的"先付费文化"》,载韩国《朝鲜日报》2007 年 5 月 16 日。转引自《"押金文化"尽显中国信用缺失》,资料来源:http://www.chinareviewnews.com,2007-05-18。

它们就是家中用电充值时用的"电卡"、做饭用燃气充值时用的"煤气卡"、洗衣洗澡用水充值时用的"水卡"。每个中国家庭最基本的生活准则就是，要及时给电卡、水卡、燃气卡充值，以便它们不会突然被掐断。不仅如此，手机费也要事先买充值卡充好值，否则很容易欠费停机。就连原则上应先使用后付费的市内电话、网络费也要提前多少天预付费用才能安心使用。这就是初次在中国生活的人很难接受的"押金"文化。可以夸张地说，在中国几乎所有事情都需要押金。在中国旅行过的人都知道，即便下榻五星级酒店，入住时也要付住宿费两倍左右的押金。租房时，要多交月租两倍的押金；安装国际电话漫游要交人民币3000元的押金；手机话费改成先用后交费制，需交人民币3000—4000元的押金；配送饮用水要为每只水桶交人民币50—100元的押金。患者家属用急救车拉患者时，如果想借转移患者用的移动床，还得"先交押金才能借"。更让人诧异的是，这些对外国人来讲不方便到极点的事，中国人却理所当然地接受。

虽然记者认为，中国凭借经济腾飞已经可与美国并称"两大强国"，但押金之类的"先付费文化"却暴露出其与强大的外表相比，过于薄弱的软件。近年来，中国使用信用卡的地方在不断增加，信用交易迅速扩展。工作单位不错的年轻人几乎每人手持一张或几张信用卡。虽然先付费文化等"信用社会的敌人"会随着这股潮流渐渐消失，但从根本上改变中国人的意识似乎短期内还不太容易。

外国人眼中的"押金文化"反映的正是当今中国社会存在的一种"诚信危机"。在现实生活中，我们可能经常经历、耳闻一些不讲诚信的事情，可以说信任危机已经成为当前经济生活乃至社会生活中的致命病灶。尤为值得一提的是中国的"杀熟"现象，也就是欺诈熟人，"杀熟"标志着社会信任降至极点。①

① 郑也夫：《信任论》，中国广播电视出版社2001年版，第222页。

市场经济是一种信用经济，而信用经济需要以诚信为基础，信用的缺失、押金文化的盛行是我国市场秩序混乱的主要表现。的确，"人类的相互交往，包括经济生活中的交往，都依赖于某种信任。信任以一种秩序为基础，要维护这种秩序，就要依靠各种禁止不可预见行为和机会主义行为的准则。我们称这些规则为制度"[①]。针对转型期的信任缺失问题，我们通常认为制度和法律的不完善和漏洞是导致社会信任危机的主要因素。这一观点被包括学者和政界人士在内的无数人重复着。这个主流观点——社会信任缺失的根本问题是制度的缺位，推进社会进步寄希望于制度安排，看似绝对不会错。但是，制度建设需要一个长期的过程，一个国家需要的适宜的制度没有建立起来之前，谁该对制度缺失负责呢？谁又来安排这样的制度呢？我们不能寄希望于圣贤、明君，不能奢望上帝的赏赐。这样，我们就陷入了"制度悖论"。毋庸置疑，制度的好坏与制度环境密不可分，有了稳定的非正式规则和正式规则，社会就具备了一套脉络分明的"制度环境（institutional environment）"[②]。马克斯·韦伯的"支撑系统（supporting system）"[③]、E. 奥斯特罗姆（1993）的社会可持续发展的"基础设施"[④] 都是强调制度演进过程中的支撑条件。

---

① 柯武刚、史漫飞著，韩朝华译：《制度经济学》，商务印书馆2004年版，第3页。

② 熊秉元：《熊秉元漫步法律》，时报文化出版公司2003年版，第137页。

③ 在韦伯看来，资本主义不仅仅是市场，它是一套社会制度，包括独立的司法和新闻，独立的会计、统计、审计、执法以及官僚制度等等，它们有一个名字，就是"支撑系统"。韦伯认为，市场在资本主义社会中的有效运行，完全依赖于这样的一个支撑系统的有效性。

④ 基础设施开发与维护同一个社会的可持续发展具有密切关系。基础设施不仅仅限于物质基础设施，物质基础设施是发展的重要条件，但社会基础设施也是可持续发展的重要条件，而"社会基础设施由制度构成，制度就是人及其规律性和重复性的互动模式，它使投入转化为产出。制度包括这样一类事物，如家庭、私人公司、政府部门、地方社团、教会和园艺俱乐部等。……社会基础设施本身也是一种资本形式（社会资本）"。在发达国家，物质基础设施之所以能够支持可持续发展，其关键在于有适应于发展现代工业经济所需要的社会基础设施，在发展中国家，"现有制度主要用于支持农业经济的生存，将来所需要的则是完全不同的制度"。参见 Elinor Ostrom, Larry Schroeder and Susan Wynne(1993), *Institutional Incentives and Sustainable Development: Infrastructure Policies in Perspective*, Boulder, CO: Westview Press。

从历史上看，特别是近代以来，很多仁人志士从西方学到了很多先进的理念，有些人还尝试将西方的一些制度搬到中国，来改造中国社会。但遗憾的是，很多尝试都失败了，这并不是说西方的制度是不好的。我们不能就某种制度本身来评价它的好坏，一种制度必须放在一定的约束条件下来衡量。这些制度搬到中国来就失灵了，这说明一定有某些中国的深层的因素在背后起作用，使得在西方本来有效的制度在中国却产生了"淮南为橘，淮北为枳"的情况。① 过去二十多年中，许多制度的失败，往往不仅是制度设计本身的问题，还是制度运行的基础秩序问题。我们往往更加重视的是具体制度的变革，而对"基础秩序"的建设却很少给予关注（孙立平，2007），甚至有时秉持一种机会主义的态度，不惜用毁坏"基础秩序"的方式来获得暂时性的改革收益。其结果是作为制度有效运作不可缺少的"基础秩序"的崩解。因此，在改革的新阶段上，我们应当把市场经济的制度支撑（institution underpinning）——"基础秩序"的构建作为一个重要任务加以推进。

1.1.2　通往和谐之路：社会资本的视角

中国和谐社会的实现需要解决经济发展和经济转型的双重问题。中国一方面需要解决同东南亚和拉美等发展中国家一样面临的二元经济结构转换、收入分配差距、地区差距、市场不健全和经济追赶等发展问

---

① 正式制度的规范与构建虽然有利于抑制市场中的欺骗行为，但在市场经济的完善和发展中，正式制度构建的社会基础有待我们进一步探讨。著名历史学家钱穆（2005）曾经对制度有过这样精辟的论述：我认为政治制度，必然得自根自生。纵然有些可以从国外移来，也必然先与其本国传统，有一番融合媾通，才能真实发生相当的作用。否则无生命的政治，无配合的制度，决然无法长成。换言之，制度必须与人事相配合。辛亥前后，人人言变法，人人言革命，太重视了制度，好像只要建立了制度，一切人事自会随制度而转变。因此只想把外国制度模仿抄袭。……我们试问是否民主政治可以全不与此一民族文化传统有关联，而只经几个人的提倡，便可安装得上呢？而且制度是死的，人事是活的，死的制度绝不能完全配合上活的人事。就历史经验论，任何一制度，绝不能有利而无弊。任何一制度，亦绝不能历久而不变。历史一切以往制度俱如是，当前的现实制度，也何尝不如是。我们若不着重本身人事，专求模仿别人制度，结果别人制度势必追随他们的人事而变，我们也还得随而变，那是何等的愚蠢。参见钱穆：《中国历代政治得失》，三联书店2005年版，第1页。

题；另一方面还有经济转型问题，与从计划经济向市场经济转型的国家相似，存在经济政治体制的完善、法律结构的健全等问题。中国经济发展过程中必然呈现出一种"双重演化"的特征，即一重是二元经济结构的演化转变，另一重是经济政治体制的演化转变。也就是说，中国既是发展中国家，也是转型国家，经济发展和经济转型的问题交织在一起，互相制约，体现出中国问题的特殊性和艰巨性。

中国的社会主义市场经济体制改革与和谐社会的构建可谓 21 世纪"新的长征"，这次长征是世界上人口最多的国家从计划经济向社会主义市场经济的转型实验。这种与转型不仅是经济的转型，也伴随着政治过程转化以及文化的演进。在实现转型的渐进式改革进程中既要消除旧体制遗留的问题，又要解决新旧体制并存期间所滋生的矛盾，还要培育新的制度环境。中国如何将他国用几百年时间完成的制度变迁浓缩在半个世纪的时间内实现，使中国从一个发展中转型国家转变为一个现代化的市场经济国家，是一个有待突破的重要研究领域。中国经济的转型有两条路径：一条是通往法治市场经济的和谐之路，一条是权贵资本主义主导的私有化道路。可以说："这是希望的春天，也是失望的冬天；我们正在走向天堂，也可能走向另一个方向。"面对着错综复杂的矛盾和经济社会问题，中国如何推进经济、社会、政治等方面的改革，全面建立和完善市场经济体制，构建和谐社会，是我们面临的世纪挑战。

市场经济体系的健全，一方面要考虑非市场因素（社会结构）在市场机制发挥作用过程中的作用；另一方面，市场制度却在一系列非市场化的制度（包括政治制度、法律和非正式制度等）中存在并发挥作用。运行良好的市场背后是相应的法律体系、法官、警察，归根结底是社会群体和政治家。[①] 对于宪政规则和游戏规则的认识、对于制度安排和社会秩序以及政府管理功能的重新定位、对于转轨期机会主义和腐败、路径依赖以及对于文化传统和意识形态的理解，都是中国转型过程

---

① 世界银行：《公平与发展——2006 年世界银行发展报告》，清华大学出版社 2006 年版，第 107 页。

中面临的重要问题和挑战。中国经济转型是一个涉及政治、经济和社会文化等综合领域的问题，单纯地将中国经济转型看成是一种资源配置方式转换或经济制度变革，显然是一种狭隘的理解。因此，单纯着眼于一个领域研究中国经济转型与发展问题是不够的，"转型研究必须在与经济学其他领域的相互作用中发展，从不同的专业领域提供的不同视角中受益"①。在经济发展和转型过程中，我们需要更好地理解社会规范和非正式约束等因素，因为这是决定发展中国家经济绩效好坏的根本因素。这要求收集人类学家和社会学家关于非正式规则的认识，并把这种知识与经济和政治结合起来。我们知道好的经济绩效所需要的经济条件和制度条件，我们所不知道的是如何实现他们。为此，我们需要探究经济、政治和社会变化过程的理论。一旦我们拥有了这一理论，我们就能更好地解决发展问题。中国和谐社会建立和社会主义市场经济体制完善与政治运行过程中的国家—社会关系、文化演化、社会利益集团诉求息息相关，建立多元兼容、健康有序、彼此和谐的社会，既是实践的需要，也是理论的呼唤。依托社会资本理论，本书试图利用"社会资本"这一跨学科的概念探讨转型国家经济发展模式，为探索中国和谐社会构建过程中的利益均衡机制、形成有效的经济社会发展和管理体系提供分析框架。

1.2　研究意义

在过去五十多年中，发展经济学的演进从"计划至关重要"到"市场至关重要"，再到"制度至关重要"。但是，为什么制度相似的国家经济绩效迥异？为什么社会主义国家向市场经济转型过程中困难重重？为了把经济发展的根源追溯到更深的层次，探寻经济转型的路径，

---

① 热若尔·罗兰著，张帆等译：《转型与经济学》，北京大学出版社2002年版，中译本，第12页。

最近几年来，发展经济学家又进入了一个新的前沿研究领域——社会资本理论，把发展经济学推到一个新的发展阶段——"社会关系至关重要"。20 世纪 90 年代以来，"社会资本"概念成了多学科交叉研究的交汇点和纽带，探讨社会资本如何促进经济增长和发展迅速成为学术界趋之若鹜的焦点问题。尽管发展经济学领域并不是所有人都接受和使用这一术语，而且这些观点还未像早期理论那样模型化，[①] 但在一些发展经济学家看来，社会资本是发展经济学者研究的一个重要领域，虽然社会资本理论的研究还处于初期，它还是为经济发展理论研究提供了一条重要的思路，具有很强的理论和政策意义。

1.2.1　理论意义

（1）社会资本的引入拓宽了现代经济发展的研究视角。经济发展是个复杂过程，如果把视野局限于某一个领域、某一个分析思路上，不论发掘得多么精深，都是不充分的。经济发展从统一理论范式中分化出许多专业化的发展问题，进而不仅关注单纯经济分析，也开始注意非经济因素的分析。D. 亨特认为，有必要走出经济这一"纯洁的堡垒"，重新重视早期发展经济学所强调的非经济因素（社会、政治、文化、道德等）分析。发展研究不能仅从经济学角度进行，而必须结合历史学、社会学、人口学、政治学，以及各个部门经济学和技术经济学等，展开深层次的和综合性的跨学科研究。社会资本概念的提出恰好符合发展经济学理论深入的需要，把社会资本引入经济学框架，这无疑是一个重要的理论创新，它将扩大经济学家和发展经济学家的研究视野，突破传统分析的局限性，推进发展经济学和转型经济学的更深入发展。

（2）扩充了新制度主义理论。社会资本理论在分析经济制度时引入了社会和组织关系，并指出社会关系不仅是经济功能行使的基础，而

---

① 正如弗兰西斯·福山所说，无论是社会学家还是经济学家对社会资本这一概念的广泛的使用都感到不高兴，社会学家觉得这是经济学侵入社会学领域的又一表现，经济学家认为这一概念含糊不清，难以衡量。

且对经济活动有着持久的、独立的影响。社会资本理论将价值观、文化、历史和道德规范纳入了分析的框架之中，这就在一定程度上回归到以亚当·斯密为代表的古典主义的传统，因此有人称之为"古典主义的复兴"。从而，使经济学对经济发展动因的解释跳出了传统的土地、劳动和资本的窠臼，开始关注到一个社会的文化和规范对经济发展的重要推动作用。主流经济理论的缺陷在于，忽视了个人关系及其社会网络对产生信任、建立期望以及确定和实施规范的重要影响。弗兰西斯·福山（1995）认为，近二三十年来西方经济学界占主导地位的新古典经济学80%是正确的，还有 20% 新古典经济学只能给出拙劣的解释，新古典经济学揭示了货币与市场的本质，假定人类是"理性的个体追求功利的最大化"，但却忽略了人是各种社会集团中的一员，以及人还有其他各种各样非理性、非经济、持久起作用但变化缓慢的文化习俗和价值追求。社会资本理论突破了传统经济学思路考虑利他、合作与互惠等非正式规范。

（3）社会资本理论把微观层次的个体行为与宏观层次的集体选择结合在一起的努力很有开创性。社会资本的异军突起得益于其提供了解决激励相容问题的新视角，通过暗含合作互利的假设前提来说明个人理性与社会理性的和谐、个人利益和社会利益的统一。实际上，新制度主义一直想把这两个层次的分析结合在一起，但由于范式框架的限制而难以化解两个层次分析之间的矛盾。而社会资本首先在概念上就充分肯定了社会对个体行为选择的约束和推动，没有把人和社会对立起来，没有过分追求定量分析和数理模型的倾向。在经济运行分析中，将社会资本看成是沟通个人和制度的中间物。在没有明确法律、规则和程序的情况下，社会资本解决内部潜在冲突的能力，网络范围内的博弈合作解的出现，使个人自愿地为组织或社区提供公共物品。网络效应的制度支持就是有保障的信任，网络效应或网络外部性可改变"公用地悲剧"为"公用地繁荣"。

（4）突破了传统经济发展过程中政府与市场的二律背反。对于政府究竟在经济增长和经济发展中起什么作用的问题，经济学家的解释常常来回徘徊。以斯蒂格利茨为代表的一些经济学家自 1997 年以来一直呼吁经济学家走出并超越"华盛顿共识"形成"后华盛顿共识"（Post-Washington Consensus），将发展的目标定得更加广泛和长远，并且让政府在经济增长中发挥更重要的作用。转型国家要想有序、平稳地转型必须超越传统的政府和市场的"二分法"。世界银行在谈到发展思维转变时强调，"政府在发展中起着极其重要的作用，但没有一套简单的规则告诉它们要做什么，除了普遍接受的规则，政府的能力、国家的发展水平、外部条件等诸多因素决定政府在经济中的作用也有所不同"（世界银行，2001）。从理论上讲，市场失灵可依赖有效的法律强制纠正，但是发展中国家转型过程中交易规模较小，履行法律的司法成本又很高，政府失灵的存在需要普遍信任的社会资本来促进政府的效率，客观上需要群体的社会网络来弥补市场失灵和政府失灵，支持现代经济发展。因此发展中国家的经济体系应该是包括社群在内的国家、市场和社区三者的有机结合。正如速水佑次郎（Yujiro Hayami，1997，2003，2005）所说："在经济体系中如何结合社区、市场和国家可能是发展经济学的议事日程"。

（5）有助于拓展中国经济转型的路径研究。中国社会是一个伦理社会，而西方社会是一个理性社会。在伦理社会中，人们的行为好像不太重视工具理性式的计算，而是比较重视一套伦理规范和价值。同样，中国的很多学者，包括梁漱溟在内，也都认为中国是一个很独特的社会，乃至于受中国文化影响的东亚国家，文化模式与西方也是不一样的。这牵涉到的一个问题，就是西方的制度能不能移植过来？如果要移植成功，有哪些基础构件？是什么游戏规则在背后起作用并支撑着中国的增长和转型？要想回答上述的问题，我们必须考察社会结构与制度之间的关系。其实，社会学家格兰诺维特提出了社会嵌入性（social embeddedness）这个概念[①]，即研究任何的组织、任何的制度，都必须将

---

① Granovetter, Mark, (1985), "Economic Action and Social Structure: the Problem of Embeddedness", *American Journal of Sociology*, Vol. 78(6): 1360-1380.

其置于一定的社会结构里及一定的法律、政治维度里来考量，否则我们可能无法真正理解它。现在，法律的重要性已经被广泛关注，但对社会资本，包括信任在内的重要性认识还远远不够。如果不考虑到它赖以生存的社会环境，移植过来的制度、法律肯定会走样。社会资本的引入有助于我们进一步探讨中国经济转型与发展的路径，为通往和谐之路提供智力支持。

1.2.2 实践意义

中国经济转型和经济发展所涉及的大规模制度变化，属于人类所能想像到的最复杂的经济和社会过程之列。面对这种异常复杂且与亿万人民命运攸关的问题，经济学家难以提供正确的答案，这导致经济学家研究重点的转移，并且大大强化了制度学派的观点，强调成功的资本主义经济由各种制度支撑的重要性。成功的资本主义制度在发达经济中早已存在，我们在思考转型经济或发展中经济的时候，往往把这些制度视为理所当然的存在，尽管它们并不在那里。理解大规模制度变迁的意义，显然不仅仅限于了解改革的获益者集团和保守势力之间针锋相对的政治动态过程，还需要理解各种政治、法律、社会、宗教、文化和家庭制度为什么以及在何种动态条件下衰败并被其他制度所取代的问题。

中国的市场化过程始终是在国家公共权力的支配下进行的。中国的渐进改革与苏联和东欧的激进变革的不同之处在于，它始终是在共产党领导下渐进式地从计划经济走向市场经济的。在当前中国的市场经济里，政府并不外在于市场，它既是市场规则的制定者，又是市场经济活动的参与者。当前中国的市场是嵌入在政治权威结构之中的市场，其制度基础远远偏离了韦伯和新制度主义经济学家设想的那些理想的制度前提，更相异于主流经济学提出的市场决定一切的理论命题。

中国在经济发展过程中存在大量的"社会资本赤字"：价值观念滞后；政府效率低下，政府宏观管理职能转换缓慢；社会信用危机、秩序和规范混乱；利益分配失衡；国家利益正在部门化、地区化；而部门利益、地区利益又正在法制化等。中国和谐社会建立和社会主义市场经济体制完善与政治运行过程中的国家—社会关系、文化演化、社会利益集团诉求息息相关。

党的十六届三中全会明确提出，"建立健全社会信用体系，形成以道德为支撑、产权为基础、法律为保障的社会信用制度，是建设现代市场体系的必要条件"。社会主义市场经济的完善与社会主义和谐社会的建立需要有参与、信任和秩序，要有强大的、以扩大公共利益为归属的公民社会，也就是众多倡导社会正面价值、监督政策走向、推动社会向心力的社会资本。处于加速转型期的中国应充分认识培育现代社会资本的重要性，而加强社会资本理论的研究有助于理解我国转型时期面临的信任危机问题，为经济顺利转型与可持续发展提供理论与实践的支撑；为建立多元兼容、健康有序、彼此和谐的社会，形成有效的社会管理体系也具有一定的指导意义。

1.3　经济学界关于社会资本研究综述

"矫正社会关系"（getting the social relations right）已经成为转型国家经济发展的重要手段。在道格拉斯·诺斯为代表的新制度经济学，以及斯蒂格利茨、阿玛蒂亚·森和奥尔森各自代表的不完全信息、福利和制度刚性理论影响下，20世纪90年代后期，为社会学界所熟悉的社会资本概念被经济学家嫁接到经济学领域，使越来越多的经济学家和发展经济学家加入了社会学家和政治学家发起的社会资本理论研究的"理论交响曲"。同时，以格雷夫（A. Greif）和青木昌彦等为代表的演化博弈学派以及实验经济学的理论扩展到博弈和社会行为范围，从文化、互惠合作、利己和利他行为的产生及其在社会互动中作用的探索为社会资本理论的研究提供了诱人的前景。

1.3.1　社会资本：资本家族的新宠儿

"社会资本"这个概念最先是由法国社会学家 P. Bourdieu[①] 在 1980 年提出来的，在科尔曼（J. S. Coleman；1988）、普特南（R. Putnam；1993）等学者的推动下，社会资本理论迅速成为学术界趋之若鹜的焦点。正如经济学家 P. Dasgupta 和 I. Serageldin（2000）指出的那样，"虽然经济学家传统上主要从事市场的研究，政治学家从事国家的研究，人类学家从事人及网络的研究，但这近几年，每个学科都在开始紧盯着其他学科的出版物，看看他们是否能够更好地理解与他们特殊兴趣点有关的联系。这种富有创新精神的结果之一就是'社会资本'作为社会科学一个组织概念发展起来了。很难想象一个学术概念像社会资本思想那样如此迅速地进入社会科学中的普通词汇"。E. 奥斯特罗姆（2003）在《社会资本的基础》一书中写道："很少有一个学科概念像社会资本一样，在如此短的时间内引起如此广泛的关注并且聚集了如此众多的追随者。""社会资本"在学术文献中每年成指数增长，到 2000 年，在经济学文献中的引用率高达所有"资本"一词引用率的 7.4%（Ishametc.，2002）。

进入 20 世纪 90 年代后期，越来越多的经济学家和发展经济学家加入了社会学家和政治学家发起的社会资本理论研究热潮，纷纷将社会资本嫁接于经济学领域。索洛、斯蒂格利茨、迈耶、科尔奈等知名经济学家对社会资本理论也纷纷发表了自己的见解。世界银行与 OECD 等国际机构认为社会资本是一个新兴的重点研究领域，世界银行在一份研究报告中指出："……另一个能够对高质量增长起到积极作用的力量来自于强化一个国家的非正式制度，即所谓的'社会资本'。"（世界银行，2001）。在相继强调物质资本、人力资本之后，一些经济学家现在又把"社会资本"加到增长的源泉中（Meier 和 Stiglitz，2001）。Fafchamps

---

① 笔者为了避免翻译中出现混乱，有些国外学者姓名直接用外文。

和 Mintens（2002）认为关于社会资本的概念已经分成了两种类型：第一种类型，应包括科尔曼（1988）和普特南（1993），他们把"社会资本视为信任的存量和集团的情感附属物或者从社会这个大的层面上讲社会资本使得公共物品的提供更加便利"。第二种类型的定义是把社会资本视为个人的财产，它可以是单独的个人或公司受益。关于社会资本的经济分析主要有以下三个方面：一是把社会资本看成效用函数的偏好，二是作为一种资本来对待，三是弥补基于不完全信息或风险的市场失灵机制。从微观经济学框架来看，社会资本的外部性产生经济绩效：首先，社会资本有利于个体的知识传播，通过重复交易建立信任与声誉机制可减少机会主义行为。其次，社会资本有利于技术与市场知识的传播，从而减少信息传递的市场失灵。知识的传播既可以通过网络和俱乐部中共享信息来实现，也可以通过模仿。最后，依照规范和准则，社会资本可以减少"搭便车"行为，促进集体行动。从宏观经济学分析所达成的共识是：如果把社会资本看成与物质资本、人力资本和自然资本同等意义的资本的话，它的重要性应当体现在增长核算的统计中，成为"索罗余值"的一部分。正如索罗认为，如果社会资本对经济增长过程产生作用的话，它将在增长核算的余值中有所表现。目前的宏观研究主要强调社会资本从宏观有利于制度有效地实施、提高公共物品的效率，从解释余值角度对理解社会资本的作用不大，因为它没有反映人与人之间的互动状况。P. Dasgupta 断言："增长核算的余值的问题解释的缺乏并不意味着社会资本对宏观经济没有影响。"正如当初人力资本也受到攻击一样，一些经济学家（如阿罗、索洛）对社会资本的批评主要集中在三个方面：资本的隐喻（metaphor），即规范、信任和网络是否具有资本的属性；与经济理论的融合问题，能否将社会资本纳入经济学的分析框架；社会资本的测度，如何定量化社会资本。

1.3.2　社会资本与经济绩效

关于社会资本对经济影响的实证文献可以分为两大类：宏观文献和

微观文献。宏观文献分析社会资本对经济变量的影响，通常从世界价值观调查中引用数据。在这些文献中，社会资本最常用的替代量是信任。而微观文献主要分析单个国家社会资本对不同的经济实体（通常是家庭或村庄）的影响。它使用的数据是基于家庭调查的，此时社会资本最常用的替代量是集团（群体）成员关系。宏观文献中最常见的因变量是经济增长率；而微观文献中的因变量通常是家庭收入或支出水平，还包括社会资本对其他变量的影响，如教育和健康等亦有分析。

（一）宏观研究

在宏观研究方面，社会资本一般定义为一个社会的信任程度、合作规范和网络。Knack 和 Keefer（1997）大量引用实证文献中的三个变量，并且用它们来替代社会资本：信任、公民（civic）和集团。用这三个变量来度量社会资本源自于世界价值观调查（Ingelhart，1994）。世界价值观调查按不同的时间段分成四批进行，而在 Knack 和 Keefer 从事他们的研究时只完成了两批调查。信任的度量是回答大多数人是值得信任。问题是："是否你认为大多数人是值得信赖的或者你与人交往时无须过于谨慎。"这样的问答可以应用于一个国家中个人的信任度的测量。公民是一个指数，它的值的范围是 5—50；回答者要求在 1—10 之间给出一个分数，关于他们是否同意某一行为的合理性，如果是 1 分表明这种行为是不合理的，如果是 10 分表明这种行为经常是合理的。这五种行为是：（1）向政府索取原本你并没有被赋予的权益；（2）逃避公共交通费；（3）如果你有机会就会骗税；（4）购买那些你知道是偷来的东西；（5）在你的权利范围内受贿。Knack 和 Keefer 转换了这些数据，以 50 代表最有可能发生这些行为的公民，5 分表示最不可能发生这些行为的公民。集团（数）即各个国家中人们参与的集团的平均数量。虽然这些替代变量，尤其是信任，除了 Knack 和 keefer 使用过之外，亦被其他研究者使用过（Zak 和 Knack，2001）。

归纳各种社会资本研究文献的结论，度量社会资本最常用的量是信任，信任与经济增长和投资之间有显著的关联性。关于宏观文献，Durlauf（2002）及 Dulauf 和 Fafchamps（2004）对 Knack 和 Keefer（1997）所做的跨国实证研究作出了权威的评论，并把他们的研究作为关于社会资本跨国实证研究的代表作品。Durlauf 和 Fafchamps（2004）谴责了所有的宏观社会资本文献，认为"我们没有看到一部社会资本研究文献使用了社会资本与经济增长因果关系的说明"。Haddad 和 Maluccio（2003）所做的研究可能是个例外。Durlauf 和 Fafchamps（2004）认为跨国研究寻找有效的研究方法是如此的困难，以至于他们认为："我们坚信应该把研究精力直接朝向微观层面的研究，因为宏观研究的许多问题看上去难以克服。"虽然找到有效的研究方法不是一件简单的事情，但是也不至于像 Durlauf 和 Fafchamps 那样悲观。

社会资本可以看成是制度连续体的一部分，社会资本可以作为经济发展的深层决定因素去建立实证模型，非正式的制度就是用相同的方法建模的。更加传统地讲，社会资本早被认为是促进生产的又一个因素，并且把它和物质资本、人力资本一同列入资本的清单中去。Paldam 和 Svendsen（2000）讨论了在三种不同的设想下如何构建社会资本的模型：作为生产中的一个因素、作为影响交易成本的一个变量或者是作为影响监管成本的一个变量。高水平的社会资本要么导致高的要素积累率，要么使之产生高水平的全要素生产率。社会资本这个深层决定因素通过影响单位工人的物质资本和人力资本以及生产率而对人均收入产生影响。正如 Durlauf 和 Fafchamps（2004）指出的，在缺乏社会资本是如何形成的理论的情况下，为社会资本选择有效的度量工具更加困难，这意味着研究者们在选择度量工具时被迫去依赖于直觉和猜测。

当今社会资本的宏观研究文献都关注于社会资本对经济增长和投资的影响。而有关深层次决定因素的文献对解释为什么一些国家比其他国家有更高水平的单位资本收益感兴趣。正如 Hall 和 James（1999）提出国家间增长率差异是短暂的，而人均收入差异将更持久。如果社会资本作为深层决定因素而被建模，那么最显著的因变量是人均收入。

总之，把社会资本作为经济发展的深层决定因素而建模也许能够帮助处理遗漏变量和内生性这样的问题，虽然这些问题处理得还不够令人满意，但是它将代表着正确方向前进。

（二）微观研究

关于使用家庭数据考查社会资本对经济产出的影响的文献相比宏观研究文献要丰富得多，其中具有代表性的微观研究通常地会提出这样一个公式：

$$E_i = \alpha + \beta_1 S_i + \beta_2 X_i + \beta_2 Z_i + U_i$$

E：经济产出（通常是支出）

S：度量社会资本

X：家庭特征向量

Z：社区特征向量

U：误差

家庭特征可以包括家庭成员的教育程度、户主是男性还是女性、家庭的宗教信仰等，社区特征可以通过如社区的领导人的质量这样的变量而获取的。右下角的 i 既能代表家庭，又能代表社区，这一观点将在下面讲述。大多数微观层面的研究都是把支出的数据作为因变量。鉴于此，在发展中国家的绝大多数的调查都是收集家庭支出的数据，而不是收入的数据。E 可以度量像教育或健康水平这样的发展成果。Krishna（2001）的因变量是发展的指数，它包括：关于生产率的信息，贫穷的减少，就业的增加，健康、教育的质量，供水服务等。

在这些文献中最常用的社会资本替代量是集团成员，这样的例子有：Narayan 和 Pritchett（1999），Grootaert（1999），Krishna（2001），Maluccio、Haddad 和 May（2000）。Narayan 和 Pritchett（1999）的研究是基于坦桑尼亚的数据，Grootaert 用的是印度尼西亚的数据，Krishna 用的是印度的数据，Maluccio、Haddad 和 May 用的是南非的数据。而且，他们当中大多的研究集中于农村地区。正如关注集团的数量一样，许多的研究亦包含着集团成员特征的信息（例如 Narayan 和 Pritchett，1999；Grootaert，1999）。Narayan 和 Pritchett 构建了一个关于社会资本的指标，它是家庭参与集团数量的增函数。Grootaert（1999）也使用工具变量分析法去检查他主要结论的正确性。他所使用的工具集包括：（1）民族和宗教多样性的指标，（2）社区中现存协会的数量，（3）认为有效率的机构的比例，（4）提供健康和教育服务、水供应、道德维护和灌溉等方面的社区参与指标。这一系列的工具通过了 Davidson 和 Mackinnon（1993）的工具有效性检验。Maluccio、Haddad 和 May（2000）使用社区集团成员指标作为家庭社区集团成员的度量工具，因为这个社区集团指标在 OLS 和固定效应不显著。

也许最有可行性的一系列微观层面上的工具，是由 Haddad 和 Maluccio（2003）提出来的。关于信任和集团成员他们使用了多种工具，其中包括滞后价值变量。而在跨国背景下把滞后值变量作为工具使用并不能使人信服，因为如果在误差项中有时间上的持续性，这些工具将会依旧与误差项相关联。然而，他们使用的一些其他工具可能会更有效。他们建议家庭在该地区的居住时间可以作为集团成员的一个工具使用。一旦他们迁到新的地区后将需要花时间去加入新的群体，那么这些变量将期望与集团成员关系正相关。只要它不与支出方程中的误差项相关联，那么这些将是有效的工具。虽然可以认为在一个地区的居住时间长度与家庭支出是相关的，关于这个问题必须考虑这些论点的可行性。

Fafchamps 和 Mintens（2002）的实证研究主要关注社会资本关系网对价值增值和总销售额的影响，并以马达加斯加的农业商人为样本。关注社会资本的网络化，Fafchamps 和 Mintens 使用了三种不同的替代量：农业品贸易中有亲戚关系的人的数量、其他熟悉的商人的数量、潜在非正式的贷方的数量。他们发现，这些替代量对增加值和销售额有显著的正面影响，对于工具性变量估计而言也肯定了这些结论。对于以上所使用的一系列工具包括年龄和年龄的二次幂，以及出生地、宗教、兄弟的数量、孩子的数量以及教育这些指标。像年龄或宗教这些变量作为工具是否比 Haddad 和 Maluccio（2003）所使用的一些工具更具有效性这一点还不清楚。从另一方面来讲，如果像宗教这样的变量被认为是有效的工具，那么在宏观文献中亦可以把它当作工具使用。

1.3.3　社会资本与经济转型

斯蒂格利茨、科尔奈、P. Aghion 等经济学家在肯定社会资本概念的同时，运用该理论研究转型国家经济问题。"市场经济的成功不能仅仅依靠狭隘的经济激励来理解：规范、社会制度、社会资本和信任至关重要（Stiglitz, 1999）。"转型国家从计划到市场过程中的经济绩效的差别可以用社会资本存量的差异来解释（Nowotny, 1998）。这种"社会黏附（social glue）"任何社会都应当具备。对转型国家而言，最困难的是旧的隐性社会契约的转型。如果改革者只是简单地"革旧创新（clean the slate）"而不考虑重构新规范的实践过程，转型将会走向歧途。这些是一个社会必须具备的隐性社会契约，不能简单地被法律化或通过政府规定来行使。"社会资本"缺乏是某些转型国家失败的潜在原因（P. Aghion, 2001），一些学者（E. Parts, 2003; G. T. Svendsen, 2000）认为转型国家的重要任务是追赶发达经济水平，而中东欧国家社会资本的缺乏使它们的物质资本、人力资本比较优势难以发挥，从而成为国家转型成功的一个重要障碍。著名转型经济学家科尔奈（2004）认为，诚实与信任对每一个国家、每一个时代都利益攸关，在转型国家显得更为重要。

中国学术界最早对社会资本的研究主要集中在社会学领域（张其仔，1999），至于经济学家涉猎于社会资本理论的较少，关于非正式制度（孔泾源，1992；樊纲，1997）、文化（韦森，2003；林毅夫，2003）、信任（张维迎等，2002）这些与社会资本有关的研究有一些，但都没有论述社会资本。国内的研究主要以介绍、翻译国外成果为多。近几年来，较有影响的国内研究为市场化对社会资本与贫困的影响（陆铭等，2007）。总体来说，社会行为、社会规范和社会资本对经济发展影响的研究虽然已经受到中国学者的重视，但有待进一步深入研究，尤其是从发展经济学角度论述社会资本的研究还有待深入。

1.4 研究思路和研究方法

本书属于多学科交叉研究，以经济学尤其是发展经济学和制度经济学为理论基础，以社会资本为分析主线，以发展中国家和转型国家尤其是中国的社会资本构建问题为研究对象，构建了一个宏观、中观和微观有机结合的框架体系。所谓宏观层面是指国家和政府层面的社会资本，微观层面是指企业社会资本，中观层面则是指社区层面的个人社会资本，这三个层面的社会资本相互作用并对经济发展和经济转型产生影响。

本书借助社会学家对社会资本理论研究的最新研究成果，突破传统经济学分析的局限性，扩大了经济学、发展经济学和转型经济学的研究视野和范畴，推进了发展经济学理论的创新和发展，并结合中国实际情况就中国经济发展与转型进路提供探索性思考。

传统的理论在市场和国家干预之间来回摆动，在处理政府与市场关系过程中出现了一个试错的过程：当政府干预失灵时，人们就想到市场经济的作用，而当市场出现问题时，又求助于政府干预之手，从而形成"政府→政府失灵→市场→市场失灵→政府……"的循环。从经济学角度，政府和市场关系的理论与实践进入了一种"二分法"的循环"陷阱"。其实，对于转型中发展中国家而言，一方面政府能力不够健全，另一方面市场机制还没有建立，仅仅依赖政府和市场管理理论的论述不足以解释中国经济转型与经济发展的问题。此外，中国长期以来的伦理秩序仍具有强大的渗透力，中国文化中"天人合一"，以及人与人之间的"差序格局"和"皇权无边"的思想影响着政府和市场的关系。与国家相应的政府结构既是由一套统治规则组成的制度，又是按照规则组织实施的功能性实体。同样，市场是在价格机制控制下自发交易的规则组成的制度。但在经济运行过程中，尤其是发展中国家，信息不充分造成了普遍的市场失灵和政府失灵。从理论上讲，市场失灵可依赖有效的法律强制纠正，但是发展中国家的交易规模较小，履行法律的司法成本又很高，政府失灵的存在需要普遍信任的社会资本来促进政府的效率，客观上需要群体的社会网络来弥补市场失灵和政府失灵，支持现代经济发展，所以发展中国家的经济体系应该包括社群在内的政府、市场和社会资本三者有机结合的经济发展机制。其中，在农村熟人社会中社会资本的主要表现形式是社区规范；在城市匿名社会中社会资本的主要载体为非政府组织（诸如协会、非盈利部门）等第三部门（the third sector），第三部门是相对于政府部门和市场部门而言的。在中国经济转型和发展过程中，需要构建政府、市场和社会资本三位一体的综合发展框架，因而本书主要结合政府、市场和社会资本的作用论述在完善市场经济过程中，政府和社会资本是中国市场经济规范和完善的重要因素，市场、政府和社会资本的良性互动有助于中国通往可持续发展的和谐之路！

1.5　研究框架与内容安排

本书共分为六部分、十章，主要论述经济转型与发展中社会资本的重要性，中国经济转型与发展需要考虑社会资本状况，市场经济是嵌入到社会体系之中，中国社会主义市场经济的完善需要考虑政府、市场和社会资本三者的互补性。基于此，我们将展开四个方面的论述：

（1）社会资本的理论分析：社会资本何以至关重要；从二分法的缺陷探讨政府、市场与社会资本的三维治理模式。

（2）经济转型与发展过程中个人社会资本与社区治理。社区并不是传统的代名词，它可以与市场机制、政府一道支撑现代经济发展。

（3）经济转型与发展过程中的企业社会资本。中国经济发展进程中，企业社会资本投资有利于家族企业的信任半径扩张，促进企业竞争力提升。

（4）中国经济转型期政府与社会资本的关系以及通往和谐之路的社会资本嵌入的综合治理模式。

这样，在经济转型与发展历史背景中，嵌入社会资本，形成政府、市场与社会资本三位一体的治理模式，并分别论述市场中主体的企业社会资本、社区治理以及政府能力，就形成了本书的研究框架。它们之间的具体关系如图1-1所示。

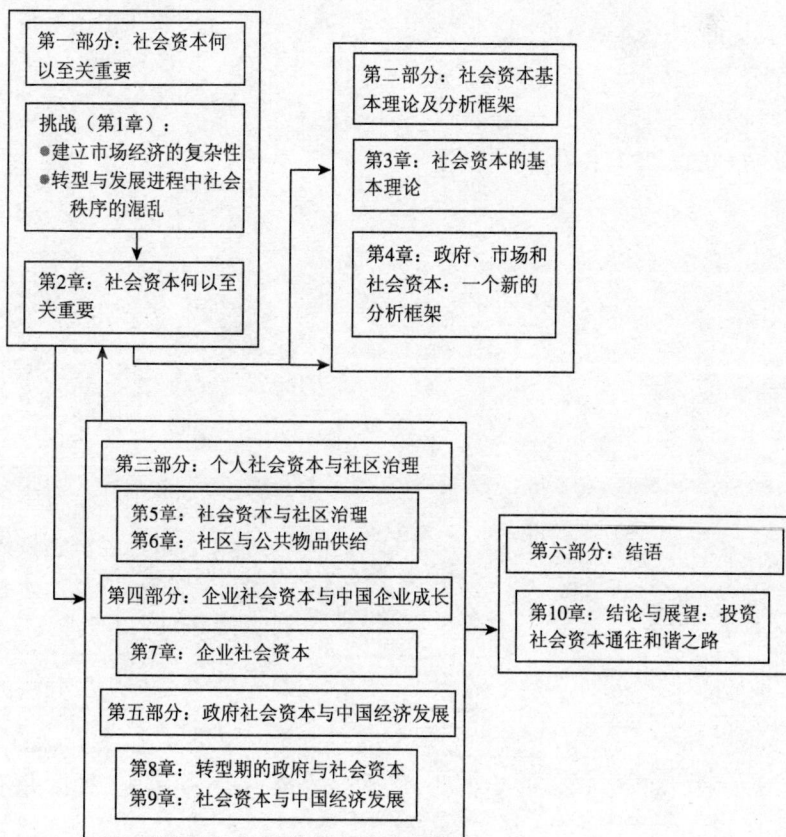

图1-1 研究线路图

1.6　基本概念界定

　　学者们对社会资本概念的论述可谓见仁见智，在第 3 章我们列出了不同学者关于社会资本的界定。根据研究思路的需要，考虑到经济发展与转型进程中政府、市场以及社会资本的三个纬度的重要性，笔者认为社会资本是文化、非正式制度的延续，将社会资本定义为促进集体行动的规范与信任网络，它的载体是社区与非政府组织。

第2章　社会资本何以至关重要

社会资本的最大价值在于，针对当代某些最迫切的问题，它为用多学科和跨学科的方法进行广泛探讨提供了可靠起点。在社会资本这里，历史学家、政治学家、人类学家、经济学家和决策者——及各个领域内的各种阵营——又一次发现了存在于彼此公开、建设性的争论的一种共同语言，一种在过去的 150 年受到狭隘的学科主义严重压抑的语言。

——M. Woolcock，1998

我们生活在一个相互联系的世界里，现代化以前更是如此。我们必须与他人共享知识以及其他许多资源——观念、领导、创造力、政治拥护、善意等等。如果我们在自己的人生中想要完成自己的工作，达到我们的目的以完成使命，就需要他人对我们的帮助。因为在相互交往的过程中产生共识，市场中的个人和企业只有在预期别人能够兑现的情况下才能进行交易、投资和合作。请您想象一下，在一笔数额巨大的钱存入外国的一家银行之后，突然发现，您将钱交给了银行中的一个素不相识的人，您对这家银行一无所知，而且它还处在一个您举目无亲的城市之中……，而换回的仅仅是一张带有潦草字迹的薄纸，上面写着我看不懂的语言。您明白，您为自己启动的是一个商务诚实方面的巨大信托网。它使您忐忑不安地意识到，那么多被我们在商务交易中视为理所当然的事竟然是悬垂在一副如此脆弱的网上。[①] 人类的相互交往，市场中的生产和交换，都依赖于某种信任。正如亚当·斯密所认为，社会中的劳动分工依赖于人类的"互通有无、物物交换、互相交易的秉性"。阿罗（Arrow，1972）观察到，实际上任何商业交易都需要经历一段时间，其本身包含了信任的元素，可以断言世界经济落后地区可以用缺乏相互信任来解释。齐美尔说，信任是"社会中最重要的综合力量之一"[②]。

经济行为是镶嵌在社会关系网络中的，格兰诺维特（Granovetter，1985）指出，信任关系是决定交易成本的因素之一，少了最起码的信任，任何经济行为都不可能发生。近十年来，信任作为一种最重要的社会关系越来越被人们所认识，随着理论界对经济发展和转型研究的不断深入，矫正社会关系已经成为转型国家经济发展的重要手段。经济转型与经济发展从"计划至关重要"到"市场至关重要"，而今"社会关系至关重要"已经成为转型国家经济发展研究的关注点。而社会资本理论在这一背景下的出现拓展了经济学研究的思路，为经济学家阐释经济增长与经济发展的深层次原因、探寻经济转型的路径提供了新的视角。

2.1 弥补新古典经济学之缺失

20 世纪 90 年代以来的主流经济学一直假定制度、社会规范等是外部既定的因素，各种交易行为都很好地适应制度和社会规范，人们都在无摩擦、相同的环境中从事交易；整个经济是由一个相互联结的市场组成的体系，这个体系能够通过价格机制自动调节供给与需求。但是，20 世纪 90 年代早期出现的大萧条、增长的环境问题、不平等现象的加剧以及 20 世纪 90 年代后期转型国家经济发展与转型路径的差异性，使得

---

① Jacobs, J. (1992), *System of Survival: A Dialogue on the Moral Foundations of Commerce and Politics*, New York: Random House.

② Simmel, G. (1978), *The Philosophy of Money*, London: Rouledge, 178-179.

教科书中理想化的资本主义失去了光泽。自发调节的市场经济的缺陷最近再次成为研究者讨论的对象，这些幻想的破灭为社会资本的引入提供了基础。

2.1.1　经济学分析中的社会资本缺失

马歇尔创立的新古典经济学抛弃了宏大叙事的古典经济学传统，把分析的视角转向个人经济行为。经过经济学家萨缪尔森、阿罗、德布鲁、弗里德曼等学者的提炼与发展，个人理性分析成为新古典理论的核心武器。个人所具有的丰富性和复杂性被简化成了遵循教科书公理式的行为偏好函数，这种偏好函数在人类心理或社会上的可能起源并没有被解释。这种有关个人的概念把个人看成是脱离了我们所依赖的丰富文化世界和制度之网的个人，个人被看成是独立的契约原子。制度和社会资本等就它们的存在而言，被处理为个人交互作用的产物，而不是个人目的和偏好的塑造者。也就是说，新古典经济学不是从某种经济体制的特征入手，而是开始于非历史的、抽象的个人。① 从所谓普遍的和非历史的概念入手，新古典经济学脱离了特定的社会经济体制和社会规范。列昂·罗宾斯（L. Robbins）用他的著名的但非历史（ahistorical）的定义——经济学是"选择的科学"概括了这门学科。经济学问题变成了追求既定目标的稀缺手段的配置问题。个人被假定为具有固定的和给定的效用函数，他们通过与其他人交换资源，使其效用最大化。研究者使用这些术语分析各种社会经济现象。因此，被其实践者称之为"经济学帝国主义"的大门就被打开了，这就是新古典经济学选择理论的方法对其他社会科学学科的入侵，这种方法假定了稀缺、竞争和理性的自利等概念的普遍性。然而，稀缺与竞争并非如"经济学帝国主义"所假定的那样具有普遍性。新古典经济学的理性选择范式具有自己鲜明的特点

---

① 新古典经济学传统上被定义为这样的一种方法：（1）在给定和稳定的偏好函数的假定下，所有行为者的行为都是理性的和最大化的；（2）理论的焦点是达到了的或趋向的均衡；（3）没有严重的信息问题。明显地，现代主流经济学的某些新发展并没有突破这个定义。

和解释力。与其他理论相比，理性选择范式在确立基本假设基础上，采用了"奥卡姆剃刀"的方式，使假设简单明了，保证整个解释范式的清晰，避免因为宏大理论而希望面面俱到所导致的理论的内在矛盾。但是，这些假定因其不切实际而饱受责难，因其简洁明快而广受好评，还因其解释力强而备受珍视，更因其站不住脚而屡遭抛弃。不过，所有这些关注针对的都是明确的假定，如偏好的可传递性或技术的凸性。几乎不受关注因此没有遭到批评的是那些隐含的假定，而那些最站不住脚的假定往往属于这一范畴，如社会规范的存在（但不起作用）就是这样的假定之一。虽然新古典经济学通过强调个人主义、稀缺和竞争，经常声称它的理论是普遍的，但它的分析所反映的只是在现代欧美社会所能发现的占支配地位的意识形态。

更重要的是，新古典经济学使用契约和交换说明所有的社会关系。因此，新古典理论家加里·贝克尔（G. Becker, 1976）发展了一种有关家庭的理论模型，它把家庭处理为仿佛它自身就是一种市场和以契约为基础的制度，基本上是与资本主义企业没有区别的。总的来说，新古典理论在家庭和市场之间没有做出概念上的区分。因此，新古典经济学没有能力对家庭和其特定的人类关系的制度特点进行概念化。① 根据经济学的基本原理，如果以下假定为真，两名当事人将交换或买卖物品：（1）每个人都愿意拥有更多的物品；（2）边际效用递减规律对每个人都适用；（3）初始的物品禀赋是不均衡的，比如一个人拥有全部的黄油，而另一个人拥有全部的面包。对于很多经济学家而言，（1）、（2）和（3）的确是使交易发生的充分条件。他们所没有意识到的是，只有当事人已经处在某个特定的制度环境中，他们的行为受到足够多的社会

---

① 值得注意的是，现代家庭仍没有完全被商业关系所统治，文化规范对于这种事实仍是敏感的。在有约束需要的制度中，文化和社会秩序可能是支柱。其规则不断通过情感、宗教、意识形态和法律约束制度的结合而表现出来，这种结合往往采取自主的形式和路径依赖的生成形式。而这种结合常常以一种制度为主体。在许多非洲国家主要是氏族的约束；在中国主要是家庭（差序格局）式的约束；在多数伊斯兰国家，在氏族约束之外，受宗教规则约束较大；在美国，宗教意识形态规则发挥重要作用；而在德国，法律强制规则是主要的秩序因素。

规范所制约，这些条件才是充分的。举例来说，拥有互相交流的能力，或者，更进一步地，能说同一门语言的能力，将使交换行为更为容易。考虑到语言毕竟是一种逐步演进的社会习俗，交易和交换行为实际上是在社会习俗的基础之上进行的。

对资本主义企业中支配着雇员—雇主关系的不确定性的考虑，使艾伦·福克斯（A. Fox，1974）令人信服地论证了超契约的信任要素对于产业关系是基本的，纯粹的契约体系是不可行的。① 直接的面对面的现金交易在现代商业社会逐渐减少，契约在商业关系下并不总是适合或有效，对于一项交易而言信任是必需的（Macaulay，1963）。② 有关信任的关键问题是它被成本计算所破坏。正如阿罗（Arrow，1974）的坦率评论："信任是社会系统的一种重要润滑剂……如果你不得不购买它，你对自己所购买的总是存在着某些怀疑。"经过思考，我们就会知道，信任最好不要被解释为个人简单地通过成本和收益的理性计算所得出的结果。因此，信任不能在新古典经济学建立于其上的效用最大化和交换的普遍框架内被建模。这种新古典的框架丢失了信任得以产生并对其进行保护的特定文化特点和社会关系，它不能理解任何市场制度的某些基本的特点。

市场必然要嵌入到诸如国家之类的其他社会制度之中，它是由有意识的设计所推动的，甚至在某些情况下是由有意识的设计所创造的。马克斯·韦伯认为宗教是资本主义发展的根本因素。波兰尼（Karl Polanyi）赞同马克斯·韦伯的观点，认为宗教在市场建立过程中至关重要，但也认为宗教和文化是调节市场过剩的要素。波兰尼等（1957）

---

① 这是被威廉姆森（Williamson，1975，1996）所发展的交易成本经济学所否认的，在威廉姆森看来，科尔曼和格兰诺维特的所谓"信任"的案例都是算计性的结果。对威廉姆森的批评和有关信任是重要的证据，可以参阅 Berger，H.，N. G. Noorderhaven and B. Nooteboom（1995），"Determinants of Supplier Dependence：An Empirical Study"，in Groenewegen，J.，C. Pitelis and S. E. Sjöstrand，*On Economic Institutions：Theory and Application*，Bodmin，Edward Elgar Publication，195-212.

② Macaulay，S.（1963），"Non-Contractual Relation in Business：A Perliminary Study"，*American Sociology Review*，No. 1，Vol. 28，55-67.

指出"人类经济……嵌入并根植于制度、经济和非经济之中，非经济的因素非常重要"①。波兰尼（2007）认为，经济并非像经济理论中所认为的那样是自足的，而是从属于政治、宗教和社会关系。②

随着国际经济的差异化发展，传统的主流经济学解释和预测世界经济发展的作用日渐式微，一个重要的原因是它将制度和社会资本排除在模型之外。例如，在解释经济增长过程方面，标准经济学对发展中国家所开药方频频失效。因为没有考虑国别之间的文化、社会资本甚至价值观的差异。（Olson，1996）。③ 经济史学家们已经发现制度变迁是个激动人心的研究思路。经济史学家道格拉斯·诺斯曾经很好地阐述了这一点："新古典范式缺少制度，……眼下在经济学家中很时髦的增长模型假设，激励性结构是基础性的，但是他们并没有正视有关这种结构的争论。中东欧所面临的挑战是重组经济，以便创建一个适宜经济增长的环境，没有对制度的自觉关心能进行这样的重组吗？勾勒出这种市场的制度特征是回答这些问题的第一步（North，1994）。"由于对传统经济学及其抽象模型日益不满，许多学者探寻从制度和社会资本等角度弥补新古典经济学之缺陷。然而，为什么不同的国家会选择不同的制度？是谁对制度缺失负责任，而又是谁来安排这种种制度呢？为什么转型国家在"国际接轨"过程中诞下了怪胎？我们需要考虑价值、文化和社会资本。④

在许多现有的经济学理论看来，社会资本、信任似乎无关紧要。而几

---

① Polanyi，Karl，Conral M. Arensberg，and Harry W. Pearson，eds.（1957），*Trade and Market in early Empires：Economies in History and Theory*，Chicago：Henry Regnery Company，250.

② 波兰尼的"嵌入"概念被一些当代重要学者所发展，包括格兰诺维特、埃文斯（P. Evans）等。

③ Olson. M.（1996），"Big Bills Left on the Sidewalk：Why Some Nations are Rich，and Others Poor"，*Journal of Economic Perspective*，Vol. 10，3-24.

④ 诸如"价值观"、"文化"这样的术语并不受经济学家的欢迎，因为他们更喜欢讨论可测的因素。但是，生活就是生活，我们必须讨论这些事物，因此我们才有沃尔特·罗斯所说的"脾性"和摩西·阿什拉莫维茨所说的"社会能力"。玫瑰花不管有别的什么名称，毕竟还是玫瑰花。参见 Landes David S.（1998），*The Wealth and Poverty of Nations*，Norton Company Inc. New York，516.

乎所有的经济学家和社会科学家都认为,这种观点经不起实践的检验。这就是说,排除了社会资本的经济学是不可能存在的。因此,当我们不考虑社会资本和制度来构建模型时,我们却仍然用上了社会资本和制度,只不过我们并没有意识到。即便是对看起来不需要任何规范和制度条件的模型而言,规范和制度还是起作用的。与市场相关联的活动、贸易以及其他的经济活动,都必须根植于制度和社会资本之中。如果我们不能自觉地将我们的模型根植于制度和社会资本,我们到头来还得这样做。既然后者并不是一个明智的选择,我们就应该认识到社会资本所扮演的角色,在建立模型时自觉考虑社会资本以保持与现实生活相一致。

将社会资本排除在经济学分析之外的理由已经越来越站不住脚了。随着经济学家开始关注更广泛的问题,涉及政治经济学以及法经济学,对社会资本视而不见就变得越来越不合情理了。近年来,经济学家较为勉强地将文化作为决定经济现象的可能因素。这种勉强主要是因为,文化过于宽泛,而且影响经济的方式难以测度。如果没有可供检验的假说,文化在经济中的作用难以体现,除非作为多重均衡中一个可能的选择机制(Greif,1994;2006)。随着研究方法的改进和数据可获得性的增强,使得不同人偏好和信息的差异,以及各种文化的度量成为可能。这些发展提供了以文化为基础的可测度的经济学解释进路,并拓展了我们理解经济现象的视野。[①] 其中,社会资本和信任作为文化变量度量的核心因素逐渐受到了主流经济学家的关注。[②]

随着社会资本理论受到重视,人们对传统经济理论中关于国家与市场关系的认识进一步深入。众所周知,20 世纪 90 年代以前的经济学领域里一直存在两大相互交融与碰撞的阵营:一个是主张自由放任的市场

[①] 亚当·斯密和 J. S. 穆勒都强调了文化的作用。而卡尔·马克思并不认为文化决定经济关系,他认为基本技术决定社会结构类型,甚至文化,例如封建社会的手工作坊和蒸汽机时代的资本主义社会。

[②] 在一些学者看来,社会资本、社会网络以及信任受到研究者的关注造就了新文化经济学的复兴。参见 Luigi Guiso,Paola Sapienza and Luigi Zingales(2006),"Does Culture Affect Economic Outcomes?",*Journal of Economic Perspectives*,Vol. 20,No. 2,spring,23-48。

霸权主义，另一个则是强调国家干预的政府调控。在20世纪90年代的大多数时间里，两大流派的相互碰撞与交融隐含着公共政策的制定与经济运行过程只有在政府与市场之间寻求平衡点，也就是要么市场，要么国家。至于公民社会，人们普遍认为它与市场经济是不相容的，商业时代的到来与民主曙光的出现标志着公民社会的核心形式即社区的消失，马克思和恩格斯也曾经这样描述现代社会："资产阶级在它已经取得了统治的地方把一切封建的、宗法的和田园般的关系都破坏了，它无情地斩断了把人们赋予天然尊长的形形色色的封建羁绊，它使人与人之间除了赤裸裸的利害关系，除了冷酷无情的'现金交易'，就再也没有任何别的联系了。"从这样的现实出发，人们预测以社区为基础的社会规范将逐渐消失，社区的存在应归功于前现代社会独特的价值观，而这样的价值观也必然会因为市场和国家的经济和政治竞争而消亡。然而，在现实世界中，信息是不充分的，在经济转型与发展中国家，信息不充分的现象更加突出，造成了普遍的市场失灵和政府失灵。例如，当生产者把它的产品交付给买主，买主未能按协议价格承兑合同，其预期收入因买主违约而下降，生产者的供给就低于社会最优水平。这种失灵看起来是可以通过法律程序强制实行合同来纠正。然而，发展中国家的交易规模普遍较小，而履行正式法庭程序的司法成本很高，通常超过了调解争端的预期收入。而且在法官和警察不一定是公民的忠实代理人的地方，政府不仅不能纠正市场失灵，而且市场失灵还会因政府失灵而加大。必须指出，在信息不完善的条件下诸如宗教准则这样的意识形态能在抑制道德危害方面发挥重要的作用。同时，在相互影响密切以至于每个人都能准确预测其他人行为的群体中，社区成员拥有关于其他成员行为、需求和偏好的重要信息，这些信息支持社区行为规范，使道德风险事件会更少一些。而且，通过紧密的人际关系培育出来的相互信任，可以成为制止道德风险的有效手段。既然社区能够提供成功的途径以解决市场和政府的双重失灵，与社区相对应的概念（诸如公民社会、第三部门等）受到学者的关注，实际上也就是吉登斯所说得的"第三条道路"。因此，摧毁传统的公民社会对于市场的发展既不充分也不必要。过去，人们曾经认为部落和村庄这样的传统社区是现代化的束缚或桎梏。然而，必须认识到，这些社区为纠正市场和国家失灵，进而支持现代经济发展，提供了极为需要的组织原则（速水佑次郎，2003）。随着社区、公民社会等社会关系的重要性被人们逐渐认识，社会资本这一新的词汇进入了经济学家的视野，为人们认识经济发展和经济转型进程中治理机制提供新的探索。正如包勒斯和金梯斯（Bowles 和 Gintis，2002）所认为，社会资本理论吸引了主张政府干预的左派，是因为它肯定了在解决社会问题的过程中信任、慷慨和集体行动这些因素的重要性，从而反对那种认为明确界定的产权和竞争性市场可以成功地驱使自私动机以实现公共目标而无需关注公民美德的思想；自由主义的支持者对社会资本着迷则是因为社会资本的存在表明，在存在市场失灵（诸如提供地方公共产品和各种保险品）的地方，住宅区、父母教师协会和保龄球社团等组织而非政府就可插手解决这些问题。

2.1.2　经济帝国主义：经济学理论的重新定位

经济学的核心包括两个方面，一是基本假设，二是其研究范围。基本假设是指在外生给定的偏好和良好的信息结构条件下的个体效用最大化。研究范围是指在市场经济条件下消费者、生产者、投资者和交易者如何进行决策。在过去的二十多年里，这些基本的假定一直在被修正。一方面，人类获取信息的能力有限，并且获取信息具有成本，关于信息问题已经纳入到经济学理论的核心；另一方面，经济学研究的范围也在逐渐扩展，一些非市场现象如组织运行、政客官僚以及选民的行为、互惠和利他主义等都纳入到经济学的分析范围。但是，经济学领域的这些努力对社会生活中人们之间的互动行为、邻居效应、群体自豪感等问题还缺乏足够的认识，社会资本、非正式制度和文化等非市场因素也一直未受到主流经济学足够的重视。

20 世纪 90 年代中期，研究文化问题和重视文化的作用，曾是社会科学界的主流，三位著名学者的学说产生了深远的影响：一位是亚历克西斯·德·托克维尔，他断定，美国政治制度之所以行得通，是因为文化适宜于民主；另一位是马克斯·韦伯，他解释资本主义兴起时，认为它基本上是一种植根于宗教信仰的文化现象；第三位是爱德华·班菲尔德，他说明了意大利南部贫穷和专制的文化根源，这一见解具有普遍适用的意义。然而，经济学家对此充耳不闻。随着精致的数学模型进入经济学以及更多工具性方法出现，似乎经济现象的解释不需要引入新的变量，尤其是那些难以度量的变量。① 经济学家对文化失去了兴趣，对经济学的解释能力充满自信，并认为文化仅仅是经济力量的结果。

文化对经济影响研究的推动与芝加哥学派对马克思主义思想的研究密不可分。芝加哥学派与马克思主义的不同之处在于其探寻理性的马克思主义，人们的信念、品位和价值是个人或社会的理性选择，冲突的元素可通过价格体系来解决。例如，Muth（1961）和 Lucas（1976）将信念作为内生变量；斯蒂格勒和贝克尔（Stigler 和 Becker, 1977）认为消费者偏好是内生的，起源于共同的效用，假定不同投资规模；Iannaccone（1988）和科尔曼（1990）认为社会规范和宗教是集体层面最优的结果。格莱泽等（2002）扩展人力资本投资理论应用于投资社会技能和个人社会关系，他们通过仔细观察迁移概率和个人在组织内成员资格的相关数据，发现两者之间存在十分明显的负相关关系：迁移概率上升20%，个人拥有组织内成员资格的数量就会下降15%。那些有较高迁移概率和丧失社会资本的人均不太可能投资于社会资本。但是，在这些有意义的研究中很难发现文化的独立作用。

1968 年，瑞典学者冈纳·缪尔达尔在研究南亚问题10年之后出版了《亚洲戏剧场面：国家贫困的探讨》一书。② 他得出结论，受宗教深刻影响的文化因素是南亚现代化面临的主要障碍。文化因素不但干扰企

---

① 在经济学家看来，即使具有不同的文化，个体的基本需求也是相同的。

② Myrdal, Gunnar(1968), *Asian Drama: An Inquiry into the Poverty of Nations*, New York: Pantheon.

业活动，而且渗透政治、经济和社会行为，使它们变得僵硬，而受这种文化左右。缪尔达尔指出，种姓制度"趋向于使现有的不平等变得格外僵化和顽固"，而且"加强了人们普遍轻视和厌恶体力劳动的态度"。他认为，人们之间认同和信任半径有限，助长着腐败和任人唯亲。缪尔达尔批评人类学家和社会学家没有"提供一种有更广泛基础的理论和理念体系，而这种体系却是科学地研究发展问题所必需的"，但是他承认"态度、体制、生活方式等，总起来说就是文化……要对它们作出系统的分析，那要比分析所谓的经济因素困难得多"。拉坦（Ruttan，1989）在早些时候承认对文化进行严格的多学科分析是困难的："战后第一代发展经济学家，至少在修辞层面上，突出了文化并附在限制和促进经济增长过程中的作用。他们接受的历史学、哲学、人类学、社会学和政治学的知识都强调文化禀赋对行为并因此对传统社会与社群生活现代化和国民经济发展的可能性相关的机会所作出的反映具有重要的影响。不过，专业看法并没有诚恳地对待那些发展经济学家的声誉，这些发展经济学家把文化变量纳入发展理论或纳入发展过程的分析作出过认真的努力。尽管对文化禀赋的经济含义研究还没有在经济发展的文献和思想中占据牢固地位，但是，'文化因素'的信念仍然渗透到发展的思想和实践的每一领域……。依我看，现在是新一代的发展经济学家对相关社会科学的研究，以及他们对我们理解发展过程和制度建设的意义重新作出评判的时候了。"[①] 班菲尔德（Banfield，1958）是第一个从文化角度探讨经济发达的学者，在其《落后社会的道德基础》一书中，他将南部意大利的欠发展归因于居民狭隘利己主义盛行，并冠之以"非道德的家庭主义"（unmoral familism）。沿着班菲尔德的研究思路，普特南（1993）提供了一个有趣的证据：更利他的文化（公民文化社会）对政治制度质量具有积极的效应。意大利国家政府在全国引入统一的地区政府体制，正如普特南的研究，经历过中世纪自由城市国家的地区，社会

---

① Ruttan, V. W. (1989), "*Institutional Innovation and Agricultural Development*", *World Development*, Vol. 17(9), 1375-1387.

资本水平高，地区政府的运作更加有效率；在那些缺乏该传统的地区，地区政府的运作效率较低。福山（1995）更是直接认为信任与经济发展息息相关，然而他没有区分好的制度导致的信任（通常是经济发展的结果）和组成文化的信任之间的差别。20世纪90年代末期到21世纪初关于经济制度的突破性研究促使经济学家从正式制度的研究深入到非正式制度，使他们更进一步地探讨文化的力量。兰德斯（D. S. Landes, 1998）饱含激情地阐述了世界各国社会经济的兴衰与精神和文化因素之间的关系，虽然他以一种旁征博引、轻快有力的散文式叙述（而非经济学家常用的实证分析），但足以让我们领略到国家兴衰之后的文化驱动力。正如他所说："如果说我们能从经济发展史学到什么东西，那就是文化使局面完全不一样（在这一点上，马克斯·韦伯是正确的）。"[1]

文化对经济影响研究的突破点是研究者对信任的关注。沿着政治科学家班菲尔德、普特南和福山的思想轨迹，经济学家纳克和基弗（Knack和Keefer，1997）对信任的研究表明，假如对整个国家层面的信任进行计量，信任值上升1个标准差就会带来超过0.5个标准差的经济增长；珀尔塔等人（La Parta、Lopez-de-Salanes、Shleifer和Vishny，1997）则发现，在许多国家，信任值如果上升1个标准差将会带来0.7个标准差的司法效率的提升和0.3个标准差的政府腐败的降低。信任最主要的特征是"当事人的主观判断估计其他当事人或团体将行使特殊的行动"（Gambetta，2000），这种界定有利于经济学家将其纳入标准的经济学分析框架内。作为文化变量，信任也有其内在的缺陷。信任并不是固有的文化变量。人们之间产生信任可能是由于法律体系的质量或者是战略互动所导致的（Axelredf，1984）。信任可能是社会资本最优投资的结果（Glaeser、Laibson和Sacerdote，2002）。而且，文化影响经济绩效不仅仅只有信任。

在新文化经济学复兴以及经济学家更加关注非市场因素对经济的影响，被跨学科关注的词汇"社会资本"进入了经济学家尤其是发展经

---

① Landes, D. S. (1998), *The Wealth and Poverty of Nations*, Norton Company Inc. New York 516.

济学家的视野。社会资本的出现有助于将价值观、文化、历史和道德规范因素纳入到经济学的分析框架之中，这就在一定程度上回归到以亚当·斯密为代表的古典主义的传统，因此有人称之为"古典主义的复兴"。从而，使经济学对经济发展动因的解释跳出了传统的土地、劳动和资本的窠臼，开始关注到一个社会的文化和规范对经济发展的重要推动作用，拓展了人类对经济与社会生活的进一步探讨。经济学研究范围的拓展以及经济学理论基本假定的修正，丰富了人们对人类行为动机的认识，极大地改变了机遇个人利益理性计算的模式。正如阿克洛夫和克兰顿① (Akerlof 和 Kranton，2005) 所说：受文化影响的集体行动行为对劳动力市场的激励和组织具有一定的意义，也对我们的集体行动理论问题（目前还是由简单的"搭便车"假设主导）产生影响。这也是一个方法论的问题。虽然个人主义的方法论使用于大多数经济学研究（包括近几年兴起的试图超越最大化自身利益这一行为假设的种种尝试），然而集体荣誉感和自律超越了个人主义动机时，个人主义方法论就不再适用。即便是对看起来不需要任何社会资本和制度条件的模型而言，社会资本和制度还是起作用的。与市场相关联的活动，贸易以及其他的经济活动，都必须根植于制度和社会资本之中。诺斯 (North，1990、1997) 认为，文化信念是制度结构的基本决定因素，不仅经济学，而且心理学、社会学、政治学、人类学、法学和历史学，都应该回答文化信念的由来问题和他们如何随时间的推移而导致制度变革和社会资本的形成的问题。

2.2　探寻经济增长之源

自亚当·斯密以来的经济学家一直重视国民财富增长的研究，马尔萨斯 (T. Malthus) 在 1817 年给李嘉图 (D. Ricardo) 的一封信中写道：

---

① Akerlof, G. A. and R. E. Kranton(2005), "Identity and Economics of Organizations", *Journal of Economic Perspective*, Vol. 19(1).

"政治经济学探求的宏大目标——国家贫困的原因。"为什么一些国家繁荣昌盛而另一些国家停滞不前呢？这已经成为困扰经济学家、政治家的基本问题。对经济增长源泉的探索，一直是一些经济学家不懈的追求。20世纪40年代末，以哈罗德—多马模型为代表的资本积累论，奠定了现代经济增长模型的基本框架，但由于它不适于解释长期增长率的决定，而被索洛—斯旺为代表的新古典增长模型所代替。新古典增长模型认为，增长率不是依赖于投资，而是取决于技术进步率，但技术像"天上掉下的馅饼（manna from heaven）"是外生的，并假定世界各国技术增长率是一致的。由于新古典模型为代表的增长理论面对世界范围内各国收入增长率的差距缺乏解释能力而蛰伏了近二十年，到20世纪80年代中期，以罗默（P. Romer）、卢卡斯（R. Lucas）等人为代表的一批经济学家，在对新古典增长理论重新思考的基础上，探讨长期增长问题，导致了新增长理论的出现。罗默认为，产出是由物质资本、劳动和知识决定的，而知识的数量又与投资率密不可分。换句话说，对物质资本投资的报酬是决定增长率的最关键的因素。卢卡斯模型强调人力资本是增长率的决定因素，这些模型的重要假定是投资率和个人积累技术所花费的时间是外生的。当我们问为什么有些国家富有而有些国家贫困，我们的答案是富国公民花费更多的时间去学习、使用新技术、投资更多。然而，一个不容回避的问题是，为什么一些国家的人民投资比别国多？为什么一些国家的人民愿意花费更多的时间去学习和使用新技术？"我们认为重要的原因是国家法律、政府的政策和制度在起作用"（C. I. Jones，1999）。为真正揭开经济增长与经济发展之谜，越来越多的学者、政治家和研究机构正在把注意力集中到经济发展的社会和制度领域来寻找答案。① 在经济学领域，尤其是以道格拉斯·诺斯为代表的新制度经济学，强调产权、市场结构、民主决定程序、制度安排等非经济因素对经济增长的影响，斯蒂格里茨（J. Stiglitz）、阿玛蒂亚·森

---

① 长期以来，经济学家对所谓的政治因素、社会因素和文化因素对经济增长影响的研究采取敬而远之的回避态度，不是因为这些问题不重要，而是经济学家搞不清这其中的机制。

（A. Sen）和奥尔森各自代表的不完全信息、福利和制度刚性理论影响也甚广。从政治学角度，普特南（1993）认为地区公民参与社团的范围与密度为广泛的社会信任和信息传播提供基础，因而为增强政府效率、促进经济发展创造条件。维德（R. Wade，1988）和奥斯特罗姆（E. Ostrom，1990）论证了社会关系与地方机构在维持共有资源的重要性，包括发展中国家灌溉系统与渔场的管理。社会学家艾文斯（P. Evans，1996）指出，一个国家是"发展型"还是"掠夺型"的决定因素是公共机构的能力和国家—社会关系的性质。20世纪90年代后期，在这些研究成果基础上，关于国家能力、社会网络和社区参与的发展文献以社会资本构造发展经济学的理论框架。尽管发展经济学领域并不是所有人都接受和使用这一术语，而且这些观点还未像早期理论那样模型化，但它的结论具有普遍的政策含义，因而越来越受学术界的关注。

2.2.1　经济增长与经济发展之谜

在人们探寻国别之间经济绩效差异的过程中，经济增长理论长期以来一直是经济学中陈旧而时髦的话题。在古典经济学家中，亚当·斯密强调一国的国民财富增长的主要动力在于劳动分工、资本积累和技术进步；同时，斯密还强调劳动分工受市场范围的限制。而马尔萨斯和李嘉图则是经济增长的悲观主义者，马尔萨斯认为，长期内每一个国家的人均收入将会收敛于其静态的均衡水平，这就是著名的"马尔萨斯陷阱"。古典经济增长理论在李嘉图那里达到了一个较高的水准，李嘉图指出，作为生产要素的土地、资本和劳动产生的边际报酬是递减的，经济增长最终将趋于停止，即达到"停滞状态（stationary state）"，更重要的是，李嘉图将收入分配与经济增长联系在一起，说明了国民收入分配在经济增长中的重要性。古典经济学家的发展思想，体现在斯密的这段话中，"在一个国家从最低级的蒙昧状态向最大程度富裕发展的过程中，政府其实什么也不须作，只须维持和平、宽松的税收和公正的司法管理，所有余下的事都顺其自然"。在较晚期的新古典经济学家中，包括马歇尔（A. Marshall）、拉姆赛（F. Ramsey）、杨（A. Young）、奈特（F. Knight）以及熊彼特（J. Schumpeter），奠定了现代经济增长理论的基本思想。这些思想包括：竞争性行为和均衡动态的基本方法，递减报酬的作用及其与物质资本、人力资本积累的相互关系，人均收入与人口增长率之间的互动，以不断增长的劳动专业化分工以及新产品和新生产方法的发现形式形成的技术进步和垄断对技术进步的激励作用。[①]

然而，传统宏观经济学似乎对国家之间的贫富差异缺乏足够的兴趣，增长理论在很大程度上是死水一潭，屈尊于主流经济学教材可怜的最后一个章节里，仅仅得到的是一些发展经济学者的重视（J. Temple，1999）。笔者认为造成此种状况的原因有三：首先，缺乏足够翔实的比较世界上所有国家之间的收入水平的统计数据。其次，主要是理论解释问题，20 世纪 50 年代中期的理论形成了一种共识，增长基本上由技术进步推动，并且技术进步决定论阻碍了理论上进一步深入的研究。所有研究大致认为，外生的技术进步的几个简单假设可以解释和理解国际收入水平和增长率的差异。最后，在 1870—1945 年间，经济学家们的研究工作受到"边际革命"的巨大影响，其主导方向朝向微观领域，集中在如何使既定的资源有效率地分配，有人把此段时期称为经济发展的"静态的插曲"或"静止的间隙"。[②] 尤其是在 1929—1933 年资本主义危机之后，凯恩斯主义的盛行，使人们的注意力从原来的古典长期经济增长问题转向短期的总供给需求的波动。

20 世纪 80 年代以后，宏观经济学重新关注增长问题，一方面是由于萨默斯—赫思顿（Summers-Heston）的数据集的推动；另一方面得益于这一领域的先驱者鲍默尔（W. Baumol, 1986）、罗默（P. Romer, 1986；1987；1990）、卢卡斯（R. Lucas, 1988）以及其他具有深刻影响的研究，包括 Aghion 和 Howitt（1991）以及 Grossman 和 Helpman（1991）

---

① Roberts, B. and X. Sala-I-Martin(1995), *Economic Growth*, Boston: McGraw-Hill, 9.

② Reynolds, L. G. (1977), *Image and Reality in Economic Develepment*, Yale University Press, 33-34. 转引自谭崇台：《西方经济发展思想史》武汉大学出版社 1995 年版，第 15 页。

的努力。人们意识到，长期增长率存在很小的差异时，经过日积月累，带来的影响是惊人的。同时，国家之间的巨大生活水平的差异及增长率的差异令人担忧（见表 2 - 1）。至此，经济增长理论研究文献及实证研究纷纷出现于国外权威期刊，"……一旦一个人开始思考它们（经济增长），就很难再去想其他问题"（R. Lucas，1988）。为了更好地探寻经济增长源泉，我们必须回顾一下早期的理论研究。自从 1945 年以来，先后出现了增长理论的三次浪潮：第一次集中表现于哈罗德（R. F. Harrod，1939；1948）和多马（E. D. Domar，1946）模型；第二次与索洛（1956）—斯旺（T. W. Swan，1956）为代表的新古典模型相联系；直到 1986 年罗默提出内生增长模型，增长理论进入了第三阶段。近些年来（准确地说自2000 年以来），经济增长与经济发展理论逐渐融合，以美国一些年轻学者为代表掀起了实证研究热潮，被称为新实证发展经济学。①

表 2 - 1　增长奇迹与灾难（1960—1990）：人均产出的年增长率

奇　迹	增长（%）	灾　难	增长（%）
韩　国	6.1	加　纳	- 0.3
博茨瓦纳	5.9	委内瑞拉	- 0.5
香　港	5.8	莫桑比克	- 0.7
台　湾	5.8	尼加拉瓜	- 0.7
日　本	5.2	赞比亚	- 0.8
马耳他	4.8	马　里	- 1.0
塞浦路斯	4.4	马达加斯里	- 1.3
塞切里斯	4.4	乍　得	- 1.7
莱索托	4.4	圭亚那	- 2.1

资料来源：J. Temple（1999），"The New Grewth Eviclence"，*Journal of Economic Liferature*（March），112-156.

① 经济学家考希克·巴苏认为，新实证发展经济学利用可控的随机分析或者精心挑选的工具变量来解释经济变量之间的因果关系。参见考希克·巴苏：《新实证发展经济学——对其哲学基础的评论》，载吴敬琏主编：《比较》，中信出版社 2007 年第 28 辑，第 94 页。

按照 H-D 模型，决定一个国家的经济增长水平的最主要因素有两个：一是决定全社会投资水平的储蓄率，二是反映生产效率的资本—产出比率。由于假设前提的局限性，在他们的模型中，资本和劳动这两种生产要素要同时实现充分就业的稳定状态的经济增长很难，只能是"刀锋上的均衡"。H-D 模型最为关键的假设是固定技术系数生产函数。一般来说，这种生产函数在短期具有一定的社会现实性，在长期这两种生产要素——资本和劳动——常常可以相互替代。H-D 模型标志着数理经济方法开始在经济增长理论研究中应用，是经济增长理论的第一次革命。

20 世纪 50 年代中期，索洛和斯旺建立的新古典增长模型的发展推动了一个持续更久、规模更大的研究浪潮。模型假设生产要素之间可以充分替代，新古典生产函数的主要特征是投入要素的边际收益递减，所以在缺乏技术进步的情况下，长期的人均经济增长率趋于零。因此，在新古典经济增长模型中，长期持续的经济增长只能借助于外生的技术进步。考虑到新古典经济增长模型中存在的不足，卡斯和库普曼斯通过把拉姆齐的研究引入到新古典经济增长模型，内生了新古典经济增长模型中的储蓄率，人们合并称之为拉姆齐—卡斯—库普曼斯模型。但拉姆齐—卡斯—库普曼斯模型得出了与索罗—斯旺相似的结论，储蓄率的内生化并没有消除新古典经济增长模型固有的局限性，长期的经济增长仍取决于外生的技术进步。

阿罗针对新古典经济增长理论的局限性，提出了技术进步或生产率的提高是资本积累的副产品的观点，他认为不仅进行投资的厂商可以通过积累生产经验而提高生产率，其他厂商也可以通过"学习"来提高生产率，即非竞争性的知识具有外部性。据此，可以将技术进步看成是由经济系统决定的内生变量。但是，在阿罗的"边干边学"模型中，一个社会的技术进步率最终取决于外生的人口增长率。

Uzawa（1965）突破了传统的单部门经济增长模型的局限，建立了一个包括物质生产部门和人力资本生产部门或教育部门的两部门经济增长模型，从而内生了经济系统中的技术进步。在 Uzawa 模型中，人力资本的生产函数具有线性的性质，这样，人力资本生产部门不递减的要素边际收益就可以抵消物质生产部门递减的要素边际收益，从而保证经济的持续增长。但是，无论 Uzawa 模型中技术进步的作用如何，如果人口或劳动力的自然增长率不大于零的话，经济同样不可能持续地增长。

新古典经济学的增长理论引发的结论是，政府的政策对加速长期经济增长率没有什么帮助，长期增长率是索洛所谓的"稳定状态（steady state）"决定的。新古典增长理论对国际经济增长的另一个结论是，各国人均产出增长率将趋于一致。由于发达国家积累了大量资本，其经济增长速度将在资本边际收益递减规律的作用下减缓，不发达国家增长速度比发达国家增长得更快，欠发达国家的劳动生产率和人均的产出水平经过很长一段时期后将会趋同于或赶上发达国家，穷国和富国不平等现象将会消失。

新古典增长理论的重要缺陷集中于其对技术的态度上。尽管该理论告诉我们，从长期来看，人均收入的提高主要依靠技术进步，可是它没有解释技术进步的主要决定因素是什么。尽管技术作为长期经济增长的最终决定因素处于关键地位，但该理论既没有阐述经济变化，也没有阐述技术革新。该理论认为，技术进步对经济增长是外生的，技术通过资本投资才能得到体现；技术是一种世界上任何地方任何公司都可以获得的公共物品；与资本和劳动力不同，技术无法直接地加以观察或衡量，所以在考虑其他两个要素对"总要素生产率"和整个经济增长的贡献度之后，剩余下来的必定归技术了（即"索洛余值"）。但是，"余值"这个词十分易于误解。1909—1949 年美国生产率增长翻了一番，其中12%是每个工人平均资本增加导致的，那么剩余所占的或全要素生产率就要占88%了，剩余的竟不是小数目。结果，以要素积累为依据的新古典经济学只解释了一小部分它想解释的内容，该理论解释不了富国和穷国之间财富差距持久巨大的原因。[①]

① 卡尔多（N. Kaldor, 1963）列出了反应经济增长的六个"特征事实（stylized facts）"，（1）人均产出随时间增长，其增长率不存在下降的趋势；（2）劳动力使用的平均物质资本随时间而增长；（3）资本报酬基本不变，（4）资本—产出比基本不变；（5）物质资本和劳动在国民收入中的份额基本保持不变；（6）各国间单位劳动力产出的增长率存在很大的差距。新古典模型基本符合前五条，而不能解释第六条。

新古典增长理论的另一个缺陷是忽略了人力资本和知识技能。爱德华·丹尼森等学者的著作证明了教育对经济增长的重要作用，进而又证明了在人力资本上投资的重要性。研究已表明，由于投资所产生的正外溢效应，实物资本投资和人力资本投资对经济增长的贡献比新古典理论所说的更大，投资提高生产率、技术等外溢效应也能有益于其他公司，甚至整个经济。例如，这种正外溢效应可以解释，自从第二次世界大战以来，工业化国家资本投资的收益为什么比新古典理论所预测的要大得多。产业组织研究强调规模收益递增的重要性和研究与开发活动的关键性作用，已对新古典增长理论的假设提出了疑问。新增长理论对使用了世界上最先进技术的发达国家的持续增长的解释是很有见地的，然而对于东亚及中国等亚洲新兴工业化经济在 20 世纪最后 30 年间的增长趋同现象，新增长理论未能给出一个令人满意的解释。有些评论家批评说，新理论毫无新颖之处，仅仅在模型中把经济学家早已熟悉的技术革新、垄断定价和收益递增这些内容整理一下就重新使用而已。尽管索洛也称赞过新增长理论，但他认为新理论的依据简直不可信，因为很难检测收益递减的存在。赫尔普曼（E. Helpman）认为，新增长理论是对新古典经济学的重要补充看来是站得住脚的，新理论把不完全竞争和规模经济同"干中学"、技术革新结合起来有助于解释人均收入长期增长模型。

在经济学家诺斯的视野里，我们列出的原因（创新、规模经济、教育、资本积累等）并不是经济增长的原因，他们乃是经济增长。①今天的主流经济学——以新古典范式为核心的各种各样的变种——其经济发展理论并没有超越将经济发展看成是一个向劳动添加资本（adding capital to labour）的过程这样一种观点。经济学家阿布拉莫维茨（M. Abramowitz）曾说，资本积累只能解释美国经济增长的 10% 到 20%，因

---

① 道格拉斯·诺斯、罗伯特·托马斯著，厉以平、蔡磊译：《西方资本主义的兴起》，华夏出版社 1999 年版，第 7 页。

而称之为"标明了我们对经济增长原因无知的一个尺度"。是什么力量创造了福利？阿布拉莫维茨所说的对"增长的近似原因"的搜寻过程看来遵循着易卜生笔下的培尔·金特的路径，对于培尔·金特来说，那头洋葱——以及他的内在自我——只能被一层一层地剥开，但却找不到核心。①

2.2.2 社会资本：经济增长与发展的深层次因素

在传统的经济增长与发展理论中，考虑了资本积累和研发投资后，很大一部分增长差异仍不能被解释，这是为什么呢？实际上，传统的研究不足以解释，为什么有些国家富有，而有些国家贫穷；在应用新技术时，为什么有的社会非常失败，而有的社会能够成功；为什么相同的政治规则会产生不同福利结果；为什么有的国家比其他国家有更高的人均产出。在赫尔普曼（2007）看来，制度的差异可能是回答这些问题的关键，好的制度能够保障合同和法治的执行，并限制政府的干预。但是，在什么条件下才能产生好的有利于创新的好的制度呢？赫尔普曼承认，"我们对制度的研究才刚刚开始，只有更好地理解制度和经济增长之间的关系，我们才能揭示经济增长之谜，才能使得经济学家在设计政策时少犯些错误。……假定我是在五年后写现在这本书，大部分内容应该保持不变，但是制度和政治的这一章除外，因为我相信五年后在制度和政治领域研究将取得较大的进步"②。越来越多的研究者指出，一些国家经济长期停滞的原因是这些国家没有建立经济增长所需的制度基础，或者说建立了错误的制度。自20世纪60年代以来，经济发展理论的制度分析逐渐成了发展经济学一种主流意识。目前，我们仍然可以说

---

① 培尔·金特是挪威剧作家易卜生名剧《培尔·金特》的主人公。年迈的主人公在返回故土的路途中，一边回顾自己的一生，一边剥着洋葱，洋葱的每一层代表着他的一段经历，但最终外表壮实的洋葱却是无心的。

② E. 赫尔普曼著，王世华、吴筱译：《经济增长的秘密》，中国人民大学出版社2007年版，第7页。

经济学的制度分析在西方和中国当代经济学中如日中天[①]。

目前主流的发展理论有两种观点：一是制度对于经济发展是至关重要的，但是制度是内生的，且对于一个实际的经济体而言，究竟哪一种具体的制度形式才构成经济增长的关键是不确定的（Rodrick，2003；Sokollof，2003）；二是在制度发展的过程中，如何有效地约束政治权力是非常重要的（Acemoglu，2003）。既然制度是我们理解经济发展长期绩效的关键，为了解释不同国家何以会形成不同的制度结构，最新的理论进展倾向于寻找相对于制度选择更加外生的变量，如从地理位置与资源禀赋、历史传统，或更准确地说是从路径依赖的角度来解释政府政策选择和制度安排。例如，地理因素假说认为，经济成就的差异反映了各国之间地理、气候和生态环境的不同。发展经济学先驱者缪尔达尔非常重视地理因素对农业生产力的影响，并认为在考虑欠发达地区问题时应该考虑气候及其对土地、植被、动物、人类和物质资产的影响。萨克斯等（Sachs 和 Warner，1997）认为一国资源禀赋的丰裕程度将决定利益集团的寻租机会并诱发政府的制度选择。萨克斯（2000）在强调地理因素对流行病、交通费用和技术的影响时写道："在这个世界某些地方具有地理优势，包括靠近重要资源，靠近海岸线，拥有适合通航的河流，近邻繁荣的经济体，有利于农业发展的自然条件，对人类健康有力的因素等。"Shleifer 和 Vishny（1998）以及 Barro 和 Mccleary（2002，

---

① 自 20 世纪 60 年代以来，在当代国际经济学界的制度分析中，实际上有三大潜流。第一大潜流是以科斯、诺思、阿尔钦（Armen A. Alchian）、德姆塞茨（Harold Demsetz）、威廉姆森（Oliver E. Williamson）、张五常以及巴泽尔（Yoram Barzel）等为代表的"新制度经济学派"（New Institutionalism）。这一学派从 20 世纪 90 年代中期已开始式微，或至少可以说到目前已成了强弩之末（韦森，2004）。当代制度分析的第二大潜流是指自 20 世纪 70 年代以来以阿罗（Kenneth Arrow）、Frank Hahn、Jürg Niehans 等一批当代新古典主流经济学家对一般均衡模型中交易费用可能的位置的研究。当代经济学中制度分析的第三大潜流就是笔者所称的由肖特教授在其著作中所引发和运用博弈论（尤其是 20 世纪 90 年代中后期以来才发展起来的演化博弈论）的制度分析了。国内学者韦森把当代一些著名博弈论大师如哈森伊（John Harsanyi）、宾默尔（Ken Binmore），以及杨（H. Peyton Young）、萨金（Robert Sugden）、格雷夫（Avner Greif）和青木昌彦等一批运用博弈论进行自己理论建构的著名经济学家的著述视为这一流派的主要理论文献。

2003）遵循韦伯的思路，强调法律和宗教传统对制度绩效的作用。比较有影响的是埃斯莫格鲁（Acemoglu）、Johnson & Robinson（2001，2002）的研究，他们认为欧洲殖民者在殖民地的制度安排和生产结构取决于殖民者所在殖民地的自然环境和人口密度。他们使用殖民地时代（1500年前后）的死亡率和人口密度作为制度的工具变量，认为殖民者选择的死亡率低和非欧洲人口密度低的地方居住下来，同时移植了较好的制度，而在死亡率高和非欧洲人口密度高的地方，他们并没有打算长期居住，因此对殖民地建立掠夺性的制度。

但是，格莱泽等人（2004）认为埃斯莫格鲁的工具变量是有问题的，他们认为，欧洲人给殖民地带来的不只是制度，还引进了"枪炮、细菌和钢铁"，以及更多的知识和人力资本。因此，可能是人力资本的不同禀赋导致整个殖民地走上了不同的道路。如果工具变量除了通过影响制度而影响增长以外，还通过其他机制（比如说通过影响人力资本）而影响增长的话，那就不符合工具变量的要求了。进一步地，格莱泽等人（2004）还指出，虽然埃斯莫格鲁等人选择的工具变量与制度的度量指标（那些作为结果的制度指标）相关，但却与影响制度的深层次因素（规则和过程）不显著相关；历史上的死亡率可能还与社会疾病有关，而后者可能是直接影响人力资本的增长的因素。

由于制度变量的度量问题，以及为其寻找工具变量的难度，使得到目前为止考察制度对于增长的作用的工作都难以获得令人信服的结论。格莱泽等人（2004）认为，我们很难说制度是不重要的，但是教育和人力资本积累可能是更为重要的导致增长的原因。他们发现，滞后的教育变量能够非常好地预测制度变量，相反，制度变迁却不能很好地解释教育发展。同样，恩格尔曼等人（Engerman 和 Sokoloff，1997；2002）认为，移民比较少的殖民地更多地压抑了当地人民的教育发展。那么，是教育的落后或制度的缺位导致了经济增长的停滞吗？如果是因为教育，那这种落后为什么会长期持续下去？如果是因为制度缺位，为什么不能及早用好的制度代替原有的制度？这些发现与德杨科夫等人

（Djankov et al. ,2003）的观点相一致。他们认为，每个社会都面临着一些由人力资本和社会资本决定的制度机会，滞后的教育能够很好地预测制度变量，这说明教育对于经济发展的作用是非常关键的因素。除了在传统的理论中，教育代表着一个社会的技术水平以外，在新制度经济学视角里，教育还成了影响制度变迁的因素。有关制度和增长的关系的研究还在继续发展。从目前的发现来看，制度仍然无法被确认为原始的动力而影响增长。相比之下，教育可能是更为重要的，它不仅作为人力资本而直接进入生产，而且还通过影响制度而影响增长。尽管埃斯莫格鲁等人（2004）质疑教育是不是导致民主制的原因，但格莱泽等人（2005）又进一步提供了教育导致民主制的证据，并提供了一个理论的解释。他们认为，教育能够训练人们的互动能力，降低社会参与（包括投票和组织）的成本。在议会制和集权制的斗争中，议会制虽然拥有众多的拥护者，但却未能给予其拥护者很强的激励；相反，集权制虽然拥护者少，但激励却很强。教育使得市民参与的成本降低，相对地提高了民主所受到支持的强度。

要揭示长期经济停滞的秘密，我们需要寻找制度背后的其他原因。与此相类似，拉詹和津加莱斯（2007）提出，如果像格莱泽等人所认为的那样，贫困是因为人力资本不足所导致的，为什么糟糕的教育政策不能得到改变呢？新加坡和韩国的国民教育提高的经验为什么没有得到普遍的推广呢？在他们看来，贫困的持续并不见得与糟糕的政治和经济制度有必然的联系。制度通常是最直接的原因，但更深层次的影响却来自政治利益集团。只改变制度形式，而不触动其背后的政治势力，将没有效果，因为强大的政治势力总能找到应变的对策。由此，与其关注制度，不如关注需要良好制度的利益集团的缺失。加洛尔等人（Galor et al. ,2006）结合发达国家的历史指出，随着人力资本在经济增长中的作用越来越大，精英阶层将出于自利的动机而投资于公共教育，而随着教育的普及，阶级之间的差异就趋于消解，社会就会趋于融合。

尽管上述理论或多或少地解释了制度选择和行为的内生过程，但是以利益集团分析为基础的制度变迁理论，有一个比较强的隐含假定，即在政治上占据统治地位的集团，是可以明确计算制度选择对于自身未来利益的影响，或者对于制度变迁的影响具有理性预期的能力。它们忽略了社会资本在政府决策中所发挥的作用。在经济学的话语里，所谓的非正式制度和意识形态被定义为一组世界观或信仰，包括对劳动分工、收入分配和现存社会制度结构的道德评价。意识形态和社会规范等可以被看成是一种既定的更为宽泛的社会资本，对于政府而言，它兼具工具性和规范性的功能。它的工具性作用表现在：（1）它可以使选民相信统治者权力的合法性和现有制度安排的公平性，从而大大减少统治的交易费用（Lin, 1998）。因此，统治者愿意对社会资本进行投资，并向选民灌输能够增强它们统治合法性的社会资本。（2）在多层代理—委托框架下，统治者不仅需要选民的服从，还需要官僚的配合（Lin 和Nugent, 1994）。社会资本投资可以通过增强官僚集团内部成员的凝聚力和对他们的号召力，减少因为信息不对称所造成的道德风险行为以及集体行动中"搭便车"现象，从而降低统治者的监督费用。

从社会资本的规范性来看，它构成了对现实世界的价值判断，从而使它成为一种节约信息的手段。由于人的有限理性和信息不对称，当面临众多备选方案而无法直接进行成本—收益对比时，求诸社会资本几乎是必然的选择；当政府内部不同利益集团势均力敌时，社会资本可能成为影响天平倾斜的最终的评判标准。因此，社会资本可以在政策的初始制定过程中扮演非常关键的角色。认识到社会资本对政策选择的作用，不仅仅有助于我们更好地理解政策决策的本质，也将促使我们更认真地思考社会资本本身的价值和存在意义，尽管还有许多问题均有待于进一步深入研究。正如迪克西特（A. K. Dixit, 2007）所说："我们认识（社会资本）这一现象的复杂性，经济学在该问题理解上的贡献只是他的一小部分和推测性部分。"[①]

---

① 阿维纳什·迪克西特著，郑江淮等译：《法律缺失与经济学：可供选择的经济治理方式》中国人民大学出版社 2007 年版，第 83 页。

在经济学家探索经济发展和经济增长的深层次原因过程中一直未能寻求到有效的因素，从早期的社会科学家探寻文化对经济绩效的影响到诺斯的意识形态和非正式制度，由于测度的困难一直难以被主流经济学家所关注。自科尔曼（1988）和普特南（1993）之后，经济学家们与其他学术领域的研究者们一样发表了大量的研究社会资本的文章探寻经济增长深层次原因。[①] 社会资本和制度这两个概念有很大程度的重叠。诺斯（1990）认为制度是社会资本和制度文献中引用最频繁的定义。诺斯（1990）把制度定义为："社会中的游戏规则，更加正式地讲，是人性化地设计成引导人们交往的方式"。如果诺斯的定义就这样收尾了，那么我们可以认为制度和社会资本这两个概念有天壤之别。也许某些游戏规则是被政府强加实施的，而社会资本主要是关于非正式的规范或惯例，这种规范或惯例是在长期内没有受到法律的约束而形成的。因此，诺斯进一步区分了正式制度和非正式制度。诺斯（1990）定义的正式制度即人类设计的一种规则（一个很好的例子是政府颁布的法律和法规），而非正式的规则包括惯例和行为规范。诺斯把规则与体育运动进行类比使得正式和非正式制度的区别分得很清楚。正式制度类似于运动中成文的规则，而非正式制度类似于不成文的行为规范。诺斯指出，"非正式规则——行为准则、习俗和行为规范——对于良好经济运行来说是必要的（但并不是充分的）条件之一"[②]。"虽然正式规则可以一夜之间改变，但非正式规则的改变只能是渐进的。由于非正式规则给任何一套正式规则提供了根本的'合法性'，因此，激进的革命从来不会像它的支持者所要求的那样，而绩效也与预期不同。而且，采用另一个社会的正式规则的国家（例如拉丁美洲国家采用的宪法与美国类似）会有与其起源国家不同的绩效特征，因为它们的非正式制度和执行特征都

---

① 从 20 世纪 90 年代末期以来，从 Ecnlit 数据库中为社会资本引用的文章每年成倍增长。更多的证据表明，经济学家对社会资本的兴趣也在不断上升，如关于社会规范和社会资本（ZB）这些新的子类别最近被添加到经济类杂志的文献代码中去。

② 道格拉斯·诺斯：《新制度经济学及其发展》，载孙宽平主编：《转轨、规制与制度选择》，社会科学文献出版社 2004 年版，第 13 页。

不相同"①。诺斯研究的主要问题是为什么不同的国家（地区）会有不同的经济绩效？答案是，"制度是重要的"。进一步，既然制度对经济绩效如此重要，那么为什么其他国家不能学习和采用经济绩效好的国家中运用的"最佳"制度呢？为了分析这一问题，诺斯把制度定义为"博弈规则"，并把博弈规则分为两类：正式规则（宪法、产权制度和合同）和非正式规则（行为准则、习俗和行为规范）。他的解释是，即使能从国外借鉴良好的正式规则，如果本土的（indigenous）非正式规则由于惰性而一时难以变化，新借鉴来的正式规则和旧有的非正式规则势必产生冲突。其结果是，借鉴来的制度可能无法实施、难以奏效。从诺斯的整个理论体系来看，由于对制度的外生化处理，他在研究经济制度的起源时，不得不借助于对所谓政治市场的研究；同时，诺斯把很多制度研究中无法明确说明的问题，都归之为非正式制度特别是意识形态的作用。这样一来，就不免减弱了其理论的说服力。进一步，诺斯指出："然而，即使是在最发达的经济中，正式规则也只是决定选择的总约束中一小部分（尽管是非常重要的部分）；我们日常在与他人发生相互作用时，无论是在家庭、在外部社会关系中，还是在商业活动中，控制结构差不多主要是由行为规范、行为准则和习俗来确定的。但是，正式规则所依赖的这些非正式约束却很少是日常相互关系中做出选择的明显的和最直接的来源。"② 总之，诺斯对非正式制度给予了足够的重视，指出它们对经济行为有非常重要的约束。

　　诺斯关于制度的概念，一度扩大到包含非正式制度，包含行为规范和社会传统等概念，因此它被视为将社会资本包含其中。虽然诺斯关于信任讲述的不多，但是合作却是以一定程度的信任为先决条件的。诺斯

---

　　① 道格拉斯·诺斯：《新制度经济学及其发展》，载孙宽平主编：《转轨、规制与制度选择》，社会科学文献出版社 2004 年版，第 12 页。

　　② 转引自简·恩斯明格：《变更产权：非洲正式和非正式土地产权的协调》，载载约翰·N. 德勒巴克、约翰·V. C. 奈编：《新制度经济学前沿》，经济科学出版社 2003 年版，第 199 页。

（1990）有一个重要的议题：好的制度将会鼓励合作和减少交易成本。这样的观点也是社会资本学术文献中的显著特征。

　　以上的论述表明社会资本可以看成是非正式制度的延续。然而，我们需要承认诺斯的跟随者倾向将其注意力集中于正式制度，而非正式制度却几乎被遗忘。在深层决定因素的文献中，常引用"游戏规则"这个诺斯给制度下的定义，但是当它涉及制度的度量时，财产保护法案和法律规则却成为其显著的特征，规范、惯例和行为准则并不是其特征。值得注意的是，即使在新制度经济学家的著作中，他们对非正式制度的定义也是不尽一致的。例如，在简·恩斯明格的《变更产权：非洲正式和非正式土地产权的协调》一文中，支持了从文化中衍生出来的非正式约束不会立即对正式规则的变迁做出迅速反应的观点，并指出正式规则的改变和非正式约束的持续之间产生张力，其结果对经济变迁方式具有重要意义。① 德国经济学家史漫飞和柯武刚提出了内在制度这一与"非正式制度"相近又有区别的概念，内在制度被定义为群体内随着经验而演化的规则，而外在制度则被定义为外在地设计出来并靠政治行动由上面强加于社会的规则。接着，史漫飞和柯武刚对内在规则进行了分类：习惯、内化规则、习俗和礼貌、正式化内在规则，并指出非正式的内在制度和正式的内在制度的区别。这一区分好像把非正式制度这一概念弄得越发复杂了。② 由于非正式制度研究的局限性，社会资本的出现便被经济学者引申为非正式制度的替代术语，而经济学家斯蒂格里茨则是从社会资本的角度来研究非正式制度的。斯蒂格里茨指出，社会资本包括隐含的知识（tacit knowledge）、网络的集合、声誉的累积以及组织资本，在组织理论语境下，它可以被看成是处理

---

　　① 简·恩斯明格：《变更产权：非洲正式和非正式土地产权的协调》，载约翰·N. 德勒巴克、约翰·V. C. 奈编，张宇燕等译：《新制度经济学前沿》，经济科学出版社 2003 年版，第 198—234 页。

　　② 柯武钢、史漫飞著，韩朝华译：《制度经济学：社会秩序与公共政策》，商务印书馆 2004 年版，第 24 页。

道德风险和动机问题的方法。一个社会发展其经济时，它的社会资本同样也必须调试，让人际关系网络部分地被基于市场的经济的正式制度所代替。① 因此，从社会资本和制度在诺斯之后的文献倾向的定义方面来讲，社会资本和制度之间的重叠部分比起包含有非正式制度的制度定义将更少了。

继续讨论需要问一个问题：是否"非正式制度"比"社会资本"能更加准确地描述这个已经定义了的概念。使用社会资本这个词导致了许多争论，如社会资本是否是社会的，更加普遍的问题是它是否是资本，如果是资本它又是怎样进入到生产函数中去的呢？（Woolcock，1998；Collier，2002；Paldam and Svendesen，2002）。社会资本叫起来更加顺口并且有一顶漂亮的跨学科的光环，这也许并不是一件坏的事情。如果使用社会资本这一词促进跨学科间的交流，那么更多的社会资本将会以关系网的形式被创造出来。马克斯·韦伯认为，经济增长依赖于资本主义积累，而资本主义积累又依赖于资本主义企业家阶级，但只有在具有一套恰当的宗教价值观、公民美德和制度的条件下，企业家才可能变得活跃起来。而且，现代经济增长理论正在转向与社会学和人类学的传统联系。② 为了揭示这些结果，制度研究者们创立了比如非正式制度（North，1990）、社会能力（Abramowitz，1986）、社会资本（Putnam，1993）、社会基础结构（Hall and Jones，1999）、文明资本（Djankovet，2003）等概念。

总之，人们在探索经济增长的源泉分析中，主流的解释包括：运气决定论、地理决定论、文化决定论、制度决定论。而社会资本研究的深入，有利于研究者探讨经济增长的深层次原因。

---

① 约瑟夫·斯蒂格利茨：《正式和非正式制度》，载孙宽平主编：《转轨、规制与制度选择》，社会科学文献出版社 2004 年版，第 15—26 页。

② 柯武钢、史漫飞著，韩朝华译：《制度经济学：社会秩序与公共政策》，商务印书馆 2004 年版，第 24 页。

2.3 解析经济转型之惑

20世纪90年代后期，包括苏联、东欧国家和中国在内的30多个欧亚国家开始了从中央计划经济体制向现代市场经济体制的转型。波兰前第一副总理兼财政部长、著名经济学家科勒德克（2000）将这一广泛的后社会主义转型过程称之为"21世纪前夕全球经济一个最重要的特点"[①]，经济学家斯蒂格利茨将其与社会主义国家的建设一起称之为"二十世纪两项最伟大的经济实验"[②]。毫无疑问，这场涉及多达世界三分之一人口的重大变革吸引了全世界学者的目光，他们应用新古典经济学、新制度经济学、发展经济学、信息经济学、演化经济学以及比较经济学等最前沿的理论成果从不同侧面对这一变革加以研究。然而，社会主义国家向市场经济转型过程中为何困难重重？为何不同的国家采取不同的转型轨迹，并且转型进程中经济绩效具有较大差异？中国与其他欧洲国家在转型过程中到底发生了什么？如何解释中国近三十年来经济增长、制度变迁和国家治理之谜？中国经济发展的可持续性与转型的成功是否有制度上的保障？中华民族在伟大的历史复兴过程中走向何方？这些问题是理论界和政治界关注的焦点。

长期以来，经济学家在解释价格机制运行方面的确有着非常出色的研究，相对而言，在制度作用、激励机制、政治经济学影响和历史的作用方面，特别是历史对往后发展的相关性，传统经济学家是很少给予考虑的。所以，有的经济史学家说，经济学家以为他们知道市场经济是如何运作的，但实际上他们的知识很有限。在很大程度上，绝大多数经济

---

① 格泽戈尔兹·W. 科勒德克：《从休克到治疗：后社会主义转轨的政治经济》，上海远东出版社2000年版。

② 斯蒂格利茨：《改革向何处去——论十年转轨》，载《经济管理文摘》2002年第3期，第40—43页。

学家视这些制度为当然。正如诺斯（1997）所说："只有少数西方经济学家认识到创造市场所必需的制度条件，因为其他人简单地视制度为当然。"而有的经济学家特别天真地认为，这些市场经济的制度会自然而然的产生。比如萨克斯曾经说过："一旦中央计划经济的官僚们腾出了场地，市场经济就会自然萌发。"所以会出现一些经济学家所认为的社会主义国家可以跳跃进入市场经济的论断。比如萨克斯将其著作命名为《波兰跳跃到市场经济》，所谓"跳跃"就是没有过程的。

中国近三十年来的制度变迁中，没有一个符合标准教科书的私有财产体系，法律执行属于世界最差之列，政府干预还很多，但是中国却维持了较高的经济增长。① 而正统的经济理论没有预见，也很难为此提供有效的解决方法，毫无疑问，对于主流的西方经济学者，这一切都是一个谜。

20世纪90年代以来，经济理论界将转型经济定义为从计划经济向市场经济转变的过程。其实，经济转型涉及经济、文化和政治等方方面面的问题，国家转型不仅是制度变迁、政治运行机制变迁，更是一个文化演进的过程。斯蒂格利茨、科尔奈、P. Aghion 等经济学家运用社会资本理论来研究转型国家经济问题。"市场经济的成功不能仅仅依靠狭隘的经济激励来理解：规范、社会制度、社会资本和信任也至关重要"（Stiglitz，1999）。这些是一个社会必须具备的隐性社会契约，不能简单地被法律化或通过政府规定来行使。这种"社会黏附"任何社会都应当具备。对转型国家而言，最困难的是旧的隐性社会契约的转型。如果改革者只是简单地"革旧创新"而不考虑重构新规范的实践过程，转型将会走向歧途。"社会资本"的缺乏是某些转型国家失败的潜在原因（P. Aghion，2001）。一些学者（E. Parts，2003；G. T. Svendsen，2000）认为转型国家的重要任务是追赶发达国家经济水平，而中东欧国家社会资本的缺乏使它们的物质资本、人力资本的比较优势难以发挥，从而成为国

---

① 汪丁丁、姚洋、韦森：《制度经济学三人谈》，北京大学出版社2005年版，第3页。

家转型成功的一个重要障碍。著名转型经济学家科尔奈（2004）认为，诚实与信任对每一个国家、每一个时代都利益攸关，在转型国家显得更为重要。

在转型经济进程中，传统的理论主要探讨政府与市场之间关系的问题，政府究竟在经济增长和经济发展中起什么作用一直是经济学家关注的焦点，而经济学家常常在两者之间徘徊。在20世纪五六十年代发展经济学的黄金时代，因为当时主流宏观经济学建立在凯恩斯主义遗产和福利经济学基础之上，使得发展经济学家如强调经济增长的重要性一样，强调政府干预对经济增长的重要性。然而，随着新自由主义的滥觞以及一般化，尤其是实践中的计划与理论上的计划之间在结果上严重背离，使得人们"对计划的狂热平息下来，潮流转向对市场的兴趣。""政府失灵"一度取代"市场失灵"成为一个新流行语，尤其是以"华盛顿共识"为基础早期的转型理论，强调价格自由化、私有化和宏观经济的稳定性，并未强调政府的作用，甚至鼓噪"让政府远离经济"高于一切，更被某些发展经济学家视为"彻底地将全面计划化钉死在棺材里"。而东欧国家经济转型的实践证明，缺少能力的政府将会使以市场为导向的改革步履艰难，并遭受到改革过程中特殊利益团体的干扰。东亚金融危机的爆发以及一些转型经济的挫折触发了对政府作用的新争论，以斯蒂格里茨为代表的一些经济学家自1997年以来一直呼吁走出并超越"华盛顿共识"。在经济发展中，一个被称为"后华盛顿共识"的修正主义学派正在形成，他强调不同的经济需要不同的制度安排，政府在经济发展过程中应发挥经济作用；同时，国家—市场之间是一种互动关系，在这互动关系中，政府在投资、金融、人力资本形成、制度建设和促进制度变革方面发挥着重要作用。世界银行在谈到发展思维转变中强调，"政府在发展中起着极其重要的作用，但没有一套简单的规则告诉它们要做些什么。除了普遍接受的规则，政府的能力、国家的发展水平、外部条件等诸多因素决定政府在经济中的作用也有所不同"（世界银行，2001）。经济学家对政府与市场之间的关系一直难以厘清，而处于体制转型中的国家,关键是要"以正确的方式提出问题,不应该把'市场'与'政府'对峙起来,而应该是在二者之间保持恰到好处的平衡"①。

社会资本是曾被理论界"遗忘的链条(missing link)",可以在政府与市场之间形成桥梁作用。在调节国家与市场的空间制度安排时,理论家、政策制定者需要将两者有效地结合起来,避免在处理政府与市场之间的关系时不由自主地落入非此即彼的替代。社会资本作为沟通个人和制度的中间物,应把微观层次的个体与宏观层次的集体和社会选择结合起来,解决传统经济理论将两个层次对立的问题。也就是说,个人行为能否实现、个人理性与社会理性的和谐,以及制度能否解决集体行为的困境,不仅取决于个人和制度本身,而且还取决于双方联系的中介载体——社会资本。制度的刚性往往会造成个人的需要无法及时从制度中得到满足,此时,社会资本凸显出熨平个人与制度的冲突并诱致制度创新的作用。在没有明确法律、规则和程序的情况下,社会资本可解决内部潜在的冲突,网络范围内的博弈合作解的出现,使"共用地的悲剧"转化为"共用地繁荣"。在经济转型过程中,当"正规制度与组织成员的利益一致时,非正式制度的社会控制程序很大程度上包括了监督和执行成本,在此情况下具有较低的交易成本,导致高的经济和组织绩效。当统治者或公司对这一原则置之不理时,他们可能面临相反的社会规范和网络组织抵制他们的目标"。②

转型国家的信息不充分造成了普遍的市场失灵(市场不健全而没有发挥市场的作用)和政府由于受利益集团的影响造成的政府失灵,客观上需要群体的社会网络来弥补市场失灵和政府失灵,支持转型国家经济发展。P. Dasgupta(2005)将社会资本定义为人际网络,网络具有个人特征,网络成员有相似的爱好、特征,是排他的。从微观看,网络与市场

---

① 斯蒂格里茨著,周立群等译:《社会主义向何处去》,吉林人民出版社 1998 年版,第264—265 页。

② Nee, V. (1998), "Norms and Networks in Economic and Organization Performance", *American Economic Review*, Vol. 88, No. 2, 85.

是互补的，在经济发展过程中，人际关系网络可以弥补市场经济的缺陷，填补市场留下的空隙。同样，网络的排他性会产生一定的挤出效应，局部网络的蔓延会在市场中产生"飞地（enclaves）"会阻碍市场经济的完善，这又需要政府在培育新型的社会资本过程中发挥作用。总之，政府、市场和社会资本都是资源配置的重要手段，他们本身又存在局限性，三者之间不是简单的替代关系而是互补关系，如何充分发挥他们的积极因素是经济转型过程中面临的课题。

总之，人类的相互交往是建立在一定的信任和社会规范基础之上，社会资本的差异性形成了不同社会的多重均衡，从而形成国家与地区之间制度、经济绩效以及社会形态的巨大差别。经济分析再也不能对现代社会巨大多样性的持久存在漠然视之了。在人类社会不断演进过程中，社会资本的存在至关重要。

本章结论

传统主流经济学的分析方式抽象掉了制度和社会资本等非经济因素，其实，经济是嵌入在社会、政治整个系统之中的。所以，社会资本的重要性体现在：第一，社会资本理论的研究有助于弥补新古典经济学的缺陷，丰富经济学的研究视野；第二，经济增长的多种解释难以适应世界经济发展的差异性需要，社会资本的研究有利于进一步认识经济增长的深层次原因；第三，国家经济转型是一个系统工程，仅仅考虑政府与市场的行为难以认清经济转型的复杂性，社会资本的引入有利于我们分析制度构建的社会资本基础，避免传统政府与市场的二分发的缺陷，形成政府、市场与社会资本的分析框架。

第二部分

社会资本基本理论及分析框架

社会组织构成社会资本，进而便利了目标的实现，而在没有社会资本时将不会实现或者需要付出更高的代价。

——Coleman，1990

社会资本备受青睐并不是其有多么的神圣，而在于其替代物（政府与市场）都存在缺陷。

——Bowles & Gintis，2002

社会资本作为一个在 1980 年代迅速兴起、繁荣甚至狂热的词汇，它在极短的时间内成为众多学科共同关心的对象。本部分主要介绍社会资本的基本理论问题，包括第 3 章和第 4 章。第 3 章介绍社会资本的基本理论，从资本理论的演进这一角度试图阐释社会资本具备了加入"资本家族"的资格，并认为社会资本是有利于促进集体行动的规范和信任网络。社会资本是一把"双刃剑"，它既可以是经济增长的源泉，也会成为社会经济发展的障碍。

第 4 章认为，面对经济转型与发展中的种种挑战，传统的政府与市场的二元分析框架难以解释经济发展的治理模式。社会资本理论的兴起，为政府与市场之间架起了一座桥梁。在经济转型与发展进程中抽象掉社会资本将会使改革迷失方向，不能够正确认识社会资本对法律制度、市场发展的作用，简单地政府退出将会扭曲经济发展。为此，我们需要构建政府（命令）、市场（竞争）与社会资本（互惠）三位一体的综合治理模式，以促进经济发展与转型。

第3章 社会资本的基本理论

> 很少有一个科学概念像社会资本一样，在如此短的时间内引起如此广泛的关注并且聚集了如此众多的追随者。
>
> ——Elinor Ostrom & T. K. Ahn，2003

社会资本作为一个在20世纪80年代迅速兴起、繁荣甚至狂热的词汇，它在极短的时间内成为众多学科共同关心的对象，其研究文献以超常的速度积累。

E. 奥斯特罗姆在《社会资本的基础》一书中写道："很少有一个科学概念像社会资本一样，在如此短的时间内引起如此广泛的关注并且聚集了如此众多的追随者。"[①] 尽管关于社会资本的思想可以在很多早期思想家的论述中找到，如亚当·斯密、韦伯等人都有过此类阐述，但"直到20世纪90年代初，在科学检索网站上列出来的社会资本引文仅有2条。把人们对社会资本研究兴趣增长的情况列成表3-1，可知在文章和书中公开引用社会资本概念的数量，已从1991年的2条飙升到了2001年的220条"[②]。

---

① Ostrom, Elinor and T. K. Ahn(2003)，*Foundations of Social Capital*，Edward Elgar Publishing Limited.

② Ostrom, Elinor and T. K. Ahn(2003)，*Foundations of Social Capital*，Edward Elgar Publishing Limited.

表3-1 科学网站上关于社会资本的引用数①

年　　份	引用数目
1991	2
1992	3
1993	15
1994	12
1995	27
1996	37
1997	61
1998	102
1999	127
2000	150
2001	220

当然，社会资本这一范畴的提出和社会资本研究热潮的形成，不是偶然的，它是当今经济、社会发展的现实需要所导致的学术发展的必然结果。20世纪90年代的经济全球化运动，导致全世界都以经济建设为中心，这使得经济学成为发展最快、势力最强大的社会科学之王。经济学势力的壮大，使其产生了侵入其他学科领地的欲望。经济学不再只研究传统意义上的经济现象，而是借助于自己理论和方法上的优势，大胆地研究过去属于其他学科如政治学、社会学、法学研究对象的所谓非经济现象，并且取得了巨大的成功，从而形成了被称为"经济学帝国主义"的特别学术景观。除了经济学自身之外，其他学科的发展也顺应潮流，因势利导，大量引入经济学的理论和方法发展本学科的研究。因此，社会资本成为最狂热的学科概念不可避免。

---

① Ostrom,Elinor and T. K. Ahn(2003),*Foundations of Social Capital*,Edward Elgar Publishing Limited.

3.1　资本理论的发展与社会资本概念的兴起

尽管社会资本作为资本家族的一员已经得到了较为广泛的认可，但是有关社会资本的争议却不绝于耳，对资本理论的发展的探讨有助于进一步解构社会资本。正如林南所说："要理解社会资本，必须首先澄清资本的概念。"[1]

3.1.1　资本理论的发展

资本是经济学理论中常谈常新的一个概念。到目前为止，学术界还没有形成一个准确的、被共同认可的资本定义，正如 C. J. Bliss（1975）所说，"经济学家如果能在资本理论方面取得一致意见，那么，所有其他问题都将迎刃而解"。[2] 此言虽有言过其实之嫌，但要明确界定社会资本的含义，深入分析社会资本的性质与构成，就必须对资本这一范畴本身加以明确。

最早的资本理论产生于古典经济学创始人威廉·配第（W. Petty）与洛克（Locke）的著作中。在纯交换经济的分析框架中，资本总是与纯金融交易（借与贷）相关联，资本与利率之间的关系很自然地被看成可贷资金及其价格之间的关系。自此之后，经济学家对资本的解释可谓见仁见智，莫衷一是。重农学派和古典经济学家都把资本描述为生产资料的储存。亚当·斯密用"stock"和"capital"两个词表示资本的概念，有时把资本定义为提供收入的积蓄，有时又把资本定义为用来继续

---

[1]　Nan, Lin(2001), *Social Capital: A Theory of Social Structure and Action*, Cambridge University Press, 4.

[2]　Bliss, C. J. (1975), *Capital Theory and the Distribution of Income*, North-Holland Publishing Company, 7.

生产的积蓄，并区别了"生产性资本"和"非生产性消费"①。其后，萨伊、马尔萨斯及李嘉图对资本进行了初步定义，较为典型的是萨伊的定义，他认为资本包括使用的工具、劳动者所拥有的生活必需品与原料等。古典经济学中的资本理论历来以无意涉及金融领域的投资为特征。新古典经济学家马歇尔把资本看成是"一个人从他的资产中期望获得的收入的那一部分"，"包括为营业目的所持有的一切东西在内"；② 当代经济学家新古典综合派的主要代表人物萨缪尔森认为，资本通常被用来表示一般的资本品；而舒尔茨（T. W. Schultz）指出"将资本仅仅局限于建筑物、生产设备和存货量实在太狭隘了"，"由于不能明确地将人力资源视为一种资本形式、一种产品的生产手段和一种投资产品，从而助长了人们对劳动力的古典概念的固守，将之视为几乎不需要任何知识和技能的体力劳动能力，所有的劳动者都同样地拥有这样的能力。"③ 正是在看到了古典资本理论对解释现实问题存在着缺陷的前提下，20世纪60年代，舒尔茨和加里·贝克尔把人也视为资本，提出了人力资本的概念。他们把人力资本引入经济学分析之中，认为社会拥有的受过教育和训练的健康工人决定了古典生产要素的利用率。工人投资于技术和教育以提高其劳动技能，可以创造价值，提高收入。企业通过对职工的培训和人力资源的开发，也获取了更多的价值。人力资本的提出使得"资本"的概念摆脱了具体的物质形态而向广义的、抽象的层次扩展，成为可以带来价值增值的所有资源的代名词。

20世纪70年代以皮埃尔·布迪厄（P. Bourdieu）为代表的社会学家又提出了新的资本概念——文化资本（culture capital），他认为文化资本由一系列价值（values）和符号（symbols）所构成，通过文化投资（教育投资）可以让人们接受某种价值和符号，使之将统治阶级（domi-

① 亚当·斯密：《国民财富的性质和原因研究》（上），商务印书馆1972年版，第43、310页。
② 马歇尔：《经济学原理》（上），商务印书馆1981年版，第97—98页。
③ W. 舒尔茨著，吴珠华等译：《论人力资本投资》，北京经济学院出版社1990年版，第2—8页。

nant class）的观念内化为自己的价值，从而实现了统治阶级文化特征的再生产。① 虽然，文化资本是一个全新的概念，但是林南认为它只是对人力资本的另外一种阐释，"对于布迪厄而言，被一些人视为人力资本的教育甚至是任何训练，都可以被另一些人视为文化资本。这些不同的观点是对相同的经验现象（如教育）的不同诠释"②。因此，从某种意义上来说，文化资本与人力资本是具有相同内涵的一个概念。

然而，无论是物质资本还是人力资本，都只是一种经济性的资本。纵观世界经济的发展历史，单纯地使用这些经济资本还不能完全解释经济增长的原因，这恰恰也是经济学解释力受到质疑的主要原因。因此，为了解决单纯用经济资本（物质资本、人力资本）所不能阐释的诸多经济与社会问题，社会学家提出了"社会资本"来弥补这一缺憾。其基本的观点是：除了物质资本和人力资本之外，经济活动者所拥有的社会资源（信任、网络以及规范等）也可以作为一种生产要素进入生产领域，从而对经济起作用；社会成员之间的信任、价值规范和关系网络也是有价值、可利用的资源，对这些资源进行投资有利于产生新的经济利润。科尔曼（1998）、普特南（1993）、福山（Fukuyama，1995）与林南（1999）等学者在这个概念的提出及其发展过程中起到关键的作用。他们认为，如果把社会资源对经济体系的意义完全描绘出来，那么实现资本概念由惟物质阶段和人本化阶段向社会化阶段的飞跃即将成为可能，从而最终促使"资本"的隐喻不断地泛化和扩展。

通过对资本发展历程的简要回顾，我们可以清晰地看到，它有一个从物质资本向人力资本、社会资本发展的运动轨迹，这对于我们理解资本的本质含义和把握其发展脉络十分重要。美国杜克大学社会学教授林南（2001）在回顾资本理论发展历程时，以表格的形式对不同的资本

---

① 布迪厄的文化资本的概念，追索其根源可以发现这主要是来自他关于社会实践以及符号和意义的社会再生产的思想。

② 林南著，张磊译：《社会资本关于：社会结构和行动的理论》，世纪出版集团、上海人民出版社2005年版，第14页。

理论形态本身及其发展过程作了简要的概括总结：

表3-2 有关资本的理论形态

理论形态	解　释	资　本	分析层面
古典资本理论 （马克思）	社会关系 资本家剥削无产阶级	赚取剩余价值 生产和流通投资	结构分析（阶级）
资本理论			
人力资本理论 （舒尔茨、贝克尔）	劳动者剩余价值的积累	技术和知识投资	个人分析
文化资本 （布迪厄）	主流价值的再生产	主流价值的内化和认同	个人/阶级分析
社会资本理论 （林南、波特、科尔曼） （科尔曼、普特南）	社会关系 社会网络中嵌入的可以 利用的资源 社会团体的团结和再生产	社会网络投资 相互认识和认知的投资	个人分析 团体/个人分析

资料来源：Nan,Lin,Karen Cook and Ronald S. Burt(2001)，"Building a Network Theory of Social Capital"，in *Social Capital：Theory and Research*，New York：Aldine De Gruyter.

　　我国著名经济学家汪丁丁（2006）也把"资本"这一概念的各种论述进行了很好的归纳，主要体现在下列三个维度的论述：物的维度、社会关系的维度、精神生活的维度。他认为，这三个不同维度的资本共同组成一个开放式的三维资本空间，立体式地共同与外界的经济社会发生作用，从而协调地去解决一些复杂的社会问题。他认为，资本在物的维度内具有门格尔（C. Menger）曾详加定义的"财货性"（goodness）的四重性质：（1）desire，满足某种欲望，以该物品为所欲对象；（2）effect，满足该欲望的因果链条，使该物品成为该因果链条的一环节；（3）knowledge，关于该欲望及满足该欲望的因果链条的知识被欲望主体知晓；（4）availability，对欲望主体而言，满足该欲望的因果链条诸环节所必需的那些手段是经努力可以获得并支配的。在社会关系的维度内，通过把自身转化为资本在某一时空点的净收益，总是反映着当时当地社会成员之间的利益关系。作为社会关系的资本，与物的维度内的资本相似，也具有双重性质：一方面，资本所承载的累积效应可能强化社会成员之间的合作；另一方面，资本所承载的累积效应可能强化既得利益格局，导致权力结构的两极化甚至社会秩序的崩溃。由于资本的上述双重性质，社会秩序或它的狭义形式——规则，也具有双重性质：一方面，这些规则可能支持大规模的社会成员之间的合作；另一方面，这些规则可能压抑社会成员的自由。由此可见，资本在关系纬度（也可以直接称为社会资本）内既有积极的功能又有消极的影响，必须要全面地把握和理解。在精神生活纬度内，他认为，资本的首要特征是基于它所承载的累计效应，它能够把对利润（净利益）的追求转化为"意识形态"——对净收益或利润的崇拜。在任一社会中，只要有资本的人格化，资本在精神生活的纬度内就倾向于把"人格"异化为"物格"——人被物化为追求净收益最大化的机器。事情当然也不一定就是这样发展的，因为由于资本的累积效应的存在使得资本人格在精神生活纬度内具有某种自我调节机制，从而资本人格可能摆脱利润崇拜的奴役，升华到自我实现的境界。①

最后，有必要对马克思的资本观进行简要的概述，因为马克思的《资本论》是从社会关系的角度研究资本理论的经典之作。在马克思的分析中，资本是资本家或者资产阶级获得的剩余价值的一部分，资本家控制着生产与消费过程之间商品与货币流通中的生产资料。在资本主义社会体系中，资本代表着两种相互关联但又相互区别的因素：一方面，资本是生产出来的，是被资本家据为己有的剩余价值的一部分；另一方面，它又是资本家的投资，被期望从市场中得到回报。资本作为剩余价值的一部分是一个过程的结果，资本也是生产和获得剩余价值的投资过程。投资及其生产的剩余价值，也可以理解为投资过程的回报和更多剩余价值的再生产。正是统治阶级投资并获得剩余价值。因此，马克思的理论建立在两个阶级的剥削的社会关系基础之上。用马克思政治经济学

---

① 汪丁丁：《资本概念的三个基本维度：及资本人格的个性化演变路径》，载《哲学研究》2006 年第 10 期。

的经典表述即："资本不是物，而是能够带来剩余价值的价值，是一种社会关系的反映。"① 的确，在揭示资本主义生产关系运动的历史规律性这一目的之下，马克思的资本观表现出对资本范畴理解的深刻性，但是出于不同的研究目的，本文把社会资本作为一种生产要素看待。

3.1.2 从隐喻到概念

"社会资本"从语法上来讲属于偏正结构，中心在"资本"，"社会"仅仅是用来修饰"资本"的。正如语法结构一样，对社会资本感兴趣的人并非是对"社会"而是对"资本"这一概念感兴趣，因为他们想知道为什么信任、价值规范、关系网络可以被称为"资本"？它是如何具有经济意义上的资本属性的？它有什么样的经济含义？

当前的社会资本的概念来自于布迪厄。② 在他眼中，世界由许多不同的资本形式所组成：经济资本、文化资本、语言资本、学术资本和社会资本，不同的资本形式对应着不同的资源集合，发挥着不同的经济、文化、政治等功能。经济资本、文化资本和社会资本是其中最主要的三种资本形式，它们彼此间相互关联并且可以相互转化。但是遗憾的是，尽管布迪厄最先提出了社会资本这个概念，但是对于它本身的经济属性或者说是资本属性，却并没有进行系统的阐述。以至于产生了像迈耶这样的经济学家提出的许多疑问：社会资本具备"资本"的特性吗？社会资本是何种类型的存量呢？它对总生产函数分解过程中的余值具有实证意义上的重要贡献吗？社会资本积累的操作指南存在吗？怎么才能向社会资本投资呢？谁应该提供社会资本？③ 把迈耶的这一系列的问题归

① 马克思、恩格斯：《马克斯恩格斯全集》第六卷，人民出版社 1961 年版，第 487—489 页。

② 1980 年，法国社会学家皮埃尔·布迪厄在一本叫做《社会科学研究》的杂志上发表了名为《社会资本随笔》的短文，正式提出了"社会资本"这个概念，并随后把它定义为：（社会资本是）真实或虚拟资源的总和，对于个人和团体来说，由于要拥有的持久网络是或多或少被制度化了的相互默认和认可的关系，因而它是自然积累而形成的。

③ 杰拉尔德·迈耶、约瑟夫·斯蒂格利茨：《发展经济学前沿：未来展望》，中国财政经济出版社 2003 年版，第 21 页。

结为一个即：社会资本到底是不是资本？如果它是资本，那么这一连串
的问题都会得到相应的答案。

　　众所周知，传统意义上用于经济分析和社会统计的资本概念仅仅是
关于物质资本的，描述的是用于未来生产的特定时间上物品的存量。不
仅机器、工厂这些生产品，而且消费品的存量也都包含在这一概念之
中。通过类比，人力资本通常认为是有利于未来生产的个人技术和知识
的存量。那么，同样的类比似乎也可以用于社会资本，"社会关系有助
于促进合作"，这可以被视为是某一特定时间所拥有的资源存量，这有
益于在长期内增加社会产品。我们从人力资本概念的提出到最终为大家
所接受的艰难历程就能预测，社会资本这一概念的"合法性"地位的
确立必定也会遭到大量的批评和责难，它的历程也必定十分的艰难。这
种艰难体现在以下两点：首先，我们对"资本"概念的理解，尤其是
对广义上的资本概念认识的还不够深入。通常资本作为严格经济学意义
上的词汇它具有以下属性：价值可以度量，价值可以加减和比较，投入
和产出之间存在直接的关联，价值的变化可以用货币去衡量。① 而社会
资本作为社会关系层面的资本形态却很难进行度量、比较和用货币去衡
量，以至于社会资本的投资和回报都无法计算。因此，尽管社会资本也
叫资本，但是它难以体现出严格经济学意义上的资本特性。其次，这种
艰难体现在现实的实践中，有助于促进合作的"社会关系"有时候难
以识别、理解并且很难用精确的语言来表述其共识的，这与物质资本和
人力资本之间存在很大的区别，物质资本可以通过其市场价值直接理解
和认识，人力资本也可以通过工人们（或其他类型的劳动者）不同的
技术水平和受教育程度对应着不同的工资水平而得以理解。② 正是由于
难辨别、难理解和难度量这些瓶颈的存在使得社会资本作为资本的隐喻

---

① Field John(2004),*Social capital*,Routledge,12.

② Yujiro Hayami(2006),"Social Capital,Human Capital and the Community Mechanism：Toward a Conceptual Framework for Economists",Discussion Paper Series on International Development Strategies.

引起了广泛的争议。

社会资本这个概念最先激起了两位诺贝尔经济学奖获得者阿罗和索洛的反对。索洛首先站出来反对把那些研究冠上社会资本这个头衔。他说："为什么要叫社会资本？我认为，这是试图从糟糕的类比中得出确定的结论。"他主张把那些人们称之为社会资本的内容统称为行为模式，"行为模式一词比较枯燥，却可能是正确的字眼，虽然我乐意接受某种更为有趣的东西。"① 阿罗（1999）紧跟着索洛的反对之声，也在其文章中批评了大肆乱用资本的隐喻。他指出，"资本"这个词有三个方面的含义：（1）时间上的延续性；（2）为了未来的收益有意地作出当前的牺牲；（3）可让渡性。② 阿罗认为，对于社会资本而言，上述第一个方面的含义还可以勉强成立，但是，对于社会资本的可让渡性，他认为一个人不可能将其社会资本转移给别人。资本作为一个生产要素应该可以在市场中进行交易，而社会资本是一种嵌入的结果，它并不是个人的财产，它只能存在于与人相互交往的网络之中，它可以依据自己的便利将自己的社会资本给别人借用（如通过自己的关系网为朋友找到一份好工作），但它不具有让渡性。不过，这只是对社会资本片面的认识。笔者在考查和研究企业社会资本的案例时发现，从某种意义上来说，社会资本是可以转移的、可让渡的。打个比方，你开了一家公司，你通过诚实经营、优质服务为公司赢得了好的声誉，此时这个声誉就是你公司的社会资本。而当你转让了公司的所有权给其他的所有者时，公司的品牌和过去积累的社会资本（与其他厂商之间的关系、销售网络等）也将随之转让给了新的所有者。由于社会资本随着所有权的变更而转移，因此过去忠实的顾客同样会对公司的产品持续着一贯的支持，并非会出现业绩一跌千丈、一切从零开始的局面。其实，对于家庭成员和朋友而

---

① 罗伯特·索罗：《论经济运行与行为模式》，载曹荣湘选编：《走出囚徒困境：社会资本与制度分析》，上海三联书店 2003 年版，第 229—230 页。

② 肯尼思·阿罗：《放弃"社会资本"》，载曹荣湘主编：《走出囚徒困境：社会资本与制度分析》，上海三联书店 2003 年版，第 227 页。

言，这同样是适用的。稍微极端一点，比如，父母或好友过世，这时他们在过去辛苦建立的许多"社会关系"你都可以继承，只要你不做出对这关系有害的行为并且持续地使用它。由此可见，"资本"本身就是一个十分复杂的概念，它的含义可以有很广泛的诠释和理解的空间，这需要我们不断地加强认识。所以说，阿罗用资本的可让渡性来限定广义上的资本的子概念是不合适的、值得商榷的。

和阿罗一样地，索洛（1999）十分看重资本的另外两个重要的属性：当前的资本存量都是过去逐渐投资的累积、为了未来的收益有意地作出当前的牺牲。他提出的疑问是以社会关系作为重要形式的社会资本，它们的建立并非出于对参与者而言的经济价值的原因（Arrow，1999），这与经济社会学家格兰诺维特（1985）的观点相一致：经济行为嵌入在社会关系和社会结构之中，而社会关系和社会结构的创建并非出于经济的目的。然而，是不是不以经济价值为直接目的就不具备称为资本的资格呢？当然不是。因为如网络、规范和信任这些社会资本并非是有目的性地为获取经济效益而创造的，但是它们确实有同样的经济作用，发挥着与其他形式的资本相同的功效。

正如人力资本有时作为副产品得到发展的一样，社会资本在大部分的时候也是作为其他活动的副产品而被创造出来的。打个比方，假如你是一个篮球爱好者并经常游走于球场之上，这时你就会因为长期在一个球场打球而结识许多球友，当然，你们并非只是在球场上进行一些十分默契的技术交流，在球场下你们也许会进一步对其他问题进行沟通，像谈论 NBA、股市、爱情，甚至是邀请彼此参加自己的生日 Party 等等，这样由于多次的交流、互动而加深了彼此的交情，成了无所不谈的好朋友。并且，在你需要的时候他通过他爸爸（某公司老总）而帮你找到了一份工作。此时的社会关系就体现出了它的经济价值，但是你当初对这些社会关系的投资却并非具有经济目的（除非一开始就知道他爸爸是公司老总而有目的性地和他交往），这种社会资本以及由此而产生的经济效益只是作为一种打球的副产品所生产出来的。在这一点上它与自觉决定的物资资本的投资有所不同，但是它会产生同物资资本和人力资本相当的经济效应，这一点是不能忽视的。

针对"为了未来的收益有意地作出当前的牺牲"这一资本属性，在人力资本案例中的"干中学"就不用牺牲当前的利益而为未来积累资本。教育也是反驳这一观点最好的例子。众所周知，教育具有双重属性：消费和投资。许多人尤其是贫困地区的人们都有这样一种观念：教育是一种浪费甚至是一种牺牲，因为他们往往考虑的只是直接的经济利益问题，而且大多考虑的都是眼前的利益。他们喜欢去计算如学费这些直接的成本和去上学不能去工作的机会成本，而不去考虑孩子们在学校学习知识所获得的巨大的精神上和智力上的满足、和同学建立的强的社会关系（社会资本）以及增强在未来获得更高收益的能力（人力资本）。不过，他们这样考虑也有其理由，因为人力资本和社会资本在很大部分情况下都是间接地对经济产出产生影响的，并不能体现出直接的经济目的和经济效益，甚至在短期内也难见成效。但是，从长期来看他们所获得的社会产品和经济产品的收益将会远远大于其成本，这是毋庸置疑的。

所以说，阿罗用资本的以上两个属性来排斥社会资本这一隐喻也并非明智之举在社会资本入围资本家族的"战斗"中，似乎欢迎其加入的呼声更大一些。大多数的学者更加愿意承认社会资本是资本，认为应该把它作为资本来对待。科尔曼在其巨著《社会理论的结构》一书中就系统地阐述了自己的观点。在他看来，每个自然人从一出生就拥有了以下三种资本：其一是由遗传天赋形成的人力资本；其二是由物质性先天条件，如土地、货币等构成的物质资本；其三是自然人所处的社会环境所构成的社会资本。所谓社会资本，就是个人拥有的、表现为社会结构资源的资本财产。① 诺贝尔经济学奖获得者斯蒂格利茨认为："社会资本是隐含的知识，是产生凝聚力的社会胶合剂，同时也包含着一系列的认识能力和素质。这些隐含的知识之所以是资本，因为它需要时间和

---

① 詹姆斯·S. 科尔曼著，邓方译：《社会理论的基础》，社会科学文献出版社1999年版。

努力来生产，它不仅仅具有一定的机会成本，同时也是一种生产工具。"（J. Stiglitz，2003）。韦恩·贝克（Wayne Baker）说："社会资本能推进信息的交流、知识的共享、相互间合作、问题的解决、创造力的发挥、效率和生产力的提高……如同金融资本、人力资本一样，社会资本是一种生产性的资产，一个人或者公司可以对社会资本进行投资，然后它就会产生回报。"[①]

康乃尔大学的诺曼·厄普霍夫（Norman Uphoff）教授指出："各种形式的资本代表各种生产利益流量的资产。由社会资本流出的'收入流'应被分析为互利的集体行动。社会资本有两个主要分类：结构性的（作用、规则、先例和程序）和认知性的（标准、价值、态度和信仰）。社会资本作为一个连续统一体，是根据人们对效用函数正数量的产出结果和积极的相互依存关系的定位……应该把社会资本作为资本来理解"。[②] 2009 年诺贝尔经济学奖获得者埃莉诺·奥斯特罗姆（1999）认为，人类创造的资本包括四种有着某些相似性的类型，即物质资本、人力资本、社会资本和自然资本。其中社会资本是其他三种类型资本的必要补充。所有资本都是社会发展所不可缺少的，单独一种资本是不够的。社会资本同其他资本有所不同，这种差异主要表现在四个方面：（1）社会资本不会因为使用但会因为不使用而枯竭；（2）社会资本不容易观察和测量；（3）社会资本难以通过外部干预建立；（4）全国性和区域性政府机构对个人用来追求长期发展努力的社会资本类型和水平有重要影响。她认为，人类创造的所有资本都涉及创造新的机遇、实施限制、投资可能失败的风险，以及资本运用产生危害而非收益的可能性，而这些属性也是社会资本所具有的。在她看来，把社会资本当成一种重要资本，是因为社会资本概念是理解个体如何实现合作、如何克服

---

① 韦恩·贝克：《新型社会资本及其投资》，载曹荣湘主编：《走出囚徒困境：社会资本与制度分析》，上海三联书店 2003 年版，第 15 页。

② 达斯古普特帕、撒拉格尔丁：《社会资本：一个多角度的观点》，人民大学出版社 2005 年版。

集体行动问题以达到更高程度的经济绩效的关键所在。①

国内研究社会资本的学者如杨雪冬（2000）认为社会资本与物质资本、人力资本具有共同的特点：通过积累而成的，有规模效应，需要不断地更新，具有生产性，这些都是作为社会资本的资本属性而展现出来；②卜长莉（2005）从马克思的资本观的角度得出社会资本具有资本属性的结论；③燕继荣（2005）从资本理论的历史演进中得出结论认为社会资本是资本家族的一员。④程民选（2006）把社会资本具有资本的属性归结为以下几点：（1）社会资本是致力于构建人际合作关系模式的人们在有意无意中建立起来的一类资源；（2）社会资本具有如下主要形式：关于互动模式的共享知识、人际网络、信誉和信任、合作的规范等；（3）社会资本的获得和积累需要耗费一定资源（也包括时间和精力），因而具有一定的机会成本；（4）社会资本的获得和积累可以产生一定的收益，收益既可以是市场效益，也可以是非市场效益；（5）社会资本投资同样具有外部性，而且与社会资本有关的外部性也有外部经济与外部不经济之分。⑤

尽管有许多的知名学者认为把社会资本作为资本去看待是明智之举，但是我们还是暂时抛开以上的争论而单从社会资本本身出发，看看它到底具有哪些资本属性：

第一，社会资本具有积累性。资本是通过积累而逐步形成与壮大的。社会资本也是如此，它通过社会结构中人际关系互动、彼此信任和规范等多种渠道而实现扩张，在不断的使用过程中得到积累。

第二，社会资本具有规模效应性。资本的集聚和集中能够产生规模

① Ostrom, Elinor(1999), "Social Capital: A Fad or a Fundamental Concept?", *in Social Capital: A Multifaceted Perspective*, ed. Partha Dasgupta and Ismail Seraeldin, Washington, DC: The World Bank, 172-214.

② 李惠斌、杨雪冬主编：《社会资本与社会发展》，社会科学出版社 2000 年版，第 37 页。

③ 卜长莉：《社会资本与社会和谐》，社会科学文献出版社 2005 年版，第 146 页。

④ 继燕荣：《投资社会资本：政治发展的一种新纬度》，北京大学出版社 2005 年版，第 31 页。

⑤ 程民选：《信誉与产权》，西南财经大学出版社 2006 年版。

效应。同样的道理，规模大的社会资本网络相对于规模较小、相对封闭的社会资本网络更有利于其自身群体的经济发展以及由此产生较大的溢出效应。

第三，社会资本需要不断的维护和更新。与物质资本和人力资本一样，如果不能提供其他资源对社会资本进行维护，那么这种存在于行动者之间的联系就会"生锈"，从而失去效力。

第四，社会资本具有生产性。"物质资本与人力资本为生产活动提供了便利，社会资本具有同样的作用。例如，与成员之间互不信任的群体相比，一个相互恪守承诺、彼此信任的群体更有利于生产活动的进行。"①

第五，社会资本具有经济价值的可转让性。社会资本作为非物质形式的资本，均可以转换成"经济资本"或物质形式的资本。当各方都以一种信任、规范、参与合作的精神把自己的技能和财力结合起来，就能得到更多的回报。这说明社会资本具有实质性价值和效益。

第六，社会资本具有增值性，这是社会资本可以称之为一种新的资本形态的主要原因。卜长莉认为，社会资本之所以具有增值性，是由于两方面的原因引起的：一方面是由于人际的合作带来的效益，即"合作剩余"；另一方面是由于信任、互惠、参与及合作这些文化道德规范作为非经济因素带来的社会效益、社会价值。②

总之，如果技术和知识可以合理地称为资本，那么用相同的隐喻去描述合作关系的存量也是合适的。同物质资本和人力资本一样，社会资本对社会经济的发展具有同样重要的意义。社会资本作为资本家族的

---

① 詹姆斯·S. 科尔曼著，邓方译：《社会理论的基础》，社会科学文献出版社 1999 年版，第 356 页。

② 合作剩余，是指一定的群体或组织以获取稀缺资源或共同收益为目的、通过人际之间的相互配合而取得的超过他们各自单个活动收益总和的那部分社会效益。合作剩余是合作的各主体从合作中获得的各自扣除成本后的收益——包括各种形态的收益。它不仅包括通常意义上的由于合作所带来的收益，还包括了由于"协作力"或"集体力"产生的社会效益。参见卜长莉：《社会资本与社会和谐》，社会科学文献出版社 2005 年版。

"新宠儿"应该得到学术界的广泛认可，应该把它作为资本来善待而非怀疑和排斥。

3.2　社会资本的定义

虽然社会资本迅速地成为社会科学中的热门词汇，但是学术界依旧没有获得一个大家普遍认可和接受的定义，奥斯特罗姆解释了其中的缘由："社会资本研究阵营内部的分裂是其主要原因，一部分学者认为文化至关重要，而另一部分则认为价值观和文化仅仅是结构性激励的副产品。因此，不同的学者按其研究需要而对其作出了不同的界定。"[①]

3.2.1　社会资本定义的概述

学术界对社会资本的定义五花八门，但归结起来主要有两种研究思路（Eric L. Lesser，2000）。一种思路是把社会资本看成是有利于当事人行动的资源，这种资源存在于把当事人与其他人联系起来的社会网络中。也就是说，社会资本像物质资本和人力资本一样，是属于个人的，一个拥有更多社会资本的人就比一个拥有更少社会资本的人更容易获得成功和好处。因此，广结朋友就会增加个人的社会资本。但是，结交朋友和建立关系网，是要花费时间和金钱的，这就是投入，也就是所谓的社会资本投资，投资的越多，朋友也就越多，关系就越广，办事就会越方便，获得的收益就越多。但是，一个人的时间和金钱总是有限的，用经济学术语说，他要受到预算的限制。这样，如何把有限的资源在物质资本、人力资本和社会资本之间达到最优配置就成为经济学研究的主题，经济学的研究方法也就可以用来分析社会资本的投资。这种把社会

---

① Ostrom, Elinor and T. K. Ahn(2002), "Social Capital and the Second-Generation Theories of Collective Action: An Analytical Approach to the Forms of Social Capital", presented at the American Political Science Association annual meeting, Boston, MA, August30-September1.

资本作为个人的一种资源的观点，被称为是以自我为中心（ego-centric）的网络分析，有的学者也把它称为个人的社会资本，或者微观的社会资本。这种研究思路在社会学中常常被使用。

另一种研究思路是把社会资本看成是描述集体结构的内部联系的一个特征，它把人看成是团体、组织、社区、地区或国家等集体中的一员，而不是独立的个体。集体内部的凝聚力能够为集体中每个人产生利益。这种观点反映在以社会为中心（social-centric）的网络社会学的分析中。有的学者把这种分析称为集体的社会资本，或者叫宏观的社会资本。这种研究思路在政治学和发展经济学中常常被使用。集体社会资本的分析方法与个体社会资本的分析方法是有区别的。传统的经济学分析方法在这里不再适用。它不是建立在利己主义的道德基础上，而是建立在集体主义的道德基础上。一个人要获得集体的社会资本，他就必须参加一个或多个组织或协会，成为集体中的一员，与其他成员一起为了共同的目标而进行合作，否则他一味的追求个人利益，而不管甚至损害其他成员的利益，就有被驱逐和抛弃的危险，他就不可能获得集体的社会资本。因此，集体的社会资本的利益产生于集体成员的合作和团结。对这种社会资本的投资主要是时间，产生的利益由集体成员共同分享。例如，一个协会是由全体成员组成的集体。在这个集体中，每个成员必须合作和团结，才能达到共同的目标，争取的利益由全体成员共享。一个集体越是团结和合作，集体中每个成员获得的利益就越大。因此，对集体社会资本的投资就是如何增强集体内部的团结和合作精神。

除了以上的研究思路外，亦有学者将这些五花八门的定义归纳为以下五种类型[①]：

（1）资源说：社会资本是一种通过"体制化关系网络"的占有而获取的实际的或潜在的资源集合体，是从社会网络中动员了的社会

---

① 参见卜长莉：《社会资本与社会和谐》，社会科学文献出版社 2005 年版，第 74 页。

资源。

（2）能力说：社会资本是行动主体与社会的联系以及通过这种联系摄取稀缺资源的能力。

（3）功能说：社会资本是能为人的行动带来便利的社会资源。

（4）网络说：社会资本从形式上看就是社会关系网络。

（5）文化规范说：社会资本的本质是信任、互惠等文化规范。

3.2.2 来自不同学科的界定

社会资本范畴是由社会学家和政治学家而不是由经济学家最先提出并开展研究的，这是其他学科主动与经济学融合的一种反映。社会资本是不同于物质资本和人力资本的特殊资本，既然是一种资本，便属于经济范畴。社会学家和政治学家敢于提出并大胆研究社会资本，一方面表明他们对经济理论的向往，另一方面则表明以他们学科特有的视角看到了原有经济学的缺陷和弥补这种缺陷的新路径。下面就社会学、政治学和经济学领域的学者对社会资本所给出的较为重要的定义进行梳理。

（一）社会学和政治学对社会资本的阐释

一般认为，最早将"社会资本"这一概念引入社会学研究领域的是法国社会学家皮埃尔·布迪厄，他在继承马克思"人的本质是社会关系的总和"的命题的基础上，提出和发展了自己的社会资本理论。他把社会资本定义为"实际的或潜在的资源集合，那些资源是同对某种持久的网络的占有密不可分的。这一网络是大家共同熟悉的，得到公认的，而且是一种体制化的关系网络，换句话说，这一网络是同某团体的会员制相联系的，它从集体性拥有资本的角度为每个会员提供支持，提供为他们赢得声望的'凭证'……这些资本也许会通过运用一个共同的名字（如家庭的、班级的、部落的或学校的、党派的名字，等等）在社会中得以体制化并得到保障，这些资本也可以通过一整套的体制性行为得到保障"①。从布迪厄的社会资本概念可以看出，社会资本具有两个基本特征：第一，它是一种与群体成员资格和社会网络联系在一起的资源；第二，它是以相互认识和认知为基础的。他在以后的社会资本研究中还强调，某一主体拥有的社会资本量取决于他能有效动员的关系网络的规模；群体成员关系、社会网络和社会关系有利于提高不同领域中行动者的地位。

詹姆斯·科尔曼作为社会资本概念和社会资本理论的集大成者，从社会结构的意义上论述了社会资本的概念。他认为，"社会资本就是作为个人拥有的资本财产的社会结构资源……它的定义由其功能而来，它不是一个单一实体，而是一些不同实体共有的两种特征：一是它们都包括社会结构的某些方面，而且有利于同一结构内部中的个人的某些行动；二是和其他形式的资本一样，社会资本也是生产性的，使某些目的的实现成为可能，而在缺少它的时候，这些目的不会实现。与物质资本和人力资本一样，社会资本也不是某些活动的完全替代物，而只是与某些活动具体联系在一起。有些具体的社会资本形式在促进某些活动的同时可能无用甚至有害于其他活动"②。通过对科尔曼定义的分析，我们可以发现他的功能性定义可分为三种形式：首先是义务与期望，它们取决于社会环境的信任水平；其次是为行动提供基础的信息在社会结构中流动的能力；最后是得到有效认同的规范状况。科尔曼给社会资本下的定义对当代社会资本研究有着深远的影响，但也受到了广泛的批评。例如，波茨认为科尔曼使用了一个"相当模糊的定义"，"这为人们将许多不同甚至完全矛盾的过程重新贴上社会资本的标签开辟了道路"（Portes，1998）。还有学者指出他用社会资本的功能为社会资本下定义，在逻辑上混淆了原因和结果，以至于后续的研究者重复着他的错误。但

① 包亚明主编：《布迪厄访谈录：文化资本与社会炼金术》，上海人民出版社1997年版，第202页。
② 詹姆斯·S.科尔曼著，邓方译：《社会理论的基础》，社会科学文献出版社1999年版，第354页。

是，无论如何，科尔曼对当前社会资本概念的贡献是不容置疑的，普特南也认为是科尔曼的工作奠定了社会资本理论的分析框架。

虽然在普特南之前某些著作中就已经出现了"社会资本"这个概念的蛛丝马迹[1]，但是只有在普特南的社会资本概念提出以及对社会资本进行系统研究后才真正引起社会的广泛关注、成为学术讨论的焦点。普特南和他的合作者在意大利南部对社会资本问题进行了长达二十年调研，于1993年完成《让民主政治运转起来》一书，该书指出社会资本是"指社会组织（共同体）的特征，诸如信任、规范、网络，它们能够通过推动协调的行动来提高社会的效率"。从定义中可以清晰看到普特南是从社会组织的角度给出社会资本的具体含义的。在此书之后，他运用社会资本理论的研究主要集中在自愿社会团体、公民参与、公民心等方面。他认为，几十年来，由于极端个人主义的影响，美国人与其社区的联系减弱了，主要表现在公民参与比托克维尔时代明显地下降了。[2]

弗朗西斯·福山从信任的角度对社会资本进行了很好的阐释。他在其名著《信任：社会美德与创造经济繁荣》中把社会资本定义为："（社会资本）是一种有助于两个或更多个体之间相互合作、可用事例说明的非正式规范。这种规范可以是两个朋友之间的互惠性规范，也可以是像基督教或儒教之类的复杂而精巧的教条等等。互惠性规范镶嵌在某人与其他人交往的网络之中，但只是在他与其他人交往时才成为现实。"[3] 从该定义来看，信任、网络、公民社会以及诸如此类的事物虽同社会资本相关联，但全都属于附带现象，即它们是社会资本的结果，

---

① Woolcock（1998）认为 L. J. Hanifan（1920）和 J. Jacobs（1961）最早提出了社会资本的现代意义上的概念。

② 当然，他的那些关于美国公共生活和政治参与的一系列研究文章，比如，《独自打保龄球：美国下降的社会资本》、《繁荣的社群：社会资本与公共生活》等引起了广泛的争论，许多学者认为普特南用如此少的理论来概括美国的公民生活是没有说服力的。

③ 弗朗西斯·福山著，彭志华译：《信任：社会美德与创造经济紫荣》，海南出版社2001年版，第30页。

而不是社会资本本身。福山也从经济的发展和社会的繁荣方面研究了社会资本概念。他的研究集中蕴涵着这样一种思想，即经济学家在分析时除了应该考虑传统的资本和资源之外，也需要考虑相对的社会资本实力。社会团体中人们之间的彼此信任，蕴涵着比物质资本和人力资本更大而且更明显的价值，在高信任度的社会中组织创新的可能性更大。正如福山论述的："社会中存在高度信任感，能够促进大规模企业的产生，如果大科层组织能够透过现代化信息技术，使小一点的公司慢慢转型并加入他们的网络，这时候拥有高度信任感就如虎添翼了。"

（二）社会资本概念的经济学回归

从社会资本思想的起源到社会资本概念的提出，直至科尔曼完成社会资本研究框架，研究社会资本理论的学者主要来自于社会学领域，但是自普特南运用社会资本理论解释意大利南部与北部的经济发展差异之后，特别是自世界银行开展一系列社会资本研究项目之后，社会资本理论日益受到经济学家的青睐（如阿罗、索洛、斯蒂格利茨、科尔奈、速水佑次郎等都对社会资本理论发表过自己见解），并且已经进入到经济学的许多分支学科，尤其是发展经济学和制度经济学等领域受到特别的重视。一时间，以经济学的方法和理论解释社会资本以及运用社会资本解释经济现象的文献大量涌现。

早在 1977 年，经济学家洛瑞（Loury）就在其著作中使用了社会资本这一概念。尽管他当时没有对社会资本的概念展开系统论述，但很多学者都承认他是提出现代社会资本概念的第一人。他从经济学的角度提出了这个概念，是为了去论证社会资源对发展人力资本的重要影响。他批判新古典经济理论在对待种族间收入不平等时过于个体主义：只重视人力资本的作用，认为只要采取政策反对雇主的种族偏好和强化机会平等，种族间的收入不平等就会降低。在洛瑞看来，种族间的收入不平等永远不会消失，因为贫穷的黑人父亲无法使他们的子女得到丰富的物质资源和教育机会，因为年轻的黑人工人和劳动力市场缺乏联系，他们缺乏有关工作机会的信息。他认为，社会资本是诸种资源之一，它存在于家庭关系与社区的社会组织之中，对儿童或青年的心理发育、社会化以及人力资源发展至关重要（Loury，1977）。在 1992 年，他给出了社会资本的定义：（社会资本）是指人们间自然形成的社会关系网络，它促进或有助于获取市场中有价值的技能和特性，它与会计中财务遗赠一样重要，用以保持社会的不公平。

洛瑞将社会（关系）资源资本化这一做法引起许多经济学家的共鸣，他们都试图在经济学分析框架内解释个体资源之外的社会资源对经济学活动的影响。经济学家伍考克（Woolcock）最先高度肯定了社会资本的经济学意义。他在回顾了生产手段的发展历程后指出，古典经济学家发现了土地、劳动和物质的资本这三个实际增长的要素，20 世纪 60 年代的新古典经济学家（舒尔茨和贝克尔）则引入了人力资本概念，认为受过教育和经过培训的健康工人的社会天赋决定了古典生产要素的利用率。而社会资本理论则进一步发现，当各方都以一种信任、合作与承诺的精神来把其特有的技能和财力结合起来时，就能得到更多的报酬，也能提高生产率。

美国著名政治经济学家、印第安纳大学教授埃莉诺·奥斯特罗姆（1999）认为，人类创造的资本包括四种有着某些相似性的类型，即物质资本、人力资本、社会资本和自然资本。其中社会资本是其他三种类型资本的必要补充。她把社会资本定义为：社会资本是关于互动模式的共享知识、理解、规范、规则和期望，个人组成的群体利用这种模式来完成经常性活动。在她看来，把社会资本当作一种重要资本去理解，是因为社会资本概念是理解个体如何实现合作、如何克服集体行动问题以达到更高程度的经济绩效的关键所在。①

著名发展经济学家、斯坦福大学教授迈耶（G. Meier）认为，在相

---

① Ostrom, Elinor(1999), "Social Capital: A Fad or a Fundamental Concept?", *in Social Capital: A Multifaceted Perspective*, ed. Partha Dasgupta and Ismail Seraeldin, Washington, DC: The World Bank, 172-214.

继强调物质资本、人力资本、知识资本之后，一些经济学家现在又把"社会资本"加到增长的源泉中；这是因为当社会相互交往产生外部效应和促进为获取市场之外的共同利益而集体行动的时候，社会资本就会产生经济效益；而所谓社会资本，实际就是信任、互惠、人际网络、合作和协调，即可以被看成是调节人们的交往和外部性的"民间社会资本"。① 日本著名经济学家速水佑次郎认为：把国家、市场和社区作为经济发展制度中三个组织的有机结合，这里的社区组织就是社会资本。由社区内人们的相互影响产生的相互信任，构成了只有社区成员才可利用的社会资本。他认为，市场是在价格参数变化的信号下协调竞争中追逐利润的个人的组织，国家是通过政府命令强制人们调整他们的资源配置的组织，社区是在加强人际关系和相互信任基础上引导社区成员自愿合作的组织，它相对于市场和国家在地方公共物品的供给上具有比较优势，因为社区联系在阻止"搭便车"方面是有效的。简言之，竞争、命令和合作是构成一个社会经济系统有效运行不可或缺的三大机制，被传统经济学忽视的社区组织（社会资本）将发挥越来越重要的作用。

　　以上是从学科的角度，对社会资本的定义进行了梳理。为了使读者能够在纷繁复杂的社会资本定义中有一个头绪，笔者用表格的形式将社会资本最经常被引用的定义列举出来，如表3-3。

表3-3　社会资本经常被引用到的定义

Coleman（1988，p. 95）	"……义务与期望，信息渠道，和社会规范"
Coleman（1990，p. 304）	"社会组织构成社会资本，进而便利了目标的实现而在没有社会资本时将不会实现或者需要付出更高的代价"
Putnam 等（1993，p. 167）	"例如信任、规范和关系网这些社会组织的特征能够促进社会效率的提高"

① 杰拉尔德·迈耶、约瑟夫·斯蒂格利茨：《发展经济学前沿：未来展望》，中国财政经济出版社2003年版，第21页。

Fukuyama (1997, pp. 378-379)	"集团成员间存在的特定的一系列的非正式规则或共同规范使他们之间的合作得以产生。共同的价值观和规范自身不能产生社会资本，因为规范可能是错误的……，产生社会资本的规范必须包括像说实话这样的美德，满足义务和互惠"
Knack 和 keefer (1997, p. 1251)	"信任、合作规范和集团内部联系"
Narayan 和 Prichett (1999, p. 872)	"协会成员的数量和质量以及相关联的社会规范"
Putnam (2000, p. 19)	"……个体间的联系——从中得到的社会关系网和互惠规范以及信任"
Ostrom (2000, p. 176)	"对交往模式拥有共同的认识、理解、规范、规则和预期，这样的群体中的成员会有更经常性的活动（互动）"
Woolcock 和 Narayan (2000, p. 225)	"……规范和关系网使得人们热衷于团体的行动"
Bowles 和 Gintis (2002, p. 2)	"……信任、关心个人的交往（朋友），希望在社区的共同规范下生活以及惩罚那些不这样做的人"
Lin (2001, pp. 24-25)	"……嵌入于社会关系网中的资源以及在与他人的交往时方能获得和使用。因此这个概念包含了两个重要的部分：（1）它代表嵌入在社会关系中的资源而不是个人所直接占有的；（2）获取和使用这种资源必须是与他人发生交往时才可行"
Knack (2002, p. 42)	"我使用政府社会资本主要是关于影响到人们为互利而合作的能力的制度。这些制度最常用的分析方法包括合同的实施、法律法规，政府允许的公民自由的程度等。""市民社会资本包括共同价值观、规范、非正式关系网和协会成员，而这些都会影响个人集体工作去实现共同目标的能力"
Sobel (2002, p. 139)	"社会资本描述的是一种环境，在此环境中个人可以使用集团中的成员（关系）或关系网去获得利益"
Durlauf 和 Fafchamps (2004, p. 5)	（1）社会资本为集团中的成员产生正面的外部效应；（2）这些外部效应是通过共同的信任、规范、价值观、行为以他们对预期随之而来的影响而产生的；（3）共同的信任、规范和价值观产生于基于社会关系网和联系的非正式的社会组织
World Bank (2005)	促进集体行动的规范和网络

资料来源：Knowles，Stephen(2006)，"Is Social Capital Part of the Institutions Continuum and is it a Deep Determinant of Development?"University of Otago.

3.2.3　本书的概念界定

初看上面表格中经常被引用到的定义，似乎不同学科背景的学者给社会资本下了完全不同的定义。不过，笔者在对这些定义进行类比后发现，其实它们之间是具有很大的相似之处的，其思想大体上都是一致的，稍微归纳一下就可知这些定义大多数包含信任、网络、集团成员和一系列的合作规范等概念。下面就这些包含于社会资本定义中的重要子概念进行阐述，然后提出适用于本书主旨的社会资本概念。

首先，"合作规范"这一概念在许多社会资本的定义中都有出现，我们可以用具体的现象来阐述它，合作规范可能包括：在车站有秩序地排队买票和检票，邻居不在家时帮忙照顾孩子，农民们在农忙时相互帮忙收割，对行驶在路上的其他司机表现出尊重等等。这些都是在一定的文化基础上逐步形成和发展的，它与非正式制度紧密联系。

其次，"协会成员"包括体育队中的成员、合唱团中的成员、扶轮社的成员、教会或宗教群体中的成员等等。协会对于促进群体参与、关系网络的构建以及民主的促进和社会的整合起着十分重要的作用，因此协会在很多学者的定义中都有阐述。

第三，"联系"在社会资本的定义中也是一个很重要的子概念。它可以分为横向和纵向联系。横向联系即成员在平等的基础上彼此联系（如体育俱乐部），而纵向联系是以成员间的等级关系和不平等的权力为特征的（Grootaert，1999）。天主教会有时会被用作等级联系的例子（La Porta 等，1997）。联系也可以分为那些仅仅促进内部成员利益的联系（如周转资金计划）和既促进成员又促进非成员的利益的联系（如慈善事业）这两种。

第四，认识到"信任"有不同的范围这一点很重要。一种信任是在固定可靠的基础上和你经常接触的人之间建立的信任（如朋友和家人）；另一种信任是与陌生人之间建立的信任，和陌生人建立的信任关系经常被归为广义的信任。例如，whitely（2002）、Putnam（2002）、

Holm 和 Danielson（2005）把和你经常接触的人之间的信任视为深度信任，而把你和陌生人之间的信任视为浅度信任。这一观念正体现了联系社会资本和桥梁社会资本之间的区别，联系社会资本被定义为增强那些同质性人群之间的联系，而桥梁社会资本则是关于增加那些没有这些共同特征的人群之间的联系（Putnam，2000）。似乎在反复和他人接触后信任和合作将可以建立起来，因此关系网和协会成员能够被视为信任和合作的资源。群体的成员越是具有多样性（以家庭、种族、收入水平等为基础），那么这个群体越容易形成较高的信任度。

表 3 - 3 中，普特南（1993）的定义最常被引用到，该定义强调了信任、规范和网络，当然这些概念在大多数其他学者的定义中也都出现过。因此，虽然每个人都有他自己赞成的社会资本定义，但是他们中大多数人不可能会强烈反对那些包含有信任、网络以及合作规范这些子概念的定义。

正是基于对规范和网络的认同，以及它们对经济绩效和中国经济转型的重要意义，笔者给出了本书所界定的社会资本定义："社会资本是有利于促进集体行动的规范与信任网络，它是文化、非正式制度的延续，它的载体是社区与非政府组织。"①

3.3 社会资本的属性及其经济绩效

3.3.1 社会资本的基本特性

社会资本具有资本的基本属性，这个论点在本章的第一节已经进行

---

① 有的学者如 Stephen Knowles 就直接把社会资本与诺斯（1990）提出的非正式制度（Infomal institution）等同起来。笔者认为这样做有其不恰当之处，非正式制度作为一个与正式制度紧密联系的概念，它更难度量而且没有社会资本形象。更重要的是，它们之间存在很大的区别：非正式制度是正式制度之外的所有行为准则和规范，它的外延远远比社会资本宽泛，而社会资本可以说是非正式制度中的一个子概念，它包含于非正式制度之中，相比而言它更具体一些、研究的问题更加细致。所以，笔者认为把社会资本作为文化、非正式制度的延续更合适，而非与非正式制度相等的概念。

了论述。不过它阐述的是社会资本与物质资本、人力资本的共同之处。本节要探讨的却是社会资本所独有的一些特征。在学术界最先对社会资本与物质资本进行比较并指出它们之间的区别的是埃莉诺·奥斯特罗姆，她将社会资本的特征归纳为四点：（1）社会资本不会因为使用但会因为不使用而枯竭；（2）社会资本难以观察和度量；（3）社会资本不容易通过外部干预而形成；（4）全国和区域性政府机构强烈影响着个人追求长期发展目标所需要的社会资本类型和范围。

除了以上奥斯特罗姆的总结外，社会资本还具有以下几种特征：

（1）无形性。科尔曼指出，"社会资本基本上是无形的，它表现为人与人之间的关系"。[①] 社会资本不像表现为厂房、机器、生产设备、原材料的物资资本，也不像存在于劳动者的体力和脑力之中，表现为劳动者的经验、受教育程度、知识和技能的人力资本，社会资本存在于人际关系网络之中，看不见摸不着，是一种无形的资产。

（2）"准公共物品"。物质资本既可以是公共物品也可以是私人物品（道路、桥梁、机场等属于公共物品，而自己买的小汽车、手机等属于私人物品）。人力资本是私人物品（知识、技能不能公共所有和使用）。社会资本属于"准公共物品"，它根植于人际关系中，是关系人共有的一种社会结构资源；但是它对于关系网络之外的成员来说，又具有一定的排他性。

（3）社会性。社会资本存在于人与人的交往或人与人的关系之中。"社会资本之所以具有社会性是因为它涉及的人们的行为具有社会性。经济学家对社会资本的另一层潜在的含义更感兴趣：社会资本的社会性源自行为人之间的非市场相互作用所具有的经济效应。而这个经济效应并没有通过每个行为人在市场上面临的价格而内生于行为人的决策行为中。"人与人之间的互动形成人际关系，这是人赖以生存的社会基础，也是社会资本形成的基础。虽然人与人之间的互动或相互作用是非市场

---

① 詹姆斯·S.科尔曼著，邓方译：《社会理论的基础》，社会科学文献出版社 1999 年版，第 356 页。

的或非经济性的，但具备影响经济的作用或效应，这就是社会资本的社会性。

（4）外部性。社会资本具有外部性或"外部效应"。由于社会资本属于"准公共物品"，那么它的获取和使用就有一个范围去界定它，组织成员内部社会资本具有公共品的性质，而对于"圈外人"则具有排他性和竞争性。它的外部性有积极的和消极的两种：积极的外部性可以促进社会普遍信任的产生、加强彼此联系等；消极的外部性体现在排斥圈外人、限制个人自由等（关于这一点在下一节会详细论述）。

（5）社会资本的投入和产出具有不平衡性。社会资本投资也需要花费一定的时间、精力、体力，包括物质花费与情感付出等等。这种投入不一定会立即得到回报，但从长远来看，社会资本产生的社会效益往往可以大大超过其投入的成本。而且，一种社会资本一旦形成，包括和谐的人际关系以及较高的文化道德水准，就可以重复地发挥其效用并在使用中不断增值。这种"社会账本"与经济的交换有两个不同的地方：一方面，欠债者不一定需要用相同的"货币"来"还债"，它可以是非具体的媒介如"效忠"、"尊敬"；另一方面，没有约定的还债的期限和还债人。施予者的回报不一定直接来自于受惠者，而是可能来自于整个群体，如地位、荣耀、认可等。

（6）社会资本的获得要求物质资本、人力资本和文化资本的长期的和连续的投入。如同在经济活动中一样，交换在社会关系网络的形成中起着关键性的作用。社会资本不是自然形成的，是一种投资策略的产物，这种投资策略的主要目的是要稳固关系，使其成为可靠的资源。这种策略首先确定那些在短期内或长期内直接用得着的、能保证提供物质利润和象征利润的社会关系，然后将这本来看起来是"偶然"的关系（如邻居、同事甚至某些亲戚关系等）通过"象征性的建构"，转变为一种双方都从主观上愿意长期维持其存在的、在体制上得到保障的持久稳定的关系。这种转变的关键就是"象征性建构"，它利用一些现存的社会体制，通过各种物质或非物质的交换，使社会资本得以确立，并不断地进行自我再生产，这就决定了对社会资本的投资必然是长期的和连续的。

3.3.2　社会资本与经济绩效

20 世纪 90 年代以来，探讨社会资本如何促进经济增长和发展已经成为学术界趋之若鹜的焦点问题，社会资本已被许多经济学家称为经济增长的又一重要源泉。探讨社会资本的基本经济属性和功能有利于我们进一步认识社会资本与经济绩效间的关系。

（一）社会资本的成本—收益分析

社会资本的经济分析主要有以下三个方面：一是看作效用函数的偏好，二是将社会资本看做一种资本，三是弥补基于不完全信息或风险的市场失灵的机制。传统的生产函数的投入要素主要是物质资本、人力资本和劳动力，我们将社会资本引入生产函数来考虑投入与产出之间的关系。方程式（3.1）提供了期望产出与投入要素的关系：

$$E_{t'<t}Q_t = A_t F(K_t, L_t, H_t, S_t,) \qquad (3.1)$$

K_t 表示物质资本，L_t 是劳动，H_t 是人力资本，S_t 代表社会资本，A_t 代表生产率，$E_{t'<t}$ 表示在 t' 年的期望产出。

这一函数在传统的标准生产投入中，通过引入成本—收益分析框架，考虑了网络和规范，以社会资本形式出现四种可能要素，将影响期望的 Q_t。

如果一种形式的社会资本（S_{it}）期望的生产率是正的，即：

$$E_{i<t}(\partial F_t / \partial S_{it}) > 0 \qquad (3.2)$$

那么，这种形式的社会资本投资是合理的。例如，一个区域的资源管理体现出积极的公民参与形成的协会与饮水系统的清洁改善息息相关。

如果对于 j 种形式的地方社会资本期望的生产率是零，即：

$$E_{i<t}(\partial F_t / \partial S_{it}) = 0 \qquad i = 1\cdots\cdots j \qquad (3.3)$$

在社会结构元素作为一种形式的社会资本对投资仍然有益，只要满足以下条件：

$$E_{i<t}\ (\partial K_t/\partial S_{it})\ >0$$
$$E_{i<t}\ (\partial L_t/\partial S_{it})\ >0$$

或者 $E_{i<t}\ (\partial H_t/\partial S_{it})\ >0 \qquad i=1\cdots j$ （3.4）

换句话说，如果以下社会结构的元素在创造物质资本、劳动或人力资本方面具有生产性作用，反过来它将影响期望的产出（于是 $E_{i<t}$ $(\frac{\partial F_t}{\partial S_{it}}\cdot\frac{\partial K_t}{\partial S_{it}})$ >0），仍存在投资于社会资本的合理性。

在某些状况下，一些形式的社会资本对期望的产出生产具是直接或间接的负的效应：

$$E_{i<t}\ (\partial K_t/\partial S_{it})\ >0 \qquad i=1\cdots j \qquad (3.5)$$
$$E_{i<t}\ (\partial K_t/\partial S_{it})\ <0$$
$$E_{i<t}\ (\partial L_t/\partial S_{it})\ <0$$
$$E_{i<t}\ (\partial H_t/\partial S_{it})\ >0 \qquad i=1\cdots j \qquad (3.6)$$

例如，一些地区禁止女孩教育的社会规范，这种社会结构的元素通过影响地区人力资本而间接地降低产出。社会资本表现为人与人之间的关系，它同物质资本、人力资本一样具有生产性，能为生产活动提供便利。

（二）社会资本对经济发展的积极功能

是什么决定了世界各国在经济增长上的巨大差异，一直是经济学家苦苦探寻的问题。对经济增长源泉的探寻，几乎是经济学界一个永恒的话题。自从 20 世纪 70 年代开始，越来越多的学者开始把注意力从物质资本转向非经济因素。20 世纪 90 年代普特南（1993）、速水佑次郎（1995）、Knack 和 Keefer（1997）的研究使得更多学者认识到社会资本在经济增长中的作用。

普特南在研究意大利市民文化的经典著作——《让民主运转起来》

中最先发现社会资本水平与经济发展之间存在着高度的相关。他在一系列的调查和研究后发现这样的现象，意大利北部地区的社会资本水平高于南部地区，与此相对应的是北部的经济发展水平要远高于南部地区，而且北部比南部能够更好、更快地适应社会、经济和政治环境的变化。鉴于此论据，他得出这样的结论：传统的市民文化更有利于促进经济的发展。卡西（Casey，2003）同样对意大利进行了研究，他不但得出了与普特南相同的结论，甚至还提出社会资本与经济发展之间的正相关关系还适合于所有其他的发展中经济实体。列文（Levy，1999）也通过研究法国的经济发展而得到同样的结论：法国市民社会的衰退是其经济下降的主要原因。[①]

除了抛砖引玉式地对以上的实证研究介绍之外，笔者还把社会资本对经济发展的作用归纳为以下几个方面：

（1）减少信息搜寻成本。在现代市场经济中，信息是不对称的、不完全的，这就导致了市场失灵。生产者和消费者为了搜寻有效而准确的信息必须花费时间和金钱。降低信息搜寻成本有很多方法，如通过媒体获取各种信息。与人交往也是获取信息的有效途径，有时是最有效的途径，从朋友和伙伴那里获取信息既可靠又真实，从而大大节约了搜寻信息的成本。其实，在实际生活中，很多有用的信息是从亲戚、朋友、同事、同学那里获得的。例如，人们在劳动力市场上寻找工作时，很大一部分人是依靠亲戚、朋友、同乡、同事、同学获取就业信息。

（2）减少交易成本。通过加强人与人之间的合作关系来提高人际信任程度和遵守承诺，从而减少人们在经济活动中的违约成本和交易成本，提高交易效率和经济运行效率，促进资源有效配置和经济增长。举例来说，在农村地区，由于信用和抵押问题，农民要想从银行获得贷款是非常困难的。如果农民按照自愿的原则成立农村信用合作社，农民就

---

① 在列文的学术论文"Tocqueville's Revenge"中，他认为法国市民社会的衰退主要是由于近几年政府权力对经济行为的过度介入和控制，而政府又没有同时创造出有效的经济制度来支撑这个经济体制的政策运转从而使得经济水平下降。

可以在最需要资金的时候获取信贷，从而促进农业生产的发展。又例如，中小企业是任何一个国家经济发展的重要推动力量，在发展中国家更是如此。如果一个国家社会信任度较高，银行能够预期中小企业将会信守承诺，按时还本付息，就会大胆地给中小企业贷款，促进中小企业的健康发展；相反，如果一个国家社会信任度低，中小企业违约率较高，银行就不愿意向中小企业贷款。这样，中小企业最需要扩展规模时却缺乏资金，其发展就会受到极大的限制。这样的事例不胜枚举，不仅在金融业，在经济活动中的各个领域都存在。

（3）产生溢出效应。人们的很多知识和技能是通过直接与别人交往和交流获得的。一个人在与别人交往时常常会从他人那里学到很多有用的知识和技能，从而能够带来利益。特别是有些知识是个人化的知识，如他的思维和行为方式、为人处世之道，从书本中是学不到的，只有通过面对面的观察和手把手的传授才能掌握，这种知识通常被称为隐形知识（*tacit knowledge*），这种知识具有很强的溢出效应，它能够产生正的外部性。

（4）节约正规制度实施成本。一个社会的法律和契约制度是规范人们行为的正规制度，它是对人们行为的一种硬约束，如果违反了就必须受到法律惩罚。但是，如果一个社会的诚信度较高，经济当事人之间就可以通过口头约定和习惯来从事交换和借贷活动，违约现象很少发生，这样就节约了大量时间、精力和金钱去诉诸法律，从而大大节约了制度的实施成本。

（5）有助于"公用地悲剧"的解决。"公用地悲剧"是刻画环境退化和资源枯竭的一个重要术语，但是社会资本引入后情况就大不一样了。因为，作为社会资本重要形式的合作规范确保个人或群体能够充分考虑到其不恰当的和自私自利的行为所引起的后果，以及能够对冒犯者起着规避和制约的作用。从而，通过合作实现了经济资源的可持续利用和发展，最终提高了整体的经济效益。

（6）有助于创新以及知识的发展与共享。网络中的共同利益使得网络成员相互合作，共享有关资源，有利于创新的产生。而良好的社会网络关系可以使好的、创新的观点（或者技术）在社会成员之间更容易得到传播与扩散。鉴于此，如果一个社会拥有较高水平的社会资本储量，那么个体或群体更愿意通过从事创新实践去获得高额的回报，从而促进了经济效率和效益的提高。

（三）社会资本对经济发展的负面影响

任何事物都具有两面性，社会资本的积极功能毋庸置疑，但是，社会资本也有其缺陷，比如网络关系的狭窄、信任半径短、存在本质上反动的社会资本等等，使得它也会带来消极的影响，这是我们不能忽视的。

社会资本对经济发展的消极影响可以归结为以下几个方面：

（1）拥有大量社会资本的人或群体利用自己的社会资本优势去"俘虏"权力集团，来动员稀缺的资源，从而引发社会资源的分配不公，给社团组织之外的社会成员造成福利损失。比如，工会力量给非工会成员带来损失。

（2）过于狭窄与封闭的社会网络阻碍社会资源在更加广泛的范围内进行更加合理的配置，甚至使得经济畸形发展。比如，地方保护主义就属于此种类型。在当前我国社会主义市场经济还不完善的时候，地方保护主义已经成为了我国经济进一步健康快速发展的主要障碍之一。

（3）社会组织可能会阻碍其成员参加更广的社会组织，也可能向其成员施加沉重的义务，从而阻碍个人自由与事业的开拓，阻碍他们的经济进步。

（4）社会资本与规模不经济。随着交易的规模增长和范围的扩大，社会资本作为一种潜在的规范就会出现两个问题：协调失败和社会资本撤资。在信息不对称的情况下，协调失败因无法信任商业伙伴信守可能使双方都获益的交易而产生。比如，在某个经济体内由于种族团体较多，并且每个团体都有自己的一套做生意的习俗和社会规范，因此协调问题也迅速复杂化。当团体的规模增长时，团体内的信息处理和执行也变得更困难。随着社团外可选择的商业机会增多，潜在的商业伙伴的数量增加并且更加多元化，留在人际网络中的相对收益就下降。在这种情形下，商贩可能发现违背社团规范的代价减小，因为团体所能施加的任何制裁（比如不再共享信息）效力减弱。由于竞争的增强和其他商业伙伴的存在，商贩可能发现他完全可以退出社团，对他的收益并无太大的影响。

（5）强大的社会网络的存在，使得网络之外的人甚至无法与网络成员竞争，阻碍了社会竞争，这在现代经济学分析框架内，存在社会资源的低效率配置。

为了能够使读者透彻地理解这个问题，笔者举一个对名著《老人与海》变通而得到的例子：老人 A 拥有一条渔船，但是他因年老力衰，难以独自划船去海里捕鱼。此时，他就想到雇佣一个年轻的小伙子去协助他划船，以及在捕到鱼时能做一个好帮手。招聘信息发布出去后，有两个年轻人 B 和 C 来应聘。见面以后，老人 A 不假思索地选择了 B，因为他发现 B 是他的亲戚。并且他认为，C 是一个陌生人，很有可能在叫他独自出海捕鱼时，会像海盗一样将渔船偷走或者是私藏捕捞到的鱼。而 B 与他之间是亲戚关系，所以 A 相信到傍晚的时候，B 会带着捕捞到的 100 斤鱼划着渔船准时返回，然后，老人 A 将打捞的鱼的一半（50斤）作为工资发给 B。在这个故事里，人们都一致认为在严重信息不对称的情况下，除了亲戚之外的任何人都是不值得信任的。此时，亲戚关系作为社会资本而增加了 100 斤鱼这一社会产品，并且将 A 和 B 更加紧密地联系起来，也就是我们经常所听到的亲上加亲了（当然，这里有一个假设，渔船和 B 的劳动都没有机会成本）。然而，如果社会关系网络扩大一点，情况可能就不一样了。接着上面的故事，假设 C 由于经常到 A 的邻居或者街坊去串门，使得 A 对 C 也十分了解，发现 C 也是一个十分诚实和守信用的青年后生，并且他比自己的亲戚 B 更加强壮、捕鱼的技术更好，从而能够每天捕到 200 斤鱼。但是老人 A 不能轻易炒掉

B 而去雇用 C，因为传统的价值规范告诉他："当你雇佣工人的时候，亲戚理所当然地有优先权。"这样由于强大的社会网络的存在，使得网络之外的人甚至无法与网络成员竞争，从而阻碍正常的社会竞争。这在现代经济学分析框架内，存在社会资源的低效率配置。正是这一社会规范的存在使 A 无法雇佣更加适合的 C 而在牺牲自己利益的情况下用 B 去替代，使他每天有 100 斤鱼的损失。

在当今的经济领域，类似的情况其实还有很多。比如，北美自由贸易区、欧盟、东盟等经济组织虽然有利于内部成员国之间的经济交流，却加大了非成员国的产品进入该市场的成本，这在整体上不利于全球经济资源在更大的区域内进行配置和交易。

本章结论

社会资本理论是一门新兴但却发展迅猛的社会科学理论，它受到了许多学科的青睐和恩宠，如社会学、政治学和经济学都对其有过重要研究，尤其经济学界对社会资本的研究更是出现一片方兴未艾的景象。但是，有关社会资本理论的发展却并非一帆风顺。首先，社会资本是不是资本就受到了质疑，本章从资本理论的演进这一角度试图阐释社会资本具备了加入"资本家族"的资格。其次，社会资本理论发展至今依旧没有提出一个让众多学科都接受和认可的定义，本文认为社会资本是指有利于促进集体行动的规范和信任网络。除了解决这些争执之外，本章还对社会资本的理论渊源进行了阐述：社会资本的古典渊源主要来自于社会学和经济学先驱们的真知灼见，近代思想渊源主要是源于对文化和非正式制度的研究。最后，社会资本的基本属性决定了它是一把"双刃剑"，它既可以是经济增长的源泉，也会成为社会经济发展的障碍。

第4章 政府、市场和社会资本：
一个新的分析框架

如果人是天使，就不需要政府了，如果天使统治人，就不需要对政府有任何外来的或内在的控制了。

——James Madison，1995

政府与市场关系的讨论一直是经济学界永恒的话题。经济转型与经济发展过程中毫无疑问难以回避政府与市场关系的问题。国家既是由一套统治规则组成的制度，又是按照规则组织实施的功能性实体，具体表现为其主体政府是一个人为设计、分层管理的行政组织体系。市场是在价格机制控制下自发交易的规则组成的制度。针对传统经济理论与实践关于政府—市场二分法的缺陷，本部分从经济转型与发展的现实出发，提出政府—市场—社会资本三分法的综合分析框架。

4.1 政府与市场的反思

社会资本的兴起反映了政界和学术界日益重视人的价值，该价值并不仅仅是经济人的一个效用方程，它强调人们在日常生活中如何与家庭成员、邻居、同事交往，而不仅仅是作为买者、卖者和市民。社会资本概念的兴起也表明了充满意识形态色彩的"计划与市场"争论的结束。① 在 20 世纪 90 年代后期，争论双方都不再执著于自己的立场，越来越多的人逐渐认识到同时存在着"市场失灵"和"政府失灵"。社会资本逐渐引起人们的重视并不是因为它自身的优点，而正是由于市场和政府存在双重失灵。主张政府干预的一方重视社会资本是因为它肯定了在解决社会问题的过程中信任、慷慨和集体行动这些因素的重要性，从而反对只要明确界定的产权和竞争的市场就可以成功地驱使自私动机以实现公共目标，至于公民美德则并非必要这一观点。自由主义的支持者对社会资本的着迷则是因为社会资本的存在表明，在存在市场失灵（诸如提供地方公共产品和各种保险品）的地方，住宅区、父母教师协会和保龄球社团等组织不需要政府插手就可解决这些问题。

4.1.1　政府与市场的关系：从替代到合作

早在公元前 4 世纪，亚里士多德通过观察古希腊人认为"人本质上是一种政治动物"；经济学先驱鼻祖亚当·斯密通过观察苏格兰人发现，人具有一种从事经济交换的倾向。长期以来，对政府问题的研究，大多数是从政治和道德角度去研究，亚当·斯密首次在道德伦理上确立了自利行为后，从经济学角度界定政府与市场的关系。从斯密的"守夜人"政府，到凯恩斯的"看得见的手"的政府干预，再到里根、撒切尔的私有化浪潮，又到新国家干预主义和部分国家的"向左转"，政府的角色几经变换。具体可概括为：20 世纪 30 年代之前，斯密的古典经济学认为，市场是调节经济活动和配置资源的有效方式，自由企业制度和市场机制是自由主义经济思想。政府没有理由也没有必要对经济活动进行干预。政府主要职责是扮演"守夜人"角色，让市场处于一种完全自由竞争的状态。20 世纪 30 年代到 70 年代，政府干预与市场竞争并重的

---

① Samuel Bowles and Herbert Gints(2002)，"Social Capital and Community Governance"，*The Economic Journal*，Vol. 112(November)，420.

阶段。随着自由资本主义的发展，特别是 1929—1933 年的经济大危机，市场机制本身的局限性得以暴露，市场失灵开始显现。因此，市场失灵的事实使政府与市场之间的原有博弈均衡被打破，政府干预派的势力逐渐上升，在此期间，新旧福利经济学、凯恩斯主义和发展经济学为标志的政府干预论统治了主流思想。20 世纪 70 年代至今，限制政府干预的新自由主义阶段。"二战"后的二三十年里，政府干预使得资本主义经济持续繁荣，从而政府全能主义一时甚嚣尘上。然而，20 世纪 70 年代，在石油危机的冲击下，长期执行国家干预政策的西方国家陷入了"滞胀"，政府失灵的现象频频出现，经济自由主义再度复兴，"市场是资源最佳配置方式"的观念重新得以确立，同时政府失灵使政府全能主义宣告破产。伴随西方资本主义兴起与繁荣，政府与市场之间的关系是经济学发展的历史长河中一个争论不休的话题。因此，有必要从发展中国家经济发展进程中关于政府与市场的角色做一番历史透视。

（一）传统的经济发展中的政府与市场替代论

在西方主流思想的影响下，发展经济学家们也一直在政府和市场关系之间左右摇摆。20 世纪 40 年代末期至 20 世纪 60 年代，由于发展中国家与发达国家之间内部不同的社会经济结构和外部的中心—外围关系，并且资本匮乏制约着经济发展，在这一阶段发展计划化（development planning）显然是其重要的指导思想。1951 年联合国的专家小组在一份报告中说："欠发达国家的政府应该建立一个中央计划机构，其职责是：（1）调查经济；（2）作出发展规划，其重点是资本需求和国内外的资本供给；（3）对规划实施提出建议并定期提出报告。"① 实际上，"第一代发展经济学家有一种共同的明显的结构主义观点，怀疑价格机制，深信政府的计划和控制必定能弥补市场失灵"。20 世纪五六十年代

---

① 转引自谭崇台：《发展经济学新发展》，武汉大学出版社 1999 年版，第 3 页。

的发展经济学家总体上认为只有通过政府对发展中国家不完善的市场机制的替代，才能打破"贫困的恶性循环"，使经济实现起飞。[①] 罗森斯坦—罗丹在其"大推进"模型中主张发展中国家在国民经济各部门中同时进行大规模投资，以克服经济活动的不可分性，实现工业化和经济发展。由于发展中国家市场机制不健全，"价格机制无法提供指导完全竞争经济趋向最优状态的信号"，"除了市场价格之外还需要有额外的信号装置，许多经济学家相信，这类额外的信号可以由计划来提供。"[②]罗森斯坦—罗丹的平衡增长战略、格申克龙的"后发优势"理论、罗斯托提出的"经济起飞"、缪尔达尔的"扩散效应"，都强调政府在推动经济发展方面起积极的甚至是决定性的作用。在格申克龙对欧洲经济史的研究中，当时主流的观点普遍认为，后工业化国家的经济发展，得益于强大的国家机构对经济活动的直接干预和参与。格申克龙沿着历史的变迁和延续之间的平衡这条线索研究认为，工业化的发生是沿着经济起飞或者"巨大推动力"的路线突然爆发的。经济越落后，这种"突发性"的工业化越有可能发生。[③]

罗斯托认为，经济起飞的初始条件要求有最低限度的社会基础资本，政府在起飞中的基本作用主要是动员社会上的资本。诺贝尔经济学奖获得者缪尔达尔研究南亚地区经济发展认为，由于南亚地区经济长期处于相对停滞状态，经济发展面临一个比现在所有西方发达国家在一个世纪或更早以前所面临的更艰巨的任务，只有通过计划进行迅速而有力的政府干预才能结束这种停滞以促进经济进步。他建议："国家通过其自身的经营和投资行为，及其对私人部门的各种控制——主导和限制，将启动、鼓励和指导经济发展。"[④] 在这一阶段，发展中国家和地区突出计划管理，轻视市场机制，用市场替代市场的战略取得了一定的经济

---

① 海因茨·沃尔夫冈·阿恩特：《经济发展思想史》，商务印书馆 1999 年版，第 142 页。

② 郭熙保：《发展经济学经典论著选》，中国经济出版社 1998 年版，第 226—227 页。

③ Gerschenkron(1962), *Economic Backwardness in Historical Perspective*, Cambridge Mass: Harvard University Press.

④ 冈纳·缪尔达尔著，方福前译：《亚洲的戏剧》，北京经济出版社 1992 年版，第 3 页。

绩效，如民族工业体系的逐步建立，国民经济的独立性增强，人民生活水平有了一定的改善。但是，随着经济情况的变化，政府计划干预的体制缺乏效率，难以优化资源配置的弊端逐渐暴露，从而导致人们对政府替代市场的行为进行反思。正如刘易斯（1955）所说："没有一个国家不是在明智政府的积极刺激下取得经济进步的，……另一方面，经济生活中也存在着这么多的由政府弄出的祸害，以至于很容易就政府参与经济生活一事写上满满一页。"

（二）政府与市场合作论

从 20 世纪 70 年代中期开始，在世界经济"滞胀"困扰下，伴随着新古典主义的复兴，发展经济学家们反思由于政府干预过多造成的市场扭曲，转而新古典主义思路代替结构思路成为经济发展的主流。在新古典主义复兴的影响之下，一些国家经济战略作出了较大调整，尤其是东亚国家通过市场经济开放模式促进了经济持续快速的增长，被称为"东亚奇迹"。发展经济学对政府和市场的认识得到进一步深化：一种观点针对 20 世纪 80 年代拉丁美洲危机，由世界银行、国际货币基金组织、美国财政部等机构提出的所谓"华盛顿共识"，主张"尽可能最大程度地自由化，尽可能最快地私有化，并且在财政和金融方面要采取强硬措施"。这一鼓吹市场论的主张随后被应用到正在进行经济转轨的国家。另一派别见诸对东亚经济崛起原因的不同解释中。一些经济学家认为，东亚的经济发展主要受益于宏观经济稳定，而政府对特定产业的干预或者不起作用，或者造成资源配置的扭曲。这种观点仅赞同促进市场效率和发展的政府行为，世界银行出版的《1991 年世界发展报告》称之为"市场亲善论"。查默斯—约翰逊在其代表作《通产省与日本奇迹》中分析日本政府如何借助其独特的官僚体制、产业政策、行政指导等方式对经济进行有效干预率先提出了"资本主义发展型国家"（capitalist developmental state）的概念，即在国家行动中予以最优先考虑并持续坚持的是经济发展，给政策目标下定义时依据的是增长、生产率和竞争力。他强调在经济发展中应有类似经济参谋本部的指导机构，起智囊团作用，引导经济发展的航线。约翰逊认为，政府干预经济必须根据市场规律规划进行，才能将政府推动经济发展的力量与民间的市场体系相结合，而同时又可以不牺牲到政府的目标或破坏民间市场的功能。韦德在分析东亚新兴工业化国家和地区经济成功的原因时，提出了挑战新古典学派观点的"驾驭市场理论"（governing the market）。他认为，新兴市场经济（NICs）的成功是由于政府不仅外在地管理市场而且政府官僚机器本身就参与市场运作，作为市场中的一个枢纽，参与、组织并最终驾驭市场的运行。韦德指出，东亚政府驾驭市场是在投资层次展开的，即政府在生产要素的组织上发挥主导作用，利用政策刺激工业投资，并将其引导到对国家经济的未来增长至关重要的行业中去。对于政府驾驭市场的手段，韦德认为主要是通过"政府政策有意识地将某几种价格定得'不公平'，让分散化的市场代理人对这种信号的变化作出反应，同时还利用非价格手段来改变市场代理人的行为"。

在论述市场与国家政府合作关系中，"市场增进论（market-enhancing）"具有一定影响。青木昌彦等经济学家认为，把关于东亚经济发展的看法简单地区分为"市场亲善论"或"国家推动发展论"是没有意义的。青木昌彦指出，经济中的协调失灵可能比市场亲善论认为的更广泛，但这并不能无条件地成为国家主导型协调替代市场协调的理由。为了解决协调问题，除了市场以外，不同的民间制度，包括企业组织、贸易联合会、金融中介、劳工组织以及商业协会等都应该发展起来。东亚地区政府的基本职能更多地在于促进这些制度的发展并与其相互作用，而较少直接干预资源配置。据此，青木昌彦等人提出了市场增进论的观点，即"政府政策的职能在于促进或补充民间部门的协调功能，而不是将市场和政府仅仅视为相互排斥的替代物"。由于受信息处理能力的制约，政府不是一个外生于经济体制的负责解决协调失灵问题的中立的全能机构，而应被视为与经济体系相互作用的一个内在参与者，它代表了一整套协调连贯的机制，民间部门比政府拥有更重要的比较优势，尤其是提供适当的激励，也能处理当地获得的信息。"通过这种机制，政府政策的目标被定位于改善民间部门解决协调问题及克服其他市场缺陷的能力。"① 世界银行在 1997 年的发展报告《变革世界中的政府》中再次强调，"市场与政府是相辅相成的：在为市场建立适宜的机构性基础中，国家是必不可少的。……绝大多数成功的发展范例，不论是近期的还是历史上的，都是政府与市场形成合作关系"的结果。该报告在探讨政府可能发挥的作用和如何最好地做好它应做的事情时指出：应使政府的责任与能力相适应，而政府的能力可以通过重振公共机构的活力得到改善。② 不同国家由于市场的发育程度、政府的组织效能的不同，政府的职能并不是一成不变的了。

4.1.2　政府—市场二分法的缺陷

回顾过去西方发达经济和发展中经济所经历的变迁，在经济发展的道路选择上，无论是经济发展的决策者还是发展经济学家们都不能忍受坐等类似发达国家长达一个世纪甚至几个世纪的发展周期，强调要实现经济的跨越式发展，试图将发达国家用几个世纪才完成的工业化压缩在几十年甚至更短的时间内完成。20 世纪 40 年代末至 20 世纪 60 年代的发展经济学家们普遍认为，资本短缺是制约后发国实现工业化的最大障碍，资本积累被认为是经济落后国家发展的核心问题。而当时发展中国家的市场机制发育迟缓，运用市场的手段无法动员实现经济压缩性成长所需的巨额资本，为打破"贫困的恶性循环"，要求政府替代市场进行资源配置。在这一阶段，以市场替代者身份出现的政府角色成为发展经济学的主流。同期的大部分发展中国家在此理论的指导下制定并实施了一系列的经济政策。林毅夫（1989）认为，就经济增长而言，一个民族不能只靠它的文化素质（不管这种文化素质是如何地有利于增长），

---

① 青木昌彦：《政府在东亚经济发展中的作用》，载《比较制度分析》，中国经济出版社1998 年版，《序言》第 19 页、正文第 2 页。
② 世界银行：《变革世界中的政府》，中国财政出版社 1997 年版，第 79 页。

一个民族也用不着等到确立了一套适合于增长的价值观或道德之后再来发展它的经济，对一个民族的经济增长来说，比文化素质更为重要的是政府的政策。由于政府提供的是经济剩余赖以建立的秩序构架，如果没有由政府提供的这种秩序稳定性，理性行为不可能发生，所以政府政策对经济增长的重要性怎么强调也不为过分。但随着时间的推移，政府替代市场的负面效应逐步扩大。政府替代市场造成价格机制扭曲，导致资源配置效率低下。现实的困境迫使人们反思政府在经济发展中所扮演的角色。20世纪70年代复兴的新古典学派认为完善的价格机制会导致资源配置的最优化，经济发展的主题转变为矫正因政府干预而造成的价格机制的扭曲，"让价格发挥作用"。一些发展中国家以此为指导进行了结构性调整，尤其是在贸易、汇率、税收和金融等领域采取措施纠正由于政府的广泛干预而造成的严重扭曲，取得了一定的绩效。但新古典理论对政府角色的矫正又走向了另一个极端，即用市场替代政府。新古典理论主张：只要政府放手不管，市场的自发力量自然会把一切做好。以此为理论基础，在处理20世纪80年代拉丁美洲受扭曲经济问题的经验催化下形成的"华盛顿共识"，更是主张政府应该"使一切自由化，使一切私有化，然后待在一边"。实践表明，如果在发展中国家还没有建立起保证市场机制发挥作用的各种制度，就要求政府完全退出，那在资源配置领域将会出现既非计划也非市场的混乱状态，从而付出经济衰退的高昂代价。从方法论的角度观察，无论是作为市场替代者身份出现的发展中国家政府角色，还是新古典理论中的发展中国家政府角色，都认为政府与市场之间是一种替代关系，两者之间的区别在于对政府与市场相互替代的程度与范围的不同理解：前者强调以政府干预为主要工具来克服市场失效，后者则强调市场自身能解决经济中的协调问题。20世纪80年代以来，解释东亚经济崛起原因的所谓"国家推动发展论"和"市场亲善论"也未能超越这种思维框架。政府与市场作为经济生活中的两种基本制度安排，各自拥有不同的比较优势，两者之间的关系并不是单一的非此即彼的替代关系，而是一种互补关系。第二次世界大战后发展中国家经济建设最宝贵的经验教训之一就是，只有当政府与市场协调一致运行时，才最有可能成功地促进经济发展。"政府支持的而不是取代竞争性市场的战略为迎接发展挑战带来了最光明的希望。"① 青木昌彦等学者提出的"市场增进论"主张政府的作用不是为了替代，而是为市场机制的发展提供稳固的制度框架，促进市场的协调功能。美国经济学家斯蒂格利茨独辟蹊径，从信息经济学的角度，以不完全信息与不完备市场为分析前提，重新审视了西方经济学中关于"市场失灵"与"政府失灵"的论述，提出政府与市场之间应建构一种新型伙伴关系的模式。②

在亚当·斯密看来，国家政府应该是一只"无为之手"，市场是一只"看不见的手"，自由竞争的市场可以导致资源的优化配置，通过市场交换，社会福利可实现最大化。在他的理论中，有了市场这只"看不见的手"，政府在多数情况下就应该充当一只"无为之手"，政府应当越小越好。近些年来，国家在经济发展过程中，并非总是出于善意地为了增加社会福利，有时为了维护自身的利益，形成了"掠夺之手"（grabbing hand）。安德烈·施莱弗（A. Shleifer）近年来就"政府病"产生的"掠夺之手"强调，不能天真地假设国家的目标是使社会福利最大化，掌握国家机器的人也有自身的利益。施莱弗等研究英国王位继承的历史发现，实际上国家统治者的利益经常是不长远的。这里有王位继承中的斗争和不确定性的问题，也有统治者个人当前高消费需要的问题。统治者考虑眼前的利益，经常会驱使他们去过度掠夺（Delong & Shleifer, 1993），这种现象在中国历史王朝中之国之君横征暴敛、掠夺过度多产生的后果是王朝的覆灭。③ 一方面，国家是经济发展的动力：

① World Bank(1991), *World Development Report*, Oxford University Press.
② 斯蒂格利茨著，郑秉文译：《政府为什么干预经济》，中国物资出版社1998年版，第246页。
③ 曼库尔·奥尔森指出，在人类社会，总有一些人更愿意去掠夺财富而不愿意亲自去生产财富。而要掠夺财富，就要有武力。靠武力和掠夺获得财富的人有两种，奥尔森称之为流寇和坐寇。流寇抢完就走，所以他会对完全摧毁一地的经济在所不惜，而坐寇则要考虑到未来，不会杀鸡取卵。奥尔森视国家为坐寇。所以在流寇横行的地方，人们宁愿选择坐寇。

另一方面，如果国家伸出"掠夺之手"，对国家经济将会带来巨大的负面影响。巴里·温加斯特（B. Weingast，1998）针对国家作用的两难这样表述：国家需要足够强大，才能具有足够的强制力，去做它该做的事，即执行合同，排解纠纷，保护私有产权；但国家又不能过分强大，以至于它可以不受约束，滥用自己的强制力，任意侵犯公民的财产和权利。经典宪政理论把政府作为一种必要的"恶"。政府的二重性决定了政府既可能对增进人的福利、维护人的自由做出实质性贡献，又可能为专权和滥权提供可乘之机。政府的二重性正如小女孩的头发，你可以将其打扮得很漂亮也可能很丑陋。关于国家政府的二重性，较为精辟地论述当属诺斯的"国家悖论"，诺斯在系统地提出国家理论时指出："若要了解一个社会产权结构的变革，需先弄清国家的功能。"他认为，"国家可以视为在暴力方面具有比较优势的组织，在扩大地理范围时，国家的界限要受到其选民征税权力的限制"。这样，"国家的存在是经济增长所必不可少的；然而，国家又是导致人为的经济衰退的缘由"。[1]诺斯认为，因为国家确定产权结构，构成经济组织的契约关系形式也主要由国家来决定，所以国家最终要对造成经济增长、衰退或停滞的产权结构的效率负责。这就是诺斯的"国家悖论"。"国家悖论"之所以存在，根源在于国家的目标函数存在着尖锐的内在矛盾：一方面，政府要界定产权、保护产权，形成有效率的经济组织；另一方面，政府作为"经济人"，作为一个特殊的利益集团，又要获得集团自身的最大利益。因此，"国家悖论"的产生是由于统治阶级中特殊物质利益集团的存在。

战后60多年中，人们对政府和市场关系的认识经历了"肯定—否定—再肯定"的过程，经济学家对政府的态度经历一系列的转折：从希望政府放任，到期许政府对市场失灵[2]的干预，最后又怀疑政府干预市

<hr>

① North, Douglass C. (1981), *Structure and Change in Economic History*, New York: Norton, p. 20.
② 市场失灵已经被教科书多次重复，简单讲是由于自然垄断、外部经济、信息不对称以及动态效率考虑等原因产生市场失灵。

场的正当性。现实中的政府并不是天使，不一定是大公无私的善良管理者，政府也存在失灵，所谓政府失灵意旨政府虽可采取各种措施弥补市场机能之不足，但在实际执行上，由于公共政策之公共性质、民主政治运作本身的缺陷、官员之私心，以及利益集团影响等因素作祟，政府干预并不一定能带来理想的效果。公共选择理论将经济学的分析方法运用到政治市场的分析当中，向我们打开了政府这个黑匣子，目的在于揭示"政府失灵"并试图克服政府干预的缺陷。正如布坎南所说，"市场的缺陷并不是把问题交给政府去处理的充分条件"，"政府的缺陷至少和市场一样严重"。政府失灵通常有以下原因：一是政府政策的低效率。政府决策作为非市场决策有着不同于市场决策之处。在政府决策中，虽然单个选择者也是进行决策的单位，但是做出最终决策的通常是集体，而不是个人，以公共物品为决策对象，并通过有一定秩序的政治市场（即用选票来反映对某项政策的支持来实现）。因此，相对于市场决策而言，政治决策是一个十分复杂的过程，具有相当程度的不确定性，存在着诸多困难、障碍或制约因素，使得政府难以制定并实施好的或合理的公共政策，导致公共决策失误。而且，政府在制定和执行干预措施时，政府经常面临严重的信息问题。二是寻租。寻租可能通过多种形式使监管扭曲。利益集团可能通过各种合法或非法的努力，如游说和行贿等，促使政府帮助自己建立垄断地位，以获取高额垄断利润。寻租具有非生产性的特征。同时，寻租的前提是政府权力对市场交易活动的介入，政府权力的介入一方面导致资源的无效配置和分配格局的扭曲，产生大量的社会成本；另一方面，寻租也会导致不同政府部门官员争夺权力，影响政府的声誉并增加行政成本。寻租主要包括通过政府管制的寻租、关税和进出口配额的寻租以及政府订货中的寻租。三是政府的僵化。监管倾向于刚性，这使得政府很难跟得上技术或者市场商业模式的变化，实际上发展中国家的许多监管手段已经十年甚至更长时间没有重新审查过。之所以出现这种情况，一部分是惰性所至，但更重要的原因是，那些特定监管中的企业、政府官员以及相关的利益集团都强烈地反对改革，而不管监管的改变能给社会带来多少收益。正因为政府的干预存在着上述缺陷，所以让政府干预成为替代市场的主导力量，其结果只能导致"政府失灵"，用"失灵的政府"去干预"失灵的市场"必然是败上加败，使失灵的市场进一步失灵。但客观存在的市场失灵又需要政府的积极干预，"守夜人"式的"消极"政府无补于市场失灵，同样会造成政府失灵。因此，政府与市场的二元分析严重制约了对经济现象的分析。尤其是处于经济转型与经济发展中的国家，政府并不外在于市场，它既是市场规则的制定者，又是市场经济的参与者。在经济转型过程中政府内生于经济发展的过程，不是简单的传统理论所认为的政府应该怎样而不应该怎样，政府的职能是关于经济发展状况的函数。经济学家们注意到，"当经济处于低发展状态时，中介机构数量十分有限，企业的经济协调能力也很不成熟，甚至市场效率也由于缺乏统一性以及经济中产权安排的低发展水平而大打折扣。在这种情况下，……政府政策在促进发展方面便有相当大的适用空间。但随着经济日趋成熟，民间部门的能力有了提高，政策的运用范围也就更受限制了"①。研究现代化的学者也注意到，"随着现代经济的不断增长，国家结构与发展模式也必将发生相应的转变，只有这样才能加强经济的自主能力与社会的自主性，从而容纳更大的现代生产力和进一步解放生产力"②。也就是说，市场经济发展初期，市场机制还未有效地发挥作用，政府的功能存在一定的缺陷，简单地划分市场和政府的功能就难以针对现实经济对症下药，使经济出现混乱。随着市场经济的发展，国家职能逐渐完善，民间社会资本不断兴起，需要我们用多元的视角探讨现代经济转型与发展。

---

① 青木昌彦等：《政府在东亚经济发展中的作用》，中国经济出版社 1998 年版，第 26 页。

② 罗荣渠：《现代化新论：世界与中国的现代化进程（增订版）》，商务印书馆 2004 年版，第 473 页。

4.2　避免有害的二元论：社会资本是政府与市场之间的楔子

市场失灵并不意味着可以推论出政府干预必然有效。正如斯蒂格勒所说，"市场导致缺乏效率和不公平的情况并不意味着可以推论出政府的干预必然导致情况的改善。"① 斯蒂格勒将这种推论比喻为皇帝对两个乐手的比赛裁决：只听了第一个乐手的演奏，觉得不满意，就将奖杯授予第二个乐手。这就是说政府不一定能够纠正市场。因为政府制定的法规政策需要一定的社会生存土壤，它会受到各种社会规范、制度以及价值观的影响，甚至政府受到压力集团（preasure group）的游说和影响使官僚被俘获（bureaucratic capture）。政府干预作为对市场失灵的纠正，并不总是有效，在某些情况下将会使市场更加无序。正如奥尔森在《国家的兴衰》中所说，当政治联盟和院外团体由于长期任期和经验使其势力增强，非市场机构采取游说等行动，会迫使政府采取一些行动，通过社会其他人支付代价以获取他们集团的利益。传统的市场和政府之间或者放任与干预之间的二分法一直是经济学家关注的焦点，在政府与市场关系的论述中，后期的学者虽然强调了政府在经济系统运作中与市场相互补充的作用，一个运作良好的市场经济是政府和市场的混合组合体，但他们的研究仍未摆脱政府与市场的二分法，陷入政府与市场循环。无论是伙伴关系，还是合作关系，抑或是协调关系的模式，都共同表达了政府与市场之间地位平等、相互合作、相互补充而不是相互替代的新型关系。但是，这些论述并未脱离长期以来形成的二元对立的思维模式，也摆脱不了这一思维模式下所形成的相关选择困境。在经济转型过程中，政府既是规则的制定者又是规则的执行者，既是经济体制改革

---

① 阿特金森、斯蒂格利茨：《公共经济学》，上海三联书店 1994 年版，第 11 页。

的推动者又是被改革的对象。因此，在政府和市场的二分法中难以解决非此即彼的二元冲突，在处理政府与市场关系过程中便出现了政府与市场的替代：当市场机制运行经济出现问题时，人们便寻求政府这只看得见的手，而政府干预经济出现失灵时，便希望重塑政府，让位于市场这只看不见的手。这样政府与市场便在我们经济生活中来回徘徊"市场→市场失灵→政府→政府失灵→市场→市场失灵……"。这种二元冲突的主要原因可以概括为：第一，马歇尔之后的主流经济学抽象掉古典经济学的一些核心思想。在马歇尔之后的经济学研究重心转向微观的资源配置以及边际分析的运用，现代经济学较少关注政府的研究。在新古典经济学的分析框架里，政府是一个极力被排斥、限制的变量，要么就认为政府应限制在最小范围，要么就认为政府也是经济人，在分析政府活动时视同经济人的分析方法。第二，随着西方市场经济的发展和完善，政府基本上在法治的框架下运行，因而逐渐淡出了经济学家的视野。因此，在主流经济学的分析框架中，对政府与市场的关系的讨论就在形式上表现为非此即彼的二元模式。相比较市场的资源配置与企业问题的研究而言，现代经济学对政府的研究相对有限（钱颖一，2002）。从本质上说，政府与市场关系的论述在新古典的分析框架中没有得到有效地解决，主要原因在于：首先，政府与市场关系理论是一个涉及政治、经济文化和历史传统等领域的交叉学科研究，单纯的经济学分析难免令经济学家力不从心；其次，政府与市场关系的理论发展是随着经济环境的变化而动态的演进过程，从而使经济学驾驭二者关系出现困难。因此，抽象掉社会资本这一社会机制论述政府与市场之间的关系将难以分析经济转型与发展问题。并可能产生一些消极影响。

4.2.1　经济转型与发展中治理机制的复杂性认识不足

经济转型过程中，政府作为市场经济的参与者、引导者，从主流经济学家那里关于政府与市场的论述很难寻找到灵验的药方，仅仅从市场比较完善的角度定义市场与政府的界限，界定政府应该做什么、不应该改做什么，但没有回答政府如何能做到这一点。

东欧以及苏联的"休克疗式"的"让政府缩水（shrinking the state）"的改革观点并不是经济转型的良药，而渐进式改革过程中政府失灵问题不可能依靠政府自身的自律行为来解决。其实，在西方国家，如美国，医疗行业 64% 以上是由非营利组织来完成的。[1] 在政府与市场之间，政府不应当放任不管，丢包袱，没有考虑非营利组织等社会资本的中间制度安排是非常有害的。自愿交易不会发生在"制度真空"中。市场经济不能离开由国家维持的有效的法律、行政、法规和制度而存在。需要靠制度保证完成以下功能：界定产权；制定和实施法律体系；强制执行合同；收税；监督银行和金融体制；监督企业实体；促进和保护竞争；为企业家提供信息，减少不确定性；消减交易成本；保证私人对投资决定的信心；消除并随后防止市场障碍的再现，保证自由要素的流动性；保证与私人、劳工组织和其他重要利益集团的交流和咨询；引导决策和宏观经济分析；管理社会保险体系；提供合法的空间解决竞争的经济机构之间存在的对立和分歧；确保在政治过程中剔除能破坏市场发展的势力。但是，在经济转型与经济发展过程中，政府在这些方面往往也是力不从心。

让我们认识一下不属于政府与市场二元的社会资本，我们发现早已存在一群富有魅力的社会资本的载体，他们既不是政府计划的组织，也不是因股东逐利而建立的营利性组织，而是所谓的社会第三部门，他们的存在目的不是为了获利。这些具有共同道德信念、共同兴趣和共同利益的群体为政府和市场提供了一些重要职能，成为一种介于政府与市场之间的社会组织形式与调节机制，在一定程度上可以弥补政府与市场两个方面的缺陷。社会资本的快速增长，就是对政府和市场"双重失灵"的一种反应，它既纠正政府也纠正私人部门在促进社会经济发展方面的制度弱点。具体而言，社会资本所从事的活动通常都是市场和政府不愿

---

[1] Hansmann,H.(1996),*The Ownership of Enterprises*,Harvard University Press.

做、没有做好或不能做的事情。随着治理模式的变革和公共服务的市场化、社会化趋势的加强，社会资本承担了越来越多原应由政府部门履行的诸如环境保护、消除贫困、发展基础教育以及关注（边缘）弱势群体等公共服务职能，它在相当的程度上能够弥补政府提供公共产品的不足，防止公共服务的官僚化。就市场而言，社会资本为各个分散主体的自由结社提供了自我组织的空间。作为组织化利益的代表，社会中间层主体通过自律和协调机制，规范各成员的经营行为，同时又利用自我保障机制维护其成员的合法权益，加强与政府组织的沟通、交流与互动。由此可见，被视为与市场主体和政府相并列的社会资本，其功能在于弥补"双重失灵"，正是在此意义上，社会资本的巨大功效与政府、市场共同形成社会治理的三角关系，作为一种独立的力量维护市场和国家之间的平衡。

4.2.2 撇开社会资本会陷入"法律制度悖论"

近十年来，法律和法治对经济转型与发展的影响正在成为国外主流经济学，特别是新制度经济学。过去，制度经济学往往流于泛泛地论述法律和法治对经济的影响。虽然它提供了一些很好的想法，但由于缺乏理论分析框架和系统的经验证据（empirical evidence），对主流经济学的影响有限。这些年来，无论在理论分析还是在经验实证方面，研究都有很大突破。在理论方面，经济学家运用博弈论、契约理论、信息经济学等分析工具对法律和法治对经济发展的作用做了比较准确的并与主流经济学接轨的分析。在经验证据方面，经济学家具体地定量研究了不同法律体系、不同类型的公司法、证券法和对金融及其他市场的规制（regulation）对公司融资、公司治理结构、证券市场发展、中小企业发展以及整体经济增长的影响。理论分析和经验证据的结果大都表明法治和适当的规制有利于经济发展。相反，缺乏法治和"过度规制"（excessive regulation）往往是窒息经济活力和妨碍市场发育的重要原因。目前，中国并不缺少法律法规，全国人大、国务院以及各级地方政府制定和颁布法律法规的速度是很快的，西方发达国家所拥有的法律法规，我们目前差不多都有了，但却"有法难行"，"有法难施"，"有法不依"。社会上大多数人对经济与社会活动有关的法律法规要么根本不知道，要么是不想知道，甚至是知道也不怎么自觉遵守。如果大多数国人都对我们的法律法规如此对待，那结果自然是政府官员仍旧依照自己的职位所衍生的权力任意决断，普通老百姓则主要靠熟人、托关系和遵从上级指示和命令办事。在这样的一个格局中，法律对政府公务员腐败寻租的行为怎么会有现实约束力？人们又怎样会相信政府？社会信任又怎么会建立起来？

毋庸置疑，现代市场经济是以独立自主的企业为主体的自由交易经济，但是它是不会"自我维持（self-sustained）"的。在以钱颖一（2000）为代表的学者看来，现代市场经济作为一种有效运作的体制的条件是法治，而法治则是通过两个方面来为市场经济提供制度保障的：一方面是约束政府，约束的是政府对经济活动的任意干预；另一方面是约束经济人行为，其中包括产权界定和保护、合同和法律的执行、公平裁判、维护市场竞争。这通常要靠政府在不直接干预经济的前提下以经济交易中第三方的角色来操作，起到其支持和增进市场的作用。如果没有法治的这两个方面的经济作用为制度保障，产权从根本上说是不安全的，企业不可能真正独立自主，市场不可能形成竞争环境并高效率运作，经济的发展也不会是可持续的。我们并不否认法治的重要性，一个现代市场经济作为一种体制的根本游戏规则就是基于法治的规则。而法制规则的建立是一个漫长的过程，从中国目前的情况来看，一方面是有法不执行，执法不严格；另一方面，没有形成不同群体利益博弈的型构时，法律只会是一些人或者集团的利用工具。在过去的近三十年里，中国大量的立法混乱，部门之间相互打架，而且存在"国家利益部门化、部门利益法制化"的倾向。在一些人看来，立法效率低的原因是在传统的体制下形成的审批和管制为主导的政府管理模式与市场化取向经济改革之间的冲突造成的，规范政府的立法与司法是解决问题的关键。① 其

---

① 王小卫：《宪政经济学》，立信会计出版社2006年版，第153页。

实，法律这些正式制度是可以建构的，法律秩序却是生长出来的，后者是一个更加缓慢和复杂的过程。生长或生成的概念，揭示了事物内在的某种节律、环节或过程，以及对"土壤环境"的特殊需要。比如在20世纪60年代，在非洲民族独立解放运动中，由于国际形势的变化，欧洲殖民体系迅速崩溃，一些非洲殖民地迅速获得独立，其速度之快，使得独立的政治法律准备工作带有极大的仓促性。许多新独立国家的宪法就是简单照搬宗主国的法律在一夜之间制定出来的。虽然法律制定出来了，但法律所预期的秩序的真正建立，却又经过了很长时间，其中也有许多曲折。法律秩序的形成，尤其是一种良性秩序的形成，涉及千千万万个社会成员的信仰问题。这种信仰的形成需要时间，需要法律运作所产生的实际效果，并使法律实效转化为公民对法律的内心确认。这是一个外在无形、酝酿萌发的社会心理过程，最终使法律制度转化为千千万万个社会成员所愿意遵循的行为习惯。①

在社会现代化的进程中，传统社会必然要迈入现代社会，从关系型社会转化到规则型社会。西方国家在进入资本主义社会时已经历了这一过程，而发展中国家有的正在经历这一过程。英国著名法学家梅因（Henry S. Maine）将它称之为"从身份到契约"的运动，他认为这是进步社会的通例，它的特点是家族依附的逐步消灭以及代之而起的个人义务的增长。如他所说，"到目前为止的所有进步社会的运动，均是一个从身份到契约的运动"②。陈志武（2006）在分析国家治理过程中，将国家形态分为四类：（1）代议制政府加市场经济（以下简称为"第一

---

①　更多的制度来自于自然演化与人为设计的结合。一般来说，非正式制度是自然演化的结果，而正式制度则一般是与人为设计联系在一起的。需要指出的是，科斯和诺斯都表示过大多数正式制度是建立在非正式制度基础之上的。柯武德和史曼飞（2004年，第139页）认为外在制度通常作为必要的强制性后盾服务于社会的内在制度，但他们也可以取代内在制度。如果用外在制度来取代一个社会所有的内在制度，就会出现问题——就像20世纪的各种专制政体的情形一样，他们越推行越损害市民。社会的内在运转的外在规则监督和执行成本急剧上升，人们的自发动力萎靡不振，行政协调部门不堪重负。在那种情况下，外在协调常常导致行政失灵。

②　梅因：《古代法》，商务印书馆1996年版，第96—97页。

类国家"），（2）代议制政府与非市场经济（"第二类国家"），（3）非代议制政府与市场经济（"第三类国家"），（4）非代议制政府与非市场经济（"第四类国家"）。在他看来，第一类国家是相对较好的选择。但是，宪政制度的转变其实也需要一个过程。戴维·菲尼认为，当今社会存在三种制度：第一类是宪政秩序，这一类制度的重点在于集体选择的条款和条件，包括确立生产、交换和分配的一整套政治、社会和法律的基本规则，一经制定，那就要比以他们为根据制定出来的操作规则更难以变动，因而变化缓慢；第二类是制度安排，系在宪政秩序框架下所创立，包括法律、规章、社团和合同；第三类是规范性行为规则。与第一类宪政秩序一样，规范性行为规则比制度安排变化缓慢，这一类的准则对于赋予宪政秩序和制度安排以合法性来说是很重要的。实际上，是他们为规范性社会提供研究基础，关系到制度这一概念，包括速水和拉坦的分析框架中提到的"文化背景"和诺斯所描述的"意识形态"。在传统的经济学分析中，宪政秩序和规范性行为规则都作为外生变量，仅仅考虑制度安排并不能有效地分析经济转型中国家的实际情况。① 新古典经济学认为，健全的法律制度是维护和推进市场交易的必要条件。法律制度通过提供合约的执行机制使得劳动分工和交易得以进行；如果没有法律对合同执行的监督，人们的交易将难以进行。但是，新制度经济学学者的研究证明，法律制度的作用被大大地夸大了（Greif，1996），法律制度并不是合同得以执行的唯一制度安排。即使不借助国家的权威，非正式的合约也可以支持交易的进行。经验研究表明，即使像在美国这样制度最健全的国家，大量的商业纠纷的解决常常并不是借助法律的裁决。在转型和发展中国家，正如迪克西特（2007）所说："我出生在印度，对我们亚洲人非常了解。商业交往中的机会主义行为很少能够通过正规法律系统的惩罚而得到抑制，更大程度上是通过社会制裁抑制的。即使是在西方社会，建立了良好的产权和契约法律体系，经济治理的其

---

① 戴维·菲尼：《制度安排的需求与供给》，载 V. 奥斯特罗姆等编：《制度分析与发展的反思》，商务印书馆 2001 年版。

他可供选择机制如社会网络、道德规范、道德制裁等也继续在起作用，通常只有在私人调解失败后商人们才会求助于正规法庭。"① 社会生活中只有少数合约是可以通过第三方来实施的，而大部分的合约都可以通过长期博弈来实施。换言之，在社会生活中，隐性合约可以实施的合约集合要远远大于显性合约可以实施的合约集合。美国康乃尔大学的巴苏教授甚至还提出了一个"核心定理"②：所有通过显性合约实施的交易都可以通过社会规范来实施。其实，法律和社会资本是维持市场有序运行的两个基本机制，与法律相比，社会资本是一种成本更低的维护市场秩序的机制。特别是在法律不够健全时，只有社会资本才能发挥作用。一个社会资本匮乏、缺乏信任的社会难以建立真正的市场经济。进一步说，"法律制度的运行离不开信誉基础，在一个人们（包括法官）普遍不讲信誉的社会里，法律能起的作用是非常有限的"③。

如何制约权力一直是社会科学家探究的中心论题。以权力制约权力，是自由思想家洛克和孟德斯鸠为人类留下的思想遗产。在此基础上形成的三权分立的政治结构，成为最为人所熟知的防止暴政的制度安排。即使没有广泛采取制度化的三权分立政治结构的国家，以一种权力制约另一种权利的政治举措也常常被使用。以社会制约权力是自由主义思想家托克维尔、孟德斯鸠留下的另一笔思想遗产，后来经过罗伯特·达尔（Robert Dahl）的发展。达尔在其《民主理论的前言》中强调权利是众多不同的利益集团（商业组织、工会、妇女机构、宗教组织等）之间的无休止的讨价还价过程的一个不可分割的组成部分。政治决策过程则是政府部门试图调和这些集团之需要的结果。④ 在政治思想史

---

　　① 阿维纳什·迪克西特：《法律缺失与经济学：可供选择的经济治理模式》，中国人民大学出版社2007年版，第1页。当然，作者也承认在一些国家，随着市场和资本主义的发展，法律体系也正在发展过程中。这些机制对他们就显得尤为重要。

　　② Basu, Kaushik(2001), "The Role of Norms and Law in Economics: An Essay on Political Economy", in *Schools of Thought*(Scott and Keates eds.), Princeton University Press.

　　③ 张维迎：《法律制度的信任基础》，载《经济研究》2002年第1期，第3页。

　　④ 达尔对中介性社会团体倍加重视，其他的理论家关注政党的研究。

上，托克维尔首次认识到公民社会是民主化亦即民主制度建设的一个重要因素所在，托克维尔在其名著《论美国的民主》中试图回答这样的问题：为什么在美国这个崇尚平等精神进而实现民主制的国家，自由能够得以保存？在他看来，美国民主制度所依赖的三权分立体系，虽然绝对的必要，但并不足以使一个国家既享受自由又拥有民主。托克维尔指出，一个由各种独立的、自主的社团组成的多元的社会可以对权力构成一种"社会制衡"。简言之，一个独立国家的多元的自我管理的公民社会是社会发展必不可少的条件。达尔也在探究根据麦迪逊主义所设计的一系列美国式的宪政制度（如三权分立制度、司法制度等）时明确指出，各种各样的社会制衡在西方世界民主制度中普遍存在，而设计一套预先规定的、有成文宪法写出来的制衡措施是美国的特色。自由西方的制度和价值是否真正放之四海而皆准？抑或如同塞缪尔·亨廷顿所认为的那样，他们仅是北欧部分地区的文化习性的副产品？① 在市场经济培育与完善过程中，培育社会资本才能构建与经济社会相适应的法律制度。在当今社会中，如果没有代表不同利益群体的协会组织、非营利组织的出现，所谓的法制、宪政只能是有名无实、空中楼阁，也可能成为部分利益集团维护自身利益的工具，社会资本的缺乏将会使发展中国家的法律和制度建立举步维艰。

4.2.3 社会资本与市场支撑体系

中国的市场经济脱胎于长期的计划经济，培育、投资社会资本的土壤贫瘠。比如，我国的市场经济秩序存在诸多紊乱因素。假冒伪劣商品盛行，特别是伪劣食品、药品致害事件时有曝光；虚假广告、非法促销花样层出不穷，消费者利益很难得到保障；限制竞争、不正当竞争行为堂而皇之，合法经营者叫苦不迭……凡此种种，不一而足。市场秩序的

---

① ［美］弗朗西斯·福山著，黄胜强、许铭原译：《国家构建：21 世纪国家治理与世界新秩序》，中国社会科学出版社 2007 年版，第 2 页。

缺陷，一定程度源于反映市场秩序状况的信号——信用的缺失。信用的缺失导致市场主体之间的交易减少、成本增加。任何一笔交易，如果买卖双方缺乏信用，导致对方的产品指令或支付能力产生不信任，交易就很难发生；即使发生，双方的犹豫也会加大机会成本，信息搜集会增加交易费用。此时，人们自然会想到政府的干预，但政府干预加强本身并不一定能取得好的效果，而且政府干预的越位以及权力寻租将导致人们对政府及其干预能力的不信任。社会资本是政府与市场以外维持市场秩序的第三方力量，社会资本对企业进行协调，同时也在规范和监督政府和市场。以行业协会为例，他们作为行业层面的纽带，一方面能够反映该行业运行和发展的集团利益；另一方面通过与政府的互动传递市场信息，规范和监督政府政策执行与实施。在这一过程中，我们发现社会资本既可以促成市场经济的发展，弥补市场失灵，又可以成为政府与企业之间沟通的桥梁。多纳和斯内德瑞（Doner and Schneidery，2000）将行业协会弥补政府失灵的职能称为市场支持性（market-supporting）活动，将行业协会弥补市场失灵的职能称为市场补充性（market-complementing）活动。[①] 行业协会的市场支持性活动总要通过对公共部门施压、监督政府行为间接促进产权保护和廉洁执政。行业协会的市场补充性活动包括：促进宏观经济改革、企业之间的协调与合作、制定行业标准、技术升级等。

社会资本可以从以下三个方面支持经济活动：

第一，人们社会互动的需求。在前资本主义时代，经济有两个特点：一是人们互动半径窄；二是经济是一种"社区经济"，人们的一切活动都是"嵌"在社区的社会关系之中的。比如改革开放以前的中国经济也是种"社区经济"；人民公社、单位和户口把所有人都固定在某种社会关系网络中，谁都不是孤独的个体。随着改革的深入，单位弱化，人们纵横向流动性加大，社会日益"匿名化"。在这种环境下，人们自主地进行社会互动的要求逐渐加强，从而社会资本的一些载体便变

---

① Doner, R. and B. Schneidery(2000), "Business Association and Economic Development: Why Some Association Contribute More than Others", *Business and Politics*, Vol. 2, No. 3.

成了社会互动的媒介。满足人们社会交往的民间组织种类包括联谊性团体（如同乡会、校友会、沙龙、论坛、俱乐部、病友会之类）、职业性团体（如会计师协会、小百货商会、建筑工程师协会之类）、身份性团体（如私营业主协会和厂长经理协会之类）、兴趣团体（如杨各队、书画社、读书社、花鸟协会、街舞群体之类）、宗教团体、学术团体（如各类学会之类）以及妇女团体、青年团体、老年团体、残疾人团体等。

第二，对公共物品的多元性需求。一般认为，提供公共物品的任务应该由政府来承担。由于公共物品的不可分割性和非排他性，如果由市场提供公共物品的话，大家都会设法"搭便车"，其后果是公共物品没人提供。这是最典型的"市场失灵"。按照一般经济学理论的说法，市场失灵便证明了政府干预的必要性。但是，单靠政府不能满足人们对公共物品的需求。这是因为，人们对公共物品的需求存在差异性和多元化，例如城市居民认为环境保护最重要，而农村居民可能更希望政府提供免费的九年义务教育。在市场和政府双双失灵的情况下，民间非营利组织的社会资本可以拾漏补缺，为不同的人群提供公共物品，从而满足政府和市场都满足不了的社会偏好。在世界各国活跃的生态环境保护组织就是这方面的一个例子。现在，几乎所有国家的政府都把保护生态环境作为自己的职责之一，但没有一个国家的政府仅靠政府自己的力量来保护生态环境，我国也不例外。事实上，环保组织是我国最活跃的民间组织之一。这类组织集中在大城市，说明它们希望满足城市居民对环保这种公共物品的超常需求；它们分布在环保各个方面（如生物多样性保护、自然生态的维持、防止荒漠化、植树绿化、水质净化、大气污染防治、垃圾分类、资源循环使用等），反映了人们对环保关切点的差异。

第三，社会资本满足私人物品的需求。在市场和政府双双失灵的情况下，民间非营利组织可以满足以下两类人的社会需求：一类是特殊困难群体的社会救助需求，另一类是一般人对收入安全的需求。前者包括对孤儿、孤寡老人、残疾人、严重疾病患者、贫困家庭、失学儿童的救助。这些群体往往由于自身的特征或其他种种原因陷入贫困，甚至受到威胁，特别需要来自社会的帮助。后者可能涉及任何人。市场经济中充满了不确定性，年迈、失业、工伤、病重都可能使职工和他们的家庭陷入贫困。而由于存在"道德风险"和"逆向选择"，营利性保险公司不愿意承接这两类保险。当然，从理论上讲，家庭、民间慈善组织或政府都可以满足这两类需求。事实上，济贫救弱和化解收入风险的责任，在传统社会主要是由大家庭承担的，在当代发达国家主要是由政府以社会救济和社会保障的形式承担的。不管在什么样的社会，民间慈善组织在这两方面（尤其是前者）都扮演着重要的角色。处于转型中的中国面临着特殊的困难：一方面，大家庭在乡村正在瓦解，靠核心家庭难以应付这类需求；另一方面，以前的"企业保障"和"单位保障"已转化为"社会保障"，由于政府财政汲取能力不足，为全社会提供的社会救济和社会保障有限。结果，在极少部分人暴富的同时，我国城市居民感到经济生活不安全的人群比重不断攀升，农村居民的不安全感也日益加剧。经济不安全已成为一个严重的社会问题，直接影响到进一步改革开放的前景。可以预见，未来家庭在提供经济安全方面的作用会继续下降，政府短期内也不太可能接过更多的负担。因此，大力发展民间社会资本，已经成了摆在我们国家面前的一项紧迫任务。

4.2.4　公民社会与市场经济①

有些人以为，如果国家放手不管，市场规则就会从经济机构之间的自由交易中自发地出现。这种情况从未发生过，也没有理由认为现在会发生。市场转型是一个纷乱而非和谐的过程。市场经济不仅根植于国家制度中，而且有它的社会资本基础，这是转型时期经济所缺乏的。新古典经济学者采用超越历史的关于人的动机的假设可能造出复杂的模型，但人的行为通常受"习惯、风俗、职业道德、偏见和懒惰"影响。当发生大量制度性变化，人们通常难以适应。在市场转型期，不会仅仅因为政府宣告已经采用市场经济模式，人们就能接受市场价值并按市场价

---

① 该部分内容参阅了李义平：《来自市场经济的繁荣》，三联书店 2007 年版。

值行动。在 19 世纪以前，欧洲国家用了很长时间培育人们对市场体系的认同。因为，符合市场合理性的活动与先于市场经济存在的"伦理经济"相抵触，在其社会环境中引发了大量的混乱和动荡。而且，市场转型不仅涉及规范和价值的转变，还包括资源和权力的重新分配。转型可能为某些社会集团提供上升的机会，剥夺另一些集团的传统权力，甚至威胁另外一些人的生存。转型还可能产生收入和财富的不平等，与现存的权利、地位不一致。波兰尼在其对英格兰市场经济出现过程的经典研究中发现，市场的起源不能"回溯到个人对'以物易物，物物交换，货币交换'的单纯追求上"；所谓的人类具有"以物易物，物物交换，货币交换"本性的观点是公民社会的产物，而不是相反。因为市场不是人的本质自然的必然的表现，人们不应期望市场经济的发展是一个自发过程。就英格兰的情况而言，波兰尼（1957）发现，"通向自由市场之路是由急剧增加的被集中组织和控制的干预主义打开并保持畅通的"。在其他欧洲国家向市场社会转变的过程中，也是其政府提供的动力。

那么，我们有理由相信一方面需要由强有力的政府来实施法律、法规以及为建立有效的市场经济所必需的规则；另一方面，社会资本的培育、市民社会的形成是市场经济的基本条件。中国正处于从计划经济向市场经济转型时期。转型即逐步建立市场，使它成为中央的资源配置的机制。在转型过程中，我们应当避免"简单化"（Galbraith，1992），或者"不假思索地对市场的神秘崇拜"（Kornai，1992）。市场不是解决所有社会问题的灵丹妙药。

公民社会①是产生市场经济的社会基础。社会资本与 20 世纪 80 年

---

① 自 20 世纪 80 年代以来，公民社会（civil society）理论再度流行起来并成为当代西方学术研究的一个热门话题，它在西方政治家和公众中也产生了强烈的反响和共鸣。"civil society"一词在国内有三种不同的译名，即"公民社会"、"市民社会"和"民间社会"。"市民社会"是最为流行的术语，也是 civil society 的经典译名，它来源于马克思主义经典著作的中文译名。但这一术语在实际使用中带有一定的贬义，传统上人们往往把它等同于资产阶级社会。"民间社会"是台湾学者的译法，它是一个中性的称谓，但不少人认为它过于边缘化。"公民社会"则是一个褒义的称谓，它强调公民对社会政治生活的参与和对国家权力的监督与制约。

代市民社会、社区、第三部门等词汇具有一定的同质性，具体反映了社会科学界对人类治理方式以及人类价值观的重视。按照近代公民社会理论的观点（以亚当·斯密为代表），公民社会乃是商业社会独有的一种文明。在这种社会中，个人追求自身利益的活动在市场这只看不见的手的指导下，会自然而然地增进全社会的利益。公民社会具有自我调节、自己管理自己事务的内部能力，这样国家对其内部事务的干预就不必要的了。亚当·斯密的理论为倡导国家干预经济的重商主义理论敲响了丧钟。马克思精辟地分析了公民社会和政治国家相分离的政治意义。他指出："政治制度本身只有在私人领域达到独立存在的地方才能发展，在商业还不自由，还没有达到独立存在的地方，也就不会有政治制度。"市场经济的诞生为公民社会的存在提供了经济基础。市场经济最早发生在以英国为代表的国家，而不是像中国和印度这样被马克思称为亚细亚社会的国家。意大利学者翁贝托·梅洛蒂在他的《马克思与第三世界》一书中写道："马克思看到促进储蓄和投资的那些新的社会条件的建立，是产生市场经济的基本因素。这些社会条件在封建社会晚期由于私有财产逐渐从教会的思想束缚下解放出来而趋于成熟。"[①]"……在中世纪后期一个逐渐得到解放的独立的社会领域则允许有不同的看法，在那里，赚钱被承认是合法的追求，不受压制性的宗教限制或制度监督的限制。"[②] 这个独特的社会领域，就是马克思所讲的"市民社会"。恩格斯也曾经强调，马克思本人把市民社会置于相当重要的位置，"在马克思看来，要获得理解人类历史发展过程的钥匙，不应当到被黑格尔描绘成'大厦之顶'中去寻找，而应当到黑格尔所藐视的'市民社会'中去寻找"[③]。

那么，市民社会到底是什么呢？马克思又为什么认为私有财产、储

---

① 翁贝托·梅洛蒂著，高铦等译：《马克思与第三世界》，商务印书馆1981年版，第110页。

② 翁贝托·梅洛蒂著，高铦等译：《马克思与第三世界》，商务印书馆1981年版，第110页。

③ 马克思、恩格斯：《马克思恩格斯选集》第1卷，人民出版社1972年版，第41页。

蓄和投资这些市场经济的基本支撑点只有在市民社会中才能产生呢？实际上，在马克思看来，市民社会就是商品经济十分发达的资本主义社会。他说："关于市民社会的科学，就是政治经济学，而当时要切实研究这门科学，在德国是不可能的，只有在英国或法国才有可能"①。在这里，市民社会与发达的商品经济实际上是同义语，市民社会的特征即商品经济、市场经济所必需的条件，如市民社会的公民自由、私有财产的保护、储蓄和投资的自由、需求的增长，以及与日俱增的个人主义价值观等。市场经济是在一个特殊的历史背景下发展起来的，这个特殊的历史背景就是中世纪的后期西方社会所形成的市民社会，市民社会孕育了市场经济得以发生和发展的种种条件。市场经济是一个有机的制度体系，它有明确的产权、健全的法制、必要的道德秩序、具有极强激励力的文化、能使人们最大限度地发挥自己资源优势的社会评价体系、新型的平等观念、自由劳动，以及科学的政府和政治架构浑然一体的组成。

中国历史上虽然也有过诸如《清明上河图》之类的繁荣，但绝对没有经历过市场经济。《清明上河图》之类的繁荣是自然经济下的国泰民安、风调雨顺式的繁荣。这样的繁荣固然也是一种繁荣，但与市场经济的繁荣是无法比拟的。② 马克思分析中国社会经济结构认为，历史上的中国为亚细亚社会，这种社会有三个基本特征：第一，没有土地私有制，即使退一万步，至少土地属于国家所有（虽然名义上可以私人所有，但最终归国家所有）；第二，亚细亚社会的基础是村社制，每一个村社通过农业和手工业的紧密结合而自给自足；第三，中央集权起着支配作用。亚细亚社会特有的经济结构阻碍了商品货币关系的发展。同时，亚细亚社会的经济结构，决定了他的国家结构。在东方，"由于文明程度太低，幅员太大，不能产生自愿的联合，所以就迫切需要中央集权的政府来干预。因此亚洲的一切政府不能不执行一种经济职能，即举

① 马克思、恩格斯：《马克思恩格斯选集》第1卷，人民出版社1972年版，第41页。
② 李义平：《来自市场经济的繁荣》，三联书店2007年版，第49页。

办公共工程的职能"①。因而，这些国家无一例外的都是中央集权。"中国这个典型的亚细亚社会，多少世纪以来就是一个中央集权的国家。"②

中国传统经济是一种自然经济，是一种封闭的自给自足的生产方式，封闭的市场方式反映在文化上，一是封闭，鸡犬之声相闻，老死不相往来，其极端发展就是夜郎自大，唯我独尊，拒绝一切先进的东西，继而从封闭走向愚昧。二是追求终点平等，即绝对平均。可以发现，农民起义的口号无一例外的是均田地，是"吾疾贫富不均，故为汝等均之"。从经济学的角度看，当一个社会把终点平等作为价值取向和社会目标的时候，必然助长"搭便车"的机会主义行为。与之相伴的是效率的丧失，以及由于嫉妒而产生的巨大的、此起彼伏的社会震荡。三是"中庸"和安贫乐道。这种文化麻醉人的意志，使人不思进取。而它所倡导的中庸，则教导人们不要冒尖，压抑人的创造性。耐人寻味的是这种文化一方面总是宣传中庸，另一方面又总是诱发与中庸相悖的忌妒，这不能不说是一种人性的畸变。四是在消费方式上由于生产规模的限制，崇尚小生式的节俭，自给自足是其必然选择，因此又不能不遏制需求对生产的刺激作用，从而阻碍了生产力的更新换代。五是在人际关系上推崇哥们儿义气，缺少现代市场经济赖以产生的习俗、传统、规则、法制和产权观念。所有这些，从本质上来看都是与市场经济不协调的。

中国传统社会个体的人显然处于马克思所讲的对应于自然经济的阶段。具体表现为：（1）缺少"个人"或"市民"的概念，团体高于个人。在这里，"个人尚未脱掉同其他人的自然血缘关系的脐带"③，有组织的集团比个人更具有普遍性。④ （2）通过个人崇拜，国家高于一切。

---

① 马克思：《不列颠在印度的统治》，载《马克思恩格斯全集》第9卷，人民出版社1965年版，第145页。

② 翁贝托·梅洛蒂著，高铦等译：《马克思与第三世界》，商务印书馆1981年版，第77页。

③ 马克思：《资本论》第1卷，《马克思恩格斯全集》第23卷，人民出版社1972年版，第96页。

④ 翁贝托·梅洛蒂著，高铦等译：《马克思与第三世界》，商务印书馆1981年版，第83页。

"把经济的和政治的、宗教的和道德的、民政的和军事的这许许多多权利都集中在一个人身上，是以亚细亚生产方式为基础的社会的一种最明确无误的文化特点。"[1]"神或'天'与统治着国家的专制君主合而为一就是亚细亚的传统。"[2]（3）就劳动形式而言，这是一种囿于自然经济的自然分工，而农业和手工业的结合也能满足人们的基本需要，于是阻碍了社会分工，从而阻碍了商品货币关系的发展，固化了自然经济。在自然经济的基础上人依赖于土地，而土地又最终是国家的，于是我们看到了人的依赖关系。德国经济学家马克斯·维贝尔认为，在这些国家里，发展之所以比欧洲迟缓，最后一个主要原因就是不自由的工人的存在，以及中国和印度那种不可思议的墨守成规。

由于"路径依赖"，这些曾经维系了中国社会几千年的历史，使我们缺少市场经济的传统、规则、习俗，必然会出现某种信任危机和制度扭曲，使我们的市场经济既具有自己的特色，又显得特别艰难。投资新型社会资本，培育市民社会，有利于我国社会主义市场经济的发展与完善。

4.3 经济治理的三元模式

在理想状态下或交易成本为零时，有效的政府规制、完善的市场机制、社会资本等都可以达成一种完美的合作秩序，但现实中的合作秩序的治理往往是由几种治理或控制机制的优化组合来实现的。政府与市场的简单二元模式已经远远不能适应现代经济发展的需要，尤其是对于复杂的经济转型与发展的经济而言，我们需要着力探索适宜于具体经济社

---

① 翁贝托·梅洛蒂著，高铦等译：《马克思与第三世界》，商务印书馆1981年版，第81页。

② 翁贝托·梅洛蒂著，高铦等译：《马克思与第三世界》，商务印书馆1981年版，第82页。

会结构的综合治理模式。

波兰尼（1957）认为，人类的经济活动过程总是嵌入在既定历史条件下的制度之中的，制度将经济过程中的诸要素安排成一个统一稳定的整体。他区分了三种类型的人类经济交换方式，即互惠（mutual reward）、再分配（redistribution）和交换（market exchange），它们构成了特定社会经济形态下人民经济行动的制度基础。"互惠"指对偶群体之间的交换"再分配"；"再分配"指各种经济要素汇聚到一个中心，然后再由中心分散开去"交换"；"交换"指在市场体制下参与者之间的交易。每一种整合方式，都分别由相应的制度来支持。互惠经济以对偶群体（如家庭、社团）的存在为前提，再分配经济以权力中央（如国家）的存在为前提，而市场经济的存在以形成价格的市场制度为前提。波兰尼在区分"互惠经济"、"再分配经济"和"市场经济"这些理想类型时，着重从交换过程考虑问题（Swedberg，2003）。"互惠经济"实际上是不计成本的平等交换，"再分配经济"是一种由国家政治权力支配的"非市场贸易"，而"市场经济"是以市场价格机制为基础的自由交易。波兰尼的理论可概括为政府、市场以及互惠是协调经济和社会发展的三大重要机制（如图4-1、表4-1）。

表4-1 社会与经济交换的三位一体机制①

	规范性质	实施方式	遵循的原则
政　府	公共权力	管制：政策与法规	公　平
市　场	市场契约	自由交易：协议与契约	效　率
社会资本	互惠与合作	自治：规范、网络与信任	互　惠

---

① 作者参阅了燕继荣：《投资社会资本》，北京大学出版社2006年版，第141页。以及 Polanyi, Karl, "The Economy as Instituted Process", "Marketless Trading in Hammurabi's Time", in *Trade and Marker in Early Empires*, (eds.) by K. Polanyi, C. Arensberg & H. Pearson, New York: The Free Press, 1957。

毫无疑问，经济学家一直忽视了政府与市场之外互惠合作的机制，公平、效率和互惠是社会经济发展的基础和保障，一个和谐的社会运行机制应当包括政府、市场和社会资本的有机结合。社会资本是市场与政府发挥作用的中介，是"联结之手"。如果说政府的目的是为了维护公平、市场的目的是为了体现效率的话，社会资本的功能所体现的人与人、机构与机构之间的互惠与合作，是政府与市场之间的"链条"，是政府与市场之外的另一种治理模式。社会资本不仅有助于支撑市场经济的发展，同时可以限制政府权力的扩张，协调政府与企业和社会发展。拥有社会资本将有利于政府与市场携手前进，节约政府管制成本，降低市场交易费用，有利于市场机制有效地发挥作用。

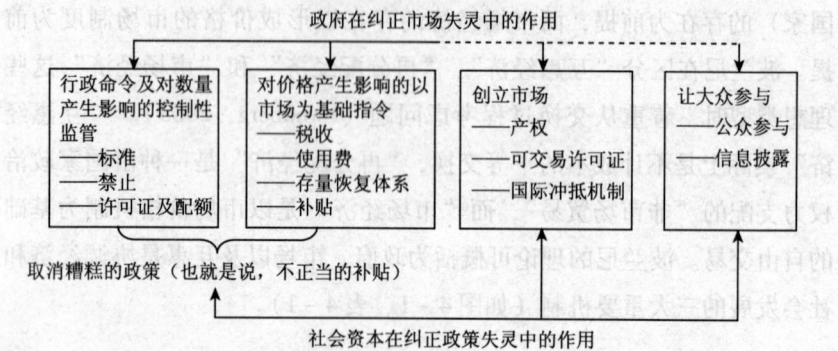

图4-1 政府与社会资本在市场中的作用

哈耶克认为：把整个服务领域界分为公共部门和私有部门且已为人们所接受的二分法，是颇具误导性的。正如 R·C. 科努尔雄辩地指出的那样，对于一个健全的社会来说，在商业领域与政府治理领域之间保有一个第三领域是至关重要的，而这个第三领域就是人们所谓的独立部门：他常常能够而且也应当能够以更有效的方式为我们提供大多数我们当下仍然以为必须由政府提供的服务。如果一个独立部门与政府开展竞争，那么它的确可以在很大程度上减少政府行动所具有的那种最为严重的危害、政府行动所导致的以各种权利为支撑的垄断以及由这种垄断所导致的低效率。①

为此，针对传统的政府与市场二元模式（如图 4-2）的缺陷，我们需要试图构建政府、市场和社会资本三位一体模式（如图 4-3）。

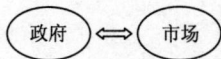

图 4-2 政府与市场二元模式　　图 4-3 政府、市场与社会资本三元模式

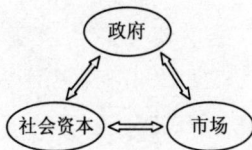

本章结论

面临经济转型与发展中的种种挑战，传统的政府与市场的二元分析框架难以适应现代经济发展的需要。社会资本理论的兴起，为传统政府与市场之间架起了一座桥梁。在经济转型与发展进程中抽象掉社会资本将会使改革迷失方向，不能够正确认识社会资本对法律制度、市场发展的作用，简单地政府退出将会扭曲经济发展。为此，以政府、市场以及互惠作为协调经济和社会发展的三大重要机制，我们需要构建政府（命令）、市场（竞争）与社会资本（互惠）三位一体的综合治理模式，以促进经济发展与转型。

---

① 哈耶克著，郑正来等译：《法律、立法与自由》，中国大百科全书出版社 2000 年版。

第三部分

个人社会资本与社区治理

在自然资源管理中，社会科学家通过"社区"概念创造了一个流行起来的神话。

——Biesbrouck，2002

过去，人们曾经认为部落和村庄这样的传统社区是现代化的束缚或桎梏。然而，必须认识到，这些社区为纠正市场和国家失灵，进而支持现代经济发展，提供了极为需要的组织原则。

——Hayami，2005

本部分认为，社会资本与社区之间具有高度的相关性，在熟人社会的农村社区中，社会资本的重要载体便是社区。个人可以利用其社会资本，即社会关系和关系网络，来动员各种资源以实现其行动目标。因此，需要从微观的角度，对人们如何进行社会资本投资、社会资本是如何积累的、人们如何从社会资本投资中获取回报等问题进行深入分析。个人社会资本的形成和其发生作用是基于特定的环境——社区，社区中社会资本水平的高低影响了个体进行社会互动时的回报，进而影响了个人社会资本的形成。社区中社会资本水平的高低又是由社区中的个人对社会资本的投资所形成的。另外，在发展中国家广大农村地区，在社区这一熟人社会中，社会资本与社区可谓同一内容的不同表述。社区内的声誉效应、惩罚机制和分割效应对于促进社区合作以形成集体行动至关重要。社区在公共池塘资源治理过程中具有一定效率。

第5章 个人社会资本与社区治理

中国社会是以乡村为基础的、并以乡村为主体的；所以文化多半是从乡村而来，又为乡村而设，法制、礼俗、工商业等莫不如是。

——梁漱溟，2005

社区是有效治理的重要组成部分，因为它可以解决一些个人无法独立解决，而市场和政府也很难解决的问题。

——Bowles & Gintis，2002

随着经济的发展，发展经济学家越来越关注不同治理机制组合对于经济绩效和经济发展的影响。经济制度安排强调市场在配置资源的同时需要人们的协调与合作。在人类历史的探索中，经济制度的选择习惯于政府与市场之间的组合，一个极端是出现了苏联政府干预一切的极权主义，另一极端表现为斯密的自由市场制度。而社区机制的作用一直以来未受到主流经济学家的足够的重视。① 本章试图从现代经济学的角度，结合社会资本理论，探讨社区作为促进集体利益而形成组织与集团在发展中国家经济转型过程中的作用。传统的观点认为，社区规范与现代化

---

① 近十年来，研究机构与经济学家逐渐重视社区治理机制在经济发展中的作用，比如Bowles 和 Gints(2002)、政治经济学家奥斯特罗姆 (1997)、日本著名发展经济学家速水佑次郎 (2001,2003,2006)，还包括世界银行近些年来推动的社区驱动的发展模式（Community-driven Devlopment）。

的市场经济是一个简单的替代关系，经济发展过程中，传统的社区规范将被规则型市场契约所替代。本章认为，在具有较强文化传统的中国广大农村社区，经济转型与发展过程中，社区与市场和政府一道支持中国经济发展，社区、市场和政府之间不是简单的替代关系，而是一种互补协同关系。在农村社区中，社会资本与社区规范可以说是不同内容的同一表述。发展中国家为经济发展所设计的经济机制安排，不能只是简单市场和国家的结合，而必须是包括社区在内的政府、市场与社区相结合的三位一体的综合治理机制。

5.1　个人社会资本和社区功能

长期以来，社区的研究一直被认为是人类社会学的"专长"。随着经济学家研究范围的拓展，社区的经济功能逐渐受到关注。一方面，社区参与有利于弥补市场和政府失灵；另一方面，相比政府自上而下的公共服务供给，社区参与的发展模式是减贫战略一个更加明智的选择。

5.1.1　社会资本与社区

"社区"这一概念最早来源于 1887 年德国社会学家 F. 滕尼斯的《社区与社会》（中文译本为《共同体和社会》）一书。最早他强调，社区是"人类生活的共同体"，具有"关系亲密、守望相助、疾病相抚、富有人情味"的特点。随着人们对经济与社会发展的认识不断深入，社区日益受到社会学家、社会活动家和政治家等的关注。有关社区的定义也有着长久而多样化的争论，但在争论中也达成了大体一致的认识，即社区就是一种地域性社会。因此，传统的社区定义都比较强调社区的"地域性"特征。我国著名的社会学家费孝通（2001）认为，社区是具体的，在一个社区上形成的群体，依此，社区的研究对象就是生活在一个地区的一群人的社会关系。[①] 但随着社区研究和现代社会的发展，人们对"社区"概念的看法也在发生着变化。例如，埃杰尼（Etzioni）就认为社区是由两个基本因素构成的：一是以情感为黏合剂的关系网络，二是成员间共同的价值观念、规范以及身份认同等。[②] 他的定义没有提及地域，这似乎与近年来互联网的兴起使原来构成社区的一些要素，如情感、认同感等可以脱离地域而独立存在有关。但是，在实际的应用中，地域仍然是定义社区的最基本要素之一。从现代经济学角度，社区作为促进集体行动而形成的组织，它很好地反映了有效治理的方方面面，因为它关注于群体做什么，而不是人们拥有什么。社区是我们在长期社会互动过程中由信任所联系在一起的群体。这些人直接地、频繁地、多方面地互相接触和互相影响。这些因素说明，人与人之间的联系而非单纯的感情才是构成社区的最主要的特征。从理论上讲，社区可以是一个家庭，也可以是一个国家乃至整个地球。然而，本章讨论的社区是介于二者之间的那些社区，如村庄。[③] 在发展中国家农村地区，最典型的社区是由血缘和地缘上的嫡亲关系连接起来的部落和村庄。而在发达国家，通过工作场所、母校、教堂、运动，及其他消遣俱乐部等渠道形成的社区关系，对工商交易和政治活动具有重大影响。社区这个概念使我们明白，要理解信任、合作、慷慨以及其他社会资本研究所涉及的概念时，我们必须研究社会交往的结构，弄明白同一个人为何在不同场合的社会交往中表现出的不同的社会资本水平与类型。

---

① 转引自汪大海、孙德宏编译：《世界范围内的社区发展》，中国社会出版社2005年版，《序言》第1页。

② Etzioni, A. (2000), "Creating Good Communities and Good Societies", *Contemporary Sociology*, Vol. 29, pp. 188-195.

③ 西方的农村社区研究产生的基本原因是，在19世纪中叶，由于工业文明冲击了农村自给自足的经济状态，改变了农村的经济和社会结构，一方面促进了农村社会的发展，另一方面也给农村带来了许多社会问题。目前我国的社区概念理解通常是指"聚居在一定的地域范围内的人们所组成的社会生活共同体。"从社区空间特征来看，社区可以分为三大类：一类是自然社区，如自然村落，街区等；另一类社区即行政文化社区，如行政村、建制乡镇等；第三类社区是专业社区，如学校、军营、矿山等。有关社区的讨论可参阅社会学学者徐琦、莱瑞·莱恩、邓福贞编：《社区社会学》，中国社会科学出版社2004年版，第一章。

在实际的研究中，社会资本与社区是紧密联系甚至交替使用的。社区定义中所关注的要素，如社会网络、规范和信任等也正是社会资本的基本内容，而社会资本理论尤其是发展中国家农村地区基本也是以社区为视角研究其构成和功能的。经济学家包勒斯和金梯斯（Bowles 和 Gintis，2002）更愿意用社区来代替社会资本："资本指可以拥有的物品，即使是在孤立社会中的鲁宾逊·克鲁索也拥有一把斧头和一张渔网。对比资本的概念，社会资本的属性在于描述人与人之间的关系。就像其他流行的表述一样，社会资本的概念已经被泛化了，因此我们在这里暂不讨论社会资本，可能这样做更有利于我们准确地继续表述。社区很好地反映了有效治理的方方面面，因为它关注于群体做什么，而不是人们拥有什么。"[①] 速水佑次郎（2003）是从社区角度探讨经济发展问题的开拓者之一，他认为具有悠久文化历史传统的东亚国家要注重社区治理机制的作用，通过长期和重复的交易产生的相互信任关系，不仅在抑制契约各方道德风险方面是有效的，而且能够在更大的社区内促进合作关系，如果特定社区之间的人与人之间的相互信任被提升到一种社会的道德规范，就可以大大节约交易成本。这样，由社区内人们相互影响所积累的信任提高了效率并减少了与劳动分工相联系的成本。在这方面，信任是一种类似于道德和港口这样的社会基本资本的"社会资本"。社会资本的生产性在于通过协调行为来提高社会效率（Putnam，1993）。Greif（1993）从降低机会主义的行为和解决"搭便车"问题的角度理解社会互动。Abreu（1988）、Fudenberg 和 Maskin（1986）、Kreps 等（1982）从重复博弈的角度解释了为什么当人们认为彼此在将来会发生互动时，合作更容易产生。Wilson（2000）和 Rauch（2001）认为信任降低了合约的执行成本和其他形式的不确定性。总之，信任和可信赖性节约了个体之间的交易成本，而规范则为不同的交易行为提供了一个合理的或者认可的标准。众多的经验研究和理论研究表明对于解释一些经济现象，社会资本

---

① Bowles, Samuel and Herbert Gintis(2002), "Social Capital and Community Governance", *The Economic Journal*, Vol. 112(November), p. 420.

是一个有用的概念。

社区和社会资本概念的兴起体现了 20 世纪 80 年代以来整个社会科学领域对传统个体主义研究范式的调整，学术界在探究社会治理机制安排过程中，既不愿意陷入国家主义甚至极权主义的泥潭，也不愿意看到藐视权威、放弃家庭、责任、人际关系疏远的个人主义泛滥，希望在国家与市场个体之间寻找联结的链条。于是，处于国家与市场个体之间的"第三维空间"——公民社会、第三部门、社群主义、社区、社会资本等词汇纷纷涌现于社会科学不同的领域。在发展中国家经济转型过程中，一方面政府干预范围逐渐缩小，另一方面市场机制还在逐渐完善过程中，为了弥补政府与市场的功能，这些第三维力量的出现为实现社会良治和社会转型提供了可能。作为"第三条道路"，致力于社会资本、社区和公民社会等社会结构建设，可以消除长期以来政府与市场之间的二分法的倾向，以促进社会治理机制的丰富和完善。近年来，西方学者和实践部门开始广泛地将社会资本理论应用于社区发展实践，许多项目意图通过增加社区社会资本以实现社区发展和社区脱贫的目标。

总之，在当前有关社会资本与社区发展的主流研究中，社会资本被认为与其他资本类型一样，具有可存储性，并可以与其他资本形式互相转化。社区是信任与互惠的摇篮。那些具有确定的积极价值观（包括信任他人）和使人们彼此联结在一起的关系的社区具有更加有效的普遍互惠和合作规范。①

5.1.2 个人社会资本的测度

在关于社会资本的研究中，如何界定社会资本并对其进行测度是问题的关键。本节从微观的角度，对已有的社会资本研究进行回顾。从微观即个人社会资本的角度，对社会资本进行研究是目前关于社会资本研

---

① 艾里克·乌斯拉纳：《民主与社会资本》，载马克·沃伦：《民主与信任》，华夏出版社 2004 年版，第 113 页。

究的重要组成部分。当个人内嵌于其所在的社会结构中时，其个人决策行为不仅仅影响了其行为的功效，也对其所在的社会结构产生了影响。个人决策离不开特定社会结构对其的制约以及特定社会结构所提供的各种可利用的资源，同时，个人决策的后果也必将对其做出决策时的社会结构和其可利用的各种资源产生影响。因此，在对社会资本的作用进行分析之前，了解社会资本是如何在微观层面上形成及其对个人的行为产生了怎样的影响是必要的，也是必需的。

布迪厄（1997）认为，个人层面的社会资本主要是指将社会关系和关系网络看成是个体可以利用的、用于实现个体目标的资源。他还强调，某一主体拥有的社会资本量取决于他能有效动员的关系网络的规模、群体成员关系、社会网络和社会关系中行动者的地位，即社会关系和关系网络是一种可以利用的资源，社会关系和关系网络被个体用于实现自己的行动目标。林南（2005）指出，对于大部分个体行动者而言，个人资源是非常有限的。更可能的是，个体行动者通过社会关系来获取资源。其将社会资本定义为通过社会关系获取的资源，即社会资本包括其他个体行动者的资源，个体行动者可以通过直接或者间接的社会关系获取他们。总而言之，个人社会资本是内嵌于特定的社会结构之中，可以被个人加以利用来实现其行动目标的各种资源。

对个人社会资本的测度主要有两种方法：定名法和定位法。定名法在网络分析的文献中被广泛的使用。通常的做法是向每个被访者提问一个或者几个关于其在各种社会关系中交往者的问题。通过这些问题可以确定被访问者和交往者之间的社会关系、交往者的特征、交往者之间的关系等信息。在使用定名法的过程中，往往由于问卷设计中对交往者人数的限制和问卷中对内容的假定，使得所收集到的数据往往反映了强关系、强角色关系或者受到地理约束的关系（Campbell 和 lee, 1991）。定位法是由林南和其合作者（Lin 和 Dumin, 1986）提出来的，并且定位法在目前的研究中越来越多的被使用。定位法使用社会中特征显著的结构位置（职业、权威、工作单位、阶级或部门）作为指标，要求被访问者指出每一位置上是否有交往者，并确定被访问者和每一位置上的交往者之间的关系。定位法研究的不是内容或者角色领域，而是等级制度。

对个人社会资本的测量，研究主要集中于以下三个方面：对于非正式网络途径的选择、社会网络中流动的资源以及关系人的特征（张文宏，2007）。边燕杰（2004）运用社会网络规模、网顶、网差和网络构成四个指标来测量个人层次的社会资本。规模大的网络比规模小的网络拥有的关系、信息和人情桥梁较多；网顶高，意味着网络内拥有权力大、地位高、财富多、声名显赫的关系人多；网差大，说明网络成员从事不同的职业，处于不同的职位，资源和影响是互补性的；网络构成合理，则是指与资源丰富的社会阶层有着千丝万缕的联系。罗家德、赵延东（2005）从两个方面对个体社会资本进行了测度：其一是对嵌入于个人社会网络之中、可以为个人所调用的资源总体的测量，这种方法重在考察个人对社会资本的拥有情况；其二则是考察个人在工具性行动之中所实际动用的社会资本情况。王卫东（2006）将社会网络视为社会资本的一种主要形式，认为社会网络资本总量是社会网络资本的总价值量，它是以"一般等价物"为单位的。他以七个观测指标即网络规模、网络成员的 ISEI（international socio-economic index）值、网络密度、网络成员中的最高 ISEI、网络成员中最高 ISEI 和最低 ISEI 的差、网络成员包含的职业类型数和单位类型数来测量个人层次上的社会网络资本总量。张文宏（2006）从社会网络的规模、密度、异质性、趋同性等方面描述了北京城市居民个人层次的社会网络资本的结构状况。卜长莉（2006）指出，个人层面的社会资本存量可以用个人的教育程度、社会联系的深度和广度、关系强弱、交往频率、社会地位、网络规模与网络位置等指标进行测量。

5.1.3　个人社会资本的实证研究

（一）不同阶层中个人社会资本的特点

尽管可以从不同的角度去探索社会资本的差异，但是阶级阶层地位和与职业相关的社会关联度，是两个不可忽视的视角。阶级阶层地位限制了人们自由地拓展社会网络，积累社会资本。职业活动给人们提供了不同的社会机遇。阶级阶层地位优势以及工作场域中的职业交往优势，可以转换为社会网络和社会资本的优势。一旦具有了社会资本优势，将会产生主客观的积极效应（张文宏，2007）。边燕杰（2004）在一项研究中分析了不同阶层城市居民的社会资本差异。按照网络规模、网顶、网差和网络构成等指标来测量，行政领导、经理和专业技术阶层的社会资本总量高于非技术工人，其次是办事人员和技术工人，最低的是雇主、自雇者和非技术工人。行政领导阶层的网络规模、与领导层、经理层和知识层的纽带关系均明显高于非技术工人阶层。相反，雇主和自雇阶层则缺乏网络优势，虽然他们的网络规模大于非技术工人，但是其网顶低、网差小，尤其缺乏与领导层、经理层和知识层的纽带联系。其研究结果还揭示出，被访者的科层关联度越高，其社会资本总量越丰富，表现为拜年网规模较大、网顶较高、网差较大，与领导层、经理层和知识层的联系也较多；被访者的市场关联度越高，其社会资本总量越高，社会网络优势越明显。边燕杰等（2005）运用城市不同家庭成员之间互相拜年的资料，评估了不同阶层内部和之间的关系强度和多元性，测量了阶层位置之间的社会距离。他们的研究发现：第一，体力工人家庭的社会交往更可能局限在阶层内部，他们在社交上处在边缘和孤立的状态；第二，官僚精英也呈现出独特的阶层内交往特征，意味着尽管干部阶层仍然占据着资源和机会分配的中心位置，但是在与不同职业阶层建立联系方面并不占据核心位置；第三，在专业技术人员和经理之间，存在着一种若即若离的交往模式，说明收入相似的群体和个人之间，管理权力发挥着阶层隔离的作用。

张文宏运用城市居民社会网络调查的实证资料，分析了阶层地位对于城市居民社会网络构成的影响①。其主要发现是：各阶层在选择讨论

---

① 张文宏：《阶层地位对城市居民社会网络构成模式的影响》，载《开放时代》2005年第6期。

网成员时的群内选择或自我选择倾向非常明显；阶层地位邻近、社会距离较小的人们成为讨论网成员的可能性较大；处于阶层结构顶端和底端的专业行政管理人员和工人的阶层异质性指数较低，位于中间阶层的小雇主和普通白领的阶层异质性指数较高，普通白领的阶层异质性指数明显高于工人。同工人相比，专业行政管理阶层的选择倾向更明显，小雇主的阶层趋同性指数最低。张文宏的研究结果表明，阶层地位对城市居民的社会网络资源产生了重要的影响，主要表现在专业行政管理阶层的网络规模大于工人阶层，前者的关系种类比后者更多元化[①]。专业行政管理阶层和白领阶层比工人阶层拥有更明显的"结构洞"社会资本，前两个阶层与网络成员的交往频率低于后者。专业行政管理阶层的社会网络在性别、年龄和职业异质性方面高于工人阶层。张文宏（2005）发现，同工人阶层相比，专业行政管理阶层和白领阶层与其网络成员更可能讨论混合性问题而非单纯的情感性问题；专业行政管理阶层与网络成员更可能讨论工具性问题，工人阶层更可能讨论单纯的情感性问题。

（二）地位获得中的个人社会资本

国内学者沿袭着格拉诺维特和林南的传统，对于不同群体的求职过程、社会和政治地位的获得过程进行了实证研究。张文宏探讨了社会网络资源在城市职业配置中的具体作用[②]。人力资本和政治资本较贫乏、经济地位较高的人更可能使用社会网络资源以实现职业流动；运用社会网络资源的职业流动者比不用者的求职效率低，但前者的目标收入却高于后者；运用社会网络资源的职业流向是从政府部门和国有企业流向个体、集体、外资合营、外国独资、新经济部门或无主管上级的市场化的经济实体；社会网络资源的运用，对劳资配置的吻合程度没有显著的影响。

周玉（2006）运用调查资料考察网络顶端、父母的行政级别、关

[①]　张文宏：《城市居民社会网络资本的阶层差异》，载《社会学研究》2005 年第 4 期。
[②]　张文宏：《社会网络资源在职业配置中的作用》，载《社会》2006 年第 6 期。

键关系人的行政级别、与关键关系人的熟悉程度等因素对干部的地位获得时，发现这些因素产生了显著的正面影响。在转型时期的干部职业地位获得过程中，关系强度和关系人的地位发挥了关键作用，而广泛的交往并不能增加干部职位提升的机会。社会网络资本并不是唯一起作用的因素，人力资本和社会资本构成了当前干部职业地位获得中的并行不悖的双重机制。

赵延东（2006）考察了社会资本对作为弱势群体的下岗职工实现其再就业的作用，发现下岗职工寻求再就业时大量地使用了以强关系为主的社会网络资本。下岗职工再就业过程中获得工作的质量在很大程度上取决于他们使用的关系人的社会地位，亦即关系人所能提供的社会资源，拥有更高地位的关系人就意味着职工更可能找到较"好"的工作。

（三）个人社会资本在公民社会中的体现：政治参与、关系与信任

虽然在社会资本的界定上并没有形成共识，但是多数学者承认关系和信任是社会资本的构成要素之一。胡荣等（2006）分析了城市居民信任的结构及其影响因素。城市居民的信任包括普遍信任、一般信任和特殊信任三个部分，具体表现为对与自己有血缘关系的亲属和密切交往的朋友的特殊信任圈子的信任度最高，对与自己有合作关系的单位领导、同事和邻居的一般信任圈子的信任度居中，而对于包括生产商、网友、销售商及社会上大多数人的普遍信任圈子的信任度最低。进一步的分析发现，在影响普遍信任的诸因素中，收入和社团参与因子具有正向的显著作用，说明社会经济地位越高的人对他人的信任程度越高。社会地位较高的人拥有的社会资源较多，因而抵御风险的能力较强，也就能够承担信任别人可能产生的风险。社会地位较高的人往往在社会交往中占据优势和中心地位，更懂得社会资本的积极作用，因此在与他人的交往中能够更主动地相信他人。培育更多的横向社团，鼓励市民更多地参与社团活动，是提高社会普遍信任的一个重要渠道。胡荣（2006）还运用普特南共同体趋向的社会资本理论，测量了中国农村基层社区的社

会资本状况，并据此探讨了社会资本与村民政治参与及村级选举的关系，并从社会成员之间相互关联的社会网络、互惠、信任和规范等几个维度进行了实证分析。结果表明，社区认同感越强，村民的参与程度越高，投入村委选举的积极性越高，村民越关心集体和村庄的公共事务；村民参与的社团越多，村民在选举中的参与程度越高。林聚任等（2005）从社会风气观、公共参与、处事之道、信任安全感和关系网络五个维度，调查了山东省农村的社会资本状况，发现农村社会资本呈现出的"明流"是传统性、关系主义、家族主义、特殊性信任、社会参与性低等特点；"暗流"则是崇尚个人能力，不是简单地靠关系达成工具性目标，对血亲关系的信任建立在情感基础上，总体社会信任度较高。

（四）社会支持网络

自社会网络分析的理论和方法引入到国内学界以来，社会支持网络一直是国内学者关注的一个重要领域。从社会网络分析的专业领域来说，可以从整体网络和个体网络两个不同的视角来研究人们的社会支持网络。刘军（2006）运用整体网络的视角研究了黑龙江省法村的社会支持网络的整体结构。他将法村的社会支持网络分为四类：情感支持、劳力支持、小宗服务和资金支持。在借贷关系中，一级亲属扮演着极其重要的角色，其中父母比兄弟姐妹发挥着更重要的作用；资金支持关系嵌入在亲属网络中；在小宗帮助中，网络成员的互惠指数较大，而在大宗借款支持方面的互惠性较低，但是普遍存在着一种一般性的互惠。

范成杰（2006）在对城市居民的个人背景与职业适应性关系的研究中发现，除了受到政治身份、态度、本人职称和母亲职称等因素的影响外，社会网络规模也对调查对象的职业适应水平产生了积极的影响。换言之，城市居民个人拥有的社会网络规模越大，那么其社会能力就越强，可以利用的资源也就越多，职业适应水平也就越高。因为社会网络资本具有传递信息、扩大影响、传播声望和强化自我认定等方面的积极作用。

蒋涛（2006）在对吸毒人员的一项实证研究中，通过对重庆市南岸区戒毒所吸毒人员的抽样调查，将被访者的支持网络分为毒品提供、情感支持和经济支持三类。数据分析结果表明，吸毒人员的社会支持网规模很小，在各个子网络中，毒品提供网络的规模大于经济支持网络，经济支持网络的规模又大于情感支持网络。吸毒网络具有秘密性和牢固性，通过相识关系获得毒品，而朋友关系和亲属关系则提供情感和经济两方面的支持，亲属关系在提供情感和经济支持时比朋友发挥的作用更显著。

5.1.4　个人社会资本形成模型分析

实证研究表明，个人社会资本确实在不同的领域和方面发生作用。此时，我们必须明确创造社会资本的隐含机制，即社会资本是如何形成的，其最优的水平是如何确定的。关于创造社会资本的隐含机制的研究已经开始，但是人们在对社会资本投资的决定因素上的思考，缺乏一个广为接受的理论分析框架。Glaeser、Laibson 和 Sacerdote（2002）认为这种缺乏一致的分析框架的原因在于经济学者或多或少的受普特南影响，接受了建立在总量分析之上的社会资本的分析框架，即将社会资本定义为网络。事实上，后科尔曼（1990）文献普遍的认为社会资本是社区层面的属性。社会资本有别于其他类型的资本，它来自于特定的社会结构，并在该社会结构中采取合适的行为，即社会互动由其所嵌入的社会结构所决定。因此，研究社会资本的形成机制时，个人社会资本所处的特定社会环境至关重要。而这就要求从微观的角度，对人们如何进行社会资本投资、社会资本是如何积累的、人们如何从社会资本投资中获取回报等方面深入分析。人们在社会资本上和在其他类型资本上的投资决策是相似的，都在建立在严格的成本—收益分析的基础之上。

下面将介绍 Glaeser 等（2002）所建立的个人社会资本的新古典模型，他们利用最优化个人投资决策的模型来分析社会资本的形成，该方法强调个人投资决策，在这点上与强调制度、规范、习俗、社会偏好和总体结果的群体分析的方法不同。个人社会资本被定义为个人的社会特征，包括社交技能、感召力和个人熟人圈的规模——使得其能够通过与他人的社会互动来获得市场和非市场的回报。个人社会资本既包括个人内在的能力，也包括对社会资本投资的结果。社会资本具有两个独特的性质：其一，社会资本具有很强的特定社区性质。因此，居住地迁移在社会资本投资中是一个决定性的因素。当个体迁移出其居住的社区时，社会资本会贬值。其二，社会资本在个人之间具有极强的互补性。这种互补性使得个人社会资本变化的效应小于总体社会资本变化所带来的效应。

Glaeser 等（2002）将个人社会资本被看成是一个存量 S，总体人均社会资本为 $\hat{S}$。个体在每一时刻拥有 S 的社会资本时，获得 $SR(\hat{S})$ 的效用，其中 $R(\hat{S})$ 是个可微的函数。$SR(\hat{S})$ 的流量报酬反应了市场和非市场回报。对善于交际的个人而言，市场回报包括更高的工资或者更好的就业前景。非市场回报包括个人关系的加强、更加健康或者直接的幸福感。社会资本的文献认为，个人间的社会资本积累存在正的互补效应，故 $R'(\hat{S}) > 0$。

社会资本存量的动态预算约束为 $S_{t+1} = \delta S_t + I_t$，因为折旧，社会资本存量是前期值的 δ 倍，$\delta < 1$，故而 $1 - \delta$ 为折旧率。投资水平 I_t 的时间成本为 $C(I_t)$，其中 $C(\cdot)$ 是一个递增的凸函数。时间的机会成本为 w，其被认为是当劳动供给缺乏弹性时，休闲的价值或者工资率。假定个人能够存活 T 期，并且其对将来的贴现因子为 β，同时个人有 θ 的概率离开其所在的社区。当个人离开时，其社会资本发生贬值，直至原来值的 λ（$\lambda < 1$）倍。这个假定在于说明一些社会资本投资是对于特定的社区而言的。φ 为由于迁移所造成的折扣因子，$\varphi = (1 - \theta) + \theta\lambda$。故而个人的社会资本最大化问题如下：

$$\max_{I_0,\dots,I_T} \sum_{t=0}^{T} \beta^t \left[S_t R(S_t) - \hat{w}C(I_t) \right] \tag{5.1}$$

$$s.\ t.\ S_{t+1} = \delta\varphi S_t + I_t,\ \forall\ t$$

该方程描述了由于迁移而造成的社会资本期望贬值，进而导致社会资本存量演变的过程。在个人最大化目标方程中，假定总体人均社会资本 $\hat{S}$ 不变。

由该投资问题的一阶条件可知，

$$wC'(I_t) = \frac{1 - (\beta\delta\varphi)^{T-t-1}}{1 - \beta\delta\varphi} R(\hat{S}) \tag{5.2}$$

一阶条件隐含着以下比较静态的结论：（1）个人社会资本投资随着贴现因子 β 增加而增加；（2）个人社会资本投资随着迁移概率 θ 增加而减少；（3）个人社会资本投资随着时间的机会成本 w 增加而减少；（4）个人社会资本投资随着社交技能的回报 $R(\cdot)$ 增加而增加；（5）个人社会资本投资随着社会资本的折旧率 $1 - \delta$ 的增加而减少；（6）当总体人均社会资本 $\hat{S}$ 更多时，个人社会资本投资增加；（7）个人社会资本投资随着社会资本的贬值率 $1 - \lambda$ 的增加而减少；（8）个人社会资本投资随着年龄 t 增加而减少。

在（5.2）式中，假定 T 无限大。在稳定状态下，$I = (1 - \delta)S$，则有：

$$\frac{\partial S}{\partial w} = -\frac{C'[(1-\delta)S]}{(1-\delta)wC''[(1-\delta)S]} \tag{5.3}$$

考虑到社区中个体的同质性，有 $S = \hat{S}$，因此有：

$$\frac{\partial \hat{S}}{\partial w} = -\frac{C''[(1-\delta)S]}{(1-\delta)wC''[(1-\delta)S] - R'(\hat{S})/(1-\beta\delta\varphi)} = \frac{1}{1 - \dfrac{\partial S \partial w}{\partial \hat{S}}}$$

$$\tag{5.4}$$

其中，$1/[\partial S/\partial \hat{S}]$ 就是社会乘数。总体社会资本增加，将加大人们对个人社会资本的投资，而总体社会资本对其他参数的弹性也大于微观个体社会资本对相同参数的弹性。社会乘数的大小反应了社会资本互补性的强弱。

社会资本的互补性提高了社会资本投资存在多重均衡的可能性。因此，在一些社区，社会资本投资较高，其回报也较高；而在另一些社区，其社会资本投资较低，其回报也较低。一些文献强调历史条件在决定一个社区的社会资本投资水平的重要性。例如，普特南的（1993）多重均衡模型解释了在初始条件下的较小的差别将导致长期社会资本水平的极大的趋异。

在关于社会资本形成机制的问题上，学者们也从不同的角度进行了研究。Dhesi（2000）称结构性条件和制度变化影响着个人投资并维持社会资本的激励，结构性条件限制了信任的范围，人们创造社会资本的激励严重依赖于已经存在的正式和非正式的制度对外部变化的反应。如果外部变化隔离了正式制度和非正式制度之间的互补性，那么社会资本将会消失。Maula、Autio 和 Murray（2003）强调个人的社会网络的组成对其社会资本回报的影响。个人社会网络的同质性增加了社会互动，进而提高了社会资本的水平。

个人社会资本的形成和其发生作用基于特定的环境——社区，社区中社会资本水平的高低是由社区中的个人对社会资本的投资所形成的，而社区中社会资本水平的高低又影响了个体进行社会互动时的回报，进而影响了个人社会资本的形成。在社区中有效的社区治理和社区激励，加速了个人社会资本的形成，进而加强了个人间的社会合作，形成了社区自身内在的秩序。而这些内生的秩序，正是社会活动中市场和政府之外的第三种力量。

5.1.5 社区的激励机制

亚当·斯密曾指出，人类社会生产力的提高是由劳动分工的程度所带来的。由于人们专门从事各种专业化活动，就需要有一种机制来协调他们。这种机制就是一个协调各种经济活动，从而使劳动分工达到社会最优的经济组织的组合。市场是在价格参数变化的信号下协调在竞争中追逐利润的个体的组织。市场之所以吸引人是因为它能利用私人信息，所以当交易者可签订完全合约并能在较低成本下执行该合同时，市场通常优于其他的治理结构。此外，当合约的剩余索取权和控制权紧密相连的时候，市场竞争提供了一种分散的难以被破坏的机制：惩罚无能者，奖赏高效率者。国家是通过政府行政命令强制人们调整他们的资源配置的组织。对于私人部门之间的交往，政府有权力制定并强制执行博弈规则。所以当参与项目带有强制性时（例如参与社会保险或建设国防），由政府控制的经济过程才最有效。社区作为一种集体组织，其内部运行有其基本的秩序，它是在紧密的人际关系和相互信任基础上引导社区成员之间的合作以实现一定的目标。农村社区的秩序被费孝通（1998）归纳为礼治秩序、熟人社会以及归属感等传统秩序。泰勒认为，社区实质上就是一种无序的社会秩序，其关键特征是分享共同的信仰和规范（转引自诺斯，1994）。

换句话说，如果按照社会所希望的方向协调人们的劳动分工和配置资源而言，市场通常是通过建立在自利基础上的竞争来实现，国家通常在强制基础上通过命令来实现，而社区则在协商的基础上通过合作来实现。事实上，社区和国家往往是重叠在一起的。例如，根据村民自愿合作这一事实可以把村庄定义为社区，如果在村庄事务管理方面村民授权某个人或几个人实施强制力量，就可以认为村庄是一个小国家。在现实世界里，社区和国家往往不可分割地结合在一个经济体制中，但它们在功能上是可以分开的。社区可以解决一些政府和市场都失灵的问题，尤其是当社会交往的性质或者所交易的商品和服务的性质无法在合同中完全界定或者其界定成本极为高昂的时候。社区治理靠分散的私人信息，根据社区成员是否遵守或者违背社会规范而做出相应的奖励和惩罚，通常这些分散的信息是政府、企业和其他大型的正式组织难以获得的。一个有效的社区会监督其成员的行为，使得成员对他们自己的行为负责。与政府和市场相比，社区能更有效地鼓励和利用激励措施，使得人们按传统行事，这些激励包括信任、团结、互惠、名誉、自豪、尊重、报复和报答等。社区交往结构具有以下特征：（1）参与者之间频繁的交往所传递信息成本是比较低廉的；（2）社区成员之间的相互信任关系降低了交易成本；（3）社区成员倾向于内部交往；（4）社区之间的村民迁移受到限制。这些结构特征在社区成员之间形成奖励机制对促进支持社会（pro-social）行为的发展有着重要的作用。

表5－1　不同制度下的治理结构

	短期的	长期的
匿名的	市　场	国　家
人格化的	—	社　区

社区的交往结构与市场和国家相反，至少在市场和国家的理想化方面可以体现出这一点。市场交往的特征是短期的接触，并且交往者是匿名的，而理想化的国家官僚机构的特征是长期的匿名关系（参见表5－1）。社区治理结构相比较国家和市场机制而言具有独特的地位。

在速水佑次郎（2003）看来，第三方调解，尤其是正式的法院程序，需要高昂的费用，用它来解决涉及金额较小的冲突显然是不太适宜的。发展中国家的生产和交易是以规模小为特征的，法律手段解决囚徒困境问题的作用非常有限。况且，发展中国家的法律和司法体系不够健全，又加剧了这一困难。囚徒困境形成的原因是参与者之间缺乏交流与互动，而社区互动会预期到长期的博弈加强了相互的信任，促使参与者免遭囚徒困境险境。具体而言，一个特定的社区面临着囚徒困境式的合作问题，他们可能的行为和收益如表5－2所示，他们的收益[①]满足常见的形式：

$$m > g > l > n \quad 且\ m + n < 2g \tag{5.5}$$

[①] 第二个条件排除了背叛者和合作者交换所带来的社会最优性。只要我们有 $m + n > 2l$，那么合作就是普遍的社会选择，尽管我们不需要这个事实。

每个人所选择的行为并不受强制性的契约所限制。在这种交往过程中，背叛是最普遍的占优策略均衡。

表 5 - 2　囚徒困境得益矩阵

	合　作	背　叛
合　作	g,g	n,m
背　叛	m,n	l,l

如果参与者能够以某种契约的方式进行合作，那么他们当然会选择合作。但是，我们的假设是参与者在没有契约限制的情况下进行博弈，也就是说它们的行为通常是不合作的，于是就排除了合作的可能性。为什么社区可能会导致普遍性的合作呢？我们从三个层面来解答社区的合作问题，每种解释都是以众所周知的博弈模型为基础的：第一，社区成员间的频繁互动使得他们彼此间能发现更多的私人信息，了解彼此近期的行为和未来很可能采取的行为，从而降低交易成本、提高收益。如果社区成员越易于广泛地获取分散的私人信息，他们就越有动机向有利于集体利益的方向行事。这个信息的获取和传播越快，社区的成员就会更有交往的驱动力，他们会以有利于参与者的方式进行活动。因此，在一个重复的交往过程中，他们就会以建立"声誉"的方式来获取合作行为。这就是社区的声誉效应。第二，在一个社区当中，如果成员之间今天就开始进行交往，那么他们在未来进行交往的概率就会比较高。因此，他们就会以比较善意的方式进行交往，以避免对方在今后出现背叛行为（Axelrod,1984;Taylor,1987;Fudenberg 和 Maskin 1986）。成员之间的交往越全面，那么惩罚机会主义者的机会就越多。社区中人们对那些不合作者会产生强烈的负面感情，这种强烈的负面感情类似涂尔干所讲的"集体情感"，即如果有一个人仅仅因为自己的小利而不合作，从而破坏了集体行为，一些村民对那些试图"搭便车"的村民不只是进行舆论的攻击，还有可能采取武力等粗暴的方式威胁。我们把这种效应称为报复效应。第三，典型的支持社会和反社会的行为者包含有协商性的

收益和惩罚性的成本。在一个人口众多的社区当中，其成员之间交往的可能性比较大，这也就增加了交往的频繁程度。支持社会行为者更有可能得到奖励，支持社会行为者之间也更加容易进行交往。对于反社会行为者来讲，则情况刚好相反。通常在社区中，"人要脸、树要皮"的面子情节以及逐渐被别人看不起的氛围将这些反社会人群分割为社区中"说不起话、办不成事"的边缘人物（贺雪峰、罗兴佐，2006）。这就是所谓的分割效应。在社区、合伙经营、地方公共物品提供中，成员间的互相监督和惩罚形成的分割效应是削弱这些不良动机的有效办法。声誉效应、报复效应和分割效应为社区提供制止"搭便车"者的功能，它通过广泛的社会群体间的相互作用和害怕被群体排斥而形成的合作精神起作用。"搭便车"者将遭遇社会污名和社会排斥，这样的成本是高昂的，尤其是在一个封闭的社区里面。

　　为了理解社区的运作机制，经济学家还是从理性个体出发，来处理那些尽管一眼看上去不合作肯定是占优策略但最终却导致合作的模型。经济学之外的行为科学家一直通过对互惠、情感以及利他主义动机①的考察来解释社区。包勒斯和金梯斯（2002）引入一个基于个体理性和均衡的博弈论模型，再加上一种特殊的个体偏好，即在社区中个体有遵守集体规范的倾向，引入非自私动机来解释社区规范的执行。他们认为，有一部分个体愿意付出一定的代价来惩罚那些卸责的人，虽然他们自身无法得到明显的回报。他们把这种行为称为"强互惠性"（strong reciprocity）。强互惠主义者无条件地与他人合作，并惩罚不合作者，即使惩罚行为不符合传统的理性人假设。包勒斯和金梯斯（2000）提供了大量的互惠性证据。在不同的社会条件下，包括彼此完全陌生的情况下，人群中都有相当比例的人是强互惠主义者。公共物品博弈实验与社区治理的问题非常接近。公共池塘资源博弈的博弈结构包括独裁博弈、最后通牒博弈以及信任博弈。公共物品博弈由 n 个严格匿名的受试者组

---

　　①　关于利他主义的经济学解释参阅叶航：《利他行为的经济学解释》，载《经济学家》2005 年第 3 期；杨春学：《利他主义经济学的追求》，载《经济研究》2001 年第 4 期。

成。每一个受试者给予 w 点，在实验结束后，点数都可以兑换成现金。每轮博弈中，每个人可以把一部分点数放入一个"公共账户"，保留其余的点数。该轮博弈结束后，每个人除了手里保留的点数，还获得 $q \in (1/n,1)$ 倍公共账户的点数。于是，为公共账号存钱就变成一种利他行为，因为它增进了团队的收益（$q > 1/n$）而减少了个人的收益（$q < 1$）。如果受试者是理性的，那么不为公共账号存钱在公共物品博弈中就是一种占优策略。但是，在公共物品实验中，只有极少部分人的行为符合自私的模型。通常情况下，受试者在博弈开始时在公共账户里存入一半的点数。

菲尔和斯密德特（2000）则分别在有惩罚和无惩罚的条件下进行了十轮的博弈实验。他们的研究结果表明，当有成本的惩罚机制被允许实施时，合作不会最终崩溃。在伙伴的博弈的情境中，虽然是严格匿名的，但合作水平持续提高，几乎是完全合作，哪怕在最后一轮都是如此。但如果惩罚机制不被允许，那么同样这些受试者进行同样的公共物品博弈实验，合作最终解体了。

伙伴效应（partner effect）与陌生人关系之间的对比是值得关注的。在与陌生人博弈的情况下，惩罚机制能防止合作的变质。对于与伙伴博弈来说，惩罚机制则能持续推动合作比例的上升，直到完全合作的程度。这个结果表明，受试者个人有意愿惩罚"搭便车"者（与陌生人博弈），但在能识别身份的社区中博弈时，惩罚"搭便车"者（与伙伴博弈）的意愿更强烈。这样，越是强烈的互惠性被维持，社区就越紧密越牢固。受试者经常自己承担损失来惩罚团队里其他人的情况，对标准的行为模型提出了重大挑战。在完全陌生人的环境下（或者在其他环境下博弈的最后一轮），占优策略必定是什么都不贡献，也不惩罚别人。事实上，从策略的角度来看，惩罚机制对公共物品博弈确实很理想。惩罚机制是典型利他主义的，对别人有利，自己承担成本。受试者惩罚低贡献者，并且在被询问为什么这样做时表现出强烈的厌恶态度，这些事实都表明这种惩罚是情绪性的反应。更确切地说，这是一种愤怒感的表达。

包勒斯等（2001）的实验也表明，在完全陌生的公共物品博弈实验中，惩罚低贡献率者的倾向并不仅仅是希望他们能够在下面博弈中多贡献一些，从而使得大家都能获得更多。同样的，被惩罚者在后面博弈中表现积极也并不是因为他们想避免未来继续受惩罚。可能是惩罚引发了卸责者的羞耻感，这使得他们对惩罚做出积极的回应（并不是简单的收益最大化），这是对惩罚有效性的一种解释。公共物品博弈实验表明，个人动机包括互惠性偏好，它可以通过互相监督保持在一个很高的水平上，即使在很大规模的社区里也是如此。长期以来，经济学忽视了这些非标准的动机，但这些动机是维持社区运作的重要形式。

5.1.6　社区治理机制功能

社区是有效治理的重要组成部分，因为它可以解决一些个人无法独立解决而市场和政府很难解决的问题。青木昌彦指出，有效的产权法律来自于实践和惯例，而不是相反；社区规范在私有产权制度和市场失灵的情况下可以成为社会治理机制，这在现代环境下也是如此。[①] 正如埃里克逊在对美国社会进行田野调查后认为，在很多时候，人们做出选择并不是基于成本—收益计算，而往往是基于社区规范的考虑来达成效率结果，即不是像科斯所说——通过清晰界定产权以后的理性化谈判机制来达成效率。埃里克逊的研究表明，将法律视为解决外部性冲突的唯一方法有缺陷，现实中往往存在多元秩序治理结构，在这种多元治理结构内部，各种规则资源存在着互替、互补的关系，它们都对人类合作秩序的维持和演进做出了重要贡献。这些非官方法律资源和政府实施的官方规范一起，构成了一个多元化的社会控制体系（参见表5－3）。

---

① 　青木昌彦著，周黎安译：《比较制度分析》，上海远东出版社2001年版，第36页。

表 5 – 3   社会治理机制

控制者	规 则	惩 罚	联合体系
1. 单边控制	个人伦理	自我惩罚	自我控制
2. 双边控制	—		
个人遵守	契约	人格化自助	承诺实施型契约
3. 第三方控制	规范	—	
社会势力	规范	代理人自助	非正式控制
组织	组织规则	组织实施	组织控制
政府	法律	国家实施	法律体系

资料来源：Ellickson, Robert C. (1994)，"The Aim of Order Without Law"，*Journal of Institution and Theoretical Economics*（TITE）150/1，97-100.

　　埃里克逊在考察美国的夏斯塔社区时发现，该地牧民对纠纷的反应首先是寻求私力救济，再就是上报县主管部门或非正式提出赔偿，最后才是在律师协助下提出赔偿等。这说明，在社会关系紧密的社区中，除政策、行政法规和法律等官方实施的正式规则之外，还存在不是由官方机构执行和实施的各种非官方法律资源。这些规则包括建立社会"信任"的各种机制，如社会规范、声誉机制、舆论、习俗、关系网（亲缘、地缘、血缘等）中的隐含契约、道德和黑帮帮规、乡规民约等。与政府法律秩序不同，这些规则内生于人际关系的互动网络之中，形成私人秩序。鉴于"社会关系网络"在这类规则秩序形成中的作用，它一般依赖于私人关系的重复博弈中的自我实施机制或由私人第三方实施，是社区秩序的主要治理资源。按照科尔曼的界定，这种社区规则应属于社会资本范畴。在中国，社区社会规范在农村社区发挥着重要的作用。费孝通在《乡土中国》中阐释了中国农村社区的"无讼"现象，现行的司法制度在乡间产生了很特殊的副作用，它破坏了原有的礼治秩序，但并不能有效地建立起法治秩序。法治秩序的建立不能单靠制定若干法律条文和设立若干法庭，重要的还得看人民怎样去应用这些设施。更进一步，在社会结构和思想观念上还得先有一番改革。如果在这些方面不加以改革，单把法律和法庭推行下乡，结果法治秩序的好处未得，而破坏礼治秩序的弊病却已先发生了。在近代中国历史上，社区治理机制也发挥着更重要的作用。温铁军曾经将中国传统社区治理概括为："国权不下县"。秦晖则把它完整地概括为："国权不下县，县下唯宗族，宗族皆自治，自治靠伦理，伦理造乡绅。"① 正如美国学者吉尔伯特·罗兹曼所说："在光谱的一端是血亲基础关系，另一端是中央政府，在这二者之间我们看不到有什么中介组织具有重要的政治输入功能。"② 比如早在20世纪20年代初，马克斯·韦伯就提出了关于传统中国"有限官制论"的看法，"事实上，中华帝国正式的皇权统辖权只施行于都市地区和次都市地区。出了城墙之外，中央权威的有效性便大大地减弱乃至消失"。③ 美国家族史专家古德指出："在中华帝国统治下，行政机构的管理还没有渗透到乡村一级，而宗族特有的势力却一直维护着乡村社会的安定和秩序。"④ 我国著名社会学家费孝通先生认为，"皇权统治在人民实际生活上看，是松弛和微弱的，是挂名的，是无为的"⑤。

在现代经济中，社区具有其独有的功能，与市场的私有供给和国家的全局性公共物品供给相比较，社区相对于市场和国家的比较优势在于地方公共物品的供给上（参见表5-4）：通过社区来供给的公共物品可划分为三种：第一种是提供社会安全网，将弱势群体从最终的生存危机中解救出来。这一作用一直是上述传统范式中强调的重点，最近它又被恢复为所谓的"道德经济"观点——比如在东南亚小村庄存在一种"生存伦理"，即在收成不好的年份，社区中的富者被迫将他们贫困的邻居从困境中解救出来（Hayami，2006）。第二种作用是对公共资源或者公共财产资源的保护，例如对森林、牧场、灌溉体系以及村庄道路等的保护。第三种可能的作用——通过援助强制执行商业合同来促进市场

---

① 秦晖：《传统十论：本土社会的制度文化与其变革》，复旦大学出版社2003年版，第3页。

② 吉尔伯特·罗兹曼主编：《中国的现代化》，江苏人民出版社1988年版，第272页。

③ 马克斯·韦伯：《儒教与道教》，江苏人民出版社1993年版，第110页。

④ 古德：《家庭》，社会科学文献出版社1986年版，第166页。

⑤ 费孝通：《乡土中国：生育制度》，北京大学出版社1998年，第63页。

交易，却较少被关注，甚至被误认为是市场经济秩序形成的障碍。其实，利用社会资本——更宽泛一点是社会制度，有可能弥补市场经济的缺陷，填补市场留下的空隙（Stiglitz，2000）。

表5-4　政府、市场与社区的功能

	国　家	市　场	社　区
功　能	公共物品	私有物品	准公共物品
效　率	社会效用	私人效用	社区效用
组　织	政　府	市　场	民间组织
机　制	命　令	竞　争	合　作

社区公共物品提供的差异性和多元性给市场和政府机制作用发挥带来较大的困难，而社区组织利用本地信息的便利以及参与者之间的合作为提供社区公共物品成为可能。不同于私有物品，公共物品具有非竞争性和非排他性，因而社区在提供处于传统的私有物品和公共物品之间具有比较优势，图5-1反映了政府、市场与社区在提供公共物品中的功能，处于第Ⅱ类与第Ⅳ类部分的两类物品，诸如俱乐部、公共池塘类物品，社区具有一定的优势。

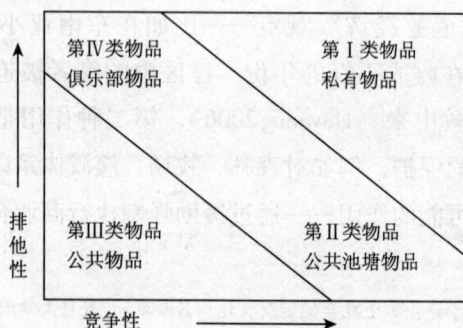

图5-1　社区提供公共物品的比较优势

在图5-1中，私有物品具有较强的竞争性和排他性（第Ⅰ类物品），由市场来提供具有效率，第Ⅲ类物品，也就是处于左下角的公共物品，具有较低的竞争性和排他性，比如国防等公共物品需要政府提供。处于右下角的是所谓公共池塘物品（第Ⅱ类物品），诸如渔场、牧场和森林等，具有非排他性和强竞争性，由于其开放性可能被过分利用和开发。在历史上，公共池塘资源依赖于宗族来进行分配，但这种机制被殖民主义和后殖民主义的政府管制所迫害与瓦解。[①] 如今以社区为基础的组织在分配此类资源过程中具有优势，因为社区组织依赖信任而不是强制（政府）和个人利益驱动（市场），从而降低分配的交易成本和资源配置的公平性。普拉图等（Platteau、Jean-Philippe 和 Seki,1999）研究了日本富山湾的捕鱼合作组织，阐明了社区功能。面对不确定的捕捉物和所需的较高的技术水平，一些渔民选择共享收入、信息和培训。一个从 35 年前成立至今且非常成功的合作组由 7 艘捕虾船的全体船员和船长组成。这些船队共享收入、共担成本，共同修理破损的渔网，共享捕虾地点变换的信息。年长的成员传授他们的技术，受教育更多的年轻成员则教授其他人远距离无线电导航系统和声波定位仪等高技术方法。合作组收入共享和成本共担允许船队到更具风险、产量更高的地区捕鱼，共享技术和信息则提高了利润，缩短了船队间生产力的差距。个体船队在共同捕鱼、远距离装运和营销的同时，增加了利益分享过程的透明度，使得机会主义行为很容易被察觉，这样他们就可以应付捕鱼中出现的各种情形。

处于左上方的俱乐部物品也可以由社区组织来提供。和社会安全网的供应和对共有资源的保护一样，社区对于市场发展的作用也是基于这一特征的，因为社区关系在阻止"搭便车"者想通过违反合同或协议来受益是有效的。如果以社区为基础的安全网是有效的，那么按照由社区准则所形成的相互作用原则来看，所有成员就必须缴纳保险费。在社区成员对共有资源的保护所做的贡献中，这一点是同样适用的。然而，

---

① Todaro,M. P. and S. C. Smith(2006),*Economic Devlopment*(Ninth Edition),Pearson Addison Wesley,p. 547.

做一个"搭便车"者对每个人而言，都具有很大的吸引力。例如，用他人筹集的资金修筑乡间道路，且他没参加这一项目，故他的私利最大化。因此，如果有一个人成为"搭便车"者，所有其他人就会跟着去做"搭便车"者，结果将是无法供给地方性的公共物品。社区拥有制止"搭便车"者的功能，在前面我们已经论述了社区的分割、报复与声誉机制有利于抑制"搭便车"行为，促进集体行动的发生。

在促进市场机制完善方面，社区也有一定的作用。如果市场交易趋于在买者和卖者为一个社区的关系中发生，农民更加偏好出售他们的产品给那些同一个社区的人或者在这个社区中拥有亲戚与好朋友的人，交易双方更加关心他们在这个圈子中的名声。假设社区合作机制和分割机制是有效的而迫使交易双方都遵守契约，这种交易循环基于的社区关系原本起源于有血缘联系或者地理联系的传统小范围农业社区，比如村庄，但是它可能被逐渐扩大为一个广泛的贸易网络而超出传统的社区。可能包含以下过程，举例来说，在城市需求上升的时候一个来自城市的商人要寻找一个新作物的供应商，他将会通过当地的商人介绍来联系这里的农民，当然这个商人在其他的商品上面有连续的交易；起始，这个城市的商人需要这个村庄里面的商人的保证以促使农民来签订合同种植此作物；后来，随着重复交易而建立了相互信任，村庄的人开始认为这个城市商人也是他们社区里面的一员了。

的确，长期连续的交易在人类学家看来，对培养相互信任、合作和防止社区范围外的交易双方机会主义动机的产生是有效的。这一过程被杰尔茨（Geertz,1978）称为"主顾"。在他的例子中，一个市集的珠宝商受强烈的诱惑会以低品质高售价的方式来欺骗一个信息不对称的新顾客，但是，对于一个老主顾，他会觉得自责，也不愿意为仅仅一次的道德风险失去一个长期的商业机会。这一合乎人类学思维的解释与重复博弈理论是一致的。多方相互联系的交易能进一步加强由长期连续交易产生的相互信任。例如，一个商人不仅年复一年地持续向一个特定的生产者购买商品，而且还向他提供原料和信贷。通过加强相互影响和交流而增进的相互信任，以及对失去多方面合作关系的担心，将是双方当事人抑制道德风险强有力的力量。在商业交易中加入人情因素，如交换礼物以及出席婚礼和葬礼，会进一步加强互相信任的心理学基础。这种社区关系的力量对市场交易的促进，被中世纪的犹太商人以及现代在东南亚的中国商人成功的贸易和金融活动所证明。他们能够在商业和金融活动中占据主导地位，是因为他们成功地减少了由远距离交易和种族关系的限制导致的交易成本（Greif,1993、2006；Hayami & Kawagoe,1993）。

　　这些例子说明，社区可以在经典的市场失灵或政府失灵的情况下解决问题：以邻为壑造成地方公共物品供给不足，缺少保险业务，缺少其他分担风险但可能互利的机会，将穷人排除在信贷市场之外，对工作努力过多的无效监督等等。社区之所以有时可以弥补政府和市场失灵，是因为社区中的成员而非外部人拥有其他成员行为、能力和需求的关键信息。社区成员可以利用这些信息维持社区规范，同时还可以通过这些信息选择有效的制度安排以避免道德风险和逆向选择问题。这些信息分散在社区内部，一个扬眉的动作，一句话，一个警告，一些闲话或者嘲笑，在那些人们习惯称"我们"而不是"他们"的邻居或同事之间互相传递的时候，所有这些言行举止都可能含有特殊的意义。因此，当市场契约和政府指令失效的时候，社区对治理起了重要的作用，因为法官、政府官员或者其他社区以外的人无法有效利用那些信息，然而社区成员可通过彼此间持续的联系，加强信任、互相关心，以支持社区规范简单有效地执行。这种观点在社会学中早就存在，即使在经济学中也比社会资本的概念出现得早。三十多年前，阿罗（Arrow,1971）曾强调我们现在所使用的社会资本的重要性："缺少信任……人们会失去互利的合作机会……社会行为规范，包括伦理道德准则（可能是）……对弥补市场失灵的社会反应。"① 社区就是维持这些规范的一种方式。

---

　　① Arrow,Kenneth J. (1971), "Political and Economic Evaluation of Social Effects and Externalities", in M. D. Intriligator (ed.), *Frontiers of Quantitative Economics*, Amsterdam：North Holland, p. 22.

5.2　社区与公共池塘资源管理

从马尔萨斯到哈丁以来的理论家以及政策制定者都广泛地关注日益遭受破坏需要予以保护的自然资源和生态环境。随着世界范围内自然资源耗竭和环境恶化的问题日趋严重，如何制定并实施政策以应对来自经济、生态和社会承载力方面的挑战已经成为生态学、经济学和管理学等领域研究的交汇点。以血缘或地域为基础的发展中国家地方社区在很强的相互影响的基础上产生合作关系，作为一种机制起着强制人们相互遵守传统社区规范和惯例的作用。就这一点而论，可以认为社区机制会对共有财产资源或"共有资源"进行有效的控制。

5.2.1　公共池塘资源理论

自从生物学家 G. 哈丁（G. Hardin, 1968）富有感染力的文章在《科学》杂志发表之后，"公用地悲剧"就成为刻画环境退化的一个重要术语，社会科学家以其作为描述环境和资源问题的主要框架。哈丁利用"向一切人开放"的牧场为案例来阐述自己的理论逻辑结构：在开放的牧场，每个理性的牧羊人都从各自的羊群中获得直接的利益，而他或其他的放牧者过度放牧导致公用地退化所产生的成本由所有人来承担，这样就促使牧羊人都增加羊群的数量而最终导致牧场荒芜。正如哈丁所说："这就是灾难之所在。每个人都被锁在一个迫使他在有限的范围内无节制地增加牲畜的制度中，毁灭是所有人奔向的目的地。在信奉公用地自由化的社会中，每个人都追求各自的最大利益。"当然，哈丁并不是关注公用地悲剧的第一人。亚里士多德很久以前就说过，最多人共用的东西得到的照料最少，每个人只在乎自己的利益，几乎不考虑公共利益。在哈丁阐述公用地悲剧经典文献之前，S. 戈登（S. Gordon, 1954）在其名为《一种公共财产资源的经济理论：渔场》的文章中，也清楚地阐述了公用地的经典理论。

（一）自主治理理论的形成

关于自然资源管理的研究包括经济学思路和公共池塘资源两种方法，与之相对应的机构是国际生态经济学协会（ISEE）和成立于20世纪80年代后期的国际公共产权研究协会（IASCP），前者主要在经济学的框架下研究生态体系，后者的研究涵盖公共产权的管理，尤其是可再生资源的管理。经济学思路为自然资源和环境经济学提供了一系列关于调控、分析、估价和管制的理论，在政策选择时考虑了激励机制和程序改革，诸如税收、配额、补贴、标准、许可证等。公共池塘资源管理理论已经成为政治学、生态学和经济学等跨学科领域关注的热点问题。公共池塘资源（common pool resources, 简称 CPRs）是一种人们共同使用的具有非排他性（难以或不可能阻止其他使用者使用）和消费的竞争性（每个消费者的边际成本大于零）的公共资源，诸如地下水、渔场、牧场、森林等。E. 奥斯特罗姆从物品的属性界定了公共池塘资源，并以共用或私用、排他及非排他为特征用矩阵进行说明（参见表5-5）。

表 5 -5　公共资源的特征

	共　用	私　用
排他性	俱乐部物品（club goods）	私益物品
非排他性	公益物品	公共池塘资源

CPRs 其实与公共财产资源或公有资源（common property resources）并没有泾渭分明的区别。在治理公共资源开发和利用时，传统的集体行动理论认为"公共地悲剧"、"囚徒困境"、"集体行动困境"是难以避免的。而奥斯特罗姆认为，它们只是一些使用假设的特殊模型，而非一般理论。传统模型的前提假设主要有两个：一是个体之间沟通困难或者无沟通，二是个人无改变规则的能力。这适用于个人彼此间独立行动、缺乏沟通并且个人改变现有结构需要高成本的一些大规模的公共事物治

理，而对于彼此十分了解、经常沟通并且建立了信任和依赖感的小规模的公共事物治理并不适用。奥斯特罗姆正是从研究小规模公共池塘资源问题出发，在调查研究了世界众多成功案例的基础上，应用制度分析与经验分析的方法，得出了许多重要的观点和结论，形成了公共池塘资源自主组织和自主治理理论，从而能够在所有人面对"搭便车"、规避责任或者其他机会主义行为诱惑下取得持久的共同收益。

（二）自主治理理论的核心内容

自主治理理论包括个人策略的选择以及制度的供给。

（1）影响理性个人策略选择的内部变量。自主组织理论的中心内容是研究"一群相互依赖的委托人如何才能把自己组织起来，进行自主治理，从而能够在所有人都面对'搭便车'、规避责任或其他机会主义行为形态的情况下，取得持久的共同收益"。奥斯特罗姆在研究这个问题的时候，同样是采取理性人假设。但是，她探讨的理性人并非像传统集体行动理论者所认为的那种毫无现实意义的完全理性，她认为理性人行为，即个人策略，是要受到四个内部变量的影响的：预期收益、预期成本、内在规范和贴现率。

人们选择的策略会共同与外部世界产生结果，并影响未来对行动收益和成本的预期。个人所具有的内在规范的类型受到处于特定环境中其他人的共有规范的影响。如果这一规范成为与他人共享的规范，那么采取被其他人认为是错误的行为所要受到的社会非议便会对他形成制约。贴现率受个人所处的自然和经济保障程度的影响，对未来收益的较低预期导致较高的未来收益贴现率，如果其他人给予未来较高的贴现率，那么个人的最终选择是给予未来较高的贴视率，即贴现率亦受地方社区人们在比较未来与当前的相对重要性时所共有的一般规范的影响。

综上，我们可以看出奥斯特罗姆的理性人策略乃预期收益大于预期成本的策略。收益、成本、共有规范、机会都是影响个人决策选择的总和变量。但现实中，这些内部的、内生的、主观的总和变量很难有准确的汇总方法。因此，判断理性个人策略的选择应把重点放在影响总和变量的、可以观察的环境变量及其环境变量组合上。

（2）治理的三个难题：制度供给、可信承诺和相互监督。自主组织和自主治理理论认为，任何面临集体行动困境的一群人都需要解决三个难题：

第一个难题是制度供给难题，即由谁来设计自主组织的制度，或者说什么人有足够的动力和动机建立组织。我们都知道，在 CPRs 的占有者当中提供一种新的制度等同于提供一种公共物品，这容易陷入"集体困境"。自主组织理论是怎样解决制度供给难题的呢？奥斯特罗姆认为，在公共池塘资源系统中，只要人们经常不断沟通、相互交往，那么他们就有可能知道谁是值得信任的，他们的行为将会对其他人产生什么影响，对公共池塘资源产生什么影响，以及如何把他们组织起来趋利避害。当人们在这样的环境中居住了相当长的时间，有了共同的行为准则和互惠的处事模式，他们就拥有了为解决公共池塘资源使用中的困境而建立制度安排的社会资本。通过建立信任和社群观念，从而在拥有了这些社会资本的基础上来解决新制度供给的问题。当然，一个新制度的形成并不是一个简单、迅速的过程，而且其本身也处于不断变化之中。因此，制度起源和制度变革是结合在一起的，两者共同组成了统一的制度变迁。正如奥斯特罗姆所总结的，在促进型政治体制的良好推动下，自主组织和自主治理的制度供给是一个渐进、连续和自主转化的过程。

第二个难题是可信承诺问题。在制度供给得到圆满的解决后，如何规避 CPRs 使用者"搭便车"、逃避责任和各种机会主义诱惑呢？这就涉及可信承诺的问题。"你遵守，我就遵守"真的能够实现吗？奥斯特罗姆摈弃了经常用到的外部强制作为解决承诺问题的方法，而是让 CPRs 使用者通过自我激励去监督人们的活动、实施制裁以保持对规则的遵守。为此，奥斯特罗姆列出了五项准则使得可信承诺得以真正有效地实现，这五项准则是：规定有权使用公共池塘资源的一组占用者；考虑公共池塘资源特殊性质和公共池塘资源占用者所在社区的特殊性质；

全部规则或至少部分规则由当地的占用者设计；规则的执行情况由对当地占用者负责的人进行监督；采用分级惩罚对违规者进行制裁。

第三个难题是相互监督的难题。"没有监督，就不可能有可信承诺；没有可信承诺，就没有提出新制度、新规则的动机。"监督至关重要，但并非第三方的监督就是唯一途径。奥斯特罗姆认为，只要人们对遵守规则做出了权变的策略承诺，就会产生监督他人的动机，以使自己确信大多数人都是遵守规则的。对自主治理成功案例的研究表明，许多自治组织设计的治理规则本身既增强了组织成员进行相互监督的积极性，又使监督成本变得很低。而且，监督一组规则实施情况的成本和收益，并不独立于所采用的这组特定的规则本身。监督成了人们实施规则、进行自主治理的副产品，因此不必付出太多其他额外成本。所有这些，都使自主组织内部的相互监督得到增强，而相互监督的增强又增加了人们采取权变承诺的可能，提高了人们对规则承诺的可信度，两者相互补充，相互加强。

5.2.2 公共池塘资源管理模式

哈丁在其 1968 年的论文发表十年之后承认，人们仍被笼罩在对环境保护的"无知云雾中"。哈丁提供的避免公用地悲剧的政策选择要么是所谓的私人企业制度要么是社会主义体制。换句话说，"如果在拥挤不堪的世界里，要避免毁灭，人们必须响应个人精神之外的强制力量"，用霍布斯的话说，就是"利维坦"（即极权主义国家）。一些分析家在探讨公共池塘资源管理时强烈地呼吁实施私人产权。"公共池塘资源的经济学分析和哈丁公用地两难处境"促使我们建议："避免有关自然资源和野生动物的公用地悲剧的唯一办法，是通过建立私有产权制度结束公共财产制度。"主流经济学家的传统观点偏向于界定公共资源产权，目的是为私人所有者创造激励，将外部效应内部化以有效地管理资源。对于其他的外部效应，个体可以通过合适的转移支付来进行有关的谈判，并取得较好的效果。但是，将公共资源进行直接的私有化往往会产生分配不公的问题，尤其对穷人的权利是一种剥夺。从效率角度讲，公共资源的私有化有可能带来严重的问题，私人所有者的时间贴现率可能高于整个社会的实际贴现率，因此资源开发的速率会更快。此外，当合同不完全时，私有产权的尝试可能会弱化已经存在于使用者之间的合作机制，而这些使用者可能以下面两种方式在公共资源中共同分享隐含的非合同性权利：首先，私有化往往会给那些获得财产权的私人以过高的讨价还价能力，使相关的各方不能够再相互依赖，从而使合作不再可能。实际上，当受到剥夺的使用者认为私有化不公时，可能会导致其中一些使用者不负责任的毁灭性行为。其次，大部分私有产权的一个关键特征是它们具有可贸易性，而可贸易性可能会损害资源的受益者之间长期关系的维系，在这种情况下，可能会阻碍人们进行资源保护方面的投资。

虽然私有化会带来不平等和无效率等问题，但将地方公共资源进行国有化、交给当地政府机构来管理也会带来负面结果，甚至会更糟糕。政府可能对某些类型的生态状况有更多的技术分析能力，或者能够在处理与协调地方机构之间的外部效应方面做得更好。但是，上级政府的管理往往无法充分利用本土知识，调动地方积极性。而且，当政府失灵产生时，公共资源可能会成为有影响的利益集团过度开发和毁灭性利用的场所。在很多贫穷国家，后殖民地的地方政府接管了公共资源后，出现了大规模的资源耗竭和退化现象，这便是官僚体制所带来的恶果（P. Bardhan 和 C. Udry, 1999）。

的确，建立私有产权在许多情况下可以增进效率，中央政府机构管理某些资源可以避免资源的过度利用，但是，把避免公用地悲剧的药方限定在"市场"或"国家"两个方面，是不全面的，甚至是有害的。韦德（R. Wade）、奥斯特罗姆、巴兰德和普拉图（J. M. Baland 和 J. P. Platteau）的理论为分析公共池塘资源可持续治理制度安排提供了基础。其主要观点是，除关注经典理论中关于政府与市场两种主要的治理制度之外，制度分析还应该特别地关注由地方团体自发形成的多样化自主治理的制度安排。传统的治理模型只适用于在高贴现率、相互之间缺少信任的人们缺乏沟通而无法达成有约束力的协议、无法建立监督和实施机制的情况下各自独立行动的情景，而对人们经常性沟通、相互交流的情形几乎不起作用。在规模较小的公共池塘资源中，人们知道谁是能够信任的，他们的行为将会对其他人产生什么影响，对公共池塘资源产生什么影响，以及如何自我组织起来促进集体行动。阿尔卑斯山草地、日本公用山地、西班牙韦尔塔或菲律宾桑赫拉等都是长期存在的自主治理公共池塘资源的成功案例。公用地悲剧在开放进入的条件下更易发生，因为潜在的使用者不能被阻止使用自然资源。如果潜在的使用者可以被阻止使用公共资源，悲剧就可以避免。奥斯特罗姆（1990,1999,2003）、贝克斯（1989,2004）等学者利用许多成功的案例证明了社区的自主治理可以持续地管理好公共资源。他们提供了按照正式和非正式制度思路设计方案治理生态体系，该治理模式涉及利益相关者和协商原理。奥斯特罗姆认为，在企业和国家之间还存在一种可以解决公共资源治理的方法：社区范围内的民众通过自主组织的形式，在解决了新制度的供给、可信承诺以及相互监督等问题之后，可以有效地管理和利用公共池塘资源。

5.2.3 社区、合作与公共池塘资源管理

为了深入理解公共池塘资源管理中个人理性与集体行动之间的关系，近年来的研究重点关注公共池塘资源治理的制度因素。一方面，研究主要考察群体特征对合作的影响，主要因素有：群体的规模，群体的规模越大，合作的水平会越低；得益结构；交流，在决策过程中充分地沟通和交流有利于合作；行为可识别性和群体认同感。另一方面，研究主要考察个体特征对合作的影响，主要因素有：个体自我约束，如果个体认为自我约束有利于资源的可持续使用，合作更加可能；对他人行为的预期，如果一个人认为其他人会选择合作，他更可能采取合作的策略；信任程度，信任程度越高，合作的可能性越大；社会价值取向；不

确定性；个性、责任感、道德以及财富异质性。

在考察公共池塘资源治理过程中，一个很重要的问题是地方民众能否在保护和管理自然资源避免资源过度利用中发挥积极作用？如果可能的话，我们需要解决毫无约束的私人行为如何协调并有效地保护公共资源。在一些国家，大量的地方团体已经替代政府管制，成为管理公共资源的有效形式，这种"第三条道路"已经被理论家纳入公共治理和社会资本分析框架内。在拥有关于地方资源翔实的信息以及适宜的社会、经济和制度条件下，这些团体的协商机制可以长期有效地集体管理公共资源。社会资本强调社会联结和社会规范在社区中的重要性，社会资本通过降低交易成本促进合作行为，如果个体知道其他人的合作行为，人们会有信心从事于集体活动，避免导致资源恶化的私人行动发生。社会资本是重复的囚徒困境博弈的自然产物，一次性囚徒困境博弈不会产生合作解，因为背信使博弈双方之间形成了一个纳什均衡。然而，倘若博弈是重复的，博弈双方就可能采取一种简单的"以牙还牙"战略，从而产生了合作解。如果个体之间反复地进行互动，他们就会对"诚实可靠"之类的声誉进行投资。

社会资本的四种特征至关重要：信任，互惠与交换，共同规则、规范和约束，网络和团体内的关系。信任的润滑剂作用有利于降低交易成本，促进人们之间的合作。信任破坏容易建立难，当一个社会存在信任危机时，合作将较难产生。互惠增强信任，促进知识和物品的交换，互惠有利于人们之间产生长期的责任意识，而这种意识有助于环境改善。相互认同和世代传递的公共规则、规范和约束可以使个人利益在团体中产生互补性。这些被称为博弈规则的要素使个体有信心从事于集体活动，约束或惩罚那些违反游戏规则的人。三种类型的关系（联结、桥梁和联系）被认为是社区内外部最重要的因素，联结性社会资本指具有共同目标的人们之间的交往，诸如地方协会、互助团体、运动俱乐部等；桥梁性社会资本描述的是观点各异、相互联系的这些团体；联系性社会资本强调社区影响外部的能力，例如影响公共政策的形成或利用外部资源，这些因素在公共资源管理中发挥着重要作用。

在各国的实践中，公共资源管理计划通过构建互信、形成新规范和组建团体变得越来越普遍，通常所描述的代名词诸如参与、社区、联合、分权和协调管理等，这些治理理念在流域、森林、灌溉、野生动植物保护、渔业和微观金融等领域中发挥着重要作用。奥斯特罗姆指出，基于经济人假定而建立起来的理性选择模型，并不能解释委托人自主治理的现实，与社会资本相关联的第二代理性选择模型强调利他和互惠的因素，可克服集体行动的困境。首先，个体对当地自然资源的存在特征产生了较深的了解，并最终形成了与自然资源特征相一致的使用与占有的方式，这成为与自主治理制度相关的和极为有用的社会资本；其次，社会资本可以以较低成本促使个体遵守规则以防止机会主义行为；再次，社会资本的作用还表现在它提供了解决个体间行为冲突的非正式机制。在社会资本的作用下，个体用以约束其行为的内在规则也许并不如正式规则那样清晰和明确，但在解决个体使用公共资源时的冲突中却非常有效。

20 世纪 90 年代以来，随着人类与环境相互影响的科学发展，人类生态学，又称"第二代环境科学（the second environmental science）"，逐渐受到学者的重视。人类逐渐关注人与环境之间的关系，探讨和谐的社会生态体系（social ecology system，简称 SES）的构建。世界银行、世界自然基金会、国际保护组织、自然保护机构等国际机构都投入物力与财力来实施以社区、公民参与为基础的自然资源管理项目及政策。社区基础上的治理包括人们的制度化参与（Ribot，2002），协调管理，管理转移以及以社区为基础的环境管理（Wondolleck 和 Yaffee，2000；Meinzen-Dick 和 Raju，2002）。学者们主要关注成功社区的案例研究，诸如海洋渔业、森林、牧场和地下水资源。他们的研究工作，包括参与、本土知识和政治生态，促进政府制定资源协调管理（co-management）计划，协调管理计划让地方社区共同控制并且获益于可再生资源。随着研究者与政策制定者对社区参与管理的关注，社区管理对地区经济增长的贡献被冠名为"新公用地（new commons）"。在世界范围内，约有50个国家开始涉足利用地方社区和低层面决策单位来保护和管理环境资源（FAO,1999）。自20世纪90年代以来，世界已经成立了40多万个关于流域、森林、灌溉、渔业等公共池塘资源的管理团体。这些团体在改善社区福利方面发挥着积极作用，产生了巨大的生态效益和经济效益。

表5-6 世界范围内资源管理团体

项 目	国家或地区	地方团体数量（千个）
流域和集水处团体	澳大利亚（4500个包括1/3农民的土地保护团体（landcare groups））、巴西（15000—17000个水利组织），危地马拉和洪都拉斯（700—1100个组织）、印度（30000个政府和非政府组织计划）、肯尼亚（3000—4500个农业流域委员会）、美国（1000个农民主导的流域协会）	54—58
灌溉水使用团体	斯里兰卡、尼泊尔、印度、菲律宾和巴基斯坦（水使用团体是政府灌溉计划的组成部分）	58
微观金融机构	斯里兰卡、尼泊尔、印度、菲律宾、越南、中国、斐济、所罗门群岛等	252—295
联合与参与森林管理	印度和尼泊尔（联合森林管理和森林保护委员会）	73
综合鼠疫管理	印度尼西亚、斯里兰卡、巴基斯坦、印度、菲律宾、越南、中国	18—36

资料来源：J. Pretty(2003)，"Social Capital and the Collective Management of Resources"，*Science*，Vol. 302,1912-1915.

5.3 社区失灵与社区治理机制

面对世界经济全球化的强势介入、市场经济的浪潮席卷全球，在中国乡村地区普遍存在的强调自上而下、政府主导推进的农业与乡村发展政策，将面临全球背景下的社区治理的挑战。全球治理委员会在名为《我们的全球之家》的研究报告中对治理做出了如下界定：治理是各种公共的或私人的机构管理其共同事务的诸多方式的总和，它是使相互冲突的或不同的利益得以调和并且采取联合行动的持续的过程。它有四个特征：治理不是一整套规则，也不是一种活动，而是一个过程；治理过程的基础不是控制，而是协调；治理既涉及公共部门，也包括私人部门；治理不是一种正式的制度，而是持续的互动。社区发展是社会资本积累和培育的重要载体，对经济与社会建设具有重要意义。正确认识社区治理机制的功能有助于理解中国经济转型与发展。

5.3.1　社区失灵

从马克思到托尼斯（F. Tonnies）和韦伯，社会学对社区的传统观点是：社区是由血缘和地缘关系联结起来的一小群人（或家庭），社区中的经济原则与资本主义市场经济原则不同。这种观点认为，资本主义经济的主要动力是个人追逐私利，而社区的原则是为了保证所有成员的生计而相互帮助。因此，在该定义下的社区中，追求个人利润最大化和效用最大化的经济理性是不起作用的。人们普遍认为商业时代和民主政治的到来将使社区黯然失色。持各种信仰的学者都认为市场、政府或者简单的现代化都将毁灭一种价值观念，这种观念在整个历史过程中维持着一种基于亲密情感归属关系的治理形式。马克思和恩格斯指出："资产阶级……把一切封建的、宗法的和田园诗般的关系都破坏了。它无情地斩断了把人们束缚于天然生长的形形色色的封建羁绊，它使人和人之间除了赤裸裸的利害关系，除了冷酷无情的'现金交易'，就再也没有任何别的联系了。……在无数争取自由的地方，资本主义建立了单一的、不合理的自由——自由贸易。"

很多预言社区消失的学者将他们的论据建立在这样的想法上，即社区的存在应归功于一套前现代（pre-modern）独特的价值观念，这种观念一定会被市场中的经济竞争和民主政府中的政治竞争所磨灭。弗雷德·赫希（Fred Hirsch）就认为，前资本主义的道德准则正逐渐减弱："这种遗产随着时间和资本主义价值观的腐蚀不断减少。个体行为越来越朝向对自己有利的方向发展，建立在共同态度和目标上的习惯与本能已经丢失了。"[1]

我们并不怀疑市场和民主政府对于价值观念的塑造具有重要作用。但是，社区发展、衰落和转换的基础并不是早期残留的价值观而在于社区的能力，像市场和政府一样能成功解决这个时代的社会协调问题的能力。社区治理并不是过时的治理方式，它在未来社会可能变得更重要。原因在于，当由于个体间互动行为过于复杂或交易信息无法核实，使得完全合同或外部命令难以约束个体之间的行为时，那些需由社区解决、同时政府和市场都难以解决的问题会越来越多。在日益以质量而不是以数量为目标的经济体中，社区通过互相监督、共担风险和共享收益机制逐渐表现出其出众的治理能力。

社区同市场、政府一样也存在失灵。在论述公共资源治理的过程中我们发现，由于传统的政府和市场这两剂药方在治理公共池塘资源的过程中存在缺陷，我们将社会资本理论应用于公共池塘资源管理，提供了社区参与的治理模式。然而，对于社区或地方团体的治理能力也不能过于乐观，因为社区的"诸侯分割"管理也可能导致环境的破坏。此外，社区内的消极社会资本可能会损害部分人的利益从而导致资源分配不公、环境恶化。通常认为，改变深深根植于人民心中的传统规范和惯例，要比改变正式的法律更困难，所以它们很可能成为现代经济发展的重大障碍（North，1994）。从某种意义上讲，社会资本的"黑暗面（dark side）"将导致"社区失灵"，比如说一些资源可能被地方势力甚至是黑势力所控制。经济学家使用"市场失灵"和"政府失灵"这些术语，来指出这些治理结构有时会导致资源配置的无效率，同样我们讨论中所述及的"社区失灵"也指这种情况。同政府和市场一样，社区经常在某些地方失灵，有时甚至是在莫名其妙的地方失灵。大多数的个体在熟悉的人中寻找群体成员，不然他们会感到孤独，但是也有不这样

---

[1]　Hirsch，Fred（1976），*Social Limits to Growth*，Cambridge，MA：Harvard University Press，117-118.

做的人，群体的同质性往往会加剧这个问题。当基于种族、地区、民族和性别在道德上不一致而引起内部人和外部人的差异时，社区治理会比市场和政府更多地导致地方狭隘主义和种族对抗。当内部人有财有权而外部人遭受剥削时，社区的这种问题将变得更为突出。

5.3.2 加强社区治理

诞生于发展中国家农村的社区原则，有潜力成为有助于工业发展的现代化组织的重要组成部分。然而，村社区里的传统规范和惯例自身在组织现代发展方面并非总是有效的。要利用它们，就必须清楚地认识社区组织的优点和缺点，使社区成为现代经济制度的有效组成部分。

我们相信，社区治理的缺陷可以由一定的社会政策来填补。很多学者也指出，完善市场或是确保政府干预成功的努力，会破坏虽不完善但并非无价值的以社区为基础的治理系统，仅仅将政策范式限定在政府和市场，可能达不到预期的目标。在过去的 50 年中，人们一直天真地认为政府同时拥有获取信息的能力和弥补市场失灵的能力，而对理想的社区治理问题一直没有深入研究。正如奥斯特罗姆（1990）、斯科特（1998）以及其他领域的研究者所强调的那样，社区能包含上百种不同的成员规则，事实上的产权和决策制定过程，以各种各样的方式来解决问题。以上这些可能间接地说明了一些经常能在绩效良好的社区中发现的共同要素，而这些要素是加强社区治理政策的重要部分。

首先，社区成员在解决他们共同面对的问题时应当分享成功的利益，分担失败的损失。在日本渔民的例子里，船长和船员都拥有合作组的产出，因而能从成功中直接受益。

其次，正如我们已经在带有惩罚的公共物品实验中看到的，如果监督机制和惩罚那些不合作者的机制能够内化进入交往的结构中去，那些会颠覆社区、破坏合作机制的行为就能得以避免。那些旨在提高社区内个体交互行为透明度的政策，再加上鼓励对卸责者采取各种形式的惩罚机制，就能解决合作的问题。在一些团队内合作行为的模型里，一个非常重要的特征是，通过惩罚卸责者而维持合作的多种均衡存在。如果合作是普遍的，那么具有规范意识的人惩罚卸责者的成本很小，这种规范就可以维持下去。当合作非常罕见时，那些惩罚卸责者的人本身要付出极高的代价，从而使得他们在演化过程中被淘汰。这就意味着，在具有文化规范的异质人群中，是否去惩罚那些违背社会规范或者自私自利的人从而表现出高水平或者低水平的合作率，不仅与人群中不同类型的人的分布有关，更与团队近期的演化历史相关。

再次，社区治理需要一个法律和政府环境支持其发挥功能。日本的超过1000名渔民的合作组，是在国家和地方的互动中实现的，他们可以自由地制定地方规范与国家规范互补。学者们比较台湾地区和印度南部农民的灌溉组织，发现台湾地区的成功应归功于当地政府的有效干预，政府提供有利的法制环境，处理那些社区非正式规定不够有效的事物。类似的"社区—政府"协同作用在实践中往往很有效率。当然，政府干预有时会破坏社区治理能力，但这并不意味着我们应该支持极端自由主义。

因此，与社区治理能力互补的法律和政府环境，以及能保证成员从社区成功中获利的产权分配制度都是加强社区治理的关键因素。建立政府、市场和社区三者互补的制度框架是一项极具挑战性的任务。例如，当产权界定不清、非正式合同的执行对互惠交易必不可少时，更精确界定的产权可能会降低社区成员间互动的多面性和重复性。

社区有效治理的第四个要素是倡导平等对待的自由道德观念和加强反歧视政策。如果成员间没有"我们"敌视"他们"的行为，那么社区就能够达到有效治理。很多运作良好的社区都能说明这点，这些社区在治理过程中并没有表现出我们前所述及的潜在的地方性问题。

一般认为，社区制度和组织不灵活，不能适应经济需求的变化。社区中传统的规范和惯例是在长期慢慢形成的。当产生之后，那些社区制度将是以有效方式协调人们的资源配置的适宜规则。然而，这些社区制度不能适应资源禀赋和技术的变化，以致成为有效利用资源的桎梏的可能性是不能否认的。通常认为，改变深深植根于人民心中的传统规范和惯例，要比改变正式的法律更困难，所以它们很可能成为现代经济发展的重大障碍（North，1994）。然而，社区制度的不灵活作为发展的障碍有多么严重并不很清楚。尽管社区有明显的失灵，但是，把公共资源管理的角色转给政府是危险的。对于当地居民来说，政府机构是与他们的社区无关的局外人。根据社区的逻辑，为了社区成员的利益而利用局外人的财产并不是什么羞耻的事情。这样，由"搭便车"者过度开发引起的社区财产资源的耗竭，即所谓的"公用地悲剧"，往往在国有土地上更普遍。必须再次强调的是，没有理由否认农村社区有可能形成妥善经营公共财产资源的能力。适宜的尝试不是用政府组织替代社区，而是通过教育和技术援助这样的措施改进社区的治理能力。对于这种战略来说，最重要的就是要正确理解社区的机制。如果政府不理解表面上似乎不合理的惯例和习俗正在发挥什么样的合理功能而试图改革社区制度，那么这样的改革对社区能力的发展会事与愿违。真正的危险是低估社区的调整能力而导致用政府组织替代社区功能的企图。如何在经济体系中把社区、市场连为一体，可能是发展中国家最为重要的议事日程。在寻找正确的结合中，重要的是要理解在每个国家独特的文化和社会传统中这三个组织是如何起作用的。如果我们的政府向着一个有效的政府改变，努力设计良好的制度，改变人们的成本、收益结构，我们应当对社区治理抱有乐观的态度。在社会治理过程中，政府、市场和社区有效地结合是促进"公用地繁荣"的关键所在。

本章结论

社区是社会资本一个重要载体，随着市场经济的发展，社区治理功能并非就此磨灭。由于发展中国家的文化和社会资本有很大差异，因此不存在一种可供各国采用的最优结合方式。一般来讲，市场效率相对较高的国家，加强市场的作用将是有效的；社区组织能力相对较强的国家，扩大社区的作用可能更好。社区对提升资源配置效率有重大促进作用：从宏观经济层面来看，社区能够改善法律、法规的执行效率；从微观经济层面来看，社区能够减少经济运行中的交易成本。在经济转型与发展过程中，社区治理与政府、市场一道支撑现代经济的发展。

第6章　社区与公共物品供给

　　在发展中国家，绝大多数贫穷人口（尤其是农村地区）的日常生活主要依赖于当地提供公共物品（道路、灌溉和教育等），他们往往很难获得上级政府所提供的服务，所以不得不依靠所在的社区提供公共服务。

——World Bank，2000

　　在发展中国家，绝大多数贫穷人口（尤其是农村地区）的日常生活主要依赖于当地提供公共物品（道路、灌溉和教育等），他们往往很难获得上级政府所提供的服务，所以不得不依靠所在的社区提供公共服务（World Bank，2000）。但是，许多贫困国家地方层面的制度失灵比宏观层面的制度失灵更加严重，运作良好的地方自治制度常常是不存在的，而发展计划通常是由遥远的、不协调的有时甚至是腐败的中央官僚机构来执行。单单依赖政府自上而下（top-down）的政策往往会导致资源的浪费或流失，奥斯特罗姆（2000）认为，多年来，在各个捐助机构的鼓励下，发展政策主要集中于基础设施建设以促进经济增长，这使得许多个人和政府官员在一夜之间暴富。尽管花费了数十亿元的投资，但如今，许多国家只剩下养护拙劣的道路、灌溉系统和破败不堪的公共设施，人们迫切需要认真反思对物质资本的过分依赖。在这种情况下，有效的社区参与治理逐渐成为发展中国家农村参与经济发展过程中所面临的一个重要问题。

　　我国自从实行农村家庭联产承包责任制以来，农村公共物品提供以及乡村社区建设几乎处于瘫痪的境地。大部分人口虽然居住在农村,他们享受的公共物品几乎还是改革开放以前所提供的,农民上缴了大量的税费,但从中央政府得到的财政再分配和转移支付却较少(Tsai,2000)。在中央开展"工业反哺农业"的社会主义新农村建设过程中,提出了以"生产发展,生活富裕,乡风文明,村容整洁,管理民主"的思路建设社会主义新农村,2006 年中央 1 号文件更加明确地指出在新农村建设过程中应"……尊重农民的主体地位……"。政策制定者和学术界也都强调村民参与建设新农村的重要性(陈锡文,2006;叶敬忠等,2006;程漱兰,2007)。但是,在政府主导的农村建设财政转移支付中,如何保证新农村建设中公共物品的供给效率,如何促进社区公民参与新农村建设,以及新农村建设中"重建设、轻维护"等现象都将是我们面临的重要问题。

本章试图从社区参与的角度,运用博弈论模型来探讨这些问题,第一节在回顾传统理论的基础上阐述社区参与和集体行动问题;第二节基于博弈论模型分析影响社区参与的因素,并结合案例讨论分析社区参与与农村公共物品的提供;第三节总结问题并提出一些政策建议。

6.1 社区参与和集体行动:结合文献的评论

G. 哈丁的"公用地悲剧"、奥尔森的集体行动逻辑理论[①]和囚徒困境模型都认为人是理性的,个人拥有完备和可传递的所有可能结果的偏好集,并做出有效的选择以寻求他们各自的福利最大化。在实践中,个人理性与集体理性通常会产生冲突,"除非是集团中人数较少,或者存

---

① 奥尔森的集体行动逻辑理论的出现对传统的理论产生了较大的影响。传统的社会心理学理论指出,随着人数的增多,人与人之间的感染力会增强,每个个体会变得越来越兴奋,他们发生集体行动的可能性也就越来越大。

在强制的和其他特殊手段促使个人按照他们的共同利益行动。否则，理性的、利己的个体不能够实行共同的集团利益"（奥尔森，1965）。在奥尔森看来，追求个人利益最大化的冲突和组织成本阻碍集团成员努力增进共同利益，由于集团规模越大，达成一致所需要的信息越多，达成、执行和监督协议的成本越高，只有小集团的利益互动可以产生集体利益。这便是对理论界产生巨大影响的"集体行动逻辑"，奥斯特罗姆（2000）称之为"零贡献论（zero contribution thesis）"。此后，R. 哈丁（1971,1982）、艾克塞罗德（Axelrod,1984）等发展了奥尔森的集体行动理论，其中，R. 哈丁将奥尔森理论表示为 n 个人的囚徒困境博弈，实际上，囚徒困境博弈和其他社会两难被看成是集体行动问题的典型表述。

在 20 世纪 80 年代后期，实证研究对奥尔森的理论提出了挑战，实证研究表明个体在日常生活中可以自愿组织起来以获取贸易的收益，通过相互保护来防范风险，制定并实施规则以保护资源（Milgrom、North 和 Weingast,1990；Bromley 等,1992；Ostrom,1990、2005）。分析家还认为，大集团内合作失败这一倾向完全取决于公共物品的性质，当集体行动参与者的人数增加，而公共物品的生产成本不变或者降低，利润没有减少，那么合作的可能性会随着集团规模的扩大而增加（Kerr,1989；Kimura,1989）。尽管大量的研究对"零贡献论"提出了挑战，但这些研究发现仍没有融入可供接受的集体行动理论的分析中，利己个体在集体行动中合作困境的理论预测和现实中大量合作行为的广泛存在这一事实之间的巨大差异，还需要研究者填补两者之间的鸿沟。

毫无疑问，奥尔森的"集体行动逻辑"忽略了集团内部成员之间在长期博弈过程中形成的规则、隐性激励机制和规模经济效应。集团成员在长期重复博弈过程中形成的一系列制度，包括习俗、规范、道德等意识形态所起的基础性作用，可以减少机会主义行为，促进集体行动。为了突破集体行动的困境，学者们从不同的角度进行了尝试。

在阿马蒂亚·森（A. K. Sen,1977）的视野里，社会交往中的个人行为可能会被各种各样的承诺①所限制，与"完全自利者"的行为相反，这些承诺会使人们暂时放弃对个人利益无休止的追逐。一个完全自利者的例证是标准的囚徒困境博弈中互相背叛对方的参与者，因为背叛对方是这些参与者的占优策略。当然，承诺可能有多种形式，在一个需要两个参与者互相合作的场合，假如一个参与者确保自己合作的话，另一个参与者也会答应合作（尽管参与者知道对方合作时采取不合作行动会获得更多好处），这就是森（1969，1974）提出的确保规则（assurance principle）。当合作需要在超过两个（$n > 2$）参与者之间进行时，一个参与者可能会答应合作，只要另外一个、另外两个或所有其他的 $n - 1$ 个参与者也合作，最后参与者可能会答应单方的无条件合作（刘民权，2003）。

奥斯特罗姆（1990，1994，1998，2000）通过案例研究指出，大多由外部援助与中央财政转移支付提供资金兴建的灌溉系统的设计往往忽视了农村当地的社会资本，导致了灌溉系统运行绩效远没有达到工程设计的程度。奥斯特罗姆在批判和总结理性选择关于集体行动理论的基础上，构建了以信任和互惠为核心的分析思路，探讨利益集团之间的合作以促进集体行动。基于经济人假定而建立起来的理性选择模型，并不能解释委托人自主治理的现实，与社会资本相关联的第二代理性选择模型强调利他和互惠的因素，可克服集体行动的困境。当人际关系网络与社会规范存在时，社会资本决定着村民集体行动绩效，传统社会对那些不遵守规则的人有许多惩罚手段（在农村中，很少有村民拖欠村民小组的如看山护林等公共事业的费用，也很少有村民在宗族活动中采取"搭便车"行为），所以，在村民集体行动乃至村民自治的组织设计中应当充分利用已有的社会资本。

20 世纪 90 年代以来，发展观念发生了很大的变化。一方面，发展

①　根据森（1977）的定义，承诺指的是在特定的社会状态或博弈情形中那些影响或决定一个人行为的考量、原则或社会准则。也就是说，承诺不是基于个人利益而是反映一个人的道德观、意识形态甚至爱国或者宗教情操等价值观（刘明权，2003）。

问题的研究逐步摆脱了普遍的国家管制（20 世纪 60—70 年代）和市场放任（20 世纪 80—90 年代后期）的教条，在 20 世纪的国家与市场的争论中，越来越多的人逐渐认识到市场和政府的失灵同时存在，而社会资本可以弥补市场和政府的缺陷（Bowles，2003）。速水佑次郎（1998，2003）认为，社区纠正市场和国家的失灵，进而为支持现代经济发展提供了极为重要的组织体系，如何在经济体系中把社区、市场和政府连为一体，可能是发展中国家最重要的议事日程。另一方面，随着发展经济学突破了凯恩斯、哈罗德—多马的宏观经济学解释，强调发展问题的微观基础，发展经济学家和政策制订者更多地关注微观层面的决策，发展的新思维和新范式更加关注社会凝聚、融合（social inclusion）和利益相关者的参与。世界银行所主导的综合发展框架（comprehensive development paradigm）提出经济、政治、制度、社会和文化发展予以同样的重视，民主与参与也被看成是发展的重要组成部分，而不仅仅是经济发展和社会进步的结果。在发展思维转变过程中，以社区为基础的发展模式逐渐受到主流经济学家的关注。社区形成的社会规范、非正式制度是解决邻里间问题的较好方式。埃里克逊（Ellickson，1994）通过研究美国加州莎斯塔（Shasta）地区的牧场主和农民之间是如何解决争端的问题认为，不管何种法律规则流行，邻居间解决冲突的方式总是不变的，即法律对被选择的冲突方式解决是没有什么影响的。在特定的社区相互重复交易过程中，内在非正式制度的影响会超过外在的正式制度，甚至像加州这样高度发达的社会也不例外。

农村社区公共物品的供给问题属于农村社会经济发展的重要问题之一，由于中国广大农村的普遍性与政府特别是落后地区政府财政资金的拮据，农村社区公共物品的供给问题大多需要依靠农业社区自身的合作。但是很不幸的是，合作问题在农村地区似乎变得异常艰难。在税费改革时，我国广大地区实行所谓的"一事一议"制度，但是这一制度在实施过程中在很多地区形成了"一事多议"、"一事久议"、"议而不决"的现象（罗兴佐、贺雪峰，2003）。特别是在中国经济转型的背景下，政府不得不退出直接对微观个体行为的干预，农村社会如何才能够在社区公共物品供给问题上合作？同时，在新农村建设过程中，社区合作如何产生以促进集体行动？这都是我们面临的问题。所谓合作一般指的是两个或者多个个体的集体行动而产生相互的利益（Bowles 和 Gintis，2007）[①]。很显然，互惠利益的驱动对于合作的产生至关重要。合作带来的功能性增益主要有以下几个方面：分工、协调（Platteau 和 Seki，2007）、外部性的内部化、保险（Ray，2002）、规模经济。当然，合作还存在政治、经济、社会等方面的收益。合作具有这么多的功能性增益，为什么在现实中不合作现象还是比比皆是？显然，合作的另一个方面就是交易成本。青木昌彦（2005）用组织租来解释企业的本质特征，我们可以借用这一概念：合作之所以产生，是因为合作可以产生一种合作租，无论这种租是来自规模经济，还是分工、协调。如果合作租是一种收益的话，那么集体行动的交易费用就是这种合作必须加以克服的成本。成本与收益分析会使我们回到一个非常简单的分析框架。

交易成本过大主要表现在两个方面：一方面，达成一致合作方案是困难的。布兰德和普拉图（Baland 和 Platteau，2003）的研究表明，由于成员在财富拥有、具备技能上的不平等性（异质性）导致帕累托占优的合作方案要么不存在，要么存在但是一个无效率的方案；要么产生如奥尔森的研究所得出的结论，在参与者数目很大的情况下，集体行动（合作）是困难的。另一个方面，合作均衡具有稳定性。这表现在合作均衡的一致性规则下，个体最优决策的结果与集体最优决策所分配的结果总是不一致的，在这种条件下，个体在其他合作伙伴遵守合作规范时背叛就存在着巨大的利益诱因。

在新农村建设过程中，国内的研究越来越关注村民的合作对公共物品提供以及农村经济发展的影响。党国英以江西省万载县存在 133 年的民间水利协会为例指出，中国农民在民间是可以依靠合作解决公共物品

---

① Blume, L. and S. Durlauf, eds.（2008），*The New Palgrave Dictionary of Economics*, MacMillan.

的提供与维护。张晓波等（2003）指出，为了提高公共物品的提供效率，村民参与、政府机构之间相互制衡必须双管齐下；税费改革后，必须确立村一级和中央政府之间的财政安排，以保证农村基层组织继续发挥所在社区提供公共物品方面的作用。程漱兰（2007）强调，新农村建设过程中，需建立自上而下鼓励、自下而上响应的"平权式"社会/社区治理结构。叶敬忠（2006）从农民的视角探讨新农村建设过程，认为农民参与包括决策及选择过程的介入、贡献和努力、承诺和能力、对资源的利用控制、自我组织及资历、利益分享等方面的内容。但是，从目前的研究情况来看，农民参与新农村建设的条件以及社区参与的政策含义还有待进一步分析。下文将从社区参与的角度研究社区内部的认同感、信任和约束等社会资本构成社区内成员的隐性激励，从而有效地克服"奥尔森困境"，促进社区成员共同努力改善公共环境、提供和维护社区公共物品、增进集体行动利益。

6.2 社区参与的博弈分析

6.2.1 模型

社区内部参与者的社会互动（social interaction）导致参与者 i 的效用受参与者 j 的影响，参与者的参与与否的行为选择相互产生影响，我们构建当事人的非标准效用函数①。

$$u_i(S_i, S_j) = m_i(S_i, S_j) - \alpha \chi_N(S_i)$$

其中 $S_i, S_j \in \{P, DP\}$ 是博弈方 i 和 j 的行动策略，P 表示参与，DP 表示不参与。$m_i(S_i, S_j)$ 是博弈方 i 在囚徒困境中的物质得益。$\chi_N(S_i)$ 是一指数函数：

---

① 阿克洛夫（Akerlof, 1997）曾将社会互动概括为个人效用对其他个体行动或者效用的依赖性。

$$\chi_N\left(S_i\right) = \begin{cases} 1 & if\ S_i = DP \\ 0 & if\ S_i = P \end{cases}$$

$\alpha_i \in R^+$，是村民 i 不参与项目建设所承担的负效用，α_i 表示博弈方的参与意识（或合作意识）[①]，它可以看成是防范背叛（或"搭便车"）的内在约束。在博弈中，每一个博弈方的得益由两部分构成：$m_i(S_i, S_j)$ 博弈特征的得益，在博弈者之间不发生变动；$\alpha_i\chi_N(S_i)$ 体现参与者特征的得益，在博弈中较稳定。在囚徒困境博弈中诱使合作的方式包括：传统方法，即嵌入一种博弈来改变博弈特征的得益。例如，适当的奖励和惩罚机制促进囚徒困境中的合作纳什均衡的形成。贝茨（Bates，1983）将囚徒困境的分析思路应用于放牧协会的社区参与的发展项目，该理论反驳了哈丁的论断认为，罚款制度可改变得益矩阵结果以确保参与行为产生。贝茨的促进合作的罚款制度需要一定的社会组织来行使职能。维德（Wade，1988）分析了印度南部灌溉系统合作问题发现，如果能根植于既定的社会组织，参与将能发挥有效的作用，这种社会组织提供了合作框架，并使罚款制度的合法性得以接受。另一种方式，也是本文采用的思路，个体之间存在的依赖关系包括市场结构以外的互动因素（诸如社会结构、宗教、地理区位等）决定了群体行为的特征并不是个体基础上的简单加总，个体之间的行为选择会互相产生影响。通过构建非标准的效用函数说明人们不仅仅只是关注物质产出（Rotemberg，1994；Bar-Gill 和 Fershtman，2000；Akerlof，1997；杨春学，2005）。

假定在社区中公共建设项目具有非排他的人均收益 R，建设项目的总成本为 C。村民的参与意识在社区范围内是可以公开观察的，每个村民 i 在集体行动中的参与意识为 α_i。表 6 – 1 以两个博弈方为例，

[①] 偏好的形成受到试验研究结论的支持，在公共物品博弈实验中，热光效应在诱使合作方面产生重要作用（Palfrey 和 Pribrey，1997）。热光效应（warm-glow effect）指的是博弈方能承担一种特殊贡献的成本却不计较其收益。在此，α_i 度量博弈方 i 热光效应动机，我们用参与者的参与意识来表示。

如果只有一个人参与项目建设，他将承担全部的成本 C，两个人共同参与项目建设便各自承担 $C/2$ 的成本。当然，参与的人数越少，每个参与个体承担的成本就越高；参与人数越多，每个参与方所承担的成本就越低。

表 6 – 1　两个人合作项目的得益矩阵

		村民 B	
		不参与	参 与
村民 A	不参与	$(-\alpha_A, -\alpha_B)$	$(R-\alpha_A, R-C)$
	参与	$(R-C, R-\alpha_B)$	$(R-\dfrac{C}{2}, R-\dfrac{C}{2})$

如表 6 – 1 所示，如果村民 A 寻求不参与战略，村民 B 在 $R-C > -\alpha_B$ 时将选择参与，则 $R+\alpha_B > C$，即收益超过成本。当 $R-C/2 > R-\alpha_B$ 时，即 $\alpha_B > C/2$，如果村民 A 参与，村民 B 也将参与。当然，$R+\alpha_B > C$ 和 $\alpha_B > C/2$ 相对来说是比较严格的条件。然而，我们在分析的过程中关心的仅仅是项目的收益超过成本，$R > C$，$C-R$ 是负数，于是 $\alpha_B > C/2$ 是一个更强的条件。为了分析方便的需要，假定 $R = C$，α 有三种可能的取值范围：当 $\alpha < 0$ 时，村民将都不参与；当 $0 < \alpha < C/2$ 时，存在两种纳什均衡（参与，不参与）和（不参与，参与），有的村民将采取"搭便车"行为；当 $\alpha > C/2$ 时，不管其他村民采取何种行动策略，村民都将毫不犹豫地参与，这时的均衡结果是（参与，参与）。从上面的分析发现，α 对村民的行动策略至关重要，如果社区中的村民参与意识较低，将出现集体行动困境。

扩展到 N 个人的行为，假定在项目建设中有 n 个人参与 $(n < N)$，总成本还是 C，人均获得的非排他的收益仍用 R 表示，那么，项目的成本收益率为 $m = \dfrac{C}{NR}$，总成本可写成 mNR，单个人承担的成本为 $m\dfrac{NR}{n}$。我们认为，村民可能参与项目建设的条件为当且仅当个体的收益超过个

体的成本，即 $R + \alpha_i > C$，如果社区中至少有一个人满足 α_i 的条件，村民 i 在 $R - \dfrac{mNR}{2} > R - \alpha_i$ 时将参与，此时 $\alpha_i > \dfrac{mNR}{2}$，如果第三个人满足 $\alpha_i > \dfrac{mNR}{3}$ 时，他也将参与。以上的分析表明，如果有一个人参与将可能诱使第二个人参与，由于成本分摊的下降将导致第三个人或更多的人参与，于是产生了"滚雪球效应"。一个可供选择的分析假定起始的参与集团为 6 人（当然个体满足 $\alpha_i > \dfrac{mNR}{6}$），社区中其他村民是否参与取决于 $\alpha_i > \dfrac{mNR}{7}$，假定有更多的参与个体，我们可以采取类似的分析。还有一种可能的情况是人们形成一种关于 n 的预期 n^e，村民决定是否参与基于 $\alpha_i > \dfrac{mnR}{n^e}$，社区的社会结构非常重要，如果人们具有较强的促进集体行动的社会结构，参与的水平将会比较高，如果参与的人数小于预期的 n^e，项目建设将难以完成。

村民参与的条件可以写成 $\alpha_i > mR/n^p$，n^p 表示社区村民参与的比例。由参与不等式 $\alpha_i > mR/n^p$ 可以概括出村民更愿意参与社区建设的条件：（1）较低的成本收益率（m）；（2）有较高的参与集体行动的比例（n^p 的值较大，参与的人口比例越大，人均分摊的成本越低）；（3）较高的集体参与意识。当然，非排他的个人收益 R 也影响参与，较高的 R 可能会促使"搭便车"行为产生。我们用图 6 – 1 来描述社区参与的机制，在社区项目建设中参与者的比例往往是决定村民参与的主要因素，由于参与者实际承担成本的能力存在差异，有的村民愿意参与社区项目建设，即使其他很多人不愿意参与；同样，某些人不愿意参与，即使绝大多数村民参与项目建设。然而，在社区的非匿名（熟人）市场交易中，村民的行为会受到其他人的影响，哪怕仅有一小部分村民参与集体行动，也会影响到一些新的村民准备参与进来。其他的村民可能在大多数村民参与的情况下准备转变自己的行动。如果村民的参与意识足够强烈，在集体行动中可能产生预期的参与比例 n^e，并产生临界值效应[1]。

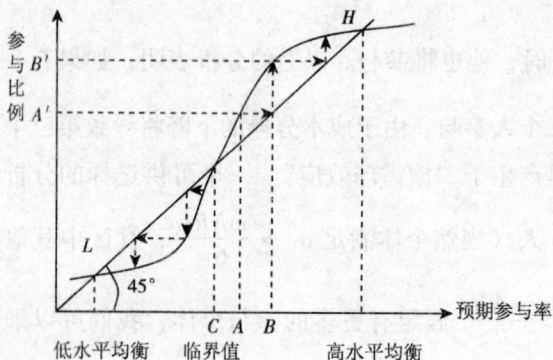

图 6 - 1　社区参与的临界值效应

任何一个预期的参与率（A）将产生一个确定的参与率（A'），这一参与率将会实现，成为下一阶段的预期参与率（B），并产生另一个参与率（B'）。只要这一过程延续，均衡便是由图 6 - 1 的 45 度线与整条曲线的交点决定的。这里存在两种均衡，分别称为"低水平均衡（L）"和"高水平均衡（H）"。当存在一个预期的参与率时，这个预期参与率将导致一个同样的实际参与率，这一数值将成为下一阶段的预期参与率。因此，当预期参与率 n^e 超过临界值时（C 点），参与率将会随着时间的推移而增加，这就是临界值与高度均衡之间的一种情况（也

----

① 该部分受玛维尔和欧立弗（G. Marwell 和 P. Oliver, 1993）的关键群体（critical mass）思想的启发，玛维尔和欧立弗曾指出，在集体行动形成过程中有一个临界点机制（threshold），即当参与某一集团行动的人越多时，人们加入该行动的顾虑就越小，而不参与这一行动所承受的压力越大。因此，一旦越过这一临界点，奥尔森集体行动的问题便迎刃而解。在实际的调查中发现，村庄社区的背后（面对面）的舆论压力或者中国人的面子观念对村民的参与意识具有促进作用。"强互惠（strong reciprocity）"的实验研究已经证实，在所选择的样本中，有 40%—66% 的人是互惠行为（reciprocal behavior），完全利己和利他的人分摊余下的比例（Fehr 和 Gachter, 2000；Fehr 和 Fischbacher, 2004；Bowles 和 Gintis, 2004）。也就是说，完全利他的人，在这里我们称之为较强参与意识的人，他们一定会参与，而互惠群体会考虑其他人的行为，如果外部条件能够介入促使互惠群体参与，将会产生临界值效应，形成高水平的均衡。

是低水平均衡左侧的情况）。当预期参与率 n^e 低于临界值时（C 点），参与率将会随着时间的推移而下降，这就是临界值与低水平均衡之间的情况（也是高水平均衡点右侧的情况）。从图 6 - 1 的分析可知，临界值点（C 点）是不稳定的均衡，微小的变动将会使参与率偏离临界点。从长期来看，参与率不是在高水平均衡（H）就是在低水平均衡（L），两者都是稳定的均衡。换句话说，临界值点是低水平均衡和高水平均衡的分水岭。在实际的社区项目建设中，社区集体行动参与的关键需要有足够的激励促使临界值效应产生，从而形成滚雪球效应的集体行动。

6.2.2 构建政府与社区的协同效应：湖北省农村公共物品提供的案例分析

上面的博弈分析表明，村民参与的条件为 $\alpha_i > \dfrac{mR}{n^p}$，要促使集体行动的产生，一方面需要降低村民的成本收益率（m），另一方面需要有较高的集体参与的比例，更多的村民参与将降低人均分摊的成本，广泛的村民参与将产生滚雪球效应。由于社区村民的偏好是公共知识，村民之间相互沟通与交流将影响其参与行为。当预期参与率较高时，参与率将会上升，从而导致成本收益率下降，进一步推动预期和实际的参与率提高，促进了集体行动行为，也即形成了"高参与率→低成本收益率→高预期参与率→高参与率"的良性循环。产生"搭便车"行为的不对称得益结果起源于 α_i 的性质，一个项目由社区的成员共同分担成本，但是参与者获得的收益分配可能不均衡，这可能导致收益获得者较低的人拒绝参与。例如，新农村建设过程中的"村村通"工程对农业生产大户或有大型交通工具的村民产生较大的市场效益；学校建设对于不愿意培养小孩读书或者暂时没有小孩的家庭来讲没有多大的吸引力。在这些情况下，一些村民拒绝参与，不是因为他们的"搭便车"行为，而是因为他们没有足够的收益激励其参与。促进集体行动的方法，一种是采取动员的方式，如果该方法行之有效将会增加起始的参与率以至于超过低水平均衡的临界值水平（比如传统的人民公社制度，人民公社制度在当今社会的作用已经式微）。我们的模型为如何鼓励参与提供了分析思路，在社区中要实现高水平均衡的一种方式是改变 α_i 的值。当然，α_i 的改变也不是一蹴而就的，它是一个长期的过程。另一种方法是降低成本收益率，成本收益率是私人的而非社会的比率，如果外部当事人承担一些成本，成本收益率 m 将会降低。此外，参与比例至关重要，并不是参与的绝对数量。

在我国社会主义新农村建设过程中，在已经不能采取传统的强制性动员方式的情况下，如何促进村民的参与，村民参与集体行动的外部条件是什么，结合以上的分析，我们通过湖北省部分地区农村公共物品提供的实践调查来探讨这些问题。

（一）政府主导的市场经营模式

竹根滩镇是湖北省潜江市辖管的一个镇，也是该市唯一的一个省级贫困乡镇。竹根滩镇全镇共有 33 个村，275 个村民小组，15856 户，67550 人，人均年收入 2300 元。潜江市地处江汉平原，竹根滩镇却是潜江少有的地势较高的地区，自然资源很差，地表植被覆盖很少，生态环境差，土壤的含水保水能力差，导致地质沙化，水资源匮乏，不能种植水稻，只能种植花生和棉花等旱庄稼。竹根滩镇三面环绕汉江，属于区域封闭式独立水系，受堤防限制，沿江村民不能打井取水，饮水长期依靠自然水源或沟渠死水。竹根滩镇的地表水源受工业污水、生活废水、农药化肥等污染，地下水铁、锰的量严重超标，群众取用地下水洗衣服久后会留下褐色，严重影响人们的身体健康。解决人们的生活用水问题势在必行。

由于资金及管理体制的原因，竹根滩镇只有 14 个村饮用自来水，尚有 19 个村、3.9 万人直接取用沟渠堰塘地表水或手压井水。即使在通自来水的 14 个村中，有 5 个村因为自来水管网老化，破损严重，难以为继，需要彻底更新自来水管道。潜江市曾对竹根滩镇用水最紧张的几个村投入资金进行水源改造，但是存在的问题是，国家、省一年拨给潜江的农村水改计划投资一共才 400 多万元，按照原有的方式，即使这些资金全部到位，也只能解决少数几个村的饮水问题，相对于全市广大农村群众的迫切需求而言，也只是杯水车薪。

另外，原有的管理体制也严重限制农村饮用水问题的解决。从 1991 年起，竹根滩镇由村民集资，先后建起 11 个村级集体水厂。到 2006 年，这些水厂仅有 4 个还能每天供水 1 小时，其他的已无法维持运转。原来村办水厂属集体企业，农户每月只缴 1 元水费，不限量用水。管理跟不上，水厂附近的农户拿自来水浇地，远离水厂的却因水压不够没水吃，有的甚至连一滴自来水都没吃过。由于部分用户用不上水，拒绝缴费，使水厂入不敷出，只好关停。

农村水厂属"薄利多销"兼顾公益性的企业，投入额度大，回收期限长，风险高，企业不愿意投入公共服务业。为化解这一难题，竹根滩镇通过政府参股化解企业融资难题，由政府、企业、受益农户共同出资，互相监督，形成利益共同体。经过潜江市农村安全饮用水小组的多次调研，最终形成"政府主导、企业经营、市场运作"的思路。政府引进湖北联信工贸公司接管原村办水厂闲置资产，组建联信水厂，由镇政府投入 189 万元，以资本金形式参股，联信水厂筹资 46 万元，对主网管进行扩充改造。政府参股但不控股、不分红，仅凭股份对水厂经营活动进行全面监督。企业拥有水厂自主经营权、管理权，负责水厂扩建、管理维护，与农户签订供水协议书，保证每天连续供水 16 小时。最终，在农村公共物品的供给上走出了一条新路，达到了政府、企业、农户三方共赢的局面。

政府与联信水厂达成协议，所有工程材料由潜江市水利改革办公室负责采购，由联信水厂负责安装。由潜江市水利改革办公室验收。工程运行后，水价不能高于 1.5 元／吨，该水价在潜江市位于一个中等水平。联信水厂自负盈亏。每家农户承担进户安装费用 300 元，联信水厂负责将水管接到农户家中。联信水厂征得竹根滩镇政府的同意，要求每户最低用水4吨，不足4吨的每月收取6元，对于特别困难的用户，可以部分或全部减免，费用由竹根滩镇政府补贴。

（二）村民参与的自主提供模式

湖北省黄梅县五祖镇位于大别山的尾峰，全镇共有26个村，267个村民小组，14847户，62560人。该地区属于丘陵地带，有一定的水利和矿产资源。近年来，在东部地区产业转移过程中，一些东部省份（浙江、福建和广东）的大理石材企业纷纷进入该镇，自2003年以来，该镇沿山以东地区设立大理石材厂12家，大理石材厂从大别山挖掘巨大石块，运用切割机将石块切割成片状的石板，再通过含氯化钾的银粉水浸泡以后生产出大理石板，这些大理石板主要应用于室内外装修。在生产过程中，这些大理石材厂都采用粗放式的生产方法，切割石块过程中产生巨大噪音和灰尘，浸泡石板所遗留的废水倾倒对当地环境造成了严重污染，随意倾倒的污水严重影响了河水的质量，使农民饮用水受到很大程度的破坏，污水甚至使部分地区的庄稼颗粒无收。在这种情况下，一些受污染的村民自发联合起来与工厂交涉，甚至发生冲突。村民还多次向当地政府反应，但都没有使问题得到有效的解决，主要原因在于镇政府将这些大理石材厂列为招商引资重点安全保护单位，而且大理石材厂每年都向镇政府提供一定的生产许可金。后来、白杨、彩田等村一些村民通过相对激烈的方式（阻止石材厂生产）才使地方政府出面协调解决地下水污染问题。经过多次协商，石材厂才愿意提供一定的资金以弥补水资源污染的损失，为村民自己修建自来水提供补偿（其实石材厂提供的资金所占比例在所有资金中不到20%）。补偿的资金到位后，由于附近村民饮用水污染程度不一样，导致污染程度较小的村民提出分配资金而不修建自来水塔，通过多次讨论与协商，240户村民最终达成一致意见，补偿资金只能用于修建自来水项目。在后来的修建过程中，一些老党员、有一定声望的同志组织村民考察水源，购买建设材料，平均每户出资 600 元用于购买水管、水泥等物品，每户平均分摊劳动量，外出打工或者没有劳动力的家庭通过协商按每天 20 元价格代替出工。240 户中有 14 户家庭属于特别困难户，由于不能提供 600 元钱主动要求退出，村民经过商量后主动免除他们的资金。在 30 多天的自来水项目修建过程中，户主通过讨论甚至激烈的争吵达成了一系列的协议，包括统一管理资金、统一购买材料，制定用水规则，以及新的家庭进入条件、修建后的维护等。整个工程从实施到完工都是村民自己协商完成，镇政府基本没有过问此事。在协商过程中，各村具有一定声望而且具有正义感的老村民发挥了较大的作用，由于这些人的坚持和鼓励改变了一些曾经要求退出的村民的行为，使得项目最后能够顺利完工。

（三）讨论

在湖北省潜江市新农村建设过程中，政府、市场和社区形成的农村公共物品综合提供模式能够成功主要在于，一方面，公共物品本身非竞争性与非排他性决定了需要外部力量的推动，政府与企业承担大部分固定成本，导致村民的成本收益率（m）下降，提高村民的预期参与率和实际的参与率；另一方面，由于企业市场化方式的运作，可解决完全由政府投资的效率问题，充分发挥市场机制的作用。社区公民的参与可以通过协商来监督政府和企业的行为，提高了公共物品的供给效率。但是，由政府主导的农村公共物品的提供模式能否在其他地方复制有待进一步研究。

五祖镇 240 户近 2000 名村民修建自来水的案例说明，村民的自主协商有能力解决公共物品提供问题，该案例之所以能够成功，一是村民维权意识的提高，村庄能人的坚持；二是企业补偿的资金（虽然数额较少）使该项目的建设成为了可能，外部资金的补偿降低了村民修建项目的成本收益比（m）；三是村民通过多次重复地协商制定了收益分配规则、成本分配规则以及维护和管理规则，使项目能够得以可持续使用。

但是，该项目建设过程中，地方政府由于自身利益的考量基本上处于无为状态。从村民的艰难协商过程可以预测，如果该项目涉及的户主更多的话，是否会产生奥尔森集体行动的"规模悖论（group paradox）"还有待进一步探讨。

湖北省的竹根滩镇和五祖镇的农村公共物品的供给过程中，前者是政府主导的模式，毫无疑问政府在农村公共物品的提供中应当承担主要的功能，但是单一的政府供给主体很难完全满足农户的差异化、多元化和多层次的公共产品需求，必须进行农村公共物品供给制度的需求诱致性创新。在现实生活中，农村公共物品存在大量的强制性供给，而没有了解农民的真正需求。对于农村基层政府来说，其供给农村公共物品的主要约束是上级政府的各项任务以及自身利益的最大化，在缺乏自下而上政治约束（即农村基层民主制度）的情况下，农村基层政府在供给公共物品时，很难真正考虑农户的需求，可能产生资源的浪费。湖北省五祖镇的案例中，镇政府在公共物品的提供中严重缺位，社区村民依靠自己的力量也较好地提供了地方公共物品，因为他们熟悉当地的条件，了解自己真正的需求。

农村税费改革的政策设计中，在离开国家转移支付基础上，有两个重要的试图解决农村公共物品供给的制度设计，一是"一事一议"，就是由村民代表会议或村民大会就村中重要的公共事务进行讨论决策，然后从每个农户筹措劳务和资金进行公共物品的建设；另一个是期待通过成立农户用水用电协会，来自主解决与农民生产生活事务密切相关的公共物品的供给难题。这两项制度设计的目标都是要解决税费改革后农村公共物品供给的难题，都是期待在不凭借国家财政转移支付的基础上，由农村社会自主地生产公共秩序。但在实践中，这两项制度都相当地不成功，其中成功进行"一事一议"的农村不及全国农村的10%（贺雪峰，2007），而农户用水用电协会虽然有中央各个部委的大力推广，也只占整个农村公共物品供给的极小比重。我们认为，这两项制度之所以在实践中难以运行并且将来也难有成功的希望，是因为这两项制度都无法克服公共物品供给中的"搭便车"问题。在国家不可能包办农村公共物品供给而国家又有能力且有意愿向农村注入资源进行新农村建设的背景下，新农村建设的一个重要方面就是发育农村社会的自主性参与建设的力量，并为克服农村中存在的"搭便车"行为推动集体行动助上一臂之力。通过外部的转移支付资金降低村民的成本收益率，推动村民参与，社区就不仅有能力自下而上表达出对公共物品需求的偏好，而且有能力提高公共物品的供给水平。提高国家财政转移支付利用效率，能够真正体现村民的需求，避免公共物品"重提供、轻维护"。我们需要改变传统政府主导的自上而下的管理体制，构建政府、市场和社区协同的管理模式，使村民真正参与国家转移支付建设资金的管理，从农民的视角建设新农村。

6.3 结论与政策建议

通过提供社区参与新农村项目建设的博弈论模型，结合湖北省潜江市和黄梅县两个地区农村公共物品的案例进行初步分析后，我们可以得出以下结论：第一，村民的参与意识、社区规范、社区信任等社会资本有利于产生集体行动行为，促使"公用地悲剧"转化为"公用地繁荣"。第二，社区村民的参与可以体现社区公共物品的需求偏好，有利于解决农村公共物品的供给效率问题。我国农村地域的差异性和社区的异质性决定了社区公共物品需求的多样性和复杂性，新农村建设过程中，在传统的自上而下的治理模式中，应嵌入社区村民参与的自下而上（bottom-up）的运行机制，构建政府与社区协同的新农村治理模式。第三，社区村民的参与意识是社区规范与文化传统长期积累的结果，在某种程度上来讲，参与意识的改变是一个长期的过程。但是，外部力量可以通过两种渠道支持社区参与：一是地方政府通过动员促使参与的群体超过临界值水平，以实现高水平均衡；二是通过财政的转移支付降低村民参与的成本收益比率，这也是最有效的方式。从笔者调查的情况看，村民大部分愿意通过提供劳动力和少量费用的方式承担自来水、道路等急需的农村公共物品的建设。

我国新农村建设以自然村为载体，而且建设的主要内容是农村公共基础设施（林毅夫，2006），"十一五"规划的五年内政府每年的支农资金将达到 2700 亿元，平均每个县超过 1 亿元。虽然国家投入了大量资金，但以村为社区单位的公共物品仅仅依靠国家出资是很难解决的，农村自然村的分散状态使得国家自上而下的供给机制无法满足以村为单位的公共物品提供的差异性和多样性。为了避免国家财政资金的浪费，让生活在社区中的农民享受到切切实实的实惠，我们需要尊重农民的需求，动员农民参与乡村的公共决策和管理实施，从而避免新农村建设出现"剃头挑子一头热"的现象，只有公民积极参与到新农村建设之中，才能使建设工作落到实处。

从政策层面，首先，新农村建设成功与否的关键在于建设的主体——农民的参与，社区村民的参与是农村可持续发展的"驱动力"。其次，考虑到农村税费改革后，以村为单位的农村社区失去对财务收入的控制权，未来五年的支农资金需要确立村一级和中央政府之间的财政安排，以保证农村基层社区发挥公共物品提供方面的主要作用。改变支农资金单纯由政府单一控制的现状，形成中央、地方与社区共同管理资金的模式，并且多渠道向社会融资，形成政府主导，多元投入的局面。再次，当前以基础设施为重点的建设只是新农村建设的重要切入点和突破口，可以作为近期要着力实现的目标。毫无疑问，新农村建设这一"润物细无声"的复杂问题，各项事业需要协调发展，还需要配套开展多方面的工作：加强基层民主建设，保障和维护农民合法权益；发展农民经济合作组织，提高农民组织化程度和抗风险能力；政府对农民参与组织的规范、支持、引导和推动，提高农民的自组织保障。

本章结论

　　在发展中国家，社区参与治理已经成为农村经济发展的关键。传统理论强调个人理性行为导致集体行动困境。本章通过将参与意识纳入博弈论分析框架演绎出社区参与发生的外部条件，通过降低个体参与的成本收益比率，促使社区参与规模产生临界值效应而形成高水平集体行动均衡，社区参与形成的集体行动促使"公用地悲剧"转化为"公用地繁荣"。然后，结合我国农村项目建设的案例分析认为，通过社区外部的转移支付资金降低村民的成本收益率，推动村民参与，社区就不仅有能力自下而上表达出对公共物品需求的偏好，而且有能力提高公共物品的供给水平；提高国家财政转移支付利用效率，能够真正体现村民的需求，避免公共物品"重提供、轻维护"；我们需要改变传统政府主导的自上而下的管理体制，构建政府、市场和社区协同的管理模式，使村民真正参与国家转移支付建设资金的管理，从农民的视角建设新农村。

第四部分

企业社会资本与中国企业成长

现代企业的基础不再是暴力，而是信任。

——彼得·德鲁克，1999

本部分认为，现今的企业治理涵盖了命令、交换和习俗三种不同层次的治理模式，其中又以重视信任的习俗对企业治理意义最为深远。在福山看来，中国社会是一个低信任度的社会。这种信任是建立在以血缘关系维系的家族基础之上，对家族之外的其他人缺乏信任，造成了社会普遍信任的缺失，也必将影响到企业组织的大规模扩展。如何在这一普遍信任匮乏的环境下寻求一种有效的企业治理模式，实现中国家族企业的发展壮大和中国经济的快速增长，成为一个亟待解决的难点问题。在本部分中，通过梳理既有的理论和实证研究成果，构建了基于层次分析法的企业社会资本测度模型和体系。但是，实证研究在佐证部分指标有效性的同时，对其他指标的可靠程度提出了质疑，这也意味着在应用该理论指导企业投资行为时考虑具体企业的特性变得尤为必要。处于双重转型压力下的中国企业面临着怎样的困境呢？这一困境又具有怎样的特殊性呢？要实现自身的更好发展中国企业又当如何进行投资决策呢？我们认为，应用企业社会资本理论和测度体系来评断企业的社会资本情况，投资符合具体企业发展所需要的社会资本，不失为一种行之有效的解决问题的新思路。

第7章 企业社会资本

　　……似乎现代中国企业结构的根源在于中国文化中家庭的独一无二的地位。经济生活的模式在传统中国和现代中国都是相同的。核心形态的家族企业的交替沉浮，这些企业在制度化或长存于二三代以上等方面的失败，对陌生人普遍存在的不信任，不愿把非亲非故之人带入家庭以及继承时平分家产的风俗，使得后工业化的中国台湾、香港和改革开放后的中国大陆难以积累庞大的财富，这不啻于阻碍发展大规模企业的社会障碍。

——弗朗西斯·福山，2001

　　随着社会资本理论研究的兴起，学者们通过企业社会资本（corporate social capital，简称为 CSC）这一概念将社会资本理论扩展到企业理论中，强调企业不是孤立的行动个体，而是与经济领域的各个方面发生种种关联的企业网络，同时强调企业目标实现中利用关系网络整合企业内外部资源的重要意义。

　　目前，学术界普遍认可企业社会资本在促进企业目标实现中的功效，但在企业社会资本的主体及其定义上仍存在一定的争议。对于企业社会资本的主体而言，除了企业这个实体本身外，是否还包括企业家为主的企业成员？学术界对企业社会资本的界定也存在不同的看法，代表性的观点主要有资源说、能力说和关系网络说。其中，资源说将企业社会资本看成是企业通过构建社会联系能够获取的实际和潜在资源的集合，相关学者认为资源特别是异质性资源能够给企业带来持续性的竞争优势；能力说将企业社会资本视为企业获取网络关系中资源的能力，企业则可以凭借自身拥有的企业社会资本整合企业发展所需要的资源；关系网络说将企业社会资本视为企业构建的可以用来调动资源以实现企业目标的一种社会关系网络，相关学者强调构建企业关系网络在企业发展中的基础性作用。此外，现有的研究更大程度上集中于从既有或者是自己给出的企业社会资本概念出发，就企业社会资本的主体、与组织绩效间的关系、影响企业发展的内外部因素，如技术创新与战略联盟等，展开深入的研究并取得了一定的成果。国内的理论研究多针对某一问题，单一地从界定、功效、测量等方面展开，缺少从企业社会资本的视角对中国经济转型与发展过程中的企业扩张进行系统而深入的研究，同时也忽视了中国企业现在所处的特殊环境对企业社会资本作用机制产生的影响。

自改革开放以来，经济社会的变迁导致社会规范新旧交替，现代规则与传统规则并存，公共准则与群体规范共存。这种社会规则缺乏社会秩序所需要的统一性，在群体与群体之间、个人与群体之间、群体与政府之间存在明显的利益冲突，这种利益冲突又通过社会结构的分化而进一步强化，进而导致普遍的"信任危机"。而在加入 WTO 以后，又面临着经济全球化这一巨大的历史机遇和挑战。在经济全球化的进程中，生产要素跨越国界在全球范围内自由流动和优化配置，这也使得单凭企业自身所拥有和控制的有限资源和创新能力已难以在竞争日益激烈的国际市场中获得持续性竞争优势。如何应对转型条件下的信任危机和经济全球化带来的巨大挑战，并有效整合企业内外部的关键性资源以实现企业的做大做强成为中国企业界共同关注的焦点。

因此，在本章中我们从界定和划分企业社会资本出发，在考虑传统社会资本对企业发展影响的基础上，结合国内外已有的企业社会资本研究成果，就企业的信任危机、企业规模扩张等问题进行分析和探讨。首先，从经济全球化与经济转型的研究背景出发提出问题，说明本章的研究内容以及研究的现实与理论意义，明确研究对象和关键概念。其次，在国内外研究的基础上系统回顾企业社会资本理论的研究进展。再次，介绍企业社会资本的基本内涵，包括企业社会资本理论的提出与发展、企业社会资本的定义与测量等。然后，基于对企业社会资本的内涵与划分的阐述，实证测度企业社会资本，构建企业社会资本的测度模型，从而形成企业问题的分析框架。最后，就现阶段普遍关注的"中国制造"信任危机以及在中国传统文化影响下的民营企业如何在经济全球化和经济转型这一特殊背景下发展壮大，提供相应的对策与建议。

7.1　企业社会资本的文献综述

随着社会资本理论研究的不断深入，有些学者开始从企业管理的角度来研究企业社会资本对企业生产、经营和技术创新等方面的作用，社会资本理论被嫁接到管理领域（Nahapiet 和 Ghoshal, 1998；Gabbay, 1999），并成为 20 世纪 90 年代后期以来管理学研究领域的最新发展之一。在这一节中，我们将对企业社会资本理论的发展进行较为全面的综述，概述企业视角下的社会资本研究成果。

7.1.1　企业社会资本的国内外研究概况

企业的社会资本已经被越来越多学者所关注和研究，以下通过国内、国外这个最简单的两分法的办法来简要的介绍一下企业社会资本在当前的研究概况。

（一）企业社会资本理论的提出及国外相关研究

早期社会资本的研究中，研究对象多集中于个人和群体。企业虽不是社会学研究的重点对象，但不可否认，集中研究群体层次社会资本的一些观点，还是为企业社会资本的研究奠定了坚实基础。张文宏（2003）将这一阵营的主要观点进行了归纳：一是在泛群体的概念下，探索群体集体性社会资本的创造和维持的要素和过程。例如，把关系密切的网络视为手段，集体资本可以通过这种手段得以维持，群体的再生产也可以实现。二是解释一个群体的规范、信任、制裁和权威等为什么是群体的社会资本得以创造和维持的基本要素。三是在承认社会资本是对个人有用的社会结构特征或资源的同时，突出了社会资本的公共性。社会资本具有集体资产的特征，而且对群体所有成员都是有效的，不管它的成员实际获得的是什么，都对这些资源有所供给或奉献。很显然，作为社会群体中的重要一类，这些群体社会资本的概念特征描述同样适用于企业。

与此同时，部分学者开始在文献中关注组织和企业的社会资本问题。科尔曼（1988，1990）分析了企业规范和权威系统的形成与作用，并在界定社会资本时指出，社会资本是由社会结构中有利于行为者实现特定目标的某些方面组成——无论行为者是结构中的个人还是法人，而且组织社会资本正在取代传统的家庭社会资本的存在。Burt（1992）则是第一个将企业作为社会资本研究主体的，他明确指出企业内部和企业间的关系是社会资本。但是由于他们对企业的分析是将企业同质化，抽去了企业的个性或者只是借助于企业活动说明一般社会网络的性质，因而他们的研究没有成为真正意义上的企业社会资本理论。企业社会资本的概念强调企业不是孤立的行动个体，而是与经济领域的各个方面发生种种联系的企业网络上的环节。Koka 和 Prescott（2002）就社会资本的研究从个人层次扩展到企业层次的必然性进行了阐述，他们认为，由于社会资本是社会行为者从社会关系网络中所获得的一种资源，企业作为有目的的社会行为者，社会资本的逻辑被学者扩展到企业层次是不可避免的。

真正提出企业社会资本的概念并对其进行系统分析的是 Gabbay（1999）等人。Gabbay 等以企业为研究主体分析了社会结构与企业以及企业内成员目标之间的相关性，指出企业的社会资本是以社会结构为载体有助于企业这一主体目标实现的那些资源。而且，以企业和企业员工为主体所构建的社会网络所产生的社会资本都从属于企业社会资本的理论体系，Gabbay 等认为企业社会资本具有双重主体。在此基础上，Gabbay 等将企业社会资本定义为企业行动者通过在企业内部和企业间构建的社会关系获取的包括有形资源和无形资源在内的资源集合，这些资源有利于企业目标的实现。Leenders 和 Gabbay（1999）对既有的企业社会资本理论体系进行了拓展，给出了企业社会资本的权变性理论。他们认为，企业社会资本是一种资源和能力，这种资源的积累可以使得行动者通过网络来达成其目的，但是如果社会网络的存在阻碍了企业目标的实现，它就表现为企业的一种社会负债。除此之外，还有不少学者就企业社会资本的理论体系进行了不同层次的丰富与扩展。其中，Naphiet 和 Ghoshal（1998）认为企业社会资本应该是企业（包括其内部成员）占有的关系网络中通过关系网络可获得的来自于关系网络的实际或潜在资源的总和，定义中提及的资源是指反映关系网络的关系特征、结构特征和位置特征的一些变量，如信任、规范、共同愿景、位置中心性等。Arent Greve 和 Janet W. Salaff（2001）将企业社会资本看成是镶嵌在社会结构中的、有助于提高企业吸收能力的各种关系网络，并认为作为企业成员存在的个体的社会资本是企业社会资本的一部分，同时企业拥有的社会资本也是企业内个体的社会资本的一部分。Morten T. Hansen 和 Joel M. Podolny（2001）在强调企业社会资本权变性的同时，通过区分企业以开发新的关系网络为导向的探索型目标（exploration task）和以维持和应用既有的关系网络的应用型目标（exploitation task），指出当企业在网络中的位置为探索型目标传递的是社会资本时，对应用型目标而言却构成了社会负债。此外，他们还认为，在应用企业社会资本进行研究时，仅仅考虑结构网络的性质，如网络规模、稀疏性、联系的强度，而忽视了企业自身特殊性（包括网络成本、任务要求的差异性、获得帮助的难易程度等），很难对企业的发展产生帮助。H. Yli-Renko、E. Autio 和 H. J. Sapienza（2001）将企业与其最大的关键客户之间的关系资本视为企业的社会资本，并通过实证分析，研究了企业社会资本与企业新产品开发、技术的独特性以及销售成本效率之间的关系，并得出了肯定的结论，即企业的社会资本与新产品开发、技术的独特性以及销售成本效率之间呈显著的正相关。Brooke Harrington（2001）提出了企业社会资本与组织绩效间的因果关系模型，并详细阐述了某些网络联系转化为企业的社会资本或是社会负债的可能性。由他们主导的对国内投资俱乐部的抽样调查结果显示，个体层次上起作用联系的增加在以下两种情况下促进企业层面上的社会资本水平的提高：一是增加决策者可获得的信息源，二是增加个体在相关信息的讨论中提出建设性意见的意愿。提出类似观点的还有 Baker（2002），他也将企业的社会资本看成是存在于企业关系网络中以及通过关系网络所能得到的多种资源；R. Landry（2002）区分了企业社会资本的多种表现形式，如信任、社会规范和网络，高信任将能减少经济交往（如诉讼、合同等）中的损失；社会规范则主要建立了减少机会主义行为、限制狭隘自利从而提高交易效率的信赖机制；而网络则建立了跨越组织边界的沟通渠道。J. P. Carpenter（2004）则在信任和合作这两个概念的基础上，通过将社会资本根据社会结构进行分层，认为社会资本既包括社区中信任和被信任的状况，也应反映社区的非正式组织，前者称为行为性社会资本（behavioral social capital），后者称为关联性社会资本（associational social capital）；Christian Bjornskov（2006）在最近的研究中给出了一个多维的概念框架，该研究通过跨国数据的实证分析认为，社会资本应该由社会信任、社会规范和关联行为三个侧面构成。Karma Sherif 等（2006）将企业社会资本看成是衔接知识管理系统的使用与知识的创造和转移之间的中间变量。他们认为，知识管理系统对组织建构社会资本的能力有积极的影响作用，社会资本有助于提高企业的知识创造和知识转移能力，进而得出知识管理技术的改进与完善有利于企业积累社会资本。而知识管理系统有效利用实质上是在企业内创建了一种员工之间高度连接、互相信任的稠密性关系网络，有助于企业从三个纬度——结构纬度、关系纬度和认知纬度来集聚企业层面上的社会资本。尽管上述学者在具体的理论研究上仍然存在分歧，但企业社会资本概念所包含的核心——网络资源、相互信任与合作行为都得到了广泛认同。

（二）企业社会资本的国内研究概况

国内较早从社会资本视角研究企业问题的是张其仔（2000）等人，他们通过对中国6个城市的22家国有企业中2678名职工进行调查，用企业中个人之间合作程度的高低作为指标来衡量企业的社会资本，并在统计分析的基础上发现，不同形式的社会资本给企业效益带来不同的影响——对国有企业来说，存在于工人与管理者之间的社会资本对企业的盈亏有显著影响。

而在国内真正提出企业社会资本的概念并以此为基础进行研究的是边燕杰等人，此后，还有一些学者如陈传明、周小虎、郑胜利等，他们就企业社会资本的一些问题，如企业社会资本的主体、企业和企业家社会资本及其功效、企业社会资本与社会结构的区别、企业社会资本与社会负债、企业外部社会资本与内部社会资本、企业资本与技术创新和持续竞争优势的关系等展开了深入地探讨。其中，边燕杰和丘海雄（2000）将企业通过纵向联系、横向联系和社会联系摄取稀缺资源的能力视为一种社会资本，并认为一个企业社会资本量的大小受经济结构和企业家能动性的影响。他们通过对1998年广州市188家企业调查的数据分析，实证了社会资本对企业的经营能力和经济效益的直接提升作用。在分析企业社会资本的主体时，边燕杰等虽然认为企业是其主体，但在概括企业获取社会资本的纵向、横向和社会三类联系，以及在企业间社会资本的差异和企业社会资本的测量因子分析时，还是用企业家的社会资本来代替企业的社会资本。陈传明、周小虎（2001，2004）等学者研究了企业家社会资本的内涵和功能，并就企业家社会资本的构成、形成机理、功能和培育做了一些探索性研究。他们以中国特殊的社会关系为立论基础，将企业家视为社会资本的主体，提出了企业家社会资本的概念，并认为企业家社会资本思想已成为时代的必然选择，企业家社会资本理论已成为继企业能力理论之后的企业战略管理领域的新方向。郑胜利等（2002）借用美国经济学家迈克尔·武考克的"整合"和"链合"概念，将企业内部社会资本视为企业对存在于组织员工、部门、管理者之间的社会资本的整合，将企业外部社会资本视为企业对其横向和纵向联系的链合，并以此为基础在理论上系统地探讨了企业社会资本的特征、积累规律以及企业内外部社会资本与企业竞争优势之间的内在关系。张方华等（2003，2006）从实证的角度出发，梳理了企业社会资本与技术创新绩效之间的关系，并在总结国内外有关企业社会资本如何影响技术创新绩效研究，尤其是在企业社会资本通过知识获取来影响企业的新产品开发、技术独特性和销售成本的理论框架的基础上，构建了企业社会资本影响技术创新绩效的概念模型。以武志伟（2003）为代表的学者们认为，企业社会资本不仅仅是企业家个人的社会联系，也包括企业所有员工的社会联系；企业社会资本一经形成，其所依附的主体既可以是企业家为主的所有成员，但更多的是企业这个实体本身，此时企业社会资本所赖于产生的企业社会关系网络所涵盖的内容，已远远超出企业员工个人所拥有的网络关系范围。此外，他还在现有国内外研究文献的基础上，系统分析了企业社会资本的内涵以及功能，讨论和区分了企业社会资本与社会结构、企业社会资本与社会负债等若干容易引起歧义的概念。张明亲（2006）在对各种概念进行系统疏理与归纳的基础上，提出了企业社会资本概念模型并描述了企业社会资本的构成要素及基本的运作机理。他认为，企业社会资本是企业的网络资源、关系资源和特定的能力资源的有机集合体，其中，网络资源和关系资源是企业社会资本形成的基础，它们决定企业社会资本的存量，特定的能力资源是企业社会资本发挥功效的关键，并就影响各种资源形成的因素及运作机理进行了分析。

7.1.2　企业社会资本功能研究

对于企业社会资本的研究，更多的是从社会资本对企业的影响来探讨的。国内外在这方面的研究大体上可以分为三类：第一类侧重于研究企业与外部实体之间的联系及其特征；第二类则侧重于研究企业内部门之间或个人之间的联系及其特征；第三类研究可以看成是前面两类的一个综合，它强调在研究企业时要涵盖企业内外部的主要关系网络。

第一类研究中的部分学者将企业间的联系或企业在联系网络中的位置视为社会资本，认为企业社会资本强化了企业自身与外部合作者之间的关系，促进了企业间学习，有助于企业获取外部异质性资源，进而节约交易成本，提高企业绩效。Woolcock（1995）持续地研究了小额信贷和中小企业中的社会资本问题。在对小企业的研究中，他指出，社会资本对于中小企业获得资源是非常重要的，特别是对于不发达地区，资源有限，社会资本能够促进有限资源有效交易，通过小企业的运作，实现财富积累。Koka 和 Prescott（2002）将战略联盟视为企业的一种社会资本，并从企业通过战略联盟可能获得信息收益的角度对社会资本进行了界定，提出多维度构建的社会资本理论。他们提出，社会资本以信息量、信息多样化和信息丰裕度三种形式产生信息上的收益，并利用全球钢铁企业在 1980—1994 年间形成战略联盟的数据进行了实证研究，验证了信息维度给不同国家的企业绩效造成的差异性影响。Todeva 和 Knoke（2002）强调战略联盟网络作为企业的社会资本促进了个体和合作伙伴共同目标的实现。Chung 等（2000）认为，企业通过参与合作发展社会资本，而来自于直接和间接合作经验的社会资本在联盟形成中起到重要作用。在关键信息的搜寻中，战略性地进行社会活动并精明地管理社会关系能显著地节约交易成本并提供特有的经济机会。在信息不对称和充分理性的情况下，企业与曾经合作过的其他企业之间存在交换经济机会的可能性。由于机会和有价值信息的共享，基于信任的重复交易关系对长期的伙伴而言是有益的（Burt，1992）。在其后来的研究中，Cooke 和 Clifton（2002）研究了社会资本与英国中小企业绩效之间的关系，通过统计分析证实了充分利用社会资本的企业比未充分利用的企业具有更高的绩效。Uzzi 和 Gitlespie（2002）进一步分析了网络中企业个体的资源和能力如何转移到另一个体，并促使其凭借这些资源和能力增加与第三方的交易。由此，他们提出企业与银行之间的嵌入关系能促使企业获取独特能力，从而使之从战略角度管理它的贸易贷款融资关系。Beugelsdijk 等（2003）将社会资本视为企业的网络资源，良好的外部关系是组织生存和成功的关键，异质的企业间联结可能是关系租金和竞争优势的来源。嵌入于组织间的关系网络产生社会资本，并提供给组织以学习的机会、获取技术和资源的途径、增加的合法性（increased legitimacy），因此有助于组织提高其竞争地位。

　　第二类研究则将企业内个人间或者是部门间的联系视为企业的社会资本，认为其存在促进了部门之间的资源交换和产品创新（Gabbay 和 Zuckerman，1998；Hansen，2002），提高了跨职能团队的工作效率。Rosenthal（1996）提出，社会资本有利于企业内跨部门、跨职能团队之间实现合作，提高团队工作效率。Hansen（2002）通过对一个包含多个事业部的大型电子企业的 41 个业务部门中 120 个新产品开发项目进行研究发现，项目团队与拥有相关知识的部门之间的网络联系越直接，则他们从这些部门获得的知识更多，进而更快的完成项目的可能性就越大。LiLi（2005）认为，既有的研究虽然已经认同或者是在理论上暗示出基于内部关系与外部关系的知识转移存在差异性，但是尚缺乏与之相适应的经验研究。他们以实证为基础就信任、共享愿景在企业依靠内外部关系网络摄取隐性知识的作用进行了研究，发现作为控制变量信任与共享愿景在管理企业内部知识转移的过程中起到了不同的作用，其中，信任在基于内部关系网络的知识转移中更加有效，而基于外部关系网络的知识转移则表现出不同的结果。

　　第三类研究虽然在划分上将企业社会资本区分为内外部两大方面的社会关系网络或是纵向、横向以及社会等三个纬度的联系，但是他们都强调企业是内部关系网络的集合体，同时企业作为一个整体处于以自身为中心的外部关系网络之中。企业外部社会资本有利于企业获得机会利益、社区参与竞争所需的各种资源、增强企业的技术创新优势（郑胜利、陈国智，2002），它是企业获取社会稀缺资源的载体和手段，但是拥有社会资源并非直接可以达到企业的经营目标，企业还需利用其内部的社会资本，促进企业的知识转移和共享，协调内部各种关系，提高企业的生产经营效率（黄金华、徐俊，2003）。陈劲等（2001）在对企业社会资本与技术创新绩效关系的研究中，将企业社会资本划分为横向、纵向和与外部实体的社会资本三个方面，并通过实证分析，得出这样的结论：企业这三个方面的社会资本与企业新产品产值、新产品数目、新产品销售额和平均新产品产值这些指标之间存在显著的相关性。陈传明和周小虎（2001）从企业家的视角指出，社会资本在动员和利用企业内外的稀缺资源、节约交易成本、促进企业经营绩效的改善以及企业生存和发展能力的提高等方面有着广泛的贡献。Adler 和 Kwon（2002）从企业社会资本的"关系维度"的角度提出，企业获得成功的原因可以用它们与社会网络中其他主体的联系强度来解释。他们认为，企业获得成功的主要原因是因为这种联系促进了企业从外部获取和整合知识（尤其是隐性知识）并加速了企业组织学习的过程，从而缩短了新产品开发的时间，减少了新产品的开发成本。王晓玉（2005）提出，企业社会资本是反映企业内外部社会关系特征的一种资源，它可以使企业在内外部的社会关系网络中获得"合作租金"和"位置租金"，从而给企业带来持续性竞争优势。

7.1.3　企业社会资本测度相关研究

企业社会资本的测度问题是一个非常复杂的问题。迄今为止人们对企业社会资本的定义还没有达成共识，已有的研究尚未能有效解决企业社会资本的内涵与外延等问题，即企业社会资本在本质上是企业的资源、关系网络还是获取资源的能力，企业社会资本的主体是谁等根本性问题，因而在测度的理论基础上存在着众多争议：在界定时是继承既有研究中的某一种还是从社会资本的视角出发提出创新？在具体测度时以企业还是企业的员工为主体？在这一部分中我们将根据测量主体的不同——主要包括企业家、企业管理层和企业，对已有的企业社会资本测度理论进行梳理。

企业家层面的测量主要遵循两种测量战略（林南，2003）。一种战略是把镶嵌在社会网中的资源视为核心要素，因此对社会资本的测量就集中于个人在关系网络中所涉取的其他人所有的有价资源（例如财富、权力和地位）。这种测量涉及两个框架：网络资源和关系资源。另一种流行的测量战略集中于用网络位置测量社会资本，具体的指标包括：结构洞、结构限制、网络桥梁或亲密度、紧密度、互动和互惠性等。其中，Anderson（2003）提出了阶层论，认为应从企业家行为过程中起作用的阶层关系测量企业社会资本；李路路（1995）则采用了关系的数量和关系阶层两个指标来测量，即企业家所选择的来往最密切的亲戚和朋友，及其在这个亲戚朋友的职业地位和在国家行政权力系统中的职务地位；边燕杰、丘海雄（2000）认为应当结合企业家（或法人代表）的纵向、横向和社会三种联系以及不同社会网络类型的计量分析方法来测量企业社会资本，在实证分析的基础上，他们设计了三个指标——企业法人代表是否在上级领导机关任过职、企业法人代表是否在跨行业的其他任何企业工作过及出任过管理、经营等领导职务、企业法人代表的社会交往和联系是否广泛——来测量当前中国企业的社会资本；周小虎（2002）认为应从企业家关系网络的数量和质量的计量来测量社会资本，其所谓网络可以划分市场网络、内组织网络、环境网络、企业家个人网络等，企业家开发、维护和利用网络的能力都是其社会资本重要因子，而这些又受到企业家的受教育程度、信任预期和价值取向等变量的影响；张其仔（2004）则试图根据企业家网络的类型、密度、规模等从 NPO 和 NGO（如是否参加协会等社会团体组织）及社会交往、公共关系行为等方面测量社会资本。

在企业高级管理人员层面，Shipilov 考察了企业基于高级管理人员团队（top management group，简称 TMG）的社会资本。他认为，高级管理团队的社会资本对企业社会资本以及企业绩效具有决定作用，其中高级管理人员团队的社会资本可以采用对外沟通社会资本（bridging social capital）和对内团结社会资本（bonding social capital）来测量。这项研究也是对团队进行社会资本研究的少数研究之一。

在企业层面，H. Yli-Renko、E. Autio 和 H. J. Sapienza（2001）将企业社会资本用企业与关键客户之间的社会交流水平、关系的质量和通过关系而创造网络联系的水平来衡量。后来 H. Yli-Renko、E. Autio 和 V. Tontti（2002）又提出将企业社会资本分为企业内部和外部社会资本两个部分并分别测量。R. Landry 等则提出应当在区分企业社会资本的两种形式——企业结构性社会资本（网络）和认知性社会资本（信任）的基础上对企业社会资本进行测量。张方华和朱朝晖（2003）通过企业建立在信任和规范基础上的社会关系网络（包括企业内部网络和外部网络）以及从这些关系网络中获取资源的能力来测量社会资本。郭国庆和汪晓凡（2005）则在区分企业内外社会资本的基础上进行测量，他们认为，企业内部社会资本包括：企业文化的地位、企业内纵向（上下级）信任度与合作程度、企业横向（同级）信任度与合作程度；而企业外部社会资本的构成要素与张方华和朱朝晖的框架相同。王霄和胡军（2005）在 Landry 测量体系的基础上，采用结构性社会资本与非结构性社会资本对中小企业社会资本进行了测量。与 Landry 不同的是，该研究的非结构社会资本采用多指标测量信任和价值观。韦影（2007）通过验证性因子分析提出了涵盖企业内外部联系的企业社会资本测量模型。在考虑因素时，兼顾内外部视角，将企业社会资本分为结构维、关系维和认知维三个维度进行测量，由此得到关于企业社会资本的矩阵式测量结构。其中，从联系的频繁程度、联系的密切程度、联系对象的数量（外部）、联系所花费的时间（内部）来度量企业社会资本的结构维度；从联系双方在合作过程中存在损人利己的趋向、联系双方能真诚合作、联系双方能相互信守诺言三方面来测量企业社会资本的关系纬度；从网络联系因有共同语言能有效沟通与联系中存在相似的价值取向（外部）、联系中拥有一致的集体目标（内部）来测量企业社会资本的认知纬度。

此外，还有一部分学者将测度集体层面社会资本的指针体系如信任、公共参与、社会链结合社会规范等纳入到企业层面的测度研究中。其中，不少学者就测量集体社会资本时结合社会网络分析的方法的可行性进行了深入和系统的分析（Lin,1999;Adler 和 Kwon,2002），也有不少研究者尝试着使用社会网络分析方法——特别是整体社会网络分析法（主要借助于测量群体的密度、中心性（Reagans 等,2001;Sparrowe、Linden 和 Kraimer,2001）与小圈子的状况（Luo 等，2003））——来测量组织中的社会资本。虽然他们的研究大多集中在由结构位置带来的个体层次社会资本方面，而且这些与组织社会资本所要求的个人信任他的组织以及在员工之间建立连接关系的内涵相背离，但是他们在企业社会资本测度理论方面进行的有益的思考和探索为后来的学者们改进和完善测度模型提供了有益的借鉴。

7.2　企业社会资本的基本理论

通过上述的文献综述我们可以看到，既有的企业社会资本理论研究往往侧重于界定、功效或测度等的某方面，而在具体的应用和实证研究中，则强调了企业社会资本在企业存在与发展中的功效，忽略了企业社会资本本质是一个系统的理论体系，具有动态性的特征。至此，在本节中，我们将从探讨企业社会资本的主体和概念界定出发，构建企业社会资本的功效理论，以期为企业的研究提供帮助。

7.2.1　企业社会资本的主体及其内涵

（一）企业社会资本的主体

现阶段，在企业社会资本的相关研究文献中，关于行为主体的界定还存在一定程度的争议，即是否应当把企业员工（包括管理层）纳入企业社会资本的主体范畴。作为最早提出企业社会资本概念并对其进行系统分析的学者，Gabby 认为企业社会资本具有双重主体，即企业和企业员工，他们所构建的社会关系网络所产生的社会资本都应当纳入企业社会资本的分析体系。此外，还有一部分学者虽然承认企业与个体层面的社会资本间存在一定程度的交互关系以及企业成员（包括企业家）的社会交往在企业社会资本积累和功能实现上的作用，但认为企业社会资本的主体只能是企业。他们认为，企业员工所拥有的社会资本的产生背景和作用机制等都与企业社会资本相去甚远，将包括企业家在内的企业员工所拥有的社会网络纳入企业社会资本的范畴可能会混淆企业社会资本的概念。在这部分学者中，还有一些（如边燕杰等）虽然承认企业社会资本的存在以企业为主体，但在研究中却将其与企业内个体的社会资本等同起来。① 因而，解决争议的办法是在界定企业社会资本时确认企业关系网络的中心是企业、企业员工还是企业中的部分员工。

上述学者在研究中都看到了以企业为主体所拥有的社会资本区别于员工社会资本的方面。比如，以企业为主体所构建的社会网络——涉及股东、雇员、客户、供应商、银行、合作伙伴、政府部门甚至竞争对手在内的一切有利于企业特定目标实现的利益相关者——通过在节点间构建的互惠的社会关系网络实现企业摄取与整合企业发展所需的关键性资源最终达成企业目标的实现，从而构成了企业社会资本。这些企业通过与外部环境作用所形成的社会结构带来的社会资本，不会因为个别员工离开企业而受到影响，是企业社会资本中相对稳定的部分。但是，结合企业社会资本的功效研究可以发现，应用企业社会资本的视角来分析企业问题，将企业从孤立的原子个体中解放出来的同时，更强调了企业作为与经济领域的各个方面发生联系的企业网络上的节点，通过内外部的关系网络来摄取和整合关键性资源以实现企业目标的可能性。在此基础

---

① 企业内部社会资本包括企业家社会资本和企业员工的社会资本，边燕杰等则更多地将企业家社会资本等同于企业的社会资本。

上，我们认为，凡是能够通过自身的社会关系网络调动资源促进企业目标实现的个体都应当纳入企业动态的社会资本分析体系的范畴。

当然，我们强调企业、企业员工都是企业社会资本主体，并不是说以二者为主体的社会资本之间是严格区分开来的。相反，它们是紧密联系、相互依存的。企业社会资本的积累离不开企业内员工尤其是企业家的社会活动，企业员工所拥有的社会网络也是企业社会资本的一个重要来源。而且在一定条件下，企业可以利用员工的社会网络、员工也可以利用企业的关系网络来获取自己所需的资源。因此，我们强调企业社会资本具有两个主体，它们是在梳理企业可以利用的社会关系网络时不同的网络中心。

（二）企业社会资本的内涵

企业作为嵌入社会结构中的节点，既是更大的社会网络中的一个个体，同时又是一个由众多更小的节点——个人组成的网络（组织内网络）。[①] 企业与外部企业（组织）、企业员工与外部企业（组织）或个体间的互动是产生社会资本的重要源泉，是构成企业外部各种关系网络的基石。它们之间互动程度的高低体现了互动双方间关系的密切程度，有效的企业社会资本产生于企业与外部组织、员工与外部相关者之间良好的信任和互动关系的基础之上。而在企业内部，同一部门以及跨部门员工之间的互动是产生企业内部社会资本的重要源泉，它们之间互动和沟通的总体程度反映了企业内部平均的信任水平以及企业内部社会资本的丰富程度。

现有研究文献中关于企业社会资本概念的研究较少且没能形成公认的定义，但是在企业的相关研究中若没有明确的界定，很容易模糊企业社会资本的内涵与功能。因此，在参考国内外学者的相关研究文献及前文主体界定的基础上，我们将企业社会资本定义为以企业和企业员工为行为主体建立的嵌入信任与规范的企业内外部关系网络，它有利于整合

---

① 郭毅、朱熹：《社会资本与管理学研究新进展——分析框架与应用述评》，载郭毅、罗家德主编：《社会资本与管理学》，华东理工大学出版社 2007 年版，第 39—51 页。

企业内外部可利用的资源以实现企业的目标。其中，信任、规范、网络是这一概念的核心要素。在理解这一概念时需要注意以下几点：第一，企业通过它的社会关系网络获得了所需的资源，但是，当这一事实的发生并不是建立在双方间的信任基础上时，我们就不能说在获取资源的过程中企业动用了其社会资本；第二，并不是所有以企业和员工为主体建立的嵌入信任与规范的社会关系网络都属于企业社会资本的范畴，建立的关系网络中对企业目标的实现没有作用或者是具有反作用的部分，应当被剔除出企业社会资本的理论体系；第三，企业社会资本的具体内容与企业以及企业的目标相对应，即存在这样的情况，关系网络对企业某一目标起促进作用构成了企业的社会资本，但对另一目标的实现起到阻碍作用就变成了企业社会负债的一部分。

对于企业内外部关系网络的划分，我们采用西方学者普遍认同的内外部视角，与之相应的嵌入信任与规范的内（外）部社会关系网络在促进企业目标实现时就变成了企业内（外）部社会资本（若是阻碍企业目标的实现就成为企业社会负债）。其中，企业内部社会资本指存在于企业内部，有利于推动企业员工、部门之间有效沟通与信任合作，促进信息和知识在企业内部的流动，增强企业内部凝聚力的人际关系网络。企业外部社会资本指存在于企业外部，有利于企业获取企业外部各种稀缺资源的社会关系网络。[①]

简言之，企业社会资本是企业发展所必需的区别于物质资本和人力资本的另一种资本类型，以信任、规范和网络为基本要素。它的有效使用能够替代或补充其他资源，为企业带来以信息收益为代表的各种利益。其中，作为替代，企业可以通过紧密的联系获取外部支持来弥补自身人力或金融资本的缺乏。在更多的情况下，企业社会资本可以通过减少交易费用等方式提高经济资本的效率，实现对其他形式的资本的补充。[②]

---

①　详细内容参考本章文献综述中关于企业内外部社会资本的划分。
②　韦影：《企业社会资本对技术创新绩效的影响：基于吸收能力的视角》，博士论文，第54—55页。

7.2.2　企业社会资本及其组成要素之间的关系

在上述定义中，我们强调企业社会资本是有利于促进企业集体行动的信任、规范和网络，并认为它们的存在有助于企业目标的实现。其中，信任是一种相互性的行为，强调发生关系的双方，一方表现出值得信任的特质，而另一方则表现出信任对方的意图来；[①] 网络则突出了行为主体对于社会结构的嵌入性，以及社会结构对个体行为的影响；规范强调的是一种基于道德而非法律、普遍而非均衡的互惠性。规范的互惠不是商业伙伴"一手交钱，一手交货"式的"均衡互惠"，而是"现在己予人，将来人予己"的"普遍均衡"，一个良好的预期支持大家遵守规范，等待实惠的互惠规范的功能在于给予遵守规范以优惠，而并不给违反者以法律性的惩罚（如果违反，其后果只能是被排除在关系网络之外）。[②]

许多学者也赞同把信任、规范和网络看成是企业社会资本的基本元素（Leenders 和 Gabbay, 1999；Cohen 和 Prusak, 2000；Adler 和 Kwon, 2002；Westlund, 2003），但我们认为这三个元素在地位上并不是平等的，它们之间的相互关系决定了信任是其中的核心元素。一方面，信任、网络和规范之间都存在相互影响的关系。网络影响信任，关系网络中的人们具有相对较高的信任；反过来，信任也影响网络，信任度越高则越容易建立关系网络，并形成"强关系"网络。同样，规范影响信任，人们的规范意识越强，行为越规范，人与人之间的信任水平必定越高，反之则会越低；反过来，信任也对规范产生影响作用，社会的信任水平越高，人与人之间越相互信任，越会激励人们去遵守规范，越不愿意出现

---

① 在信任的界定上还存在较大的争议。大部分学者倾向于把信任与脆弱性、不确定性和相互依赖性等特性联系在一起，强调信任与非机会主义的关联性，这一认识与信任研究中将信任用于克服机会主义行为的观点一致。而在众多观点中，Sabel 的定义最为宽松，只要在合作中不发生伤害对方的行为都是信任，没有涉及达到这一预期的行为。

② 郭熙保、曹祥涛：《社会资本与我国家族企业的发展》，载《武汉大学学报（社科版）》2003 年第 2 期。

违反规范的行为，此时信任成为规范的强化和制约机制。网络和规范之间同样存在双向的作用关系。社会的规范水平越高，越能形成各种大规模的社会关系网络，如行业协会、企业网络联盟；个人的规范意识越强，行为越规范，越容易与他人建立关系网络。同时，关系网络或社会网络强化人们的规范意识，制约其违规行为的出现。另一方面，从作用机制和功能上看，信任借助于网络和规范才能产生和发展，或者说，网络和规范是信任存在的基础或条件。关系网络中的人们具有更高的信任水平，人们建立社会关系网络的主要目的，是为了获取更多、更高水平的信任，或者说是为了借助信任机制简化网络中人与人之间复杂的关系。因为关系网络中的人们不需要相互戒备，不必花大力气来防止别人的机会主义行为，从而大大降低了网络中人们之间的交易成本，提高了工作效率和生活质量。规范也是信任产生和发展的基础，或者说规范是信任生长的土壤。完全可以设想，在一个完全不存在规范的社会里，人们之间不可能产生信任；社会中人们的规范意识越强，社会的信任水平必定越高。这也就表明，信任存在于社会规范之上，或者说信任以规范为载体而存在。换一个角度，信任又是网络和规范实现其功能和价值的工具，即网络和规范要借助于信任机制来发挥它们的影响作用。社会网络要借助信任来降低网络中人们的交易成本实现其功能，社会规范也要借助于信任来实现其维护与提高经济、社会运行秩序水平的功能。

正是在网络和规范的基础上，信任在降低制度的运行成本和提高规范的效用上起了不可替代的作用，成为维持组织效能与维系组织生存的重要影响因素：在对组织效能的影响方面，信任可以有效降低管理事务的成本、防范投机行为，而且亦能降低对未来的不确定性，促使组织内部的资源做到合理的配置，从而提高组织效能（郑伯埙，1995；Burt 和 Knez，1997；Kipnis，1996；Mishra，1996；Robinson，1996）；信任也可以促成组织成员之间的互助合作，使人际间的沟通更加顺畅，部属愿意配合上司的决策，成员能够认同组织目标等，不但能够提升团体与组织的凝聚力，而且有助于组织生存的维系，这些实质上是提高了企业的内部社会资本。

综上所述，企业社会资本是以一定的社会关系为基础的，一定的社会关系网络构成企业社会资本的客观内容，在一定的社会关系基础上又产生了一定的规范以调控人际互动的行为。以网络和规范为基础产生并发挥功能的信任是企业社会资本的核心概念，在企业社会资本的创造中发挥了重要作用。而企业社会资本在促进企业成员合作的同时也提高了成员间的信任度。了解上述关系有助于我们更好地把握企业社会资本理论的精髓，也为企业社会资本的培育提供了新的视野。

7.2.3 企业社会资本与企业治理

在谈及企业产生的原因时，科斯（1995）指出，即使在私有产权制度下，资源的运用往往也无法完全依靠市场指引，进而造成部分交易的市场交易成本过高。用企业来替代市场，由组织里的经理或者是监督者指导资源的运用，完全是根据相对于命令而言包含在运用价格机制中的那些成本进行的思考。[1] 企业与员工发生关系是以员工就业契约的建立为基础的。就业契约确立了工人获取报酬权利的同时，为雇主确立在详细阐明的范围内命令必须被服从的那些权利，工人签署这样的契约则意味着承诺在各种限制内服从命令以及命令机制在企业内的有效运行，也构成了企业命令机制的权力来源。该模式强调用命令机制来取代价格机制，依靠计划、组织、指挥、协调和控制等一系列管理过程的共同作用，实现相对于市场条件更高效率的资源配置。

但是，人的有限理性以及客观环境的复杂性和不确定性等情况则决定了契约往往具有不完全性；人的机会主义倾向以及交易双方之间信息不对称使得拥有较多信息者通常不愿意以公平的方式来进行交易，进而衍生出"道德风险"和"逆向选择"等外部效果。这两种彼此矛盾的

---

[1] Coase, Ronald H. (1937), "The Nature of the Firm", *Economical*, (Ⅳ): 368-405.

情况在增加企业监督成本的同时，也向企业的边界问题提出了挑战。[①]
人力资本理论从人力资本的特点及其对企业的重要性角度解释了为什么
要实施激励的问题。管理学视角的激励理论则从人们采取机会主义行为
的动机出发结合人的心理和个体行为因素讨论人们对激励的需求，即从
人的需要层次、工作动机和目的等方面来考虑如何激发人们的工作热情
和积极性。基于人力资本的激励治理模式的有效实施保证了人力资本的
地位及利益，使人力资本更加积极地为企业的发展而努力工作；同时，
对人力资本的激励提高了员工采取机会主义行为的成本，有效地降低了
企业组织费用，最终实现了企业对资源的有效配置。

　　格兰诺维特则主张任何交易都是镶嵌在社会网络中的，借由人际互
动产生的信任有助于抑制投机行为。他在《镶嵌：经济行动的社会结
构》一文对信任与交易成本的关系进行了详细地论述：一方面，信任关
系是决定交易成本的因素之一，其存在与否会改变治理结构的选择；另
一方面，信任的存在有其必要性，少了起码的信任，任何经济行为都不
可能发生。[②] 马考利（Macauley，1963）的研究也证实，合约很难完整
所以合约无法给交易者充分的保护，如果人们对交易双方缺乏信任，就
会因为不完整的保护而不敢交易。由此可见，不管是命令还是激励机制
的实施过程中都包含了信任的因素在里面，而且交易的有效运行也表明
交易双方间的信任程度已经超出了最小信任，才使得企业资源的优化配
置得以实现。事实上，不论是在市场还是在科层体系中，行动者在关系
网络中的互动都是抑制投机行为的重要形式。有了信任，详细的契约、
紧密的监督以及权威控制变得多余。此外，信息搜索作为交易成本的一

---

　　① 威廉姆森在将交易成本应用到组织研究时强调，一笔交易的交易成本决定了一个组织
会在组织内进行交易还是在市场上进行交易。"道德风险"、"逆向选择"以及契约的不完全性
增加了企业的监督成本，提高了企业内的交易成本。当增加后的交易成本大于市场交易的成
本时，交易可能不在企业内发生。

　　② Granovetter, M. (1985)，"Economic Action and Social structure: The Problem of Embedded-
ness"，*American Journal Sociologiy*，Vol. 91，481-510. 对于这一观点，罗家德在书中将其界定为最
小信任问题，即交易需要最起码的信任，少了这最基本的信任，一切交易都无法进行。

个主要部分，是投机行为产生的主要原因。可供参考的消息获得需要一定的关系网络和一定程度的信任。少了最基本的信任，不仅收集成本增加，而且收集到的信息也不敢相信，以致交易无法发生。现有研究对于将信任纳入企业的治理范畴的可行性及在企业治理中发挥的积极作用有了充分的认识，他们通过研究证实有合约保护的地方，人们仍倾向于善意解决而不是立即诉诸制度。①

以信任为核心的企业社会资本治理模式，让我们看到信任对于有效抑制投机行为和消除信息不对称的作用的同时，还意识到企业在其内部以及对外的联系中普遍存在的各种与正式的制度和组织结构相区别的方面：企业充当经济活动主体的同时，也是在各种各样的社会关系网络中运行的。也就是说，企业既是一种正式的组织，也是一种非正式的组织。企业作为非正式的组织形式，涉及企业及其经营者通过广泛的社会交往和联系而形成的社会关系网络，这是一种超越层级结构和规范性市场交易的人与人、组织与组织之间所形成的联系，这种交往和联系以及嵌入其中的信任和规范等要素使得企业能够有效整合内部资源、链合外部资源以突破自身资源的约束成为可能。

在上述三种治理模式中，命令强调了契约条件下员工因为承诺而去完成任务，却忽视了人性因素对于个体行为的影响；激励强调员工与这项任务的绩效相连的一种奖励，这一治理模式只是提高了员工的机会主义成本，当背叛的收益更高时，投机行为仍会发生；而企业社会资本则强调员工完成这项任务是出于其职责，也就是说，完成这项任务就是其职业的一个部分。相对于激励机制而言，企业社会资本的治理模式强调通过在关系网络的节点间建立一定程度的信任来解决信息的获取和员工的机会主义行为，是一种更为有效的治理模式。现有的研究文献中，尽

---

① Macaulay, S. (1963), "Non-Contractual Relations in Business: A Perliminary Study", American Sociological Review, No.1, Vol.28, 55-67. 罗家德、叶勇助：《中国人的信任游戏》，社会科学文献出版社 2007 年版，第 27—35 页。对于企业倾向于善意解决的行为，他们将原因归结为基于制度监督的交易其成本极高，少了最少信任的交易即使制度制定的巨细靡遗，也会因为执行起来成本太高而使得交易不容易获利。

管学者在企业社会资本概念的界定以及测度等方面存在一定的争议，却都认同企业社会资本在促进组织目标实现过程中的特殊作用，将之与企业的金融资本和人力资本一起看成是企业发展不可缺少的要素。那么，以信任为核心的企业社会资本究竟以怎样一种方式作用于企业呢？具体的影响机制又是怎样的一种情况？下面的论述中，我们将在既有相关研究的基础上通过区分企业的内外部联系，对企业社会资本的作用展开研究。

（一）企业内部社会资本的作用

在前文中我们提到，企业社会资本强调以企业和企业员工为行为主体建立的嵌入信任与规范的企业内外部关系网络，整合企业内外部可利用的资源以实现企业目标。而从企业内外部视角划分得到的企业内部社会资本主要表现在企业内部员工间的联系、信任和行为规范上。

在论及企业内部效率时，厉以宁（1998）认为有双重基础之分，即物质基础和道德基础，前者指企业的技术水平状况，后者指企业内部人际关系的协调程度①——即我们所强调的企业内部社会资本。物质基础提供的是常规效率，道德基础（企业内部社会资本）不仅保证常规效率的产生，还要通过协调内部人际关系使员工的积极性、创造性得到充分发挥，进而向企业提供超常规效率。在企业中，员工作为企业某一具体职能的执行者，相互之间的联系包括部门内工作伙伴之间的水平型联系、不同部门员工之间的联系以及企业领导和下属（侧重于不同层级员工）之间的垂直型联系。那么，如何在上述关系网络的基础上，有效地推动企业员工间的信任与合作，促进企业各部门间的沟通与协调，增强企业内部凝聚力呢？

部门的存在是以一定职能的实现为基础的。部门内部的和谐人际关系网络可以降低企业的协调和监督成本，部门内员工之间一定程度的信任，可以促成彼此间的互助合作，使人际间的沟通更加顺畅、部属愿意

①　厉以宁：《论效率的双重基础》，载《北京大学学报》1998 年第 6 期。

配合上司的决策、成员能够认同组织目标等，进而提升团体的凝聚力和员工工作的积极性。同时，还可以促进经验、技能等知识在员工间的转移和共享。事实上，员工在实践职能的过程中积累的经验、技能等大多属于隐性的、难以编码的知识，很难通过正式的网络进行有效的转移。成员之间良好的信任积累以及彼此间紧密的、值得信赖的非正式网络在促进成员沟通与交流的同时，实现了知识在部门内不同主体间的转移和共享，也为企业的知识创造和技术创新提供了基础。

企业目标的实现需要所有部门的合作，能否处理好部门之间的协调问题成为影响企业发展的重要因素。而在部门间，企业内部超越正式组织之外的思想情感和人际交往，可以促进跨部门的沟通、交流与协调，有效地降低管理事务的成本、防范投机行为；不同部门员工间丰富的联系、较高程度的信任可以增加员工获取的信息量，亦能降低由于信息不对称产生的对未来的不确定性，促使企业组织内部资源更合理的运用，从而提高组织的效能。此外，在企业内部上下级员工之间的关系网络也是企业发展所不可或缺的资本。为了在竞争激烈的外部复杂环境下实现企业的战略目标，管理层需要整合企业内部共识，促使成员为达成组织而努力工作。但仅仅依靠管理者是无法达成企业目标的，必须借助企业员工，双方间的信任关系也就更有意义。经验也证明双方间的相互信任关系在有效抑制员工的投机行为、降低管理企业和监督员工的成本的同时，也极大的调动了员工的工作积极性，促使企业内部的资源更合理、充分地运用。丰田汽车公司位于高岗的汽车装配厂里有好几千个装配线工人，每个工人都可以拉动工作岗位上的一条绳子，使整座工厂的生产停顿下来，但是在现实中绝少有人这么做。对此，福山认为："丰田汽车给予工厂员工极大的权限，赋予他们使整个生产线停摆的力量，因为管理阶层信任员工，不会滥用权力；而员工报答这种信任的方式则是善用他们的权责，改善生产线的整个生产力。"

对于企业内部社会资本提高企业管理效率的功效，实证方面也给出了证据。张其仔（2000）博士借助涉及 6 城市的 22 家国有企业"企业管理调查"中直接面向员工的问卷调查数据得出：第一，企业内社会资本量的高低（用工人间的合作程度、工人与管理者之间的满意度、车间内班组长、工段长与车间领导的融洽程度表示）与企业的经济效益呈正相关关系，其中管理者与工人间的良好关系对企业的盈亏有显著影响；第二，企业内部社会资本与企业职工的工作积极性呈正相关关系，与企业管理费用呈负相关关系。这点，不仅国营企业是这样，私营企业同样如此。[①] 结合理论和实证的研究可以发现，在企业内积极构建基于信任的关系网络、投资企业内部社会资本对于抑制投机行为、解决信息不对称、调动员工的积极性和创造性上有显著的作用。就企业而言，内部信任关系网络的丰富程度以及信任水平则关系到企业的生存与长期发展。

（二）企业外部社会资本的作用

传统意义上，企业被看成是资源的集合体，它所拥有的资源的异质性决定了企业之间的竞争力差异。但伴随着经济全球化的不断深入，生产要素实现了在全球范围内的自由流动和优化配置，使得单纯依靠企业既有的有限资源已经很难在日趋激烈的国际市场上获得发展所需要的竞争优势，也迫使企业打破自身的界限到外部获取企业发展所需要的关键性资源。随着网络组织的不断发展，企业成为与外部许多组织间发身复杂联系的综合体，利用外部资源的能力也成了企业获得持续发展所需竞争优势的重要来源。[②]

企业的外部网络，分为横向、纵向和社会关系三个维度，其中横向关系指企业与竞争对手、战略联盟中其他成员企业等之间的关系；纵向关系指企业与客户和供应商、客户之间的关系；社会关系是指企业与高等院校、科研机构、政府、金融机构等外部组织之间的关系（Fountain，2000；陈劲、李飞宇，2001；张方华，2004）。企业通过纵向、横向的

① 张其仔：《社会资本与国有企业绩效研究》，载《当代财经》，2000 年第 1 期，第 53—58 页。

② 陈劲、张方华：《社会资本与技术创新》，浙江大学出版社 2002 年版，第 96—102 页。

广泛交往和联系以及社会关系形成的关系网络作为企业外部社会资本产生与发生作用的网络基础，结合嵌入其中的信任和互惠的行为规范，构成了影响企业绩效的重要外部因素。

基于横向关系的企业社会资本的积累和丰富，有助于企业打破自身有限资源的约束。以信任和互惠规范为基础建立的企业横向关系网络有利于将关联企业所拥有的互补性资源（包括资本、人力、知识等）整合在一起，加速信息的流动及技术和知识的创造、转移和扩散；有利于加速信息的沟通和共享，企业不需要投入大量的资金就能够掌握外部的发展动态，在降低技术创新的风险和成本的同时也极大地消除了企业面临的不确定性；企业横向联系中较高的信任层次有利于企业更加快速地利用新信息、新知识和新技术，从而大大缩短产品的研发时间。

基于企业纵向关系的企业社会资本的积累和丰富，有助于企业获得持续性竞争优势。企业纵向的合作关系使企业能够以较低的成本获得有关上游供应商、下游客户的相关信息，从而可以更好地了解市场供求、把握产业发展趋势、新市场开拓状况以及获取适时的技术创新与进展的动态信息等。不同国家和不同产业的实证研究发现，供应商在产品开发的过程中主要是起着缩短产品的创新周期和提高创新效率的作用。企业还要与用户建立联系，理解用户的需求，并有良好的内部与外部的沟通，企业的产品赢得了用户，企业才能够发展。[①]

企业的社会关系资本涉及企业与政府、金融机构、高等院校和科研机构等外部组织间的关系网络。其中，企业与政府间良好的社会关系，使企业能够从政府那里获得某些重要信息和资源，甚至是一系列的政策，如税收优惠、知识产权政策、采购等，这一切对企业的发展具有积极的作用。从某种意义上说，企业与政府之间建立良好的合作关系是企业发展必不可少的一项社会资本。金融机构作为企业融资的主要渠道之一，与企业合作关系的建立以企业良好的信誉为基础。双方之间基于信任的关系网络的建立在降低了金融机构借贷风险的基础上有效地解决了

---

① 卜长莉：《社会资本与社会和谐》，社会科学文献出版社 2005 年版，第 325—370 页。

企业融资困难等问题，提供了企业持续发展所需要的物质资本支持。我国现在正处于经济与社会双重转型下，市场经济体制不健全、法律规范等正式制度不完善、信用体系缺失等既成事实，也促使企业通过与金融机构构建信任关系网络获取其支持，以解决企业面临的融资困难等问题。企业与科研机构、高等院校之间存在的基于信任的合作关系也是企业社会关系资本的重要组成部分。在经济技术迅猛发展、经济全球化不断深入的环境下，企业在自身的发展过程中，迫切需要获得技术创新所需要的人力资源与知识资本，这就需要企业加强与高等院校、科研机构之间的联系。科研院所和高等院校作为具有强时效性的高技术信息集散中心，企业与其之间的联系为企业提供了获取技术和信息资源的渠道。由于高质量的信息和隐性知识与强联系相关联，而企业技术创新的关键在于从外界获取隐性知识，因此企业与科研院所和高等院校之间基于信任与互惠的密切联系比松散的弱联系更有助于将社会资本转化为企业的智力资本，从而提高企业技术创新的质量与效率。

概而言之，企业外部社会资本的作用主要体现在两方面：一是在企业外部资源获取上，特别是企业发展所必需的异质性、稀缺性资源的获取。企业通过与政府、其他企业或组织等建立的广泛的关系网络，可以获取政策上的支持以及技术创新的相关信息等，特别是一些能为企业带来超额收益的信息、知识、技术等社会稀缺资源。而关系网络中信任因素的存在，提高了信息、知识、技术等的时效性与真实性，大大提高了企业获取资源的速度和质量。二是降低交易成本。交易成本主要包括搜寻成本、谈判成本以及履行和监督成本等。根据威廉姆森（1996）、罗家德（2007）的观点，交易成本的存在取决于人们的有限理性、机会主义及资产专用性，嵌入信任、规范的合作关系网络中的交易本身有助于抑制投机行为。而且网络中较高程度的信任促进了信息的共享和扩散，降低了信息不对称的程度，减少了企业的交易成本。①

沃尔特 W. 鲍威尔（W. W. Powell）从基于信任的管理的形式出发，

---

① 罗家德、叶勇助：《中国人的信任游戏》，社会科学文献出版社 2007 年版。

考察了企业通过与外部企业或组织间建立网络式合作来拓展自身外部社会资本的几种途径——工业区、研发网络、商业集团、战略联盟与合作生产。[①] 他认为，基于信任的组织间合作预期降低了大多数商业行为的不确定性，但并非基于信任的管理的所有形式都以同样的方式运作。在工业区，社区联系是经由地缘关系和血缘关系打造而成，信任建立在互惠原则和公民义务原则的基础上。在由亲属关系、政治、宗教等因素编织起来的当地社会关系网上，嵌入纷繁重复的契约关系，使对成员行为的监测变得容易便利，促进了互惠的发展。互惠主义的发展在降低新投资风险的同时，又借助低价格和低工资遏制了可能出现的竞争。研发伙伴关系则是建立在双方同是某一专业领域的成员这一基础上。在技术不断发展变化的环境下，任何一家公司都无法拥有全部的相关信息，也不具备获取全部信息的渠道。因此，企业尤其是在高科技领域的企业，必须既善于搞内部研究，又善于与外部企业或组织（如与大学、研究所、高科技高成长型公司，甚至是竞争对手）进行合作性研究。内部研发在监测和评估外部研发方面是必不可少的；而在开发和利用公司外部正在进展的新技术方面，合作性研发则是关键。外部联系作为一种极具竞争实力的学习形式，既是企业获得新技术的途径，又可以检测公司内部的专业水准。商业集团基于从属关系或同为成员关系（不是地理接近性）形成的生产网络，是联系那些长期定期合作的企业的网络。扩张的商业组织的复杂联系则是基于共同的历史经历和作为组织成员的义务和优势，关系中强调的责任与互惠等原则，最终转变成具有强大生产效益和高效率的商业战略；而战略性联盟和合作型生产则是源于相互独立。如果这些风险企业想要存在下去的话，必须建立彼此的信任。战略联盟的建立通常是为了实现信息共享和促进技术创新，合作关系的确定是建立在对资源需求的精确计算基础上的。战略需求与协作关系的结合则是因为意识到了信任对企业发展的重要性，而分包商在日本的实时体制中所

---

① 沃尔特·W. 鲍威尔：《基于信任的管理形式》，载罗德里克·M. 克雷默、汤姆·R. 泰勒编：《组织中的信任》，中国城市出版社 2003 年版，第62—79 页。

起的关键性作用则验证了这一结合的效果。

此外，大量经验研究也表明企业的发展与企业从外部摄取稀缺性资源、获得信息、技术和知识的能力是分不开的。例如，在关于日本经济的研究中发现，日本企业中工作的组织方式广泛地依赖于分包关系、合作学习、共同进行技术革新与企业间的合作等路径。企业之间的关系纽带将它们组合成一个封闭的商业群体，使得外国的产品极难进入日本市场。在瑞典，工业生产企业间存在着长期联系，并经常共享人事资源和研究与开发资源，这使得人们很难将两个企业区分开来。

综合理论和经验上的研究，我们认为，企业社会资本的存在对企业的发展具有重要影响，是企业突破自身资源约束的重要条件，是企业获得竞争优势的重要来源。无论是企业经营者，还是企业自身，都应该重视构建、积累和维护企业的社会资本，使其为企业的发展发挥更大的作用。

7.3　企业社会资本的测度与实证研究

近年来，随着国内外研究的不断深入，应用企业社会资本的理论视角和研究方法获得的研究成果频频见诸管理学相关期刊杂志，企业社会资本在解释企业行为及其绩效的过程中扮演着越来越重要的角色（边燕杰、邱海雄，2000；Peng 和 Luo，2000；Batjargal，2004）。为深入开展企业社会资本研究，充分发掘企业社会资本在公司治理等多方面的积极作用，对其进行有效地测量逐渐成为相关领域研究的关键。尽管之前已有部分学者就个体层面和组织层面社会资本测量的指标和具体方法进行了探索性的研究，但侧重于企业层面社会资本的测量研究较为缺乏且未能形成广泛的认同。此外，企业社会资本作为企业资本中有别于实物资本的一类特殊无形资本，其在组成部分（包括网络、信任、规范等）上的抽象性以及概念上的不统一，使得具体研究中难以准确识别企业社会资本的内涵和外延。本节中我们将借鉴企业内外部划分的视角①，在既有的个体和组织层面测度研究的基础上利用 AHP 计算法②来构建多层次的企业社会资本测度模型。

7.3.1 基于 AHP 方法的企业社会资本测度

利用 AHP 方法进行企业社会资本的测度，最重要的就是建立层次结构模型。首先，把复杂问题分解为元素的各组成部分，把这些元素按属性不同分成若干组，以形成不同层次。同一层次的元素作为准则，对下一层次的某些元素起支配作用，同时它又是上一层次元素的支配。这种从上至下的支配关系形成了一个递阶层次，处于最上面的层次通常只有一个元素，一般是分析问题的预定目标或理想结果，中间层次一般是准则、子准则，最低一层包括决策的方案。对于企业社会资本的测度而言，需要解决的是能否在把企业社会资本区分为企业内部社会资本和企业外部社会资本的基础上实现进一步的细分，进而建立企业社会资本测度的多层次指标体系。

（一）指标设计

在认同内外部划分的基础上，Westlund（2003）提出了进一步的细分思路，他认为企业内部社会资本包括企业内管理者及员工个人之间的关系，并把企业外部社会资本划分为生产相关、环境相关和市场相关的社会资本。其中，生产相关的社会资本指企业与供应商和合作伙伴之间

---

① 在这里之所以采用内外部的划分视角是因为在企业社会资本的研究领域中，将企业社会资本划分为企业外部社会资本和企业内部社会资本的观点已经为广大学者所接受和认可。

② AHP 计算法，就是层次分析法。所谓的层次分析法，就是首先将问题层次化，根据问题的性质和要求达到总目标，将问题分解为不同的组成因素，并按照因素之间的相互关联影响以及隶属关系将因素按不同的层次组合，形成一个多层次的分析结构模型，并将分析结构模型数量化，计算出某一层次元素相对于上一层次元素的相对权值，从而找到解决问题的方法。层次分析法的基本方法大致上可以分为四步：（1）建立层次结构模型；（2）构建成对比矩阵；（3）计算权向量和组合权向量；（4）一致性检验。

的关系；环境相关的社会资本指企业与区域环境、政府决策制定者等之间的关系；市场相关的社会资本指的是企业与客户之间的关系。[①] 在接下来的研究中我们将以此为基础，并参考国内外学者关于企业内外部社会资本的界定、测度等相关研究来设计企业社会资本递阶层次的指标组合。

一级指标　企业内部社会资本是用来衡量存在于企业内部、有利于推动企业员工间信任与合作、促进企业各部分间沟通与协调、增强企业内部凝聚力的人际关系网络，企业家和员工是其中重要的组成部分。根据明茨伯格（1986）关于企业家工作划分的角色理论，企业家既要成为企业内部网络中心，同时也要与外部网络保持联系，企业家与人的交往成为企业家角色的主要方面。[②] 企业家在与人打交道的过程中，逐渐形成了在企业内部与企业成员（如股东、员工等）的关系网络以及在企业外部与社会其他成员（如顾客、供应商、销售商、政府、银行等）的关系网络，这两类关系网络构成了企业家关系网络的一个组成部分。也就是说，一方面，企业家作为企业成员，其与企业成员的关系网络隶属于企业内部社会资本；另一方面，企业家在进入企业后与顾客、供应商、销售商、政府、银行等企业外部利益相关者互动的基础上产生的社会关系网络，是企业社会资本内化到企业家个人的部分，应该归属于企业外部社会资本。

考虑到企业家关系网络的复杂性，以及企业家在企业战略规划的制定和实施等方面所发挥的重要作用，在测度企业内部社会资本时，我们将企业家与员工区分开来进行测量。因此，在本文中对于企业社会资本进行测度的一级指标就包括了企业家社会资本、企业员工社会资本和企业外部社会资本。企业社会资本的测度体系分为两个层次，包括3个一级指标和15个二级指标（如图7－1所示）。具体如下：

---

① Westlund, H. (2003), "Implications of Social Capital for Business", in *the Knowledge Economy: Theoretical Considerations*, International Forum on Economic Implication of Social Capital, 21-36.

② 亨利·明茨伯格：《经理工作的性质》，中国社会科学出版社1986年版。

企业社会资本测度

- 企业家社会资本
  - 家庭背景
  - 学历
  - 历史业绩
  - 社交网络
  - 内组织资本
- 企业员工社会资本
  - 非正式组织
  - 跨部门沟通
  - 部门内合作
  - 知识共享
  - 互惠
- 企业外部社会资本
  - 政府
  - 金融机构
  - 商誉
  - 环境
  - 商业伙伴

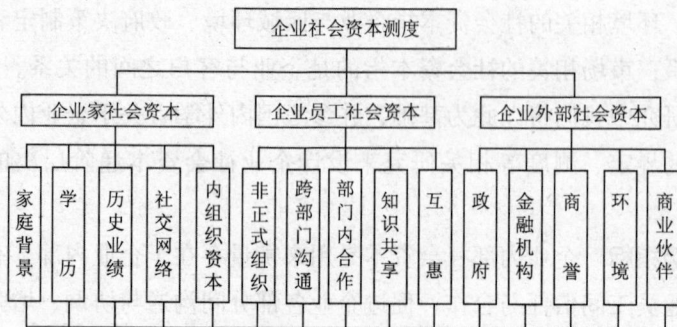

图 7-1　企业社会资本测度模型

（1）企业家社会资本：主要体现企业家作为主体所拥有的获取企业内外部资源的关系网络和能力。

（2）企业员工社会资本：主要体现企业内部员工之间的有效沟通、信任与合作等。

（3）企业外部社会资本：主要体现企业所处的外部环境对企业的生存和发展所起的作用，涉及以企业为中心的企业与外部环境之间的有利于企业生存与发展的关系网络的总和。

二级指标　对于上述一级指标，进行如下展开：

企业家社会资本　企业家从一定意义上讲是多种角色的复合，相应地为企业家社会资本的获取提供了多样性的来源。结合国内外学者如明茨伯格（1986）、Fafachamps（1996）[①]、Barr（2000）[②]、李路路（1995[③]，1997[④]）等关于企业家角色、企业家社会资本的界定和划分，我们将企业家社会资本区分为作为家庭（家族）成员形成的社会资本、

---

① Fafchamps, M. (1996), "The enforcement of Commercial Contracts in Ghana", *World Development*, Vol. 24(3), 64-73.

② Barr. A. (2000), "Social Capital and Technical Information Flows", in the Ghanaian Manufacturing Sector, *Oxford Economic Papers*, Vol. 52(3), 539-599.

③ 李路路：《社会资本与私营企业家——中国社会结构转型的特殊动力》，载《社会学研究》1995 年第 6 期。

④ 李路路：《私营企业主的个体背景与企业成功》，载《中国社会科学》1997 年第 2 期。

在人力资本投资过程中形成的社会资本、由于企业家过去的行为所产生的能够带来潜在联系的社会资本、在社会交际中产生的社会资本（该部分强调企业家与企业外部成员间的交往，但是不包括作为家庭（家族）和企业成员所带来的社会资本）以及作为企业成员形成的社会资本，并分别使用家庭背景、学历、历史业绩、社交网络、内组织资本等指标进行衡量。

（1）家庭背景：主要反映企业家作为家庭（家族）成员形成的社会资本，包括企业家基于血缘和地缘所拥有的关系网络，是企业家社会资本中最稳定的组成部分。具有发达的血缘关系网络和地缘关系网络通常意味着企业家自身具有丰富的社会资本。

（2）学历：学历代表了企业家的受教育程度，在这里用来反映企业家在人力资本投资过程中形成的社会资本。通常情况下，较高学历的企业家具有较高水平的社会资本，学历较低的企业家的社会资本则相对较低。

（3）历史业绩：该指标强调企业家作为领导期间给企业带来的资本总量的变化情况（包括企业家之前在其他企业作为领导者期间的业绩），反映了企业家的能力，是企业家在职业经理人市场上信誉资本的重要体现。在这里我们用它来反映由于企业家过去的行为所产生的能够带来潜在联系的社会资本。当企业家具有良好的历史业绩时意味着该企业家具有较高的能力，在职业经理人市场上具有较高的信誉资本，因而具有较高的社会资本。

（4）社交网络：指企业家通过社会交际带来的关系中存在于企业外的部分，不仅包括企业外部社会关系内化到企业家的那部分。通常用社交网络规模的大小以及其中关系的强弱来反映企业家社会资本的水平。一般情况下，具有大规模的社交网络，并且成员之间具有较高的信任度，意味着企业家具有丰富的社会资本。

（5）内组织资本：该指标强调企业家在企业内部与企业成员间的关系网络，反映了企业家社会资本中存在于企业内的部分，主要涉及与股东、员工之间的关系网络。当它们之间存在一种强关系时，表示企业家在企业内部具有高的社会资本。

企业员工社会资本　H. Yli-Renko 等（2002）在划分企业社会资本时，将企业家的社会关系置于企业内部社会资本之外。我们认为，企业内部社会资本要反映组织内部不同部门之间合作是否紧密以及企业内部团队工作的重要程度①。

（1）非正式组织：非正式组织是组织成员在共同工作的过程中，由于抱有共同的社会感情而形成的非正式团队，是员工工作环境里的重要组成部分。根据企业中非正式组织的属性、数量的多少、规模的大小、沟通的内容，可以测度企业内员工间的信任程度，从而衡量企业内的社会资本。如基于工作需要建立的非正式组织，它有利于企业内的合作，是组织发展的重要社会资本。

（2）跨部门沟通：通过在企业内跨部门沟通的多少、难易来反映不同部门之间合作的水平。部门之间的沟通次数频繁且比较容易，说明企业内不同部门之间具有较好的合作水平。

（3）部门内合作：该指标主要用来反映同一部门中员工间的合作程度以及沟通的频率，体现了该部门内部员工之间关系网络的特征，应当纳入企业内部社会资本的测度指标体系。

（4）知识共享：在企业内部，管理层控制部分信息的流动、掌握获悉重要信息的能力会影响到企业和部门内部的信任程度以及员工之间的合作，通过知识的共享来反映不同层级之间信息、知识等资源传递的多少以及难易程度。较高程度的知识共享反映了企业不同层级之间的员工较高层次的合作和交流程度，意味着企业内部较高水平的社会资本。

（5）互惠：反映了企业与员工之间目标的协调性。当企业与员工之间具有较高的互惠性时，意味着员工会更加积极的工作。

企业外部社会资本　该部分社会资本涉及以企业为中心的企业与其他企业、企业与政府、企业与非营利性组织、企业与社区等之间能够给

---

① H. Yli-Renko, E. Autio and V. Tontti. (2002), "Social Capital, Knowledge, and the International Growth of Technology-Based New Firms", *International Business Review*, Vol. 11, 279-304.

企业带来利益或潜在利益的所有社会关系。

（1）政府：政府作为企业生存与发展环境中的组成部分，其对企业采取的政策倾斜和减免税收等政策就是企业社会资本应用的结果。

（2）金融机构：金融机构对企业的支持是企业社会资本的重要体现，其对企业的支持度越高，则表明企业拥有越高的社会资本。

（3）商誉：对于企业而言，商誉是整个社会对企业商品支持度的重要体现，同时也反映了企业履行契约的意识和能力的强度。一个企业的商誉水平越高，说明社会对企业的支持度越高，企业与顾客间关系越强。企业履行契约的意识和能力越强，则其外在的信誉就越好，社会关系网络越大，社会资本量也越高，因而作为存在于企业与顾客之间的社会资本，商誉是企业外部社会资本的重要组成部分。

（4）环境：企业进行生产经营所在地所处的地理环境和经济环境对于企业的社会资本具有重要影响。在信任度较高的地区，企业员工之间容易产生较高的信任，从而使得企业具有较高的社会资本。

（5）商业伙伴：这里的商业伙伴主要指企业的上下游企业、战略联盟中的其他企业以及向其提供技术和咨询的企业或组织，它们是企业生存和发展的重要支持力量。企业与商业伙伴之间关系的强弱和多寡反映了存在于二者之间的企业外部社会资本的丰富程度。

（二）企业社会资本权重计算

在建立递阶层次结构以后，上下层次之间的隶属关系就已经确定了。假设上一层次的元素 C_k 作为准则对下一层次的元素 $A_1, A_2, \cdots, A_n$ 有支配关系，我们的目的就是在准则 C_k 之下按它们的相对重要性赋予 A_1，$A_2, \cdots A_n$ 相应的权重。对于大多数复杂问题，特别是对于人的判断起重要作用的问题，直接得到这些元素的权重并不容易，往往需要通过适当的方法来导出它们的权重。

AHP 所用的是两两比较的方法，需要反复回答以下问题：针对准则 C_k，两个元素 A_i 和 A_j 哪一个更重要，重要多少，并需要对重要多少赋予一定数值。这里使用1—9的比例标度，它们的含义如表7－1所示。

表7－1　判断矩阵标度及其含义

标　度	含　义
1	表示两个因素相比，具有同样的重要性
3	表示两个因素相比，前者比后者稍微重要
5	表示两个因素相比，前者比后者明显重要
7	表示两个因素相比，前者比后者强烈重要
9	表示两个因素相比，前者比后者极端重要
2，4，6，8	表示上述两相邻等级的中间值
倒　数	表示相应两因素（如 a_{13} 与 a_{31}）交换次序比较的重要性

对于 n 个元素来说，得到两两比较判断矩阵 A：

$$A = (a_{ij})_{max} \qquad a_{ij} > 0, a_{ij} = \frac{1}{a_{ji}}, a_{ii} = 1$$

以计算一级指标的权重为例：一级指标包括企业家社会资本、企业员工社会资本和企业外部社会资本。假设 A 表示企业社会资本，B_1 表示企业家社会资本，B_2 表示企业员工社会资本，B_3 表示企业外部社会资本。通过专家对相应指标之间的重要性做出判断并按照表7－1的规则要求进行打分，得到相应判断矩阵如表7－2所示。

表7－2　企业社会资本测度对应判断矩阵

A	B_1	B_2	B_3
B_1	1	2	2
B_2	1/2	1	1/2
B_3	1/2	2	1

据此，我们可以计算出各个一级指标对应的权重：$W = [0.4905, 0.1976, 0.3119]^T$。由于问题复杂程度不尽相同，所有判断不可能完全一致，但却应该保持大体上的一致性。因此，对判断矩阵进行一致性检

验就变得尤为必要。

一致性检验：对于每一个成对比较矩阵计算最大特征根及对应特征向量，利用一致性指标、随机一致性指标和一致性比率做一致性检验。若检验通过，特征向量即为权向量；若不通过，需重新构造判断矩阵。

如果判断矩阵 A [①] 不具有一致性，则 $\lambda_{\max} > n$；

如果判断矩阵 A 具有一致性，则 $\lambda_{\max} = n$。

特征根和特征向量连续地依赖于矩阵的元素 a_{ij}，当 a_{ij} 离一致性的要求不远时，特征根和特征向量也与一致阵的相差不大，$\lambda_{\max}$ 比 n 大得越多，判断矩阵的不一致程度越严重，用特征向量作为权向量引起的判断误差越大。

引入 Saaty 一致性指标：$CI = \dfrac{\lambda_{\max} - n}{n - 1}$

当 $CI = 0$，A 矩阵为一致性矩阵；CI 越大，A 矩阵的不一致性程度越严重。

随后，又引入 Saaty 平均随机一致性指标：$RI = \dfrac{\lambda'_{\max} - n}{n - 1}$

一致性比率：$CR = \dfrac{CI}{RI}$。

对于 1—9 阶的判断矩阵，Saaty 给出了一致性检验的标准：

n	1	2	3	4	5	6	7	8	9
RI	0	0	0.58	0.90	1.12	1.24	1.32	1.41	1.45

当 $CR \geqslant 0.1$ 时，检验不通过，要重新进行成对比较，或对已有的 A 矩阵进行修正。

---

① 在这里判断矩阵 A 对应于企业社会资本的判断矩阵，记为 A 矩阵。在接下来的文章中，判断矩阵 B_1、B_2、B_3 分别对应企业家社会资本、企业员工社会资本和企业外部社会资本的判断矩阵，简称为 B_1 矩阵，B_2 矩阵，B_3 矩阵。

$$\lambda_{\max} = 3.0536$$

$$CI = \frac{\lambda_{\max} - n}{n - 1} = \frac{3.0536 - 3}{3 - 1} = 0.0268$$

$$RI = 0.58$$

$$CR = \frac{CI}{RI} = \frac{0.0268}{0.58} = 0.0462 < 0.1$$

表 7 - 3　企业家社会资本判断矩阵

B_1	C_{11}	C_{12}	C_{13}	C_{14}	C_{15}
C_{11}	1	2	1/3	1/4	1/2
C_{12}	1/2	1	1/3	1/4	1/2
C_{13}	1/3	3	1	1/2	2
C_{14}	4	4	2	1	3
C_{15}	2	2	1/2	1/3	1

　　根据一致性检验标准可以得出，A 矩阵的不一致程度在容许范围之内，可以使用 B_1、B_2、B_3，即企业家社会资本、企业员工社会资本、企业外部社会资本作为权向量来度量企业的社会资本水平。同理，我们可以将上述方法应用到二级指标权重的计算和一致性检验上。

　　二级指标权重：假设 C_{ij} 代表 B_i 指标对应的二级指标中第 j 个指标（具体排序如图 7 - 1 所示），比如 C_{23} 表示 B_2 对应二级指标中第三个指标，即跨部门合作。根据表 7 - 3 给出的判断矩阵可以计算出：

$$W = \begin{bmatrix} 0.1041 & 0.0779 & 0.2551 & 0.4103 & 0.1526 \end{bmatrix}^T$$

$$\lambda_{\max} = 5.0950$$

$$CI = \frac{\lambda_{\max} - n}{n - 1} = \frac{5.0950 - 5}{5 - 1} = 0.0238$$

$$RI = 1.12$$

$$CR = \frac{CI}{RI} = \frac{0.0238}{1.12} = 0.0213 < 0.1$$

　　由于 CR 小于 0.1，根据上文给出的一致性检验标准可以得出，B_1

矩阵的不一致程度在容许范围之内，可以用 C_{11}、C_{12}、C_{13}、C_{14}、C_{15} 即企业家的家庭背景、学历、历史业绩、社交网络、内组织资本指标作为权向量来度量企业家社会资本。

表7-4　企业员工社会资本判断矩阵

B_2	C_{21}	C_{22}	C_{23}	C_{24}	C_{25}
C_{21}	1	5	3	4	5
C_{22}	1/5	1	1/4	1/3	1/2
C_{23}	1/3	4	1	2	3
C_{24}	1/4	3	1/2	1	3
C_{25}	1/5	2	1/3	1/3	1

根据表7-4给出的判断矩阵可以计算出：

$$W = \begin{bmatrix} 0.4699 & 0.0600 & 0.2265 & 0.1590 & 0.0846 \end{bmatrix}^T$$

$$\lambda_{max} = 5.1859$$

$$CI = \frac{\lambda_{max} - n}{n - 1} = \frac{5.1859 - 5}{5 - 1} = 0.0465$$

$$RI = 1.12$$

$$CR = \frac{CI}{RI} = \frac{0.0465}{1.12} = 0.0415 < 0.1$$

表7-5　企业外部社会资本判断矩阵

B_3	C_{31}	C_{32}	C_{33}	C_{34}	C_{35}
C_{31}	1	3	1/3	4	1/2
C_{32}	1/3	1	1/4	3	1/3
C_{33}	3	4	1	6	2
C_{34}	1/4	1/3	1/6	1	1/5
C_{35}	2	3	1/2	5	1

根据上文给出的一致性检验标准可以得出，B 矩阵的不一致程度在容许范围之内，可以用 C_{21}、C_{22}、C_{23}、C_{24}、C_{25} 即企业内的非正式组

织、跨部门沟通、部门内合作、知识共享、互惠指标作为权向量来度量企业员工社会资本。

根据表 7-5 给出的判断矩阵可以计算出：

$$W = [0.1798 \quad 0.0982 \quad 0.4129 \quad 0.0487 \quad 0.2604]^T$$

$$\lambda_{max} = 5.1555$$

$$CI = \frac{\lambda_{max} - n}{n - 1} = \frac{5.1555 - 5}{5 - 1} = 0.0389$$

$$RI = 1.12$$

$$CR = \frac{CI}{RI} = \frac{0.0389}{1.12} = 0.0347 < 0.1$$

根据上文给出的一致性检验标准可以得出，B_3 矩阵的不一致程度在容许范围之内，可以用 C_{31}、C_{32}、C_{33}、C_{34}、C_{35} 即政府、金融机构、商誉、环境、商业伙伴指标作为权向量来度量企业外部社会资本。

计算权向量和组合权向量：由于成对比较矩阵基本上是定性比较的结果，可以用近似算法计算，本文采用和法计算其特征向量及特征根，即取判断矩阵列向量的平均值作为近似特征向量。

对于三个层次决策问题，第一层次有 1 个元素，设第二和第三层分别有 m 和 n 个元素，则第二层对第一层的特征向量分别为：$\vec{w}^{(2)} = [w_1^{(2)} \quad w_2^{(2)} \quad \cdots \quad w_m^{(2)}]^T$；第三层对第二层的特征向量分别为：$k^{(3)} = [w_{k1}^{(3)} \quad w_{k2}^{(3)} \quad \cdots \quad w_{kn}^{(3)}]^T$，$k = 1,2\cdots,m$。以 $k^{(3)}$ 为列向量构成矩阵：$W^{(3)} = [1^{(3)} \quad 2^{(3)} \quad \cdots \quad m^{(3)}]$，则第三层对第一层的组合权向量：$\vec{w}^{(3)} = W^{(3)}\vec{w}^{(2)}$。由此，可以得到二级指标相对于企业社会资本的复合权重，如表 7-6 所示。

对于表 7-6 中给出的二级指标相对于企业社会资本的权重，验证其是否满足一致性检验：

$$CR = \frac{\sum_{i=1} a_i CI_i}{\sum_{i=1} a_i RI_i} = \frac{0.4905 \times 0.0238 + 0.1976 \times 0.0465 + 0.3119 \times 0.0389}{0.4905 \times 1.12 + 0.1976 \times 1.12 + 0.3119 \times 1.12}$$

$$= 0.0197 < 0.1$$

根据上文给出的一致性检验标准可以得出，A 矩阵的不一致程度在容许范围之内，可以用 $C_{11} \cdots C_{15}$、$C_{21} \cdots C_{25}$、$C_{31} \cdots C_{35}$ 指标作为权向量来度量企业社会资本。

表 7-6　C 层相对于 A 层的权重

	一级指标				C 层相对于 A 层的权重
	B_1	B_2	B_3		
二级指标	0.4905	0.1976	0.3119	相应指标名称	
C_{11}	0.1041			家庭背景	0.051061
C_{12}	0.0779			学历	0.03821
C_{13}	0.2551			历史业绩	0.125127
C_{14}	0.4103			社交网络	0.201252
C_{15}	0.1526			内组织资本	0.07485
C_{21}		0.4699		非正式组织	0.092853
C_{22}		0.0600		跨部门沟通	0.011856
C_{23}		0.2265		部门内合作	0.044756
C_{24}		0.1590		知识共享	0.031418
C_{25}		0.0846		互惠	0.016717
C_{31}			0.1798	政府	0.05608
C_{32}			0.0982	金融机构	0.030629
C_{33}			0.4129	商誉	0.128784
C_{34}			0.0487	环境	0.01519
C_{35}			0.2604	商业伙伴	0.081219

（三）企业社会资本模糊综合评价

在企业社会资本指标体系中，既有定性指标，又有定量指标。基于定性指标难以完全量化的特点，本文将采用量化和半量化相结合的多级模糊综合评价方法。多级模糊评价的基本思想是，把众多的因素划分为若干层次，使每层包含的因素较少；然后对最低层的各因素进行综合评价；层层依次往上评，一直评价到最高层，也就是目标层，得到总的评价结果。依据模糊综合评价方法以及上述企业社会资本的指标体系，可以建立如下的多层次模糊综合评价模型：

（1）确定因素集合。根据前文中给出的企业社会资本指标体系，具体的因素集合可以表述为：

$$A = \begin{bmatrix} B_1 & B_2 & B_3 \end{bmatrix}$$
$$B_1 = \begin{bmatrix} C_{11} & C_{12} & C_{13} & C_{14} & C_{15} \end{bmatrix}$$
$$B_2 = \begin{bmatrix} C_{21} & C_{22} & C_{23} & C_{24} & C_{25} \end{bmatrix}$$
$$B_3 = \begin{bmatrix} C_{31} & C_{32} & C_{33} & C_{34} & C_{35} \end{bmatrix}$$

（2）确定评定语集。模糊赋值是根据在上文中通过计算得出的权重结果，利用模糊数学的方法对企业社会资本做进一步计算。这一过程主要分成以下几个方面：

第一，企业家社会资本可以细分为家庭背景、学历、历史业绩、社交网络和内组织资本五个部分。利用上一节得到的权重，然后再对每一小项用隶属函数来进行模糊描述，如表7－7所示。

表7－7　企业家社会资本隶属函数

序　号	因　素	权　重	隶属函数的简要描述
C_{11}	家庭背景	0.1041	离散，单调递增（极好＝10，良好＝8，较好＝6，一般＝4，较差＝0）
C_{12}	学　历	0.0779	离散，单调递增（博士＝10，硕士＝8，本科＝6，大专＝4，高中＝3，中专＝2，初中和小学＝1）
C_{13}	历史业绩	0.2551	离散，单调递增（极好＝10，良好＝8，较好＝6，一般＝4，较差＝0）
C_{14}	社交网络①	0.4103	离散，单调递增（好＝10，一般＝6，差＝0）

① 结合上文中的定义，隶属函数被指定为好意味着企业家有丰富的对企业发展产生重要作用的关系；一般表示企业家具有对企业生存发展有重要作用的关系，但不是很足够或者是有丰富的关系，对企业起重要作用的关系不多；隶属函数被描述为差意味着企业家外部关系对企业几乎没有作用。对于内组织资本则从企业家与组织成员之间关系的多寡、强弱进行界定。

序　号	因　素	权　重	隶属函数的简要描述
C_{15}	内组织资本	0.1526	离散，单调递增（好 = 10，一般 = 6，较差 = 0）

第二，企业员工社会资本可以细分为非正式组织、跨部门沟通、部门内合作、知识共享和互惠五部分。结合上文中得出的权重，对每一小项用隶属函数来进行模糊描述，详见表 7 - 8。

表 7 - 8　企业员工社会资本隶属函数

序　号	因　素	权　重	隶属函数的简要描述
C_{21}	非正式组织①	0.4699	离散，单调递增（好 = 10，较好 = 6，一般 = 4，较差 = 0）
C_{22}	跨部门沟通	0.0600	离散，单调递增（极好 = 10，良好 = 8，较好 = 6，一般 = 4，较差 = 0）
C_{23}	部门内合作	0.2265	离散，单调递增（极好 = 10，良好 = 8，较好 = 6，一般 = 4，较差 = 0）
C_{24}	知识共享	0.1590	离散，单调递增（极好 = 10，良好 = 8，较好 = 6，一般 = 4，较差 = 0）
C_{25}	互惠	0.0846	离散，单调递增（极好 = 10，良好 = 8，较好 = 6，一般 = 4，较差 = 0）

第三，企业外部社会资本可以细分为政府、金融机构、商誉、环境以及商业伙伴。结合在前文中我们得到的权重值，将每一小项用隶属函

---

① 非正式组织的隶属函数是由其定义得出的，它通过属性、数量、规模和沟通的内容来测度员工间的信任（此时的信任可以作为社会资本的替代变量）。好：有数量众多的、规模很大、积极健康的价值取向，以及沟通的内容是以公司的事务为其主要内容的非正式组织；较好：与极好相比它的数量稍少、规模稍小，其他的基本属性基本一致；一般：数量少、规模基本上没有形成，价值取向并非积极，交流的内容很容易成为工作以外的闲聊；较差：主要体现在其价值取向不健康和积极，它的存在对公司几乎是没有什么积极的意义，有时甚至还有负面影响，比如，在公司里拉帮结派（此时的数量和规模就对企业员工社会资本的建立没有什么意义）。除此之外，衡量企业员工社会资本的因素，如跨部门沟通、部门内合作、知识共享和互惠的隶属函数都可以从其定义而得出，在这里就不再赘述。

数进行模糊描述，具体描述如表 7 - 9 所示。

表 7 - 9　企业外部社会资本隶属函数

序　号	因　素	权　重	隶属函数的简要描述
C_{31}	政府	0.1798	离散，单调递增（极好 = 10，良好 = 8，较好 = 6，一般 = 4，较差 = 0）
C_{32}	金融机构	0.0982	离散，单调递增（极好 = 10，良好 = 8，较好 = 6，一般 = 4，较差 = 0）
C_{33}	商誉	0.4129	离散，单调递增（极好 = 10，良好 = 8，较好 = 6，一般 = 4，较差 = 0）
C_{34}	环境	0.0487	离散，单调递增（极好 = 10，良好 = 8，较好 = 6，一般 = 4，较差 = 0）
C_{35}	商业伙伴	0.2604	离散，单递递增（极好 = 10，良好 = 8，较好 = 6，一般 = 4，较差 = 0）

（3）确定同级因素的权重集合。设 $W = \{W_1, W_2, \cdots W_i, \cdots W_n\}$ 为各因素在因素集合中重要程度的集合，其中 $W_i \geq 0, i = 1, 2 \cdots, n$。$W_i$ 为第 i 个指标 U_i 在指标集合 U 中的权重，且满足 $\sum (W_1 + W_2 + \cdots + W_n) = 1$。

由于各个同级因素对评价对象的重要程度不同，可以采用专家打分法、层次分析法等等来确定同级因素的权重值。前文中我们已采用层次分析法确定权重。

（4）确定模糊评价矩阵。评价矩阵是对评价对象集内各个评价对象的一种模糊影射，对 U_{ij} 中每个单因素评定的隶属度向量矩阵形式为：

$$R_{ij} = \begin{bmatrix} r_{ij11} & r_{ij12} & \cdots & r_{ij1n} \\ r_{ij21} & r_{ij22} & \cdots & r_{ij2n} \\ \vdots & \vdots & \vdots & \vdots \\ r_{ijm1} & r_{ijm2} & \cdots & r_{ijmn} \end{bmatrix}$$

其中，$r_{ijkl} (k = 1, 2, \cdots, m; l = 1, 2, \cdots, n)$ 为对 U_{ij} 中第 k 个因素评价

为第 l 个评语的隶属度。r_{ijkl} 的求解方法可以采用专家单因素评价得到。选取 N 个专家组成评审团，对上述诸指标进行单因素评价，具体参见下表：

等级因素	V_1	V_2	...	V_5
U_{ij1}	v_{ij11}	v_{ij12}	...	v_{ij15}
U_{ij2}	v_{ij21}	v_{ij22}	...	v_{ij25}
...	...	...	v_{ijkl}	...
U_{ijh}	v_{ijh1}	v_{ijh2}	...	v_{ijh5}

其中 v_{ijk1} 表示对 U_{ij} 的评价，N 个人中有 v_{ijk1} 认为可归于 V_i 等级。然后对表中的每个 v_{ijk1} 除以 N，则得到单因素模糊评判矩阵 R_{ij}。

（5）确定多层次模糊综合评价模型。利用模糊矩阵的合成运算，按照多层模糊综合评价的基本思想得出下面三级综合评价模型：

指标层：$B_{ij} = A_{ij} \circ R_{ij}$　$i = 1,2,\cdots n; j = 1,2,\cdots m$

准则层：令 $R_i = \begin{bmatrix} B_{i1} & B_{i2} & \cdots & B_{im} \end{bmatrix}^T$　$i = 1,2,\cdots,n$

则 $B_i = A_i \circ R_i$　$i = 1,2,\cdots n$

目标层：令 $R = \begin{bmatrix} B_1 & B_2 & \cdots & B_n \end{bmatrix}^T$　$i = 1,2,\cdots,n$

则 $B = A \circ R$

在运用模糊综合评判原理对具体问题进行评判时，应考虑选择不同的算子。在这里，我们选用加权平均算子，即 $M(\cdot, \otimes)$，因为这种算子对所有因素依权重大小均衡兼顾，适合于要求整体指标的情况。这里"·"表示普通实数乘法，$a \otimes b = \min\{1, a + b\}$。

若 $\sum_{j=1}^{n} b_j \neq 1$，采用归一化处理 B 得：$B^* = (b_1^*, b_2^*, \cdots b_n^*)$，其中 $b_j^* = b_j / \sum_{j=1}^{n} b_j$（$j = 1,2,\cdots,n$）。根据计算结果，按最大隶属度原则进行判别。

（四）企业社会资本测度实例

为了便于理解和使用上述公式及其计算方法，现用以下例子加以说明（企业社会资本的综合评定标准参见表7-10）。

表7-10 企业社会资本的综合评定标准

信用等级	参考分数
特等	$CSC \geqslant 10$
一级	$9.5 \leqslant CSC < 10$
二级	$8.5 \leqslant CSC < 9.0$
三级	$7.0 \leqslant CSC < 8.5$
四级	$6.0 \leqslant CSC < 7.0$
五级	$CSC < 6.0$

首先，根据上文，我们可以确定相应的评价等级分行向量：

$W = [\begin{matrix} W_1 & W_2 & W_3 & W_4 & W_5 & W_6 \end{matrix}] = [\begin{matrix} 10 & 9.5 & 8.5 & 7.0 & 6.0 & 0 \end{matrix}]$

$A = [\begin{matrix} B_1 & B_2 & B_3 \end{matrix}] = [\begin{matrix} 0.4905 & 0.1976 & 0.3119 \end{matrix}]$

$B_1 = [\begin{matrix} C_{11} & C_{12} & C_{13} & C_{14} & C_{15} \end{matrix}] = [\begin{matrix} 0.1041 & 0.0779 & 0.2551 & 0.4103 & 0.1526 \end{matrix}]$

$B_2 = [\begin{matrix} C_{21} & C_{22} & C_{23} & C_{24} & C_{25} \end{matrix}] = [\begin{matrix} 0.4699 & 0.0600 & 0.2265 & 0.1590 & 0.0846 \end{matrix}]$

$B_3 = [\begin{matrix} C_{31} & C_{32} & C_{33} & C_{34} & C_{35} \end{matrix}] = [\begin{matrix} 0.1798 & 0.0982 & 0.4129 & 0.0487 & 0.2604 \end{matrix}]$

以企业甲为例，对其进行评价，根据专家评分，写出模糊关系矩阵：

$$R_1 = \begin{bmatrix} 0.2 & 0.3 & 0.1 & 0.2 & 0.1 & 0.1 \\ 0.1 & 0.2 & 0.3 & 0.3 & 0.1 & 0.0 \\ 0.3 & 0.1 & 0.0 & 0.2 & 0.3 & 0.1 \\ 0.1 & 0.4 & 0.2 & 0.3 & 0.0 & 0.0 \\ 0.0 & 0.3 & 0.2 & 0.4 & 0.1 & 0.0 \end{bmatrix}$$

$$R_2 = \begin{bmatrix} 0.2 & 0.4 & 0.2 & 0.0 & 0.2 & 0.0 \\ 0.1 & 0.2 & 0.3 & 0.2 & 0.2 & 0.0 \\ 0.3 & 0.2 & 0.1 & 0.2 & 0.1 & 0.1 \\ 0.2 & 0.2 & 0.3 & 0.3 & 0.0 & 0.0 \\ 0.0 & 0.2 & 0.3 & 0.3 & 0.2 & 0.0 \end{bmatrix}$$

$$R_3 = \begin{bmatrix} 0.3 & 0.2 & 0.1 & 0.1 & 0.2 & 0.1 \\ 0.2 & 0.3 & 0.1 & 0.2 & 0.2 & 0.0 \\ 0.1 & 0.1 & 0.2 & 0.3 & 0.2 & 0.1 \\ 0.3 & 0.1 & 0.1 & 0.2 & 0.3 & 0.0 \\ 0.1 & 0.0 & 0.3 & 0.4 & 0.2 & 0.2 \end{bmatrix}$$

$$M_1 = B_1 R_1 = \begin{bmatrix} 0.1462 & 0.2822 & 0.1464 & 0.2793 & 0.1100 & 0.0359 \end{bmatrix}$$

$$M_2 = B_2 R_2 = \begin{bmatrix} 0.1997 & 0.2940 & 0.2077 & 0.1304 & 0.1456 & 0.0227 \end{bmatrix}$$

$$M_3 = B_3 R_3 = \begin{bmatrix} 0.1555 & 0.1116 & 0.1934 & 0.2754 & 0.1528 & 0.1114 \end{bmatrix}$$

$$R = \begin{bmatrix} M_1 \\ M_2 \\ M_3 \end{bmatrix} = \begin{bmatrix} 0.1462 & 0.2822 & 0.1464 & 0.2793 & 0.1100 & 0.0359 \\ 0.1997 & 0.2940 & 0.2077 & 0.1304 & 0.1456 & 0.0227 \\ 0.1555 & 0.1116 & 0.1934 & 0.2754 & 0.1528 & 0.1114 \end{bmatrix}$$

$$B = AR = \begin{bmatrix} 0.1597 & 0.2313 & 0.1732 & 0.2487 & 0.1304 & 0.0568 \end{bmatrix}$$

再由 $CSC = BW^T$，最后得到 $CSC = 7.7892$。因为 $7.5 \leqslant 7.7892 < 8.5$，所以我们认为甲企业的企业社会资本达到了三级水准。

企业社会资本测度体系的建立在丰富企业社会资本分析框架同时，使得从数理的角度来探讨企业社会资本水平与企业发展之间数量上的动态对应关系成为可能。但是，这一体系最重要的现实意义还在于，通过掌握企业完全信息实现对企业的相关关系网络指标的准确赋值并最终评判企业的社会资本水平。对于具体企业而言：一方面可以通过对企业的社会资本水平进行动态的测量，更好地掌握企业层面特别是各个具体层面社会资本水平，有助于企业的决策制定者根据自身的社会资本存量情况，充分发挥企业积存的网络关键性资源来获取优势；另一方面则能够及时发现自身在社会资本构建上存在的不足，从而根据自身的特点，如企业规模、所处行业以及企业既有的关性网络等，更好地制定和实施企业在具体关系网络上的投资策略和投资方案。

但是在对企业的社会资本水平进行测度时，难免会出现不同类型的甲乙两家企业恰恰得到同一数值 A 的情形，我们不禁会产生这样的疑问：A 水平下的社会资本存量是否能够维持企业发展的资源需求呢？会不会出现这样一种情况：这一水平的社会资本存量有助于甲企业摄取到充足的内外部资源来维持企业的发展，对于乙企业而言却不能提供足够的资源抑或者恰恰对企业的发展起到一种约束和限制作用？当企业面临转型或战略调整时，是否需要调整企业社会资本投资的重点和分配比例呢？众所周知，不同类型的企业对于企业内外部的关系网络或者是其中的某几部分在依赖程度上存在较大的差异，如果单纯参考企业社会资本二级指标的权重来投资企业的社会资本是否能够更好地利用企业的资本来实现企业的利益最大化呢？也就是说，上述企业社会资本测度体系的建立在指导具体企业进行投资时，具体指标的权重是否具备较高的可靠性呢？因此，从实证的角度出发来验证这些猜测就显得尤为必要。

7.3.2 基于实证的企业社会资本测量指标修正

在企业社会资本功效研究中，不管是资源说、能力说还是关系网络说都认同这样一种观点，那就是企业关系网络的建立是以促进企业摄取和有效整合企业内外部资源为目的的。也就是说，企业在相关网络上的建构和维护成本同这部分网络对企业的重要程度是相关联的。对于我们的企业社会资本测度体系指标可靠性检验，这意味着可以通过企业在关系网络上的投资与企业经济增长的相关性研究得以实现。此外，局限于社会资本某一方面的研究——即企业在联系/关系上的投资的实证研究表明企业在网络和关系上的投资是可以测度的，为我们的实证方法提供了理论支撑。[①] 因此，在这一部分，我们将把重点放在使用企业在联

---

① Westlund,Hans and Elin Nilsson(2003),"Measuring Enterprises' Investments in Social Capital—A Pilot Study",Paper prepared for presentation at the 43rd Congress of the European Regional Science Association,27-30.

系/关系上的投资来度量企业相关社会资本水平，相关数据的取得主要依靠基于前文提出的指标体系设计的调查问卷（如表7-11所示）以及数据回馈上。

表7-11 企业社会资本调查问卷

企业家社会资本	企业员工社会资本	企业外部社会资本
1. 企业家获取重要资源时可以使用的血缘和亲缘关系 2. 企业家学历 3. 企业家曾经就职企业规模以及就职期间企业业绩 4. 企业家之间从事工作期间建立的社交网络 5. 企业家与企业内部员工之间关系和社会交往	1. 企业内部员工基于工作发生的联系（区分部门内合作和部门间合作） 2. 员工在工作和休闲时间的社会交往（以企业内的正式和非正式组织为基础） 3. 基于企业管理职能和核心活动而召开的正式和非正式会议 4. 企业在内部娱乐活动方面的投资 5. 企业在员工培训方面的投资	1. 企业与政策决定者以及相关政府部门之间的关系和社会交往 2. 企业在金融机构的信用额度 3. 企业商誉（主要指企业的品牌价值） 4. 企业在运输、原材料购买、生产、销售、市场营销和产品研发六个方面与当地和非当地企业之间的合作 5. 企业同高等院校之间的合作交流 6. 企业市场营销方面以传统广告和客户关系管理等形式形成的开支

（一）数据收集

为了测试在异质性群体中企业社会资本投资的可能性，我们刻意选择了在构成上具有多样性的武汉市某工业区，并将该问卷分发给园区内的209家私营企业。这些企业在行业上涉及制造业、零售业和批发业等，在规模上也不尽相同，有些是独立的企业，而有些是其他集团公司的工厂。其中，大部分属于微型企业（年使用工人数＜10人），只有4家企业年使用工人数超过50人，仅有2家年使用工人数大于200人。

该问卷的完全回复率仅仅为23.4%，回收率也只有32.5%。我们认为这一结果的产生是以下原因造成的：一方面，问卷涉及面相对过宽，致使有效回收的问卷数量不等于完全回复的数量；另一方面，由于问卷发放是在暑假期间进行的，在部分调查企业回收问卷时发生了找不到相关人的事实。在对问卷完全回复的企业中，30%是制造业，48%从事贸易业和地方性的服务业，剩下的 22% 为建筑业和运输业。

表 7-12　武汉某工业区企业社会资本调查的数据整理

企业家社会资本	1. 对于大多数的中小规模企业而言，企业家基于血缘、亲缘关系获取的资源成为影响企业生存与发展的关键 2. 大多数企业家的学历在高中及以下，大专及以上学历的有 3 位，其中专科 2 位，本科 1 位 3. 企业家在任职该企业之前均不曾在其他企业任职 4. 在过去的三年里，大多数企业家能够花费 50 小时以上的时间与员工沟通和交流
企业员工社会资本	1. 员工尤其是执行类似职能的员工之间具有较强的工作联系 2. 员工尤其是执行类似职能的员工之间在工作场所具有相对较强的社会交往；企业内特有的氛围使得员工间冲突较少，并且有利于接纳新人 3. 员工之间在工作之外的交往明显少于工作中的交往，而且交往大多发生在具有类似职能的员工之间，其他员工之间的交往较少 4. 大多数的企业每周在正式会议上花费的时间不超过两个小时，略少于非正式会议。相对于参与核心活动的员工而言，参与管理职能的员工在正式会议上花费的时间更多 5. 在过去的三年里，大多数企业在内部休闲娱乐上的花费在 0—5000 元人民币之间，时间上介于 1—10 小时。在员工培训上花费 0—2000 元人民币之间，时间上介于 0—30 个小时，而且小规模的投资更加经常
企业外部社会资本	1. 对于大多数的小规模企业而言，其与当地的政策决定者之间存在较少的工作联系和社会交往。相应的，这一关系表现为企业与政府之间的弱关系。而对于多数规模较大的企业而言，这一关系是一种强关系 2. 大多数企业在金融机构的信用额度较小，还有很少一部分企业根本就不同金融机构发生业务往来 3. 尽管多数企业都具有良好的商誉，但是企业社交网络的狭小决定了企业品牌价值明显不足 4. 市内企业间的合作要远大于与非本市企业间的合作 5. 参与调查的企业与高等院校之间存在较少的联系。大多数企业在过去的三年里甚至不存在与高等院校之间的合作交流。也就是说，作为企业社会关系网络的两个节点，在企业与高等院校之间是一种弱联系 6. 参与调查的企业在传统广告上的花费高于客户关系管理的费用，而且企业在传统广告上较高的投资也伴随着较高的客户管理支出

表 7-12 作为问卷调查结果的概括和整理，反映了该工业区社会资本的整体情况，为我们提供了一个关于该园区社会资本结构的大致框

架。结果表明，一些投资在大多数企业中都能够发现，如企业在内部社会资本、娱乐、广告以及建立和维护企业同决策制定者之间联系上的投资等；部分社会资本类型上的投资，如在研发、校企合作联系上的投资，则相对较少；此外，空间方面的重要性在一定程度上也得到了反映，如市内企业间的合作要远大于企业间的跨市合作。当然，在缺乏比较研究的条件下，我们不能说出一个地方与另外一个地方企业社会资本的差异，但是在正确选择指标的情况下，借助于相关性分析，我们还是可以区分不同指标对于不同行业企业的重要程度。

（二）基于相关性分析的指标可靠性研究

在前文发放问卷有效回收的基础上（23.4%的完全回复率意味着只有 49 家企业对问卷做出了完全回答，即使是按照回收率计算也只有 68 家），我们认为即使使用回归分析也不会获得更多可靠的结论。因此，在这项旨在检验企业社会资本测度体系指标可靠性的实证研究中，我们分析的方法将仅仅局限于相关性分析。

考虑到被调查企业家，尤其是中小企业的企业家的社会关系网络与企业家的亲缘和血缘关系网络具有很大的重合性，企业家在相关网络上的投资目的究竟是源于功利性还是出于亲情的因素往往变得难以区分。并且，大多数的企业家在任职目前的公司之外均不曾有任职或挂职其他企业的经历，这意味着企业家社交网络中非亲缘、血缘、地缘和业缘的部分大多是在服务企业的同时建立的。因此，在进行相关性分析时，我们将只考虑企业员工社会资本和企业外部社会资本这两部分同企业增长之间的关系。

在测量企业增长时，我们将使用以下两个指标：一是企业在1998—2006 年间营业额的平均增长百分比（ΔTO）；二是企业在 1998—2006 年间每个员工每年工作量的平均增长百分比（ΔEMP）。与上述指标相对应，我们使用货币资本（MONINV）和工作时间（TIMEINV）两种类型的资本来度量企业在社会资本上的投资。所有上述指标将在以下三种集合水平上进行分解和测量：

Ⅰ. 企业的全部投资以货币资本（MONINV. TOT）和每个员工的平均工作时间（TIMEINV. TOT）的形式来测量。

Ⅱ. 上述投资被分解到每个员工在企业内外部的投资上，具体包括：MONINV. INT（企业内部货币资本投资）、TIMEINV. INT（企业内部时间投资）和 MONINV. EXT（企业外部货币资本投资）、TIME-INV. EXT（企业外部时间投资）。

Ⅲ. 每个员工非合计的投资，以问卷中给出的数据为准。

企业在内部社会资本上的货币资本投资包括：MONINV. TRAIN（内部培训货币资本投资）、MONINV. INTENT（内部娱乐货币资本投资）。企业在外部社会资本上的货币资本投资包括：MONINV. EXTENT（外部娱乐货币资本投资）、MONINV. FOU（技术研发货币资本投资）、MONINV. MARK（市场营销货币资本投资）和 MONINV. SPO（local sponsorship）。企业在内部社会资本上的时间投资包括：TIME-INV. TRAIN（内部培训时间投资）、TIMEINV. INTENT（内部娱乐时间投资）。企业在外部社会资本上的时间投资包括：TIMEINV. EXTENT（外部娱乐时间投资）、TIMEINV. DEC（与政府决策者之间的社会交往时间投资）。

相关性分析表明，在任何置信水平下，企业在第Ⅰ集合水平上的社会资本投资与营业额增长之间都不显著相关。一种对这一不显著关系的解释是，在问卷回收中出现了极大程度的差额，同时，由于时间上的关系企业家往往是凭借估计而不是在核实确切数字的基础上给出了企业营业额的增长率，造成回复数据与真实数据之间存在一定程度的误差。因此，上述结果在一定程度上并不能算是变量之间关系的一种真实反映。此外，在对那些同时回答营业额增长和人均年工作量两个问题的企业进行的变量相关性分析结果表明，在两个增长变量之间存在着一定的关系 $[r=0.597(P=0.003)]$。这意味着在上述两个变量之间有可能存在一定的联系，但是由于上面提及的若干原因，这一关系并没有在结果中得到体现。

表 7 – 13　投资变量与增长变量间的相关系数

投资变量 ＼ 增长变量	ΔEMP	ΔTO
Ⅰ. MONINV. TOT	**0.440** **(0.003)**	0.162 (0.344)
Ⅰ. TIMEINV. TOT	0.196 (0.202)	− 0.053 (0.764)
Ⅱ. MONINV. INT	0.156 (0.330)	
Ⅱ. MONINV. EXT	**0.430** **(0.004)**	
Ⅱ. TIMEINV. INT	**0.316**[①] **(0.039)**	（注：对于在 95% 以上的置信水平下显著相关的变量，其相关系数用加粗的形式来凸现）
Ⅱ. TIMEINV. EXT	− 0.086 (0.590)	
Ⅲ. MONINV. MARK	**0.484** **(0.001)**	
Ⅲ. MONINV. SPO	**0.416** **(0.006)**	
Ⅲ. TIMEINV. INTENT	**0.543** **(0.000)**	

　　与第Ⅰ集合水平下不相关相对的是，企业在第Ⅱ集合水平上某些类型的社会资本投资与企业增长之间呈现出显著相关关系。通过对 MON-INV. TOT 和 TIMEINV. TOT 进行基于内外部的细分可以看出，正是投资到企业外部社会资本的那部分货币投资构成了货币投资对企业增长的贡献，而投资到企业内部的工作时间则成为内部社会资本拉动企业增长的主要方式。换而言之，以货币资本和工作时间的形式在企业内外部社会资本上进行的投资表现出了截然不同的功效，其中，企业外部关系网络上的货币资本投资和企业内部社会资本上的工作时间投资对于企业增长更具价值。这也意味着企业在社会资本上的总投资，包括货币资本和工

作时间，与就业增长之间存在共变现象（co-variation），从而掩盖了具体投资内容对于企业增长的积极作用。同样地，共变现象也出现在第Ⅲ集合水平上某些类型的社会资本投资与就业增长之间。由相关性系数我们判断出，投资到内部娱乐的工作时间（TIMEINV. INTENT）是造成企业内部社会资本与企业增长之间显著相关的根本原因。而对企业在外部社会资本上投资的细分则表明，企业在市场营销（外部）、赞助费（对外）对应的社会资本类型上的投资与企业就业增长之间也呈现出相关关系，促进了企业就业规模的不断增长。这些从另一个角度验证了政府、商誉和非正式组织三类指标的可靠性，将其纳入企业社会资本测度体系是完全符合客观实际的。

对此大家难免会产生这样的疑问：为什么在社会资本上的某些投资与企业的增长之间存在着显著的共变性呢？为什么会显示出这一关系的是这三类的投资而不是其他变量呢？我们的解释是，在这一实证研究中，该工业区内企业在行业构成以及规模大小上的差异决定了与企业增长相关的社会资本投资类型。而对应其他投资变量与企业增长之间缺乏显著性关系，在很大程度上可以用企业人员的特征来解释。超过90%的企业有不超过50名员工，大多数则不到10人。企业的活动是由主要面向当地市场的贸易和服务方式以及相对简单的生产类型共同决定的。只有一个或两个企业拥有可被称为研究密集型的生产类型。在这种类型企业的聚集地，并没有强有力的论据证明企业在人才培训、技术研发、同决策制定者的社交活动甚至在外部娱乐方面的投资同就业增长之间具有显著的关系。在人员培训等方面，也有一些普遍存在"搭便车"的问题：在培训之后，雇员更换了雇主。这作为一个强有力的论据说明企业会保持必要的最低水平的人才培训，从而导致对于相关投资水平的低估。

在上文中，我们借助前面构建的企业社会资本测度模型的指标体系，从私企的角度出发给出了企业为增强和维护其内外部社会资本而选择的投资类型，而相关性分析也表明，在社会资本上的某些投资与企业的增长之间显著相关。但是，共变现象的存在使得我们难以严格区分不同类型的社会资本对于企业增长贡献的大小，在对不同类型企业的社会资本水平进行度量时采用固定的权重值便具有一定的缺陷。也就是说，在不同行业的企业之间进行企业社会资本测度所使用的指标和权重之间存在一定程度的差异。这就要求企业在利用上述指标体系指导企业社会资本投资时，不但要考虑企业所处环境、行业特性以及企业规模等多种因素，还要考虑企业长期的发展战略，区分企业相关关系网络的主次轻重，契合之处在于实现社会资本存量对企业发展的动态的强有力支撑，从而以更经济的方式为企业的发展提供充足的企业社会资本存量。

7.4 企业社会资本与中国企业成长

随着我国市场经济的发展，在经济转型与发展过程中，中国企业在激烈的市场竞争中取得了显著的进步。但是，近年来，中国企业面临的问题也日益凸现，并引起了众多专家学者的关注：一是"中国制造"的信任危机，[①] 二是中国家族企业在经济发展进程中能否壮大。在这一部分，我们将应用前文中构建的企业社会资本的理论框架，就当今社会普遍关注的"中国制造"信任危机和家族企业的问题展开探讨。其中，在信任危机研究中侧重于从企业外部社会资本的视角进行透视，而对家族企业的研究则强调企业内部社会资本在家族企业创业和发展瓶颈的作用，相应问题的解决则主要借助于企业社会资本的投资理论给出一些合理化的建议。

---

① 《财经》报道称，自2001年中国加入世界贸易组织以来，"中国制造"对于来自出口市场竞争者的敌意早已不陌生。但是自2007年春以来，这一问题是愈演愈烈，有关"中国制造"产品因质量问题而被召回的消息更是频频出现在各种媒体之上。几乎每过一个星期，就会曝出新一宗与"中国制造"产品有关的质量安全事件，如宠物食品被掺入氨基蝶呤、牙膏里面含有二甘醇、玩具火车表面涂有含铅漆、被细菌感染的抗生素、有缺陷的汽车轮胎、汽车碰撞试验折载、水产品中含有未经批准的兽药残留等等。似乎一夜之间，价廉物美的"中国制造"变成了"危险不可靠"的同义词，"中国制造"正面临着不小的信任危机。

7.4.1　中国企业的信任危机

关于信任问题有着众多的讨论，不同学科的学者对信任所下定义的侧重点有所不同。不同的社会可能会演变出不同的信任产生机制，但也有一些共性。祖克尔（L. G. Zucker, 1986）对信任产生机制所做的概括具有经典意义。她把信任的产生划分为三种机制：（1）基于过程的信任模式。这种信任模式依赖于过去的交易的经验，如信誉和礼物的交换。这表明可根据一个人过去的行为和声誉而决定是否给予信任。（2）基于特征的信任模式。此模式依赖于个人的家庭背景和种族。这是一种由社会相似性而产生的信任，如根据他人与自己在家庭背景、种族、价值观念等方面的相似性的多少来决定是否给予信任。（3）基于制度的信任模式。此模式基于非个人性的社会规章制度，促使这种制度信任产生的原因大致有三个：一是交易双方的社会距离，即交易跨越团体进行，而这些职业和工业团体有着不同的交易预期。二是交易双方的地理距离，制度信任更容易跨越地理距离而传播开来。三是社会体系中不可分离的交易数量，尤其是大型的相互依赖的网络交易的产生。祖克尔所提出的三种信任产生机制对我们考察华人社会信任机制的产生提供了很（储小平、李怀祖，2003）。好的借鉴。传统的华人社会中，信任产生的机制大约也是三种类型：（1）家庭、家族生活中所习得的核心层信任。这依然是华人社会信任层级结构中的基石。（2）传统中由纲纪伦常的礼法制度所产生的信任。这种信任在传统中国社会也能跨越地理距离和团体，使人们对相互的交往产生预期。但这种信任在现代化进程中已经不复存在了，代之而起的是现代理性制度信任的逐步建构。从西方社会发展的历史看，制度对信任的广泛形成具有重要的支持作用，使得更进一步的风险承受能力与信任行为成为可能，这种支持在组织中可以产生更好的团队和工作绩效；在社会层面里，可以利用法律制度等来更广泛、更有效地保护个人财产和相互间交易的权益。（3）泛家族关系运作中由习俗、道德规范和礼尚往来所产生的信任。这是华人社会中最复杂的信任，即泛家族信任。这种信任的产生与祖克尔所讲的基于过程的信任产生机制有相同的一面，即与人们之间重复性交往的次数、频率以及相互对预期回报兑现的感受相关。但与祖克尔所讲的也有不同的一面，华人社会泛家族信任的产生不仅与当下人们之间交往的次数、频率和回报预期感受相关，而且与华人社会长期形成的一些社会交往的文化规则有关。这些文化规则对信任的产生有一种先验性的奠基作用，从而造就了泛家族信任既包含有亲情的信任，又包含有算计性的工具信任的不争事实。相似的社会背景往往意味着有相近的行为规范，容易相互理解，在交往或经济交换中容易达成共识等。一般而言，相似性越多，信任度越高。

威廉姆森（Williamson，2001）等对算计性信任（calculative-trust）做了较为深入的研究。他们认为，以算计为基础的信任是建立在理性选择的基础上的，是在经济交易中对得失权衡比较中所产生的信任。当委托人认识到受托人采取了一种对其是有利的行动的时候，信任就会出现。在这种信任中，信任的产生不仅仅是可能存在某种程度上的威慑，即如果采取不守信的行为可能会受到威胁或惩罚，而且可以通过一些信号显示（文凭、资格证书、有声望者的推荐等）掌握受托人的意愿和能力的可靠信息。在西方，算计性信任一般出现在经济的而非个人的特殊交易条件下，失败的迹象在短期内能够得到控制，委托人的利益一般不会受到很大的损失。在华人社会的泛家族信任中，算计性信任往往掩盖在面子、交情等表象之中，骨子里可能想锱铢必较，但表面上却"碍于情面，不好意思"，因而华人之间的交往常出现"先君子后小人"的尴尬局面。事实上，亲情化的私人信任、算计性信任和制度信任三者之间并不是绝然分离的，在算计性信任中那些持续的长期性交往可能会建立起关系密切的信任。郑伯埙（1995）提出了"信任穿透模式"：在企业内部，企业主持人与部属之间会出现亲疏异位、忠逆异位；在企业之间，长期交易关系中的信任的形成与断裂有以下几个穿透环节：初步人际信任—经济信任—深度人际信任—义利共生。人们在交易中，互换的不仅限于经济资源，还包括人情面子等社会资源。[1][2] 郑伯埙的这一观点是很有见地的。就制度信任而言，威廉姆森也认为，制度信任指的是合约被嵌入其中的社会与组织环境。这表明制度信任也会受到社会中个人化的、传统文化因素等的影响。企业社会资本理论的核心主张就是：关系网络创造了一种解决社会问题的有价值的资源，并向成员提供集体所有的资本，也就是使成员相互信任的可信度，并形成了对网络内企业的有效约束。

企业处于以交易网络为基础建立的社会关系网络之中，决定了企业在摄取关键性资源时必然要按照一定的规则进行。那么，在规范和社会信用具备良好运行和约束机制时，究竟还存在什么因素影响企业的决策行为呢？在这里我们用一个类似于声誉效应的探讨方法来说明企业究竟是表现为机会主义行为还是信任行为[3]实际上是一个囚徒困境问题。如表 7-14 所示，$R_2 > R_1 > 0 > R_3$，在这种结构下，企业之间一次性博弈的结果将是机会主义倾向明显的、非合作的纳什均衡。在企业间重复交易的情形下，一方终止未来所有与对方的交易机会的威胁将迫使对方抑制机会主义行为，从而产生了信任。在企业网络中企业之间的交往是频繁和重复发生的，所以信任是应该自发生成的。假定双方定期相遇，贴现因子为 p。

首先考虑双方的触发策略：一个企业选择信任，另一个企业也选择信任；一旦有一个企业选择机会主义行为，另一个企业就永远选择机会主义行为。企业选择机会主义的收益现值为 R_2，而始终选择信任的收益现值为 $R_1/(1-p)$，只要 p 足够大使得 $p > (R_2 - R_1)/R_2$，对企业而言机会主义行为永远得不偿失，两个企业间的信任（对于初次发生交易

---

① 郑伯埙：《差序格局与华人组织行为》，载《本土心理学》1995 年第 2 期。
② 郑伯埙、刘怡君：《义利之辨与企业间的交易历程》，载《本土心理学》，1995 年第 8 期。
③ 在这里我们认为企业在交易中采取机会主义行为还是信任行为是该企业外部社会资本水平的一种体现。相较于外部社会资本水平较低的企业而言，具有较高外部社会资本的企业在交易中更倾向于采取诚信行为。反之，相较于外部社会资本水平较高的企业而言，具有低外部社会资本的企业在交易中更倾向于采取机会主义行为。

的企业而言，这一过程实质上是企业在构建外部社会资本）就形成了。

表7-14　企业间交易的囚徒困境博弈

B 企业

		信　任	机会主义
A 企业	信　任	(R_1, R_1)	(R_3, R_2)
	机会主义	(R_2, R_3)	$(0, 0)$

再来考虑以牙还牙策略。触发策略是一种和残酷的惩罚形式，因为一个企业一次的机会主义行为会导致两个企业永远失去合作的机会，对惩罚企业来说，代价同样是高昂的。因此，受害企业实施以牙还牙策略是可行的选择。假定 A 企业选择了一次机会主义行为，它将受到 B 企业在未来连续 N 期内的惩罚。在惩罚期，如果 A 企业一直表现出信任行为，它将得到原谅；如果又选择机会主义行为，惩罚期将重新开始。A 企业表现一次机会主义行为的总成本是：

$$(p + p^2 + \cdots + p^N)(R_1 - R_3) = p(1 - p^N)(R_1 - R_3)/(1 - p)$$

而一次性机会主义行为的收益为 $R_2 - R_1$，所以信任产生的条件是：

$$p(1 - p^N)(R_1 - R_3)/(1 - p) > R_2 - R_1 \qquad (7.1)$$

但是，要使 A 企业在受罚期内接受惩罚和选择信任行为是激励相容的，N 不能太大，条件为：

$$(p + p^2 + \cdots + p^N)R_3 + (p^{N+1} + p^{N+2} + \cdots)R_1 > 0 \quad (7.2)$$

在同时满足条件（7.1）式和（7.2）式的情况下，A 企业将会回到信任的轨道上来。

以上说明的是两个企业之间合作信任的产生。在企业网络中，企业的数目经常是两个以上，但这并不妨碍信任机制的作用。如果加工商在交易过程中采取不诚信行为，短期内固然能够带来企业经营成本上的减少，但是却要承担被发现的风险。因为企业网络中企业之间的信息交流是充分的，一个企业被发现采取了机会主义行为，很快就会在网络中得到传播，这个企业不但要付出经济上的赔偿、损失双方进一步合作的机会，还要受到网络中其他企业的制裁。在此基础上，当企业诚信经营所获收益远小于机会主义成本时，个别企业在合作中不诚信的行为就有可能发生，并成为引发中国企业信任危机的重要原因之一。

透过以上分析，我们认为"中国制造"信任危机在一定程度上反映出一些制造企业在企业社会资本上的匮乏。当然在具体到不同的企业时，这一匮乏又体现在企业社会资本的不同层面上，这就要求企业在构建自身社会资本时要充分考虑社会信用、信息、规范等对于企业摄取外部关键性资源的影响，从而使企业的发展更具持续性竞争优势。随着市场经济发展的不断完善，企业社会资本在市场经济的重复博弈过程中会逐渐提升。

7.4.2　企业社会资本与中国家族企业成长

（一）中国家族企业成长的信任基础

大量中西方文化的比较研究表明，中国人"家"观念之重，"家"文化积淀之厚，"家"文化规则对中国人的社会、经济、政治等各方面的活动影响支配之大，在世界上其他国家和民族中是罕见的。中国台湾著名学者李亦园（1988）直截了当地认为中国文化就是"家的文化。"[1] 杨国枢（1998）进一步指出："家族不但成为中国人之社会生活、经济生活及文化生活的核心，甚至也成为政治生活的主导因素。"[2] 汪丁丁（1995）也认为，"从那个最深厚的文化层次中流传下来，至今仍是中国人行为核心的，是'家'的概念"。[3] 戴逸（1988）认为中国家文化有三个特点：一是重视人际关系，这也是"家文化"的精髓；二是占

---

[1]　李亦园：《中国人的家庭与家的文化》，载文崇一、萧新煌主编：《中国人：观念与行为》，台湾巨流图书公司1988年版。

[2]　杨国枢：《家族化历程、泛家族主义及组织管理》，载郑伯埙等主编，司徒达贤等著：《海峡两岸之组织与管理》，台湾远流出版公司1998年版。

[3]　汪丁丁：《经济发展与制度创新》，上海人民出版社1995年版。

统治地位的儒家思想与政治的密切结合；三是强烈的宗法家族色彩。①
西方很多学者都认为华人之间的信任度很低或是有限的。一百多年前的
传教士亚瑟·亨·史密斯（2001）在其《中国人的性格》一书中指出，
不诚实和相互不信任是中国人的两大特点。马克斯·韦伯认为，"儒家
君子只顾表面的'自制'，对别人普遍不信任，这种不信任阻碍了一切
信贷和商业活动的发展"。"在中国，一切信任，一切商业关系的基石
明显地建立在亲戚关系或亲戚式的纯粹个人关系上面，这有十分重要的
经济意义。伦理宗教，特别是新教的伦理与禁欲教派的伟大业绩，就是
挣断了宗族纽带，建立了信仰和伦理的生活方式共同体对于血缘共同体
的优势，这在很大的程度上是对于家族的优势"。② 福山认为，"因为华
人文化对外人的极端不信任，通常阻碍了公司的制度化，华人家族企业
的业主不让专业经理人担任管理重任，宁愿勉强让公司分裂成几个新公
司，甚或完全瓦解"。③ 虽然雷丁并不认为华人对外人绝对不信任，但
他也指出华人之间的信任是有限的，是个人之间的信任，"主要特点似
乎是对家庭的信任是绝对的，对朋友或熟人的信任只能达到建立相互依
赖关系，双方都不失面子的程度"。④ 这些学者的基本评判是华人之间
的信任度低。因此，华人家族企业难以成长为大规模的现代企业，这是
华人家族企业成长的现实，也是研究华人企业的学者不能回避的一个大
问题。

　　任何企业组织形式和管理模式都是建立在特有的文化背景上，中国
传统"家"文化的存在必然要影响本民族人民的生产和生活活动，当
然也包括经济商业活动。在中国"家"文化的背景下，当中国人创办
企业时，就自觉不自觉地把家的结构关系和运作模式引入到企业组织和

---

　　① 戴逸：《关于中国传统文化的几个问题》，载沙莲香主编：《中国民族性（一）》，中国
人民大学出版社1988年版，第7—8页。
　　② 马克斯·韦伯：《儒教与道教》，商务印书馆1995年版，第289页。
　　③ 弗兰西斯·福山：《信任：社会道德与繁荣的创造》，海南出版社2001年版。
　　④ 雷丁：《海外华人企业家的管理思想：文化背景与风格》，上海三联书店1993年版，
第85—86页。

管理体制中，将"家"文化规则，包括家族伦理观念、家族成员行为角色关系、家族制度的框架、家族的心理认同与接纳等习惯性地泛化到家族以外的人际关系和组织中。① 日常生活中称兄道弟，以家族中长幼有序的角色称呼家族以外的人，以家族或泛家族规则为基础的身份关系来整合资源、协调人际关系和组织活动，成为中国人长久习而不察或是察而不究的行为规则。这样一种文化特征，必然对家族企业的成长产生直接的影响作用。正如美国著名管理学家彼得·德鲁克指出："管理是以文化为转移的，并且受其社会的价值观、传统与习俗的支配。"② 稍微考察华人企业的发展史就会发现：晋商和近代以来的民族企业之所以能发展到相当大的规模，主要是得到了积累深厚的传统社会信任资源的有力支撑。这种社会信任资源的特征是：在血缘基础上形成的以家族及泛家族信任为核心内容的伦理信用规则，以及以这种规则所形成地缘或业缘性的帮、会、社等社会关系网络。相对于西方社会而言，传统中国政府"不会增强契约的有效性，也不会支持信誉机构。而这恰恰是西方市场经济的基石"（Hamilton，1991）。由此可见，中国传统的伦理信任资源的功能是非常强大的。但是，非常遗憾的是，这种伦理信任并未能支撑中国的传统企业成长为现代化大企业。除了社会政治动荡、外国列强入侵等原因外，这种突出体现了传统文化中的尊卑长幼有序的人治特征的伦理信任，使企业融资的广度和效度低于市场经济中的理性契约化的制度信任，因此传统的华人家族企业难以向现代企业演变发展。当代中国的家族企业处在社会转型的背景之中，传统的伦理信用规则的功能虽有一定程度的重新恢复，支撑了家族企业的兴起，但在一个多世纪的动乱和反复批判中，"家"文化受到严重破坏，特别是连接人际交往的泛家族信任规则受到极大破坏，它在家族企业融合各个层面的社会资本中的纽带功能大大弱化，超出家庭、家族以外的通过泛家族规则来寻求

① 杨国枢：《家族化历程、泛家族主义及组织管理》，载郑伯埙等主编，司徒达贤等著：《海峡两岸之组织与管理》，中国台湾远流出版社1998年版。
② 常桦主编：《中国当代企业家管理思想述评》，中国纺织出版社2004年版。

企业发展的信任资源支撑的习惯做法效用递减，20世纪90年代初期以来，甚至出现了严重的"杀熟"现象。这使得私营家族企业主一方面难以像晋商、徽商、近代民族企业主那样获得泛家族规则这种传统的伦理信任资源的有力支撑，企业成长受传统伦理信任资源弱化的制约；另一方面，又受到法律制度信用严重残缺的制约。可以说，由于当代中国社会信任资源的双重残缺，使绝大多数私营企业不得不呈现为家族制形态，并难以从家族制管理向现代专业化管理转变。因此，要促进家族企业有效成长就必须尽快解决当代中国的双重信任残缺的状况。

（二）企业社会资本视角下家族企业的产生与发展

就新时期我国的家族企业而言，它是在特定的社会条件下兴起的，创业时期正是我国处于改革开放、向社会主义市场经济转型的过程中，市场规则、法律法规体系还没有完全建立健全，社会信用缺失，因此企业经营中的风险和不确定性是相当大的。一方面，社会转型过程中，政治经济体制正逐步由不完善走向完善，期间旧有的社会规范被打破和新的社会规则缺失（或者新规则不成熟），使社会出现了制度"真空"（"体制洞"、"结构洞"），从而造成创业者难以从制度上获得融资支持的事实；另一方面，计划经济时期形成的一些道德和价值规范开始失落，人们的思想观念、是非标准趋于模糊，偏重追求经济利益，进而导致了普遍性的信任缺失。而信任环境的缺乏必然导致民营企业家不敢贸然选择外部人员尤其是管理人员的进入。在经济社会双重转型的压力下，能否有效解决上述问题成为影响广大民营企业家创业的关键因素。

根据制度经济学的见解，在正式制度不能有效发挥功能的地方，非正式制度（这里特别所指的是社会关系网络）发挥着重要的替代或弥补作用。相关研究也表明，在家族企业创业与成长阶段，建立在中国传统社会资本基础上的企业家社会资本的存在，不但解决了企业创业时期所需的资金和人力资本等难题，而且在家族企业成长期作为企业社会资本的主要形式成为整合企业内外部资源的关键因素。

（1）企业家具有较高信任水平的血缘和亲缘关系网络的存在成为家族式企业融资的主要渠道。由于现有的融资体制的不完善，中小企业信用担保机制还没有建立起来，再加上正式的金融机构不能有效解决与中小企业之间的信息不对称以及由此引起的风险问题，民营企业基于正式制度的融资受到了极大的限制。此外，创业时期企业的经营风险偏大，使得企业家将融资的方向指向信任度较高的家族内部。根据 1992 和 1994 年私营企业的调查数据①②我们可以验证，企业创办初期的融资主要依靠亲戚之间的合作，充分发挥了具有较高信任程度的血缘、亲缘、地缘等关系在摄取资源上的优势。

（2）企业家社会资本促使家族企业从"关系网"中寻求人力资源。信用环境的缺乏导致民营企业家不敢贸然选择外部人员特别是管理人员的进入。基于中国特定的文化环境，企业所有者与职业经理人之间的信任关系难以在短期之内建立。在家族企业创办和发展初期，企业规模不大、业务和管理内容相对简单的状况下，企业的所有者倾向于选择家族之内的可信的人员参与经营。家族成员"天然"的信任感和家族伦理的约束，可以使他们为了"家"的共同利益，服从企业主（"家长"）的权威，相互依赖，精诚合作，使企业具有较强的亲和力和凝聚力，可以使企业简化监督机制和激励机制，减少企业的监督成本和代理成本，防止由于信息不对称而带来的道德风险，从而使企业能够成为有效率的经济组织。

（3）降低委托代理成本。首先，家族的管理模式不仅有利于前期降低生产成本（如减少工资、引入家族网络的融资），而且从最初创业的意义上说，家族化经营的协调成本也相对较低，因为即使发生矛盾冲突，也可以通过内部协商，而避免由于引入第三方监督造成成本过高的情况发生。再加上有家族观念的约束，使得家族企业的内部信任度在创立之初就能达到一定水平，从而大大降低了家族企业经营过程中的监督

① 张厚义等：《中国私营企业发展报告》，社会科学出版社 1999 年版。
② 保育钧主编：《中国私营经济年鉴》，华文出版社 2000 年版。

成本。其次，由于决策者与管理者均为家族中人，信息的传递极为快捷，在遇到问题时，可及时处理，无须先请示汇报。而且在企业资金困难时，家族人员还可以不计报酬地工作，这在一定程度上缓解了企业在资金上的融资压力。最后，家族成员之间的忠诚信任关系节约了交易成本，家族伦理约束简化了企业的监督和激励机制，使得家族企业成为有效率的经济组织。当企业规模不大时，所有权与经营权分离将提高企业的运行成本，不利于企业快速成长。因此，家族式企业组织形式的选择直接来自交易成本的比较，但其背后隐藏的是传统"家"文化的潜在作用。正因为家族式企业有以上的优点，所以许多中小企业一开始都不约而同地选择了这一组织形式。

（三）家族企业创业和成长期社会资本研究

对于在制度缺失和信用环境缺乏的条件下成长起来的中国家族企业而言，建立在中国传统社会资本基础上的企业家社会资本，其存在不但帮助企业家从亲熟关系网络中筹集到创业的资金，而且在获取人力资本的过程中将其转变为具有较高信任水平的企业内部社会资本。因而这一阶段企业社会资本呈现出以下特点：一是企业家社会资本成为企业社会资本的主要内容；二是企业内部社会资本作为企业社会资本与企业家社会相契合的一部分而存在。对于后者，我们可以从民营企业创业与成长时资金来源（详见表7-15）和员工构成的调查数据得到佐证。在家族企业的创业和成长阶段，企业成员在进入理性化的企业制度之前彼此间便可能具有某种社会关系，如亲戚、同学、同乡、朋友等。有时候，正是社会关系的存在，才使得企业中的正式关系成为可能，如企业的合伙人往往是因为彼此熟悉才共同创办企业。社会关系与企业中的正式关系混杂在一起，这一点在家族企业创业与发展规模较小时更为明显。在中国，传统的亲缘关系与现代经济关系交织和融合在一起，家族关系常常成为企业经营的基础。因此，在家族企业的发展中，以村社及家族等为主建立起来的各种特殊关系作为非正式组织及由此而形成的非正式制度，对其产生了巨大影响。

表7-15　民营企业资金来源分布

	继承家业	劳动经营积累	亲友借贷	银行贷款	信用社贷款	合伙集资	私人借贷
1992	11.7%	68.4%	49.3%	20.3%	15.7%	27.7%	12.5%
1994	12.3%	90.6%	70.6%	25.4%	30.2%	12.2%	47.9%

注：表中数字每行总和大于100%的原因在于问卷设计中，该问题是一个多项选择题。
资料来源：根据1992年和1994年私营企业的调查数据进行整理。

　　基于上述分析我们认为，家族企业之所以能够生存、兴起和发展，一个最根本的原因就是家族企业拥有极为充裕有效的社会资本[①]。这种社会资本最大的特点就在于：与一般的经济组织不同，家族企业内部的交换和人际关系的有关过程直接根源于与生俱来的血缘关系，家族成员之间有着密切的联系和依恋（着重指精神依恋），彼此间的信任及了解的程度远高于其他非家族企业的成员。家族企业内部有机的团结、合作以及利他主义可以看成是成员之间的一种长期契约，对减少机会主义和降低交易费用起到了关键性的作用。而企业成员之间内在而紧密的联系、依恋、信任、了解和付出是构成家族企业社会资本丰富内涵的主要成分，正是这些丰富而有效的社会资本使得家族企业始终具有很强的生命力和竞争力，在激烈的竞争中稳稳占据一席之地。

　　我们强调正是以家族信任（传统社会资本的信任模式）为基础的企业家社会资本的存在，支撑了家族企业的创业与成长。但是，到了一定阶段，家族企业对物质资本和管理资源的需求超出了传统社会资本可以摄取的范围，进而导致企业发展陷入困境。家族企业困境反映了在家族企业的成长中面临的融资渠道相对单一、产权过于集中、人力资源管

---

　　① 在这一阶段，企业的社会资本主要是指企业家传统社会资本中有利于企业发展的那部分。国内外很多社会资本微观领域的研究都将企业家个人的社会资本等同于企业的社会资本。

理欠缺、企业主色彩浓厚等一系列基本问题。其中，传统的家族企业融资渠道解决了转型过程中由于社会信用遭到破坏而导致的外源融资不足，但是随着企业规模的不断扩大，仅仅依靠企业家社会资本摄取的物质资本已不能满足企业的需求。至于家族企业出现的人力资本匮乏的现象，如果稀缺的是纯粹的管理资源，那么，企业总可以通过人力资本市场价格的诱导来提高人力资源的供给。即使企业主个人甚至家（庭）族内部的管理资源的不足制约了企业的成长，也可以融合他人的管理资源来弥补。基于上述原因，我们认为家族企业并不缺少与外部的联系，真正限制家族企业发展的是企业摄取资源的能力——企业社会资本。李新春和胡骥（2000）等已经意识到信任水平不足是导致家族企业困境中的关键性因素，[①] 但是未能将这一问题上升到企业社会资本的角度进行阐述。

作为传统社会资本的主要因素，家族信任本质上是基于情感关系、人际交往的信任，不同于基于制度约束的社会信任，在这种信任结构中，人们强烈地倾向于只信任自己人尤其是与自己有血缘关系或者有亲朋关系的人，而对家庭和亲朋之外的人则不信任或缺少信任。当企业发展到一定程度要进一步扩大规模、创新发展，在需要更多金融资本的同时，更需要一大批专业的管理人才来经营管理企业，这就需要企业吸纳、融合家族以外的人力资本、也意味着要把经济合作扩展到家族范围之外，因此也就需要把作为合作基础的信任扩展到家族范围之外。但由于特殊主义的信任取向，许多企业主虽然也认识到吸纳、融合社会人力资本的重要性，但企业主对引进的人才却不尽放心，信任度有限，给予他们以种种的限制和防范，要么是把"家里人或自己人"安排在重要的关键的岗位上，而把"外人"安排在一般岗位上，要么在同一部门

---

① 李新春、胡骥：《企业成长的控制权约束——对企业家控制的企业的研究》，载《南开管理评论》2000 年第 3 期，第 18—23 页。在文中，作者认为正是由于企业内部缺乏良好的信任机制及环境，使企业无法获取新鲜"血液"，加之企业外部监管与信用的不足，从而严重阻碍家族企业的健康发展，成为家族企业成长的一个"瓶颈"。

既安排"自家人"也安排"外人"，形成以亲制疏的关系。这种对"外人"普遍存在的低信任度，必然造成企业难以有效整合企业内部人力资本，更奢论为企业发展提供持续的、足够的企业内部社会资本支持，陷入家族企业发展困境也就成为一种必然。

7.4.3 对策与建议

社会资本依赖于信任，如果没有一定水平的信任度，那么关系、团队、合作以及相互忠诚这些社会资本的要素特征就不会存在。在中国社会主义市场经济完善的过程中，投资社会资本、提高社会信任水平是我国企业不断适应全球化的关键问题。

（一）保护产权、构建良好的政企关系

改革开放以来，政府在推进中国经济发展进程中发挥了重要作用。随着市场范围的不断扩张，政府介入市场会扭曲市场配置资源功能。因此，在我国一系列的旨在实现政企分开的改革实践中，需要规范政府职能，构建服务型政府。政府通过建设全社会诚信、互惠、守约和敬业等商业道德文化，完善法制手段，发展市场中介，促使被片面化了的社会资本走向规范化，进而推动社会信任水平的逐渐提高。根据孟子"无恒产者无恒心"和法国哲学家孟德斯鸠的"产权是道德之神"的命题，可以认为，在市场交换经济中，如果没有足够稳定的产权结构，就没有确保人们在商业交往中的许诺兑现和履行的制度保障，实际上也就不可能签订行之有效和确定实施的契约。再加上处于交易与交往关系中的市场参与者之间难以建立稳定的相互信任，也就不可能形成真正的良序市场。正如张维迎教授所言："稳定而明晰的产权制度是促进信任形成的基础。"①

---

① 张维迎：《信息、信任与法律》，三联出版社2003年版，第305页。

（二）投资社会资本、提高企业竞争力

首先，企业层面的变革表现为信任层次的社会资本由外而内地进行"普遍信任"转化。变革应先从企业的操作层开始，由于操作层的技术简单，同时契约内容能说得清楚，易于控制，企业主不仅可以放心地把这些工作交给外人去做，而且能很顺利地将其转化为正式契约型激励约束机制，建立起普遍信任。随着企业进一步扩大，企业需要更多的优秀人才加盟，于是外来人员由操作层向管理层、经营层逐步进入，直至进入企业核心层和高层，与此同时，"普遍信任"逐步由企业外围向内核扩散。但是，企业核心层多为企业主亲属、挚友，彼此之间私人关系亲密，越是企业内核，特殊信任越浓，越难被替换，加上核心层和高层人员的问题太复杂，企业主往往缺乏说明和控制这些岗位的必要能力，就不能形成"普遍信任"。

其次，企业网络层面的变革表现为特殊信任中融入信誉、契约等"普遍信任"方式。企业间通过正式化的互动程序（如技术认证）建立起制度性信任，建立信誉。龙头企业的这种变化更为明显，在选择供货商时，他们更看重的是高质量产品的生产能力；或借鉴日本家族企业的做法，形成互相持股式的战略关系，使企业网络关系由企业家的人际关系转化为人际关系与契约关系相结合，推动小企业集群式发展。

最后，就生成性关系而言，家族企业需要解决建构与保持维系的双重问题。企业的经济活动本身要求并导致关系网络的创造与发展。关系网络中的各方在最初可能主要是以合作关系和交换关系为基础而联系起来的，但随着经济互动的增加，这些关系会逐渐演变为特殊的人际关系。由业缘关系演绎出的新社会关系反过来又对企业的经营产生了重要作用。很多企业家缺乏"先天条件"，血缘、亲缘关系对他们几乎没有帮助，因而只能依靠业缘和朋友，在平时的经营和社交中广交朋友，注重建立和发展关系。进而，通过以信义赢得信誉、加强业务往来、加大交往中的感情和物质投入等手段，与经销商、用户、有关业务部门、政

府部门建立了超越单纯经济关系的社会关系，从而不断扩大企业社会资本。

（三）提高企业内部信任程度

企业中隐性知识的共享在很大程度受限于交流双方彼此间的公开和诚实性、可依赖性（或可靠性）程度。事实上，提高企业的信任度可以有效降低不确定性，缩减企业管理成本和交易成本，防范投机行为；提高组织信任度；促进人际间的沟通，强化员工对组织目标的认同，提升组织的凝聚力，提高组织效能。企业的管理可以通过提供更多的共同性活动加强员工发展信任的机会并发展共同文化，社会参与和互惠规范是保障企业知识的交流、传播、创造和应用的有效途径。普特南认为，社会资本可以通过互惠规范和公民参与网络两个方面来建立。事实上，企业中的规范是行动者间博弈的均衡，这种博弈均衡之所以可能出现是因为它本身具有互惠的内涵，可以降低交易费用，促进合作。参与还培育了强大的互惠规范，也有助于协调和沟通。

本章结论

本章在梳理既有企业社会资本研究成果的基础上，提出了构建企业社会资本测度体系的设想，并应用该理论指导企业的社会资本投资。然后，以武汉某工业园区为样本进行的实证研究，不但对相关指标的可靠性进行了佐证，而且揭示出在不同行业的企业之间进行企业社会资本测度所使用的指标和权重之间存在一定程度的差异。这就要求企业在利用上述指标体系指导企业社会资本投资时，应当充分考虑自身的一些特性，区分企业相关关系网络的主次轻重，从而以更经济的方式为企业的发展提供动态的、充足的企业社会资本存量。最后，结合中国企业的实践，从企业社会资本角度探讨中国家族企业的转型。

第五部分

政府社会资本与中国经济发展

社会资本对现代经济的有效运行起着重要的作用，同时也是自由主义民主制度保持稳定的必要条件。它组成了现代社会的文化部分。自启蒙运动以来，现代社会在其他方面是以正式制度、法律准则与理性为基础组织起来的。构建社会资本已经被视为"第二代"经济改革的一项任务；然而，与经济政策和经济制度不同，社会资本并不能简单地通过公共政策来创造和制作。

——Francis Fukuyama，1995

当一项制度，或一套制度，具有民族的舆论、爱好和习惯为它铺平的道路时，人民就不仅易于接受，而且更容易学会，并从一开始就更倾向于去做需要他们去做的事情，以维护这种制度，和把它付诸实施，便能产生最好的结果。

——约翰·斯图亚特·密尔，1984

中国改革开放进行了 30 年，中国社会已经进入改革开放以来全面转型的新时期。中国经济发展与转型是一个政治、文化和经济的多重转型，当前，在完善社会主义市场经济体制、构建和谐社会的关键时期，社会主义市场经济体制的建立与完善以及由此所引发的社会反应都将并且正在激荡起社会生活诸领域的嬗变：政治体制的完善，社会结构的调整，价值观念的变迁，道德观念的多元化以及种种利益关系的冲突，如此等等。所有这些都将是我国在新的历史时期所面临的挑战。本部分试图从转型期政府与社会资本的关系角度论述中国经济转型与发展的路径，包括第 8 章和第 9 章。第 8 章论述了中国经济发展进程中的社会资本投资。通过社会资本投资有利于政府效率的提升，在自上而下的治理模式中嵌入自下而上的社会资本治理机制有利于中国经济的可持续发展。投资社会资本需要加强农村社区建设，放松社团等非政府组织的管制，社会资本的形成有利于不同利益集团表达机制的形成。第9章论述中国经济转型与发展过程中社会资本的作用，中国经济发展与家庭承包责任制、家族企业等传统社会资本息息相关。

第8章　转型期的政府与社会资本

社会资本对社会繁荣以及所谓的竞争力至关重要，但是它的最重要的影响力不在经济生活中，而在社会和政治生活方面。

——福山，2001

虽然说社会资本在很大程度上是由社会规范、宗教、信念、价值观等文化道德因素决定的，政府一时难以改变这种文化环境，但是政府在很多方面是可以提升社会资本的，比如，它可以通过建立公正、廉明和诚信的形象，影响公民诚信守法、相互合作；通过增加教育支出，让更多的人接受中等和高等教育等。总之，政府在社会资本的构建过程中确实会起到举足轻重的作用。本章试图从转型期这个特殊的历史阶段去探讨政府构建新型社会资本的问题，并去寻求通往和谐之路的治理机制。

8.1　政府与社会资本

"在社会所有制度安排中，政府是最重要的一个。作为一个合法使用强制力的垄断者，虽然国家不能决定一个制度如何工作，但它却有权力决定什么样的制度将存在。"① 在转型过程中，以法制化和政府效率改善等方式投资社会资本，有利于整个社会的和谐稳定与经济的快速健康发展。

8.1.1 正式制度与社会资本

雅诺什·科尔奈（2003）指出：缔约和违约不是由双方孤立进行的，交易准备和执行的环境涉及三种社会机制：（1）立法—司法—官僚机制（The legal-judicial-bureaucratic mechanism）：通过国家手段确保私人合同的执行。（2）道德联盟机制（The moral-associative mechanism）：依赖于缔约方的诚实和相互信任。诚实行为提高了声誉。缔约双方之间是合作伙伴关系，不存在敌意。（3）侵犯性机制（The aggressive mechanism）：依赖于超出法律范围的直接的暴力行为。

以上三种机制将生成两种社会资本。上述第一种机制和第二种机制结合将生成"良性互补关系"，两种机制相互加强，企业越是信任法律能够确保私人合同得到执行，就越不需要最终诉诸法律程序。商业活动的参与者懂得，不诚实的行为将付出高昂代价，诚实行为是一项能带来回报的投资。商业伙伴之间越是信任，法律诉讼就越少。这减轻了对司法的压力，加速了法律程序，进而提高了立法—司法—官僚机制的声誉。第二种社会资本由上述第三种机制生成，这里形成的是破坏性的消极社会资本。如果前两种合法机制不能正常运转，第三种非法机制就会乘虚而入。商业世界越是依靠上述第三种机制，求助于非法途径，法律的威信就越低，商业活动的参与者越是相互担心，他们对对方就越缺乏信心，社会资本越是低下。结果形成一个恶性循环：各种破坏性的过程

---

① 林毅夫：《诱致性变迁与强制性变迁》，参见科斯等：《财产权利与制度变迁》，上海三联书店 1989 年版，第 377 页。

相互加强，使整个局面每况愈下。①

如果要对商业世界进行整顿的话，仅仅专注于打击犯罪行为是不够的。打击犯罪固然重要，而且也十分必要，但这只是"治标之策"；更重要的"治本之策"是强化前述第一种机制和第二种机制，这样做本身就缩小了第三种非法机制的活动空间。政治学家波·罗特施泰因主张，最重要的任务在于使国家官僚诚实、专业、不贪污腐败。在经济转型与发展过程中，政府作为经济与社会运行的最重要的主体，其对社会资本的影响非常深远。

在社会资本理论中，对于政府能否构建社会资本有两种论述：一种观点持有者称之为"非国家主义者（nonstatist）"，认为国家主导的社会资本对经济的影响是微不足道的，相反有时会对经济带来灾难性的后果。社会资本只能在非政府领域内产生，政府支持的活动与社会资本之间是一种零和博弈，政府行为可以破坏却不能创造社会资本。很多学者不敢奢望国家政府在社会资本投资方面的作用，奥斯特罗姆指出："简单地将创造社会资本并促进物质和人力资本有效运作的任务交给公共官僚机构可能不会产生预期的效果。"持有另一种相对立观点的人称之为"国家主义者（statists）"，他们认为国家与社会资本是一种正和博弈，

①　笔者在此提供一个现实中典型而具有一定普遍性的案例：《小康》杂志第11期报道，"只消'请黑帮'执行'难'变易"，光山的一位民间人士这样说道："执行难造成了司法"折扣——法院判决是一回事，执行效果是另外一回事。在法院执行不了的情况下，"请黑帮"就成了一个水到渠成的事。据知情人透露，河南光山县，黑帮替人要账，根据要款的难度、对象、数额等等，报酬从索要款项的20%一直递增到50%。黑帮要账一般是对欠账者先礼后兵，有固定的"三部曲"：首先，下通牒，限定还款日期；欠账者逾期未还，黑帮会采用恐吓、骚扰的手段；如果再不行，采取暴力手段，殴打甚至绑架欠账者。由于采用了非法的暴力手段，黑帮的"执行率"很高，由此打开"市场"，确立了在"执法"方面，老百姓心目中一种微妙的"公信力"。光山县公安局一位领导向记者透露，在光山，很多民间纠纷解决无非两种途径：打官司；请黑帮诉诸暴力。而两者的比率大概是一半对一半。老百姓无法寻求正当的司法救济，只得求助于黑帮的暴力。这样，黑帮就有了市场，或者说"群众基础"，这是黑恶势力得以泛滥的助推剂。上面的例子体现了中国现实生活中法律的效率有待提高，虽然我们写在字面的法律非常健全，但在实际执行中成本非常巨大。在百姓中有一个说法，打官司是"丢了一头猪，结果损失了一头牛"，法律执行的成本巨大并不能只是责怪执法部门执行不力，社会经济发展的条件需要支撑法律系统的有效运行，法律才能发挥效率。

社会资本需要正式的国家制度去培养与呵护，政府与社会自发团体是一种共生的、协同关系，公民参与巩固国家制度，有效的国家制度为公民参与提供更有利的环境，公共机构的参与推动了普通公民的信任规范和网络的稳定与发展，促进这些规范和网络运用于发展目标。上述两者争论的焦点是社会资本能否通过政府政策来构建。其实，国家不仅能够做一些积极的事情来创造社会资本，而且也能够通过阻止一些事情来防止对社会资本的破坏。

8.1.2　政府能力[①]与社会资本投资

在经济转型过程中，政府公共权力对生产资料和消费资料的支配（分配）权，形成了依附于这种权力的庞大群体，在一定程度上扭曲了市场配置资源的机制，损害社会公平，将抑制社会资本的形成。投资社会资本，需要在经济转型过程中，减少政府干预范围，提高政府能力，增强政府信任度，形成政府与社会资本的协同效应。

"华盛顿共识"认为发展中国家的政府在许多情况下曾是经济增长的障碍，这只能通过经济自由化才能最终解决。转型国家真正的问题在于国家在某些领域必须弱化，但在其他领域却需要强化。因此，对社会资本投资的影响，有必要将国家活动的范围和国家权力的强度区别开来，前者主要指政府所承担的各种职能和追求的目标，后者指国家制定并实施政策的广泛性、透明度和执法的公正性。世界银行1997年的《世界发展报告》提供了国家职能清单，具有一定的参考价值，它将国家职能分为"最小"、"中等"和"积极的"几类（见表8-1）。

---

①　世界银行（1997）将政府能力界定为：政府以最小的社会代价，有效地采取并促进集体性行动，有效地提供集体物品的能力。这种能力的概念不仅包括国家官员的行政管理或技术能力，更包括深层次的政府机构和官员行为的约束和激励机制，即机构性机制、机构性能力来促使政治家和公务员按照集体的利益行事。一些学者（Grootaert, C. and Thierry van Baste-laer,2002）运用了政府社会资本的概念，有的研究公民自由和政治自由；有的用政治暴力爆发频率或者政治危机发生的概率等来测度政府社会资本。为了避免概念混乱，根据本书的论述结构，政府作为经济发展与转型的重要主题，我们使用政府能力这一概念。

表 8－1　国家职能

	应对市场失灵			增进公平
	提供纯公共产品			保护穷人
最小职能	国防			济贫计划
	法律与秩序			赈灾
	财产权			
	宏观调控			
	公共卫生			
中等职能	应对经济外部性	反垄断	克服信息不对称 保险 金融管理 消费者保护	提供社会保险
	教育	公共设施管理		养老金重新分配
	环境保护	反托拉斯		家庭补助
				失业保险
积极的职能	协调私人领域的活动			再分配
	建设市场			资产再分配
	集群战略			

资料来源：世界银行：《世界发展报告》，1997 年。

　　倘若沿着一条 X 轴来排列这些职能（见图 8－1），便可以确定政府职能的范围。一些国家承担了像经营国有企业或分配投资信贷这一类复杂的治国重任，却没有能力提供诸如法律、秩序、产权保护和公共基础设施这样的基本公共产品。我们将根据这些政府所希望行使的职能来把它们排列于这个坐标之中。

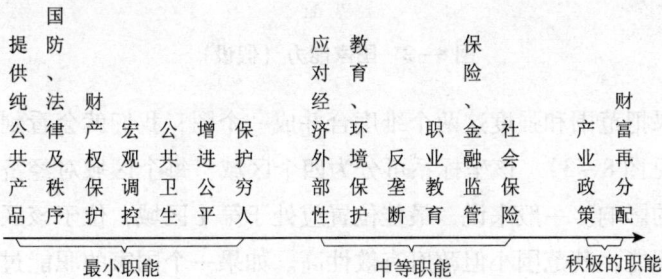

图 8－1　国家职能的范围

资料来源：世界银行：《世界发展报告》，1997 年。

坐标中 Y 轴与 X 轴完全不同，Y 轴表示政府能力的强度。在这个意义上的强度包括前面提到的制定和实施政策以及制定法律的能力，高效管理的能力，控制渎职、腐败和行贿的能力，保持政府机关高度透明和诚信的能力以及（最重要的）执法能力。对政府能力的大小还没有公认的衡量标准。一个国家各个政府部门在该坐标上所处的位置可能会不一样。有些国家，比如埃及，拥有一个非常有能力的国内安全机构，但却没有能力有效率地完成像处理签证申请或发放小企业执照这样的工作。其他国家，如墨西哥和阿根廷，它们在改革某些国家制度（如中央银行）方面曾做得很成功，但却未能很好地控制财政政策，也没有提供高质量的公共卫生和教育。所以，国家能力的强弱在不同的国家职能上差异很大（参见图 8 - 2）。

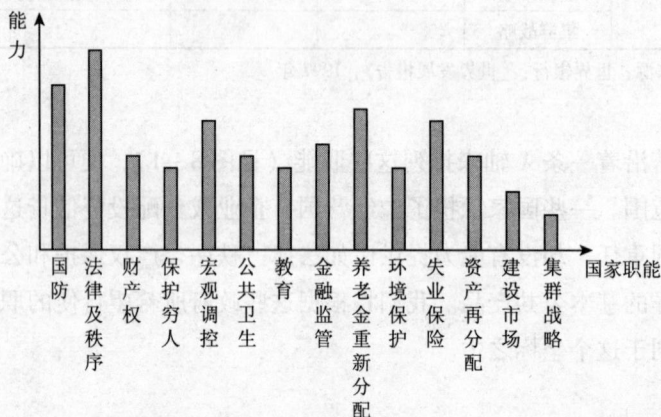

图 8 - 2　国家能力（假设）

如果把范围和强度这两个维度合并成一个图，我们就会看到一个坐标系（见图 8 - 3）。该坐标系可分为四个区域，每个区域对经济增长具有不同的影响。一般来说，最佳位置应处于第 I 区域，位于该区域之内的国家职能，其范围小但政府有效性高。如果一个国家的职能过于接近坐标的原点并且连财产保护这类最低的职能都不行使，经济增长就势必会停滞不前。但如果一个国家的职能沿 X 轴向右移动，经济也会滑坡。

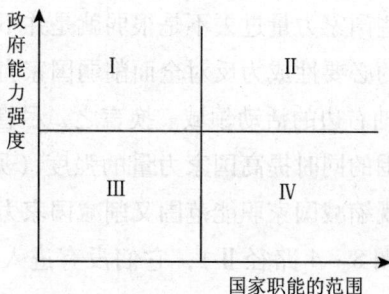

图 8 - 3　政府范围及有效性

　　从经济成就的角度看，最糟糕的位置是第Ⅳ区域。在这个区域内，没有能力的国家却管理着它管也管不好的范围极广的事务。不幸的是，许多发展中国家都恰好处在这个区域内。苏联就是从一个国家职能范围广的国家（如不存在私有财产）和国家能力一般的位置移至一个国家职能范围窄得多而且国家能力也相应减弱的位置上。俄罗斯的政府部门在 1980—2000 年期间，同样出现过向坐标的左下方区域移动的现象，尽管它们原来的位置明显不同而且移动速度相差很大。俄罗斯与新西兰的情况形成强烈的反差。新西兰在 20 世纪 80 年代中期的工党及其财政部长罗杰·道格拉斯指导下，启动了一系列自由化的改革。到 20 世纪 90 年代中期，新西兰的位置移向坐标左上方区域（福山，2007）。

　　20 世纪 90 年代初期，许多经济学家比较喜欢第Ⅲ区域的位置，理由是市场能自发地组织起来或者国家制度和保留下来的国家力量应当以某种方式自谋出路。所谓"华盛顿共识"实际上是整套的经济政策措施，专门用来把各国的位置在坐标的 X 轴上从右向左移动，所提供的政策措施包括削减关税保护、私有化、减少补贴、放松管制，等等。在许多情况下，"华盛顿共识"建议转型的或新兴的市场经济国家尽快缩减国家职能范围，认为这种改革所具备的政治机遇转瞬即逝，一次性承受改革的阵痛比较好。对于许多国家来说，在缩减国家职能范围的进程中，他们一方面削弱国家力量的强度，另一方面又产生出对另一类国家力量的需要，而这些国家力量过去不是很弱就是并不存在。在部分国家里，稳定压倒一切的必要性成为反对全面削弱国家力量的托词，而且范围并不仅限定与 X 轴右边的活动领域。换言之，尽管最佳的改革路径是在缩减国家职能范围的同时提高国家力量的强度（见图 8-4 路径 I），但实际上许多国家既缩减国家职能范围又削减国家力量的强度，位置朝左下方区域移动（图 8-4 路径 II），它们没有进入第 I 区域，而是进入了第 III 区域。

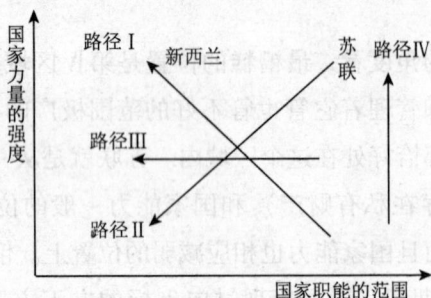

图 8-4 改革路径

现在，许多"华盛顿共识"的支持者们声称，他们当然理解政府制度、法治以及渐进式改革的重要性。但是，国家能力和国家治理的 Y 轴问题在 20 世纪 80 年代后期和 90 年代初期却没有被纳入政策讨论的视野。"华盛顿共识"的政策制定者们仅仅发出过很少的警告，暗示说在没有合适的制度下实行经济自由化很危险。事实上，任何制度不是一夜之间建立就万事大吉。在经济转型过程中，俄罗斯尽管通过私有化方式缩减国家的职能范围，但它却需要完善的市场机制和高水平的国家能力来实施。这种能力在俄罗斯并不存在，因此许多被私有化的资产没有落到可以让它们产生生产力的企业家手中。俄罗斯政府的社会和经济政策分析中心 1994 年 1 月 17 日的报告指出，黑帮拥有和控制了大约40000 家企业，包括国有部门的 2000 家企业。1994 年 2 月 19 日，《经济学家》杂志引用这篇报告说，3/4 的私人企业被迫向犯罪集团交纳私人收入的 10%—20%，150 个这样的集团控制了约 40000 家私有或国有企业以及全国 1800 家商业银行中的大多数。1995 年，政府认为全国的犯罪组织控制了 50% 以上的经济实体，即已控制了 35000 家经济实体，包括 400 家银行、47 家货币交易所，1500 家国有部门的企业。[①] 俄罗斯进行了激进的私有化改革，但一些国有资产却落到了那些"强盗权贵"手里。这种扭曲的激励机制并没有导致价值增加，而是资产剥离。[②]

世界银行经济学家丹尼尔·考夫曼（D. Kaufmann）等人将国家治理定义为"一个国家当局运用的传统和制度"，利用国家治理的三个方面为：（1）选择、监督和更换政府的过程；（2）政府有效制定和实施良好政策的能力；（3）公民和政府对于治理它们之间经济和社会关系的制度的尊重。[③] 从上述定义可以看出，"国家治理"反映出的是一种政府与公民的互动关系：一方面政府权力的运用过程将会影响公民的行为方式并由此影响整个社会的政策；另一方面，公民的行为也会影响政府的决策过程以及其统治实施的效果。最终的国家治理模式将取决于政府与公民之间的相互作用所形成的一种均衡状态。诺斯的"国家悖论"认为一方面国家权力是制度变迁的主导力量，国家制度的变迁不得不依赖国家权力；另一方面由国家权力本身主导制度变迁又容易导致国家权力对社会的侵害难以抵制，导致社会在低效率中徘徊。因此，"当国家或政府作为制度供给的主体或最后裁决者时，国家显然不会供给或认可那种不能使其政治收益最大化的民主制度的初始形式"。作为摆脱"国家悖论"的一种方法，诺斯推荐了社会资本，他指出："具有一个好的行为准则对一个社会来说是至关重要的，它弥补了一个社会现有各种规

---

① 布拉西等：《克里姆林宫的经济私有化》，乔宇译，上海远东出版社 1999 年版，第 124 页。

② 斯蒂格利茨：《转轨经济中的公司治理结构失败》，载《经济社会体制比较》2001 年第 6 期。

③ D. Kaufmann, A. Kraay, M. Mastruzzi, *Governance Matters* Ⅲ: *Governance Indicator for 1996-2002*, World Bank Policy Research Working Paper 3106, April 5, 2004.

章制度的不足。实际上要获得交易成本低的经济市场和有效的政治市场，也需要有这种诚实的、合乎理性的、好的行为准则。"社会资本理论主张社会资本最容易衍生团体性组织，由此，政府与民间的社会资本累积可以消除双方的隔阂，以政策或项目制造双方的合作机会，增加相互间的信任。J. S. Jun 曾提出"社会设计"（social design）的观点，强调政府与民众的社会互动，参照架构则以相互主体性、参与、行动为主，行动策略则是对话、开放性的沟通与相互学习（1986）。① 信任只有在不断接触、了解中才能滋长。

政府能力、市场与社会资本之间的关系非常密切，为处理这些概念之间的逻辑关系，我们以简约化的方式来表述这些概念，以便易于掌握其彼此间的关系模式。我们对这些概念用"相对比较"的程度来做解释。例如：社会资本可以分成相对"丰富"（高）与"匮乏"（低），亦就是所谓社会资本的存量之累积高低。国家能力可以分成相对"民主导向"与"权威导向"两种。而政府能力的特征基本上与社会资本和市场互动有关，亦即政府能力的高低并不表现在其职能范围，而是表现在其维护扮演民意的执行机构的能力。否则弱政府能力代表的是社会阶层利益高于国家利益，如劳工阶层或资本阶层之诉求高于国家机关利益的追求，往往出现政商勾结。依据政府干预市场的程度，政府与市场之关系可以分成相对国家治理与自由放任。当然也可能出现政府失灵和市场失灵问题。国家的治理能力可以透过政府打击贪污腐败、提供行政效率、创造就业机会、提高教育投资、重视社会福利、降低贫穷、打击社会犯罪、促进社会和谐、稳定社会秩序、开放非政府组织发展、提升国家竞争力和全球化因应能力等这些指标再归纳成相对治理能力的"高"或"低"。而这些政府的积极措施与施政作为，不仅是衡量国家机关治理能力的指标，也是创造和强化社会资本的方式。

政府、市场相对于社会资本的关系组合可以分成四类模式，如

① J. S. Jun(1986)，*Public Administration：Design and Problem Solving*，N. Y. ：Macmillan Publishing Company，p. 90.

表8-5所示：当面对高政府能力和高社会资本之组合时，即出现治理能力高的发展模式，具有互惠互利效果，如新加坡、马来西亚等国。而当面对强势政府与低社会资本组合时，即会出现威权统治，这也有两种可能：一类是由国家主导社会资本的累积或创造，如传统计划经济国家等；另一类是由于国家治理市场能力差，逐渐严重流失社会资本，如缅甸与印度尼西亚。相对地，当面对弱势政府与高社会资本之组合时，便出现自由经济体的发展模式，目前东南亚国家仍未出此类发展模式，倒是韩国逐渐走向此类发展。弱势政府与低社会资本的结合似乎是一种普遍现象，但是自由市场搭配低社会资本之组合似乎是不存在的，不过当弱势政府采取尊重市场自由的做法，且又出现低社会资本时，便可能出现低度传统发展的模式，例如菲律宾和柬埔寨。

表8-2　发展中国家政府、市场与社会资本组合模式

	强政府/干预的市场	弱政府/自由市场
高社会资本	类型Ⅰ：互惠型：（新加坡）	类型Ⅱ：自由型（韩国）
低社会资本	类型Ⅲ：威权型：前计划经济国家	类型Ⅳ：停滞型（柬埔寨）

弗兰西斯·福山（2003）从四个方面论述政府如何培育社会资本：（1）在创造各种形式的社会资本方面，国家并没有太多显而易见的手段。社会资本常常是宗教、传统、共享历史经验及其他超出政府控制范围之外的因素的副产品。（2）在生产社会资本方面，政府可能拥有最强能力的领域是教育。（3）国家通过有效提供必需的公共物品特别是通过保护财产权和公共安全，间接地促进社会资本的创造。（4）当国家开始从事那些本该由民间组织或公民社会来承担的活动时，国家将会给社会资本带来严重的消极影响。大量事实已证明有效的政府与社会资本是可以协调的。佩特罗（Petro，2001）在考察自然资源匮乏、农村人口众多而且缺乏老工业基地的俄罗斯诺夫哥罗德地区时发现，该地区之所以能吸引仅次于莫斯科的大量海外投资，是因为在苏联解体后培育

了高水平的社会资本，并认为政府在建立社会规范和提供共同文化框架中起着至关重要的作用。总体说来，社会资本理论的产生在一定程度上是对人为的制度设计思路的质疑，这与哈耶克的"自发秩序"有异曲同工之处。转型国家的社会资本投资最重要的是降低政府干预的范围，提高政府能力，给社会资本的投资留出足够的生存空间。

8.2 政府失灵、社会资本与中央和地方之间的关系

始于20世纪70年代末的中国经济改革导致的一系列制度变迁给中国带来了翻天覆地的变化，经济发展带来的是社会福利的总体提高，其中，作为改革重要组成部分的财政分权改革的积极作用亦值得肯定。在这一过程中，中国的渐进式制度变迁和"试错法"政策实施过程体现了政策与民间社会之间形成了较好的对话与沟通，中国"自下而上"地推进制度改革与俄罗斯"自上而下"的"依法改革"形成对照。中国的某些制度由于其"内生性"，更容易被民间遵守从而自我实施。从动态角度来看，"自下而上"的策略很容易低成本地将制度转化为一种全民或大多数公民的社会意识。当制度变成人们的社会习惯并塑造了人们的偏好和预期时，制度便是自动实施的社会资本的延续。也就是说，关系型社会资本中开始流淌着法律等正式制度的血液，"圈内人"之间的"特殊主义"的关系网络，转化为"普遍主义"的规则了。注重"自下而上"地将民间社会资本自生转化为官方正式制度，是中国渐进式制度改革的一个较为成功的经验。但是，如果在经济社会形势发生深远变化过程中，社会资本难以适应经济社会发展需要时，社会缺少了基本的政治秩序和社会正义，社会资本就会遭到破坏，整个社会就会陷入混乱和无序的"社会陷阱"状态（如"黑帮"盛行、官商勾结、欺诈盛行、道德缺失等）。

8.2.1　政府失灵与社会资本

一般而言，国家治理可以被视为垂直的委托—代理关系链，从公民到政治家再到官僚，其间经过各层级的政府，直到处于最低层级的官僚。从这种自上而下的视角来看，政府的政策执行能力会受到以下几个因素的影响：一是从高层产生的"非连贯性"政策，缺乏明确、稳定的政策目标，限制各种压力团体参与制定政策来实现这些目标；二是当执行责任被授权给各个层级的政府时，埋下了代理人的道德风险。由此导致的政府失灵也会遭到推崇"自下而上"模式人士的批评，[①] 自下而上模式关注的主要是政府处理有关政策领域内问题的能力，如培训、创造就业机会、预防犯罪、社区建设等等。在这些问题上，并没有一个明显占支配地位的政策或者机构，而往往是政府指导与公共部门和私人部门的组织共同参与结合在一起。与此相对应，自上而下模式从决策开始，一段时间以后，考察其目标在多大程度上得到了实现。而推崇自下而上方法的人采用的执行分析方法主要有：一是识别一个地区或者多个地区参与提供服务的参与者；二是询问参与者的目标、战略、活动以及联系对象；三是从这些信息出发，建构一种网络，将参与到有关政府和非政府项目的计划、融资以及执行等各环节的地方和中央参与者联系起来。这一方法的主要优势在于它关注各种参与者的战略，但同时其缺陷在于没有明确解释什么因素影响了各种参与者的利益目标。社会资本理论的最新发展可以帮助我们来解决这一缺陷。普特南将社会资本定义为社会生活所具有的这样一些特征，这些特征使得参与者在追求共同目标的过程中能够更有效地共同行动。它产生于"人与人之间"，并影响他们和其他人发生关系的能力，尤其是在亲属和亲密朋友关系之外建立导

---

① 政策执行自上而下模式存在的问题主要包括：（1）它关注于核心目标和核心参与者，没有关注到基层官僚的活动。（2）它没有明确区分政策制定和政策执行，而这在实践中是不可能长久的，因为在执行过程中，在政策的不断制定和修订中，决策者的目标经常会发生变化。

致人们相信"互相信任是必需的，决不会被利用"。普特南认为政府能力和社会资本之间具有直接关系，社会资本除了对政府活动的效率产生影响以外，还对影响经济绩效的一些因素产生积极作用：在一个具有很高信任水平和严格公民规则的社会中，交易成本往往更低，在产出、借贷、土地和劳动力等方面的市场交易范围因此而更为广泛；有更强烈的创新动机；逐步积累起有形资本和人力资本；分担风险的程度更高；尤其当由于纯粹个人行为能够无限度使用"公共资源"而造成过度开发或者资产维护不善的时候，借助于社会资本的地方团体可以开展的合作活动范围大为扩展。

自下而上模式的优势在于，当基层官僚努力提供社会服务时，当地政府机构、志愿组织以及社区团体之间培育出积极的社会资本，社会资本和社会凝聚力之间的联系可以得到增强。如果政府能够努力把不同机构和团体组织在一起，通过广泛的咨询和争论，从互相冲突的观点和利益中产生相互理解，就如何开展共同工作、处理共同问题而进行协商，就可以为社会资本的诞生提供空间。那些按照这一参与方法开展活动的机构，将寻求把那些在政治过程中没有得到充分代表的各种团体和社群囊括进来，给它们一个平等的陈述机会。它们与其他机构建立的这种网络关系应该是水平的伙伴关系，而不是垂直的委托—代理关系。政府雇员建构伙伴关系的能力对于增强政府可信度是非常重要的。撇开公共行政系统的正式制度不说，政府显然还可以通过其他一些措施，来推动其机构和地方社群之间信任感的建立，如：将权力和责任从中央分解到地方执行网络；对那些有助于加强社区联系的公民和团体，可以赋予他们一定的自由裁量权；提供社区发展建议以及安置政府雇佣的社区工作人员，这些人可以向志愿组织传授知识和技能，并可以与具有类似利益的组织进行联系。因此，重新激活国家能力的政策在力图解决政府失灵问题时，应该同样考虑到政府能力与社会资本投资之间的关系。

在国家治理模式中，一个重要的政策执行模式就是"自上而下"和"自下而上"两种模式的整合（表8-3）。但是，在实际运行中，自上而下的模式缺乏制约将产生严重的政府失灵，也就是说，为了限制政府失灵，必须体现基层人民的偏好，将自下而上的治理模式嵌入国家治理之中，建立"自上而下"和"自下而上"模式的对接机制。

表8-3 "自上而下"和"自下而上"两种模式比较

	"自上而下"模式	"自下而上"模式
政策规则	严格	灵活
政策	输入	输出
反馈	从属于立法过程	适应被管制者需要

8.2.2 社会资本嵌入：中央与地方政府的连接纽带

钱颖一等人的财政联邦主义理论可以较好地解释中国分权式改革迄今为止取得的成就，但是这个理论更多地强调了中国分权式改革的好处，却没有分析分权式改革的代价。中央与地方之间的关系是多方面的，包括政治的、行政的、经济的和法律的等等，但最主要的莫过于中央对地方官员的任命制度，也就是中国共产党的干部管理制度。如果我们考察一下中央和地方之间的各种关系，我们就可以发现除了干部任命制度的权力重心还在上一级政府手中外，其他各个方面都存在着严重的地方主义。行政地方主义、司法地方主义以及诸侯经济已经不是什么新鲜事了。

在一个经济分权和政治集权的治理结构之下，中国经济转型和发展过程中的中央与地方关系无疑是我们面临的重要问题，中央政府和地方政府之间的矛盾主要体现在国家集权但又缺乏足够的执行力，分权又缺乏对地方政府的制约。在一些领域，政府该管的事没有人管，不该管的事却又有太多人管。需要有政府权力的地方找不到政府，而有利可图的事又有很多政府部门出来争夺管理权。虽然权力从中央政府分到各级地方政府甚至是社会，也就是分权是促进中国经济发展与转型的一个重要的制度安排。但在一些西方国家分权改革往往是两条线并行：一条是中央政府向地方政府制度性分权，一条是强化地方政府对民众的责任机制，因为分权的逻辑正在于地方政府与地方民众更接近，在某些政务上能更好地为民众服务。然而在中国，急剧的分权既没有被制度化，也并没有发展出制度性的约束机制。在这种分权状态下，一方面，中央政府感到没有足够的权力，因为权力已经分到地方政府手中了。但另一方面，地方政府也抱怨没有权力，因为所有权力从理论上说仍都属于中央政府，地方即使有权，也没有制度保障，中央政府随时都可以把权力收回。虽然有很多种形式的选举，但被各种因素制约，难以发挥选举制度应当有的作用。从根本上说，中国的权力系统还是自上而下，缺少直接的基层民众基础。一方面，它能够加强中央对地方的直接控制，遏制地方主义的泛滥。中央官员直接受命于中央，他们的权力来自中央，因此必须听命于中央。另一方面，中央官员下地方也是推动改革的重要方法。但是因为中央的利益经常和地方的不完全一致，地方官员有时免不了试图阻止中央的政策措施施行，或将中央的政策消解于执行途中。在现实生活中的表现就是，一方面，中央政府的政策到地方经常被扭曲，"上有政策、下有对策"经常发生；另一方面，中央的人事任免权对地方官员的激励导致地方政府利用信息优势欺骗上一级政府，就如民谣所说："乡骗镇、镇骗县、一直骗到国务院"。

从目前的情况来看，中央与地方关系中一个很重要的制度便是"干部人事制度"，中国的财政分权与官员任命的治理模式能较好地解释地方政府官员的行为与中国经济绩效。Huang（2002）对中国 1978 年以来的官员治理体制研究发现，在中国，中央对地方治理通常包含着显性和隐性两个方面。现行治理包括一些可度量的经济发展指标，诸如经济增长率、引进外资等；隐性治理包括对官员的任命，比如地方官员进入中央领导层、异地升迁以及打击腐败控制官员不忠等。① 周黎安

---

① Huang,Yasheng(2002),"Managing Chinese Bureaucrats:An Institution Economics Perspective",*Political Studies*,vol.50,61-79；以及张军：《为增长而竞争》，上海人民出版社 2008 年版，第16 页。

（2007）用"晋升锦标赛模型"① 分析中国具备以下政治与经济条件适合采用晋升锦标赛的模式：第一，中国是中央集权的国家，中央或上级政府有权力决定下级政府官员的任命，即具有集中的人事权。第二，无论是省与省之间，还是在市、区、县、乡之间都有非常相似的地方。这些地方政府所做的事情很相似，所以他们的绩效比较容易进行相互的比较。中国从计划经济时代就已显出端倪的 M 型经济结构使得各个省区（包括省以下的区域经济）的经济绩效具有相当程度的可比性，而前苏联的 U 型经济结构则难以在各区域之间进行经济绩效比较（Qian and Xu，1993；Maskin 等，2000）。这使得晋升锦标赛的第三个条件得以满足。在中国目前的行政体制下，地方官员对地方经济发展的具有巨大的影响力和控制力，一些最重要的资源，如行政审批、土地征用、贷款担保、各项政策优惠等等均掌握在地方政府的手中，因而满足第四个条件。最后，跨地区的地方政府官员之间的合谋在中国目前的晋升体制下不是一个现实的威胁，地方官员之间的高度竞争才是常态。原因在于，晋升与不晋升存在巨大的利益差异，这不仅表现为行政权力和地位的巨大差异，而且，在政治前景上也不可同日而语：不晋升可能意味着永远没有机会或出局，而晋升意味着未来进一步的晋升机会。

---

① 晋升锦标赛不是在任何一种政治体制下都可以发挥效力的，它至少需要以下几个技术前提：第一，上级政府的人事权力必须是集中的，它可以决定一定的晋升和提拔的标准，并根据下级政府官员的绩效决定升迁。第二，存在一种从委托人和代理人的角度看都可衡量的、客观的竞赛指标，如 GDP 增长率、财政收入、出口创汇量。如果委托人基于一些模糊和主观的标准决定参赛人的晋升，参赛人就会无所适从，最后胜负的决定也难以让参赛人心服口服。也就是说，竞赛指标越模糊、越主观，晋升锦标赛模式的激励效果就会越差。第三，各参赛主体即政府官员的"竞赛成绩"是相对可分离和可比较的。如果大象像是一个团队内的成员，彼此高度分工协作，个人的绩效无法单独衡量，那竞赛就失去了可以比较的基础。第四，参赛的政府官员能够在相当程度上控制和影响最终考核的绩效，这主要涉及被考核的指标与参赛人的努力之间是否存在足够大的关联，如果关联度太弱，激励效果将会很小。最后，参与人之间不容易形成合谋。可以设想，如果所有参赛人通过私下合约使所有人的绩效都保持相同（如大家都偷懒），那大家就都成了胜者，平分最高奖，或以相同的概率得到晋升，这肯定有损于委托人的利益。集体偷懒主要发生在锦标赛的优胜者与非优胜者的奖励差异不大的场合。当两者差异足够大时，单个参与人会产生偏离合谋的激励，因为在其他人遵守合谋下的表现的情况下，一个人的努力工作将很容易脱颖而出，独得优胜奖。

中央与地方关系的本质主要在于解决政府内部激励问题，要将地方官员的"激励搞对"人事任命制度的目的是要把中央的政策实施到地方，但由于地方利益的阻滞，由中央任命的干部的选择是有限的；另外，地方官员晋升进入中央决策层加强了中央和地方之间的信息交流。中央政府要有效地统治地方，必须有能力掌握充分而准确的地方信息。在中国，这一点尤其困难。中国缺乏现代社会收集信息的制度，中央政府要么依赖所谓的群众路线，要求中央官员下去搞调查研究，要么依赖地方官员收集信息。但是地方官员为了保护地方的利益，往往修改甚至编造信息。而地方官员进京在一定程度上弥补了这一信息短缺的缺陷。中央政府通过人事任命的确控制了地方，但这丝毫不意味着中央能够对地方进行有效的统治。对人事任命制度的过度依赖正是中央处理与地方关系的重要误区，也是两者发生冲突的重要根源。用人事制度来控制地方，其有效性是非常有限的。在过去30年间，由于中央权力的制度性回撤，地方发展出了一整套符合地方情况、意在增进地方利益的制度体系，在有效推动地方经济发展的同时也强化了地方利益。对地方性的制度体系要有一个客观的认识，地方性制度当然符合地方的利益，而可能与中央利益相冲突，但如果没有这样的地方性制度，国家的有效统治几乎是不可能的。国家的范围、地区间的差异等等因素要求地方政府建立一套行之有效的地方性制度对地方实行统治。毋庸置疑，分权竞争的晋升锦标赛也是一把双刃剑，它的激励本身也内生出一系列的成本，比如行政竞争导致区域间恶性经济竞争、重复建设和地方保护主义；在政府职能呈现多维度和多任务特征时，分权晋升锦标赛促使地方官员只关心可测度的经济绩效，比如经济增长率、面子工程等，而忽视地方环境污染、义务教育、社会保障等民生问题；晋升锦标赛使得地方官员是地区间晋升博弈的运动员，同时政府职能要求他们又必须是辖区内市场经济的裁判员，这两种角色存在内在的冲突，政府职能转换之艰难便源于此。诸如此类问题是我国落实科学发展观，构建和谐社会过程中的障碍，由此，需要嵌入新的治理模式以"将激励矫正"。

在现行的条件下，由于地方利益是客观存在着的，中央政府通过"自上而下"的官员激励的方式不能完全解决中央与地方之间的关系。这就要求中央政府要用一种新的思路来调整和地方的关系。问题不在于要不要消除地方主义，而是如何协调中央和地方的利益。更好的方法是在确认地方政府一定的自治能力、并加强其对地方民众的责任机制的同时，建立一种独立于地方政府的中央制度体系，从而超越所有地方权力和利益，建立国家政权和人民之间的直接关联。由此，我们需要在中央控制地方的自上而下治理中嵌入自下而上的治理模式，形成地方政府既要向上竞争，又要向下看，形成两种模式的均衡机制。正如西汉的贾谊早在 2000 多年前便在《治安策》中写道："欲天下之治安，莫若众建诸侯少其力"，在经济转轨中需要培育一个相互制衡、平衡发展的社会利益体系，鼓励有着多个相互制约的利益集团的社会利益体系的形成，可以成为我们的政策选择之一。当前，与地方政府形成同盟形式的强势利益集团开始形成与兴起，而在利益上与之冲突的代表弱势群体的利益集团却尚未形成。培育社会资本有利于降低分权的成本，扩大基层组织选举范围，并增加新闻媒体的监督作用，可降低自上而下评价的信息成本，从而根本上减少对晋升锦标赛的依赖，降低分权的代价。

8.3 社会资本的构建与政府作用

鉴于社会资本对于政府与社会关系的意义，如何构建社会资本，如何形成政府与社会之间持久的信任关系和互惠网络，就成为关键。在我们看来，政府和社会之间社会资本的培育离不开双方的互动。但进一步讲，政府在社会资本的培育中具有更基础性的作用。原因在于，相对于社会而言，政府具有"暴力潜能"和对社会的规范能力，同时具有高度的组织化等特征。由此，政府的作为对社会具有强烈的示范作用。同时，社会资本的培育也需要一定的基础条件，而这些基础条件在某种意义上只能由政府来提供，尤其是在后发展中国家。因此，在社会资本的构建中，政府应扮演更为积极的角色。具体来讲，政府应做到以下几点：

首先，政府应提高自身的理性化程度。政府的理性化程度具体指政府自身的制度化、规范化程度，即政府公职人员的行为和政府权力的运行要有坚实的制度依托。政府自身的理性化程度是构建政府与社会之间社会资本的一个先决条件。具体来讲，政府自身的理性化有助于保持政府对社会有限度的干预，而不至于过度侵犯社会。同时，政府自身的理性化有助于将政府与社会关系纳入良性的发展轨道，有助于在理性基础上引导社会资本的健康发展，即培育政府与社会之间良好的信任关系、互惠规范和参与网络。反之，如果政府自身的理性化程度低，政府缺乏必要的制度约束，则政府与社会之间不会演化出持久的信任和合理的互惠，而是裙带关系和腐败现象的泛滥。二战后日本政府和社会之间社会资本的发展给我们提供了一个正面实例。实践证明，日本政府的理性化在政府积极干预经济和社会发展的情况下，又使得政府和社会形成了良好的伙伴关系，从而促进了二者之间社会资本的发展，具体表现为政府和社会之间持久的相互信任关系、良好的个人关系网络等等。因此，提高政府自身的理性化程度，是培育政府和社会之间良好社会资本的一个先决条件。

其次，政府应为社会提供必要的物质基础设施和社会基础设施，这是培育政府和社会之间社会资本的重要基础。拉姆认为，政府通过为农村地区提供物质基础设施，增强了农民自己的自我组织能力，同时也增强了农民之间、农民和政府之间的相互合作和信任关系。他以墨西哥农村为例，说明了这个问题。具体来讲，墨西哥政府通过为农村地区提供交通服务，增强不同地区农民之间的社会联络和合作，以及自我组织能力，增强农民对政府的信任，从而促进了农村地区社会资本的发展，改善了政府与社会关系。可见，社会资本作为一种无形的资本，其产生和发展有赖于有形的物质资本的存在。在缺乏必要的物质基础设施的情况下，社会资本的发展就成为无本之木。

就社会基础设施而言，这里主要指一系列正式的制度安排如法治，以及非正式的规范如公平和正义等。从根本上说，这些社会基础设施具有普适性价值，具有强烈的昭示作用。如果一个政府致力于实施法治、追求社会公平与正义，必然有助于在社会公众中引发对政府的认同和归属感，树立对政府的持久信任与支持，这即是社会资本。黑勒（Patrick Lam，1997）和弗克斯（Jonathan Fox，1997）的研究表明，政府所提供的具有普适性的制度安排为弱势群体提供了不可估量的组织资源。相反，德耐尔指出，许多拉丁美洲国家法治的败坏没有为底层民众留下自治的空间，并导致了社会的原子化倾向。其结果必然是政府和社会之间持久的紧张关系和信任的弱化，这从根本上不利于二者之间社会资本的构建。因此，政府为社会提供社会基础设施的意义不仅仅在于服务本身，更在于这种服务的象征意义和昭示作用，这是社会资本发展的重要基础。

再次，政府必须保持对社会公共事务高度、持久的责任心，即热心公益的精神。这也是社会资本发展的重要基础。钱德勒通过对巴西东北部塞阿拉公共卫生机构的研究强调了这一方面（Tendler，etc，2004）。在塞阿拉地区，最初，公众对政府雇员相当冷漠。而塞阿拉公共卫生机构的雇员以高度的责任精神改变了这一状况。正如一位雇员所指出的，"我原计划离开这一地区了，但现在我热爱我的工作，我永远不会离开，我永远不能离开我的社区"。这种高度公益精神使得公共卫生机构与当地的社会公众建立了真正的信任关系和真挚情感。现在，塞阿拉地区的社会公众将卫生机构的政府雇员看做自己真正的朋友。因此，热心公益的精神表明了政府为实现社会公正等适世价值而努力的价值取向，这无疑会唤起社会公众对政府的持久忠诚和信任，从而促进二者之间社会资本的积淀和发展。

最后，政府须为社会公众参与社会公共事务提供一定的渠道和网络。我们知道，随着经济和社会的发展，社会主体的自主性和自治能力进一步提高，参与社会公共事务的愿望和要求也进一步强烈。这表明，当代的政府治理越来越具有民主参与色彩，它本质上是政府和社会的互动过程。正如有学者所指出的，"民主国家政治体制具有完备的制度和通畅的渠道，公民有机会通过政治体制内这些法定的制度渠道，向政府决策者输入自己的意见、看法和利益要求。公民对政府决策所进行的参与活动，成为政府过程中一种普遍的、结构性因素，构成了政策过程中的社会过程。在现代民主国家中，由公民参与所形成的政策制定的社会过程，是政府过程的基本组成部分，它与政策过程中的政府过程相互补充，相辅相成，并由法律确定下来，成为法定的决策程序"（赵成根，2000）。

因此，社会公众参与公共事务已成为当代政府治理过程不可分割的一部分。而常规的参与渠道和网络缺失，将社会参与排除在政府过程之外，必然会挫伤社会公众的参与热情和对政府的支持性情感，从而影响到二者之间社会资本的发展。而且，在缺乏必要的参与渠道和网络的情况下，社会的参与要求会以非常态的方式释放出来，由此导致社会和政府之间的紧张关系，这不仅无助社会资本的发展，还会将政府和社会之间已有的社会资本破坏殆尽。

本章结论

社会资本强调公民之间非正式的参与网络以及体现在这些参与中的规范，包括人们相互之间的信任、互惠、社会关系、合作网络、公共精神等等。应充分发挥政府构建社会资本的主导作用，为政府与社会之间建立有效的沟通机制。社会资本投资有利于政府效率的提升，在自上而下的治理模式中嵌入自下而上的社会资本治理机制有利于中国经济的可持续发展。当然，投资社会资本需要放松社团、协会等非政府组织的管制，社会资本的形成有利于不同利益集团表达机制的形成，从而使法律制度和政府的效率得以发挥，从而形成政府、市场和社会资本的多元治理模式。

第9章 社会资本与中国经济发展：理论分析

在相继强调了有形资本、人力资本和知识资本之后，某些经济学家现在把社会资本添加到增长的源泉之中。

——G. M. Meier，2001

自 1978 年改革开放以来，中国经济已经历了四分之一多个世纪的高速增长。尤其是 20 世纪 90 年代以来，中国经济基本上保持了一个较平稳的百分之九以上的年平均增长速率。一个大国经济体能保持连续 30 年高速增长无疑是世界经济的奇迹，尤其令主流理论界大跌眼镜的是，在一个缺乏健全的法制和完善的市场机制的转型中大国，却能保持长期的经济增长。[①] 中国经济近 30 年高速增长的"奇迹"是如何发生的？推动中国经济高速增长的动力机制又是怎样形成的？本章试图从社会资本的视角探寻中国经济增长的路径，并认为投资社会资本，构建政府、市场和社会资本三位一体的治理机制是中国可持续发展的保障。

---

① 根据国际金融公司（International Finance Corporation）和世界银行（World Bank）编制的经商环境宽松度指标，中国在 155 个国家中排名第 91 位。这并不令人惊讶，因为中国的信贷信息系统依然非常初级，法律体系也未能有效保护贷款银行和投资者。事实上，中国规定的开办企业的最低资本金要求在全球范围内属于最严格之列，是人均收入的 9.5 倍。全球只有 5 个国家高于这个水平。

9.1　中国经济发展与转型的基本理论

改革开放以来，中国经历了 30 年的高速增长，在人们生活水平逐步提高的同时，在经济高速增长过程中也伴随着一些不和谐的因素，比如说：收入分配差距扩大，农村发展滞后，政府行为有待规范，社会发展缓慢，中央与地方关系问题，等等。如何克服这些在经济转型与发展过程中出现的问题是我们当前面临的巨大挑战。

9.1.1　中国经济增长与转型之得失

改革开放以来，中国实行了一场从农村到城市的全面的经济改革，取得了令世人瞩目的成就，中国经济像其他东亚地区经济一样出现奇迹般增长。1978—2006 的 27 年间中国 GDP 增长了 12 倍，年均增长率高达 9.7%，人均 GDP 从 1978 年的 220 美元大幅提高到 2006 年的 1970 美元；对外贸易总额 2006 年达到 14219 亿美元，从 1978 年的全世界第 27 位上升到第 3 位，"中国奇迹"超过了亚洲"四小龙"最快速发展时期的增长速度，中国正日益成为世界经济的发动机和火车头。中国经济的快速崛起引起了国内外学者的广泛关注，一些学者（林毅夫、蔡昉、李周，2003）认为，中国经济能够继续保持高速增长，首先在于其较高的资本积累率，这种高资本积累率能为经济快速发展提供有力的支持；其次是产业结构升级，特别是伴随着这个过程而发生的劳动力转移，能为经济快速增长提供动力；最后是来自于所谓技术进步的"后发优势"。除了上述支持中国经济持续高速增长的因素之外，制度改革效率和大国优势两种因素为这个增长提供了潜力和保障。毫无疑问，在改革开放以来的 30 年里，如果用增长核算的方式来度量，中国经济增长当然与资本积累，劳动力转移和技术进步息息相关。但是，正如诺斯和托马斯（North and Thomas，1973）所说，所有的这些都可以看做是增长的本身，而不是增长的源泉。

此外，中国在经济高速增长的同时，还面临经济和社会政治的转型。在20世纪90年代，西方主流经济学家一度热衷于推荐一种"非常迅速的，直截了当的和剧烈的经济改革计划"。① 概言之，就是推进"激进的"、"创世纪式的"、"一揽子的"或所谓的"休克疗法"。主张像上帝在一夜之间创造天地万物一样的变革经济。这种所谓的"华盛顿共识"智慧认为，一个经济要实现成功转型，必须实现宏观经济稳定、经济自由化、企业私有化，乃至于政治民主化。在改革过程中，中国虽然采取的一些政策和措施符合市场经济发展的规律，比如逐渐培育市场、扩大对外贸易、吸引外国直接投资以及注意保持宏观经济稳定等，但与上述激进式改革要求的条件相比，中国的情况迥异。那么，究竟如何解释到目前为止中国和其他转型国家不同的经济增长绩效呢？中国的经验是独一无二的，还是具有更加普遍的价值？换言之，中国的经验是否可以为其他转型国家提供借鉴，还是仅仅是一个特殊条件下的特殊现象？对上述问题，很多学者进行了研究，并给出了不同视角的回答。总体上看，我们可以把目前解释中国转型问题的理论框架分为三大类：第一类观点主要从资源配置效率的角度，对转轨过程中的经济增长和发展直接进行解释，可以称之为"资源配置说"；第二类观点则主要从制度分析的视角出发，强调不同转型经济间制度结构的差异，特别是不同级别政府间财政安排在改革中所发挥的作用，可以称为"制度分权说"；第三类观点是以国内著名的经济学家林毅夫为代表的"发展战略说"，该理论认为作为外生变量的"赶超战略"是由政府主动选择并参照比较优势战略实行战略转型和体制转轨的结果。笔者认为，迄今为止对中国经济转轨问题的解释并不能完全令人满意，在对上述三种理论观点简单介绍的前提下，本书试图从社会资本的角度内生出中国经济转型与发展中的一些重要现象。

---

① Lipton and Sachs(1990)，"Creating a Market Economy in Eastern Europe：The Case of Poland"，*Brookings Papers on Economic Activities*，vol. 1.

（一）中国经济转型与发展的"资源配置说"

萨克斯等人的研究指出，中国改革初始的经济结构是中国经济转轨成功的主要原因。他们认为，中国人口密度很高，并且大部分人口集中在低收入农业部门，这有利于出口导向型的劳动密集型产业发展。中国经济之所以能够快速增长，主要是由于劳动力从生产力较低的农业部门迅速向生产力较高的非国有部门转移。而在原有体制外突破的发展模式之所以可以在中国顺利推行，主要是因为中国国有部门所雇佣的劳动力在经济中所占比重不高，而前苏联和东欧国家则相反，农村劳动力比例较小，占经济比例很高的国有部门，尤其是重工业部门的职工享受较高的社会福利，这意味着新兴非国有部门很难从国有部门吸收到劳动力，同时也没有足够的农村廉价劳动力可以利用。按照这种说法，中国经济增长不过是亚洲"四小龙"外向型发展模式的复制。

他们同时认为，中国改革中出现的所谓"渐进主义"改革路线，也未必最优，其之所以出现，主要是因为支持市场化改革者和支持计划主义者共同掌握着权力，导致在具体改革方案上缺乏一致而妥协。如中国具有市场化特征的一些特殊现象（比如产权定义不甚明晰的乡镇企业、价格双轨制等）主要是对中国特殊政治环境、而非经济环境的反应，但若没有这些政治约束，一开始就私有化，就没有必要日后再进行成本高昂的企业转制。萨克斯等指出，由于中国改革在开始阶段回避了一些最困难的问题，比如银行、企业改革和政治体制改革，所以，中国的改革路径可能缺乏可持续性，在未来将面临更大的问题。他们还以法国大革命、美国独立战争和美国南北战争为例，说明如果不认识到经济改革仅仅是大规模宪政转轨的一部分，对改革绩效的评估可能误入歧途。他们用俄罗斯作为经济改革与宪政转轨相结合的例子，用中国作为缺乏宪政转轨情况下进行经济改革的例子，分析了两种转轨模式下的特征和问题。得出的结论是：在执政党的政治垄断下，经济转轨将被国家机会主义所挟持。经济转型中的双轨制带来的非常高的宪政转轨的长期代价，也许会大大超过其赎买既得利益以进行平滑转型的短期好处。

（二）中国经济发展与转型的"制度分权说"

20 世纪 80 年代以来，分权式改革已经成为各个发展中国家经济发展的一种流行模式，经济分权也是大国治理必须采取的模式（张军，2008；王永钦等，2007）。许多人认为，迄今为止中国经济转型的绩效在很大程度上要归功于中国经济领域的分权式改革。这方面主流的理论是建立在新软预算约束理论（Maskin and Dewatripont，1995）基础上的财政联邦主义理论和建立在 M 型组织和 U 型组织理论上的解释（Qian and Roland，1998；Qian，Roland and Xu，1988；Qian and Weingant，1997）。财政联邦主义中最重要的概念是分权（decentralization），20 世纪 80 年代以来财政分权成为风靡全球的话题，在发展中国家，公共部门的分权作为打破政府管制，改革经济绩效的手段而受到欢迎。财政联邦主义的基本理论阐明了财政职能分配的基本框架。以钱颖一为代表的学者们认为，分权制度和经济组织结构造成了中国和俄罗斯经济转型过程中经济绩效的巨大差异。分权式的改革不仅硬化了中央政府对国有企业的预算约束，而且促进了地区之间的竞争（Qian and Roland，1998）。中国的 M 型经济结构使得经济可以在局部进行"试错法"的制度实验，地区之间的标尺竞争（yardstick competition）为中央政府提供了反映地方政府绩效的有效信息；与之相对的是，俄罗斯的 U 型经济结构则不具备这样的经济结构收益。与俄罗斯等转型经济相比，中国的分权是在大的政治架构不变，中央和地方不断调整它们的财政关系的过程中实现的。以钱颖一等为代表的一批经济学家从软预算约束的视角出发，认为分权化制度安排可以向地方政府提供市场化激励，保持和促进市场化进程，即所谓的维持市场化的联邦主义（market-preserving federalism）（Weingast，1995；McKinnon，1997；Qian and Weingast，1997）。钱颖一等对中国的转型进行了分析，强调应当用"中国式的联邦主义"（Chinese style federalism）来解释所谓的中国奇迹。其主要思想是，中国和俄国之所以出现了改革绩效的差异，并不在于中国建立了最好的制度，而在于中国和俄国在转轨过程中一些特殊制度安排的不同。他们提出的"第二代联邦主义"理论认为，在大多数转型国家中，地方政府构成了经济增长障碍，而通过中央政府与地方政府之间的分权，中央政府可以对地方政府对企业的干预倾向进行约束，并诱导后者产生有利于地方经济发展的行为。此外，通过引用"预算软约束"概念，他们还分析了中国改革过程中中央政府和地方政府之间的关系，并指出中国改革的特征就是中央政府向地方政府分权，特别是财政分权。这样，联邦主义的两个特征也就会随之出现：一是竞争效应，即在要素流动的条件下，地方政府之间的财政竞争会增加地方政府扮演救济（bailout）者的机会成本，从而形成一种承诺（commitment）机制；二是货币集权与财政分权会导致利益上的冲突，因此能够硬化预算约束并降低通货膨胀。

通过一个承诺博弈模型，钱颖一等刻画了上述两种效应，并认为它们在中国改革中起到了很大作用，且可以用来解释中国改革的成功：正是由于中国财政的分权（中央、地方大约四六开）和联邦主义的承诺效应，在短期内政府不仅不会成为攫取之手，而且地方政府有积极性去通过建设基础设施来优化投资环境，通过扶植非国有企业的发展来提升地方经济以扩大财源。而俄罗斯的情况正好相反，由于中央政府获取了财政收入的相当大的比例（中央、地方大约七三开或八二开），所以地方政府没有有效激励去促进经济发展，反而出现不断攫取私营企业，腐败盛行，经济发展受到限制的不利局面。中国的分权伴随着向地方政府提供财政激励，从而依靠地方经济的发展来带动经济增长。改革开放以来，从 20 世纪 70 年代的以"放权让利"为核心的财政分权到 20 世纪 80 年代的"财政包干"，再到 20 世纪 90 年代的分税制改革，这些改革的实践主要探索如何平衡中央和地方的利益关系，从财政体制改革寻找中国经济和政治体制改革的突破口。

在实证研究中，Jin，Qian 和 Weingast（2005）基于 1982—1992 年省级面板数据的实证研究进一步验证了分税制改革之前中国省级政府的财政激励促进了市场发展。对于 1992 年之前中国财政分权与经济增长的关系，Lin 和 Liu（2000）与 Zhang 和 Zou（1998）的检验得到了相反的结论。而张晏和龚六堂（2005）对 1986—2002 年扩展样本的研究发现，分税制改革之后我国财政分权对经济增长的影响显著为正，同时财政分权效应还存在跨时差异和地区差异。事实表明，经济分权还不足以构成地方政府发展经济的全部激励。20 世纪 90 年代末以来，文献更多地开始关注发展中国家分权的特殊经历，尤其是中国特殊的政治激励。从经济学的视角，我们更关心中国政治体制的两个特征，一是以 GDP 为主的政绩考核机制（Li and Zhou，2005），二是（基于民意调查基础上的）官员任免制度。

Blanchard 和 Shleifer（2001）从中国和俄罗斯的比较出发，强调了中国的经济分权与政治集权之间的纽带。俄罗斯的中央政府对地方政府的控制力较弱，地方政府不存在主动推动经济发展的动力。而中国的经济分权伴随着政治集权，晋升激励使得地方政府官员有非常强的（政治）动力促进地方经济快速发展（周黎安，2004）。Tsui 和 Wang（2004）认为中国自治性不强的财政分权和垂直控制的行政管理体制提供了区域经济增长的动力。经济分权和政治集权对地方政府最重要的影响渠道是政府之间的标尺竞争。而我国特殊的政治体制下，地方政府主要对上不对下负责，在政治集权和政绩考核机制下，地方政府官员为了政绩有竞争 GDP 增长率的激励，从而形成了一种基于上级政府评价的"自上而下的标尺竞争"（张晏，2005）。这种为增长而竞争的激励有助于转型初期的经济增长和资源配置，并成为中国政府推动经济增长的动力源泉。杨开忠等人（2003）认为，中国改革成功的关键在于解除管制，并通过体制外的增量改革来提高效率。同时又由于新兴的最终产品生产部门需要中间产品部门为其提供中间投入和技术装备，所以不仅避免了对存量的冲击，甚至提高了上游国有部门的产出、就业乃至于技术效率，从而使经济在提高效率的同时实现了平稳过渡。

（三）中国经济转型与发展的"发展战略说"

林毅夫等（1994，1998，2003）认为中国经济转型与发展的核心是经济发展战略的转轨。改革开放以前中国经济发展缓慢的根源在推行重工业发展的赶超战略，而改革开放以来中国经济迅速发展的关键是中国资源的比较优势发挥作用，同时改革成功的一个重要的保证是采取了一条相对具有帕累托改善的渐进式发展道路。此外，在发挥比较优势过程中，正确处理改革、发展和稳定的关系，在市场化发展过程中发挥了宏观调控的作用，局部推进与整体转换、重点突破与整体协调相结合等。

9.1.2　观点述评

毫无疑问，以上三种观点对于解释中国经济转型与发展产生了深远的影响。萨克斯等对中国以及前苏联、东欧国家在改革开始时初始经济结构差异的分析具有一定的说服力。的确，我们难以忽视庞大的廉价劳动力及其转移在中国经济高速增长中所起到的作用。但在我们看来，萨克斯的研究在相当程度上是为"休克疗法"进行辩护，不仅无法完全解释不同转型经济的绩效差异，甚至无法全面解释中国在转轨过程中的增长。萨克斯等过分强调了中国和前苏联、东欧改革的初始结构性差异。[①] 事实上，正如林毅夫等所指出的，中国和前苏联、东欧国家都采取了重工业优先发展的赶超战略，其结果是中国和前苏联、东欧国家在资源配置制度、激励机制和宏观经济环境方面都具有相似的扭曲。

在这样的赶超战略体制下，服务业部门、基础设施部门和消费品部门都被忽视甚至压抑。正是在这一点上，萨克斯等学者对中国和前苏

---

① 相关研究参见 J. Sachs and W. T. Woo（1994），"Understanding the Reform Experiences of China, Eastern Europe and Russia", *Journal of Comparative Economics*, vol. 18, no. 3; J. Sachs and T. Wing（1994），"Structural Factors in the Economic Reforms of China, Eastern Europe and the Former Soviet Union", *Economic Policy*, April, 18（1）, pp. 102-145; J. Sachs and W. T. Woo（1999），"Understanding China's Economic Performance", *Journal of Policy Reforms*; J. Sachs, W. T. Woo and X. K. Yang（2000），"Economic Reforms and Constitutional Transition", CID Working Paper, no. 43, April.

联、东欧之间经济初始结构差异的判断和强调难以让人信服。实际上，相对于其自身的发展阶段、要素禀赋和比较优势，中国和前苏联、东欧都过度工业化了。从这个角度来看，中国和前苏联、东欧实际上在改革其经济制度时都面临着十分相似的任务：即如何处理一个在经济中占主导地位的、过度工业化的庞大国有部门。而萨克斯等的研究却忽视了这个非常重要的事实。需要指出的是，在转轨开始时，大多数主流经济学家都有意无意地忽略了一点，即市场制度的发育需要时间。法治体系、产权保护、信贷交易和合同实施的市场关系，乃至合理的企业治理和政府治理结构都不可能在短时间内建立起来。如果情况如萨克斯等所指出的，在前苏联和东欧国家，社会主义计划经济组织方式要比在中国更加根深蒂固，那么这个逻辑的结论必然是：有效的市场运作机制及其制度框架就更不可能在短时间建立起来。因此，在新制度没有完全建立起来之前，适度地保留一部分旧世界或许是一个不得已的"好"办法，对那些几乎完全没有市场经济经验的计划经济而言，情况尤其如此。

以钱颖一等为代表的"分权说"并不一定符合中国实际，实际上，即使到20世纪90年代中期之前，甚至到目前为止，到底中国有没有实际意义上的"财政联邦主义"，财政分权形成的内在机制及其对中国改革和增长产生的作用如何都值得进一步的研究。[①] 所谓的"财政联邦主义"以通过政府间契约来明确中央和地方政府间的财政关系为标志，但熟悉中国财政改革变迁历史的人都知道，在1994年财政"分税制"改革之前，虽然每次的财政体制改革都通过契约形式明确规定了中央和地方政府间的财政关系，但中央政府并不真正受到这些契约和协议的约束，而是根据财政形势的需要对中央和地方政府之间的财政关系进行变更。例如在1980年和1985年中央政府两次对财政体制进行了较大幅度的改革，力图增加财政收入的"两个比重"（即财政收入占GDP比重以及中央财政收入占财政总收入比重），但并没有取得预期效果。20世纪

---

① 杨开忠、陶然、刘明兴：《解除管制、分权与中国经济转轨》，载《中国社会科学》2003年第3期。

90 年代早期，中央政府又开始酝酿对税制进行新改革以实现"两个比重"的提高，并最终在 1994 年进行了"分税制"改革。在这一过程中，尽管地方政府可以在某些条款或具体的转移支付项目上与中央政府讨价还价，但由于中国中央集权的单一制国家体制特征，在是否接受新税制以及在整个财政体制的安排方面，地方政府并没有多少谈判能力。因此，一旦中央政府决定要改变税制和中央与地方政府间的财政安排，地方政府必须接受，后者最多只能在边际上进行讨价还价。因此，财政分权的承诺效应对中国转型过程中经济增长的作用到底有多大，很值得进一步探讨。

财政联邦主义的另外一个论点，即在要素流动条件下地方政府之间财政竞争增加政府救赎机会成本的"竞争效应"也值得考虑。从理论上讲，这种效应有可能存在：在任何政治体制下，政府官员都有激励去赎出低效率企业并进行浪费性公共消费，而在一个分权体制下，资源具有较强流动性确实能够增加这种救赎的机会成本。如钱颖一所分析，1994 年以后地方政府预算约束硬化，部分是由于政府在吸引外国直接投资方面的激烈竞争，部分是由于金融体制的集权化。但若要用这个观点来解释从 20 世纪 70 年代末和 20 世纪 80 年代初就开始的中国经济转轨的绩效，显然不那么有说服力。在 20 世纪 80 年代和 20 世纪 90 年代初期，正是由于财政分权的体制，地方政府出于扩大本地税源的考虑，倾向于重复建设和相互封闭市场，区域之间的要素流动性很低，那么上述区域间竞争效应就不会发挥什么作用。①

因果关系的问题实际上要更加广泛：经济增长是来自于财政分权，还是相反，抑或是还有其他的因素共同决定了二者？以中、俄对比为例，在俄罗斯改革的过程中，其中央政府在财政上一直处于破产的边

① 根据美国经济学家杨（Young, 2000）的研究，这段时期中国不同省份在最终产出结构方面收敛，但在部门生产力和部门劳动力配置方面却出现发散。如果最终产出组成方面的收敛来自于各省比较优势模式的收敛，那么就应该观察到劳动力配置和部门生产力在不同省份之间趋同，但从数据上无法观察到这一点，从而表明存在严重的区域间贸易壁垒而非区域间竞争。而这种情况在 20 世纪 90 年代中期之后才得到好转。

缘，并由此不断地迫使地方政府与其重新谈判税收分享方式，意图增加中央的财政比例。而这种情况发生的根本原因，在于改革后俄罗斯出现了经济下滑而不是增长，并带来财政收入下降，但在转轨过程中，政府所需要支付的大量成本，包括企业重组和社会保障支出却大大增加，从而使中央财政捉襟见肘。在中国，虽然在20世纪80年代和20世纪90年代中期之前中央也几次试图改变财政收入的分享比例，但并没有完全达到目标（杨开忠等，2003），且其后果并不像俄罗斯那样严重，根本原因在于经济一直持续保持增长，结果是即使财政收入的两个比重不断下降，中央政府的财政收入绝对数额仍然不断增加；同时，由于没有很快大规模重组国有企业和银行部门，中央财政支出的压力也相对比较小，没有特别大的压力需要不断与地方政府重新谈判并增加财政份额。

　　从这个意义上看，相对于俄罗斯的情况而言，中国地方政府在财政收入方面的较高比例在一定程度上来自于中国经济的不断增长，而不是相反。所以，改革后中国经济的实际轨迹未必是财政分权带动了经济增长，相反，财政分权和集权可能内生于经济增长的路径和体制转轨的需要。[①] 此外，在财政联邦主义的理论模型中，博弈的参与者为中央政府和地方政府，而相应的实证研究使用的也是中央和地方政府的边际财政收入份额，但他们却把乡镇企业看做是最终带动经济增长的发动机。由于拥有乡镇企业所有权的是乡镇政府，在行政级别上，它们比省级政府低了两级（中间是地区—市和县），因此很难把乡镇的经济增长归结为中央和省级政府间的财政分权。[②] 钱颖一等人的财政联邦主义理论固然

　　[①]　Bardan指出，研究分权必须注意内生性问题。在宣称分权带来一定结果之前，必须考虑分权本身和经济表现都可能来自于正在进行的政治和经济变化，而如何区分分权和导致分权的政治和经济原因，从而使分权不仅仅是一系列缺乏良好定义的社会和政治改革的替代变量，是一个非常微妙的问题。参见 P. Bardan(2002)，"Decentralization and Governance in Development"，*Journal of Economic Perspectives*。

　　[②]　参见 H. Jin, Y. Qian and B. Weingast(2001)，"Regional Decentralization and Fiscal Incentives: Federalism, Chinese Style"，Working Paper UC Berkeley。

可以较好地解释中国分权式改革迄今为止取得的成就，但是这个理论更多地强调了中国分权式改革的好处，却没有分析分权式改革的代价。①

在分权理论中无法解释中国分权式改革的代价。否则，我们就无法回答如下问题：中国分权式改革的渐进转型的潜力还有多大？我们应该如何在发挥分权式制度安排的好处的同时避免它所产生的负面效果？这种经济分权相对应的绩效评估的体制正在日益显现它的弊端：

一是地方政府的 GDP 竞赛中形成地方保护主义。地方保护主义造成的地区分割和"诸侯经济"会阻碍中国国内市场整合的进程。在资源配置方面的深远影响是，这种市场分割会限制产品、服务（甚至还有思想）的市场范围，而市场范围的限制又会进一步制约分工和专业化水平，从而不利于长远的技术进步和制度变迁，最终会损害到中国长期的经济发展和国际竞争力。

二是分权模式过于依赖 GDP 作为相对绩效的考评指标，就给城市倾向的经济政策提供了另一个理由。因为城市的第二、三产业是经济增长的主要源泉，于是，地方政府对于农村地区的经济发展就大大忽视了，一个直接的表现就是地方政府用于支持农业生产的财政支出比重在相当长的一段时间里急剧地下降（陆铭、陈钊，2004；Lu and Chen，2006）。更为严重的是，地方政府为了达到 GDP 考核的要求伪造数据，从而一些地方出现了"官出数据，数据出官"的现象。同时，为了追求经济增长的目标，在各地的经济增长都依赖于招商引资的情况下，一旦发生资本拥有者和普通劳动者之间的利益冲突，地方政府就会优先考虑资本拥有者的利益，而普通劳动者的利益则很容易被忽略。经济发展过程中环境污染、社会保障以及民生等问题都难以纳入地方政府的考核范围，从而导致地方政府片面追求经济发展而损害群众的利益。

三是在分权过程中政府权力通常被地方政府所"俘获"。中央和地

---

① 王永钦等：《十字路口的中国经济：基于经济学文献的分析》，载《世界经济》2006年第10期，第8页。

方关系无疑是国家制度建设的一个重要内容，也是中国转型与发展的一个重要方面。不可否认，两者之间存在着很多严重的问题。这些问题概括起来有两个主要的制度表现，即集权但欠足够的权力、地方分权但欠足够的制约。目前的中国是一个单一制国家，就统治制度内部来说，一切政治权力的源头都是中央政府。从立法权上看，地方人大的有限立法权来自全国人大的让渡。从行政权上看，地方各级人民政府都是国务院统一领导下的国家行政机关；从司法权上看，地方各级法院都是国家设在地方的法院，代表国家执行司法权。然而，权力的高度集中性并未能保证权力意志的有效落实。由于我们下面所要论述的原因，在许多领域，政府该管的事没有人管，不该管的事却又有太多人管。需要有政府权力的地方找不到政府，而有利可图的事又有很多政府部门出来争夺管理权。结果，各种黑社会组织和恶势力纷纷出笼。他们暴力称霸，垄断行业，聚敛钱财，使一些地方人民的基本生活和安全不能得到有效保障。中央权力的地方化在有些地方导致了一种发人深省的局面：经济发展越快，人民的富裕程度越高，人民反而越感到不安全。中央与地方关系中的第二个制度问题是分权但缺乏制约。在一些西方国家，分权改革往往是两条线并行：一条是中央政府向地方政府制度性分权，一条是强化地方政府对民众的责任机制，因为分权的逻辑在于地方政府与地方民众更接近，在某些政务上能更好地为民众服务。然而在中国，急剧的分权既没有被制度化，也并没有发展出制度性的民主。在这种分权状态下，一方面，中央政府感到没有足够的权力，因为权力已经分到地方政府手中了。但另一方面，地方政府也抱怨没有权力，因为所有权力从理论上说仍都属于中央政府，地方即使有权，也没有制度保障，中央政府随时都可以把权力收回。可以说，政治权力的流失情况是非常严峻的。谁都知道，权力流失了，但是不知道流到哪里去了。钱穆在考察中国历史上集权和地方分权的关系时指出："固然民国以来数十年的中央始终没有能达成圆满稳固的统一，国家统一是我们政治上应该绝对争取的。但如何使国家统一而不要太偏于中央集权，能够注意地方政治的改进，这是我们值得努力之第一事。"①

　　总之，无论是资源配置说、制度分权说以及发展战略说，都过分强调了国家在经济发展和转型过程中的要素禀赋和政策制度的作用。从这些角度上讲，国家之间的差异性便无法寻求经济转型与发展的一般性结论。另外，这些观点在阐释经济发展与转型的过程中，并未就将来的可持续发展提供有力地阐释。比如说，制度分权理论中论述了分权的优势，而对其产生的负面效应缺乏足够的认识，发展战略说突出了政府战略的重要性，但如何限制政府的权力、政府如何选择有效的战略，有待进一步论述。

9.2　中国经济发展与转型的社会资本视角

　　改革开放以来，中国看上去并没有形成类似于西方发达经济的保证经济增长的制度基础，也没有十分健全的法律体系和完善的市场机制，并缺乏良好的保护产权和实施产权的机制，但是中国经济自改革开放以后一直保持着高速的增长。要深入理解中国经济增长之谜，需要研究中国经济转型与发展过程中的社会资本形成与演进对经济绩效的影响。本书认为社会资本可以看做是中国社会结构转型时期经济发展的特殊动力。中国渐进式改革进程中所推行的一系列制度，无论是农村家庭承包责任制还是财政分权制度，以及家族企业的繁荣，甚至于中国外资的流入等，无不是内生于以家庭为基本组织的中国传统社会结构中的社会资本（包括习俗、信任关系等社会规范）。这种一致性使创新的制度更容易得到公民的认同，内生为自觉遵守的社会规范，并在此基础上形成信任关系，促进制度创新，推动经济增长。

　　中国改革开放之初，建立在自给自足的自然经济基础上的传统乡土

---

　　①　钱穆：《中国历代政治得失》，三联书店2001年版，第156页。

社会是一个熟人社会，封闭性、低流动性和等级性的特点决定了传统社会的信用供给主要依靠基于人际关系网络的人格诚信。经济发展水平的地域性使得交易关系多发生在相互熟悉的"地缘"区域熟人范围之内。在以"地缘"和"血缘"为基础的社会交易网络中信息能够得到迅速传播，社会信用并不是对契约的重视，而是发生于对一种行为规矩熟悉到不假思索时的可靠性。"我们大家是熟人，打个招呼就是了，还用得着说吗？"① 在封闭和低流动性的乡土社会里，人们主要依靠"闲言碎语"来传递个人的行为信息。虽然缺乏现代通讯技术，但"闲言碎语"的信息供给机制在熟人背景下具有高效性，因为它传输信息的速度相当的快。中国传统社会资本特征的信任关系使处于转型经济中的个体在一个无意识的水平上达成一种理想的合约，从此不必要在"每天进行交换时随时随地地精心思虑交换条款"（诺斯，2000），这种信任关系成为将社会捆绑在一起的黏合剂。正是这种黏合剂使得参与制度创新的经济体，在即便存在些许制度创新风险的情况下，也能容易地达成交易，因此降低了制度创新费用和创新制度的实施成本。相对于苏东国家而言，中国"摸着石头过河"的渐进式改革中的制度创新适应了社会网络中嵌入性的社会资本。而且，在经济与制度转型过程中存在着制度双轨，甚至制度真空，处于社会网络中的人与人之间的社会资本成为一种维系社会稳定的力量。中国的经济转轨与社会结构变迁过程是国家行政性的资源分配权力趋于弱化和市场交换关系的配置力逐渐增强的体制替代过程。但在计划网络逐渐失去强制性约束力之际，作为正式制度的市场秩序并未完善起来。此时，寓于社会网络中的社会资本，而不是成熟的市场经济中才具备的法律等正式制度规范，就成为经济体达成交易和寻求支持的基础，也成为维系社会稳定的重要条件。如果社会中不要存在最低限度的社会资本，很难想象会实现富有效率的合作，很有可能出现非合作均衡。要创造和维持相互信任的关系，必须有最低限度的社会资

---

① 费孝通：《乡土中国——生育制度》，北京大学出版社 1998 年版，第 10 页。

本。斯蒂格利茨认为，中国的制度变迁是维持和构建在"社会和组织资本"（social and organizational capital）的基础之上。[①] 东欧转型经济实践表明，当转型发生时，现有的用于保证交易安全的关系被破坏，无组织化扩散，个体企业的交易成本增加。在新的不确定环境下，自我组织的制度内生出来以应对交易成本的上升。这些自发产生的制度对企业的绩效有正的影响，某种形式的自我组织的自发产生是对无组织状态的理性反应。Peerenboom（2002）把中国在市场和法律不完善条件下所创造的增长奇迹归因于中国社会的关系网络，非正式解决争端机制，以及共同的文化信仰在起作用。[②] 从转型的方式来看，一些学者认为儒家文化所具有的"兼容并蓄"、"中庸之道"、"注重实践"等传统，使得中国的改革者能够深刻领悟社会制度变革的艰巨性、复杂性，从而更加审慎地权衡各方面的利害关系，避免采取激进变革给整个社会带来的灾难；在政府主导下以经济改革为先导，保持政治制度的稳定，则明显与中国历史上的大一统合集权传统有关。[③] 从发展市场经济来看，经济学家邹至庄指出，"孔孟之道"所强调的保持自身道德修养和诚信精神，有助于提供市场经济运行的社会秩序；"鼓励家庭关系和朋友之间的互信"则成为构筑企业忠诚的精神基础；长期从事商业活动和私人农业经营的传统，为发展市场经济提供了深厚的"人力资本积累"。[④]

9.2.1 社会资本与农村家庭承包责任制改革

在中国农村改革的研究中，人们几乎都是从经济组织、激励机制和

---

① 参见 1999 年在北京举行的"第四届转型经济学国际研讨会"上欧洲复兴与开发银行首席经济学家斯特恩等提交的论文：Athar Hussain, Nichlas Stern, Joseph Stiglitz, "Chinese Reforms from a Comparative Perspective"。

② Peerenboom, Randall(2002), "Social Networks, Rule of Law and Economic Growth in China: the Elusive Pursuit of the Right Combination of Private and Public Ordering", *Global Economic Review*, vol. 31, No. 2.

③ 张宇：《过渡政治经济学导论》，经济科学出版社 2001 年版，第 176—182 页。

④ 邹至庄：《中国经济转型》，中国人民出版社 2005 年版，第 6、16、61 页。

微观的生产积极性这些视角来解释中国集体经济时代经济衰退的原因和农村改革的成功之处。新制度经济学的基本理论强调有效的产权制度是经济发展的重要保障，其实，在没有明确规则、法律和程序的情况下，社会资本能有效地解决组织内部的潜在冲突。波兰尼（Polanyi）用嵌入性来表达和分析经济行为与社会关系之间的关联。他认为，传统经济活动不同于现代经济，它嵌入于社会关系之中，与其他非经济因素融为一体，而非独立的系统。[①] 经济系统的功能是作为其他非经济的社会制度的副产品，经济系统整合在社会系统之中，不存在独立的经济实践和关系。此外，由于经济嵌入于社会关系之中，经济生产的各种要素，如生产资料的配置和劳动分工以及产品分配，都与各种社会结构相关联。因此，在探讨经济活动的规律和特征时，需要从非经济结构视角来考察。小岗村农民率先自发实行的"大包干"尝试，彻底改变了集体生产模式下的村落经济状况，帮助自己走出了贫困的境地。这一显著经济绩效成为后来农村家庭联产承包责任制改革在全国普遍推行的榜样和动力，而且农村经济也随着改革的推行得以快速恢复和改善。为什么以往被认为具有优越性的人民公社制是低效率或无效率的，而家庭承包责任制却是高效率的呢？究竟是哪些因素影响或决定农村经济绩效的高低呢？对这些问题的解释，经济学界主要有两种理论倾向：一是集体农业低效率论；二是家庭组织优势论。林毅夫认为，由于无法建立起有效的经济激励机制，人民公社的那种适合工业的规模经营效应在农业生产中很难实现。相反，当农业生产的经济组织落在个体家庭之中时，劳动报酬能更有效地激发家庭劳动力的生产积极性。[②] 林毅夫的解释实际上是用经济学基本原理来诠释因为农民在集体中出勤不出力、偷懒或磨洋工，因而生产是低效率的；而家庭联产承包责任制提高了人们的劳动积极性，所以带来了生产效率的提高。这一理论对于解释影响微观经济效率的因素可能是有效的，而在解释农村宏观经济变迁方面则是不全面的，它忽略

---

① Polanyi，Karl（1985），*The Great Transformation*，Boston：Beacon Press，6-35.

② 林毅夫：《制度、技术与中国农业发展》，上海三联书店 1994 年版，第 7 页。

了农村本身的社会资本。所以，尽管集体农业低效率的解释符合微观经济行为逻辑，但与社会常理逻辑则不完全吻合。例如，在小岗村，难道农民宁愿集体挨饿也要选择集体性偷懒吗？如果说他们缺乏自觉合作的倾向，那么为何他们又能自发合作搞起"大包干"呢？周其仁的研究代表了第二种理论倾向。他认为家庭联产承包责任制是"家庭经营的再发现"。农业活动最基本的特点，是通过利用有构造的生命自然力进而利用其他自然力的活动。[①] 家庭联产承包责任制仍属于合作化经济的一种延续，其特点只不过是把家庭作为合作经济的桥梁。无论是集体农业低效率论，还是家庭组织优势论，都只解释了农业经济的某个方面的特征和规律，都只是从经济系统自身去寻找农村经济变迁的原因，而忽视了农业经济在中国是嵌入于乡村社会这一事实。

小岗村位于凤阳县的东部，淮河中游的东南部，距离京沪铁路约5公里，离淮河约20公里左右。就地形和地质来说，地势西高东低，西面是一片不高的岗丘，东南是呈梯状分布的冲积地。冲积地一般多为水田。岗丘的土质属盐碱地，这样的耕地，如果没有施足肥料，不精耕细作，是长不出庄稼的。小岗村曾流行一句顺口溜："种二十，收十八，不用镰刀用手拔。"这就反映出这里的土地收益率很低。小岗村2007年有土地面积1800亩，耕地面积1600亩，其中承包耕地面积1070亩，人口373人，人均拥有土地面积4.85亩。耕作制度为旱地作物与水稻轮作制度，夏粮主要为小麦，秋粮为水稻，杂粮种植在这里也很重要，主要有油菜、花生及豆类作物。1978年，小岗村共有18户人家，再加上两个单身户，人口不过120人。在农业合作化时代，小岗村是一个相对独立的自然村，也是一个生产小队。1998年，小岗村变成了一个行政村，包括原来的小岗生产队和小岗东面相邻的大严生产队，登记在册的居户为90户，人口373人，其中劳动力180人。像小岗村这样小的村落，由于自身力量的脆弱，所以其经济活动绩效最容易受到两个方面

---

① 周其仁编：《农村变革与中国发展（1978—1989）》，牛津大学出版社1994年版，第81页。

因素的制约：一是特殊的自然因素。自然因素主要是旱涝灾害，由于小岗村的耕作制度特点，使得农业收成一方面在较大程度上依赖于风调雨顺。二是人为因素。合作化和人民公社化运动，无论从目标，还是从推进的方式和最后的结果来看，政府强制性嵌入破坏了村落经济的基础。从小岗村的经济变迁史来看，这种破坏性影响主要表现在三个方面：第一，合作化和集体化破坏了小岗村的生产资料和生产能力。第二，合作化与人民公社化破坏了小岗村自身的生产关系，从而使得正常的生产活动难以组织和协调起来。小岗村是一个具有自身独特条件的小村落，唯有他们才真正懂得如何去适应这种自然状态，所以他们的社会与行为选择，具有自我调节功能。而合作化和集体化通过建立新型的农村政治和权力结构，彻底破坏了小岗村内部均衡的社会资本和社会结构。当政府权力介入改变了村落中原有的社会资本，而这种社会资本是人们自觉达成和"自我实施的合约"；然而在权力介入以后，破坏了原有的均衡，个人都只能通过与权力代表或中介的关系互动。政治权力的强势介入挤出了农户之间亲密的血缘关系，扭曲了村民之间的生产和交易行为，降低了生产效率，抑制了经济发展。第三，合作化和集体化破坏了小岗村农民的自我发展。为了应付特殊的自然环境，小岗村人从经验中积累了自我调节的机制，那就是他们几乎每一户都掌握了一种特殊的技能或手艺以便在农业外自我谋生。而作为一项政治运动的合作化和集体化，则通过政治和意识形态的方式限制和禁止他们使用这些手段，从而在根本上破坏了他们的自我谋生手段和技能。当政治嵌入侵害了农民个体经营活动的权利时，加上集体的耕地和经营范围狭窄且有限，即便所有农民在集体内积极地劳动，也无法改善生产状况和生活水平。所以，在农民自我谋生手段被破坏之后，小岗村的经济也就不可避免地走向了崩溃。

在小岗村的个案中，我们看到合作化和集体化通过政府权力的方式破坏了村落经济生产的基础，而不仅仅是对农民生产积极性的影响。积极性的高低只是程度上的影响，而嵌入性权力则从根本上动摇和改变了经济基础和社会资本。所以，当我们认识集体时代农村经济的无效率时，不能只看到集体制与家庭联产承包责任制之间在组织、经营管理以及分配体制上的差别及影响，还应该看到集体化过程的另一面，那就是权力嵌入的一面以及嵌入性权力的带来的破坏性。小岗村的史实证明，嵌入性权力对村落经济的破坏主要表现在三个方面：一是政府强制导致生产资料和生产能力的破坏；二是政府干涉对正常社会资本和生产秩序的破坏，增长了交易成本，降低了生产效率；三是权力嵌入导致个体之间交易行为受到严重破坏。

小岗村典型的案例中所折射出的启示同样具有普遍意义，主要体现在三个方面：首先，任何外在的旨在改造农村、农业和农民的政策或制度安排，无论在理论模型上多么天衣无缝，如果忽视了农民的权利，尤其是他们之间的行动逻辑基础上产生的社会资本与社会结构，都可能给农民的利益带来损害。其次，政府权力进入要与地方社会资本相适应，否则政府政策反而可能破坏经济系统的独立性和运行机制，最终阻碍经济的发展。安徽凤阳县小岗村发起的行动，以及家庭承包责任制在全国迅速而且有效率地推广与我国熟人社区规则下的传统社会资本有效地结合，促进了生产效率的提高。

9.2.2 社会资本与乡镇企业成长

改革开放以来，我国各地情况千差万别，发展路径各异，一个最引人注目的变化便是乡镇企业的异军突起，其迅猛发展的态势引起了国内外理论界的高度关注。乡镇企业①为我国经济的高速发展立下了汗马功劳。对于乡镇企业的发展与壮大，无论是主流的经济理论还是制度分权的观点都难以解释其对中国经济转型的贡献及其生成机制。乡镇企业制度是中国经济转型中一个过渡性的企业制度。对于它的研究将有利于更好地完善中国经济发展与转型理论。20世纪80年代，包括苏南在内的

---

① 我们在此使用广义的乡镇企业概念，除了包括乡（镇）、村集体经济组织建立的企业外，还包括农民联户办和户办企业，以及各层次的联营企业、中外合资企业和农村股份制（含股份合作制）企业。

全国各地乡镇企业异军突起，与"缝隙经济"①的发展有关。农村工业的发展有着类似于"缝隙经济"的发展。确实，改革初期大量经济缝隙的存在为包括苏南地区在内乡镇企业的异军突起提供了历史机遇。乡镇企业按产权清楚与否可分为两大类：乡镇集体企业和乡镇非集体企业。而对于乡镇集体企业产权上的模糊制度安排是理论界关注的热点之一。Svejnar（1990）、Weitzman 和 Xu（1994）通过实证分析证明，中国产权形式的差别并不影响经济效益，非国有部门模糊不清的产权带来中国经济高速增长。"只有界定清楚的产权才能有效率"的命题忽略了人们行为的文化因素。但许多研究者并不以为然。田国强（1995）认为在乡镇集体企业产权非常模糊的条件下，名义上的所有者扩张产权（使产权增值）的激励很小，因为个人的努力程度和收益之间的关系是很不确定的。李稻葵（1995）提出的模糊产权理论对此作了较深刻的分析。模糊产权可定义为最终控制权的模糊性，意味着所有者的控制权缺乏保证，以至于受损，所有者不得不为其本应有的权力不断地进行斗争或讨价还价。乡镇企业的产权选择离不开其发生的制度环境，模糊产权的制度安排在市场不完善、交易费用高昂的情况下，为乡镇企业提供了较好的政府保护机制，具有比私营企业更高的效率和更低的破产可能性，不过产生的成本则是过多的地方政府干预。所以模糊产权反映了市场的不完善性条件下的合理选择。但同时，产权模糊又是不合理的，没有前途的。当市场完善以后，政府干预减少，它就变得效率低下了。乡镇企业模糊的产权制度安排在中国经济市场化推动下，在激烈的市场竞争中，以相当快的速度发生着创新和转变，面对这些新出现的产权制度安排，周其仁（2002）作了很好的研究与分析。他认为"界定模糊的产权"是乡镇企业产权制度安排继续变革的逻辑原因，而这一变革的逻

---

① 所谓"缝隙经济"（niche economy），是指"在一个具体的经济制度里，基本上处于正式经济结构之外的、以特定的专业化为基础的企业运行的一种经济形式。企业之所以可能专业化，首先是因为企业在正式制度之外活动，能够运用更有效率的组织形式，能够取得特殊的交易成本优势，其次是由于某些市场还没有被其他企业系统地开发出来"。中国的乡村工业明显地处于"正式"经济体系之外。

辑走向是：企业控制权向经理层转移、经理报酬与企业利润挂钩，直到比较完整的企业剩余权的形成及其资本化，最后到发展出地方资本市场来交易资本化的企业家人力资本。周其仁还以"苏南模式"中横店集团、永鼎集团为个案，验证了这一逻辑走向。对于家族企业这一乡镇企业的重要的组织形式普遍存在的原因，目前理论界的考察大致是从以下两个角度来分析：一个角度是借鉴文化历史和社会学的研究成果，从特定的地域文化角度解释家族企业的存在。如汪丁丁从中国文化中狭隘的家族价值观和"差序格局""内外有别"的信用关系出发，将家族企业在现阶段中国经济中的兴盛归结为一种由中国深厚家族历史背景及其信息交互特征所内生的特定文化现象，是中国几千年"家"文化传统的社会心理积淀对企业组织与行为的巨大影响的具体体现（汪丁丁，1995）。另一个角度则从交易费用角度比较经济组织的优劣。如陈凌（1998）把威廉姆森评判契约的组织失灵框架扩展到非契约的家族式组织和网络模式来解释家族企业的存在，认为信息不规范直接影响了所有人的因素和环境因素，大大增加了机会主义倾向，也使得最佳的治理结构不是市场，也不是科层式企业，而是家族式组织和网络模式。家族和网络恰恰在契约停止的地方开始它们对交易的治理。理论界对家族制企业的效率评价可大体分为两种观点：一种是基于家族企业的优点和成功例证，倾向评价家族制企业好。如潘必胜（1998）通过对江苏某地改制后的乡镇企业组织形式的调查，发现家族力量已经强有力地渗透进社区经济型的乡镇企业中。另一种是基于家族制在发展中的劣势以及其失败的例证，认为家族制有利于创业不利于发展。如雷丁（G. Redding，1990）从纵向合作、横向合作、控制、适应性四个方面探讨了华人家族企业组织形式的优劣，认为华人家族企业既是一种高效的组织工具，又是这些企业"长不大，大必散"的组织根源。李新春（2001）指出家族内外有别的伦理关系和信任结构会造成所谓"家族主义困境"，使其不能解决随着组织规模或交易的复杂性增加而出现的代理能力不足。

在我国乡镇企业的发展模式中，有温州模式和苏南模式之分。一般来说，所谓"温州模式"，就是以发展个体私营经济为主的发展模式；所谓"苏南模式"，就是以发展乡镇集体企业为主的模式。浙江的整体发展可以总括为"浙江模式"，它是"温州模式"的更新和扩展模式。两者的大文化背景并没有什么不同，都是华人文化，都有商业文化传统。对于初期的乡镇企业的成长来说，乡村组织起了非常积极的作用，[①] 关系规则的社会资本为其发展提供了低成本人际合作基础。一方面，乡镇企业产生于"熟人社区"，社区的习俗、惯例等非正式规则在市场还不完善和产权还没有得到清晰界定的情况下，是一种无形资产，能够创造收入流。[②] 这主要表现在：第一，熟人社区内的长期人际交往，使得"长袖善舞的能人"不需要借助于市场选拔机制或乡村组织领导的发现就能够浮现出来，这些精英人物往往会获得村民的信任而成为"魅力型"企业家；第二，乡村社区中的亲缘、血缘、地缘关系使人与人之间处于一种长期重复博弈之交往互动过程中，他们之间的合作成本比较低。另一方面，企业与乡村组织形成了具有双边治理特征的关系合同。在这种关系合同中，产权往往是模糊的。按照西方标准的产权理论，乡镇企业应该效率低下。但在特定环境下，却奇迹般产生了高效率。[③] 怀特（M. K. White）的研究也试图说明中国的家庭经营模式有利于经济的增长。[④] 怀特认为，尽管 20 世纪 80 年代以来中国家庭结构发生了变化，但家庭内的忠诚、义务以及亲友和宗族关系为经济发展提供了有利条件，在乡村工业的兴起和发展过程中发挥了着重要作用。首

---

① 谭秋成：《转型时期乡村组织行为与乡镇企业发展》，载《中国社会科学》2003 年第 2 期。

② 陈剑波：《制度变迁与乡村非正规制度——中国乡镇企业的财产形成与控制》，载《经济研究》2000 年第 1 期。

③ David D. Li(1996)，"Theory of Ambiguous Property Right in Transition Economics：the Case of the Chinese Non-state sector"，*Journal of Comparative Economics*，23，pp. 1-19；Martin L. Weitzman and Chenggang Xu(1994)，"Chinese Township-village Enterprise as Vaguely Define Cooperatives"，*Journal of Comparative Economics*，18，pp. 121-45.

④ Martin K. White(1996)，"The Chinese Family and Economic Development：Obstacle or Engine?"，*Economic development and Cultural Change*，45(1)：1-30.

先，乡村工业的原始积累得益于家庭和亲友关系网络；其次，家庭和宗族内的忠诚和道义降低了管理的交易成本；最后，家庭能够在家族群体的环境中获得资源。彭玉生等人试图用经验数据来支持怀特的观点，"宗族网络势力对乡村企业总数具有正面影响，同时宗族网络对私有制企业的影响比对集体所有制企业的影响更为显著"。[①] 由此他们认为，中国的家族主义和宗族网络对乡村工业发展不仅不是障碍还具有正面的作用。

改革开放以来，温州作为中国乡镇企业与家族企业迅速发展的典型地区是一个不靠外资也不靠政府特殊政策发展起来的区域经济，他们不但在本土获得发展还成为进军海外的大军。温州人利用了比外资和特殊政策更重要社会资本，也就是在激烈的竞争环境中，温州发展的历史进程中所形成的伙伴式的相互协作关系和网络。这种良性的互动和合作，既归因于温州区域人文环境和资本的特性，同时又归因于温州人连续创新的内在驱动。各种因素交汇在一起，形成了温州经济发展所必需的各种要素的相互促动关系的社会资本，成就了今天的温州。构成温州社会资本的要素很多，比如说：（1）民间资本。温州的民营经济占了市场的主导地位。20世纪80年代初，由于国家贷款只向国有企业倾斜，民营企业贷款较难，只能通过民间借贷来解决资金短缺。温州民间资本形成的包括民间借贷、高利贷、私人钱庄等十一种有效率、活力与竞争力的非正式金融制度安排（胡必亮，2004），为早期的温州民营企业发展提供了较大支持。温州的民间借贷历史悠久，在清朝以前就出现了。一种形式是互助、非利息式的，另一种是利息制的，诸如标会、摇会、呈会、台会等形式。民间借贷利率由借贷双方互相约定，利率高、风险大，借贷双方都要承担一定的风险。但借贷双方大多是邻里亲戚、同学朋友，大家都知根知底，比较放心。企业需要几百万资金，通过民间渠道（诸如一个电话、一张收据、甚至一次握手）很快就能办成。这其

---

① 彭玉生、折晓叶、陈婴婴：《中国乡村的宗族网络、工业化与制度选择》，载《中国乡村研究》（第一辑），商务印书馆2003年版。

中靠的就是人与人之间的信任关系。正是温州的民间资本市场，盘活了温州企业的发展，显示出以信任形式出现的社会资本帮助温州人进入市场经济的力量。改革开放以后发展起来的温州广大中小民营企业，始终被排斥在正规金融部门之外。尽管非国有经济部门创造的产出占温州国民经济总产值的 90% 以上，正规金融部门对温州私营、个体企业的贷款比例直到 20 世纪 90 年代末也未超出其信贷总量的 7%。① 温州现有的 16 万多家民营企业中，大部分企业的初始资金几乎都来自民间借贷。

（2）商会、行业协会。温州的商会、行业协会完全是自发性形成的自治性民间组织，与其他地方的大多数商会、行业协会依然挂靠政府或脱胎于政府是不同的。其宗旨是行业自律、业内维权、交流经验、共享资讯，推动企业的协作和发展。温州的商业、行业协会在温州的社会发展中扮演着重要的角色，温州行业协会已有 150 多家，包括众多行业，参加协会的企业占到企业总数的 1/3 以上。温州现有 200 万人左右在全国各地务工经商，但散居在全国各地的温州人并非一盘散沙，各地温州商会把他们聚在了一起，交流经商的信息、经验、教训、体会，彼此合作、优势互补、共同发展。普特南认为，获得"社团成员资格"就是一种社会资本。温州的商会、行业协会实行行业自律，制定行业规范，自觉抵制假冒伪劣产品，和有关部门合作建立产品检测中心，完善产品生产标准。如温州烟具商会规定，企业不可恶意复制、抄袭、剽窃他人的设计和产品，违者按行业有关规定予以处罚，这种经济伦理作为一种规范，是重要的社会资本，它通过对人们行为的规范，减少行为的不确定性，增加人与人之间的信任。它作为一种被共同遵守的社会规范，创造了互惠的社会关系网络，对行业的健康成长起到了保护作用。此外，商会还组团参展，开拓市场，提高温州产品知名度，提供学习、交流经验的机会。（3）政府政策。在温州发展阶段，温州政府的政策支持起了相当大的作用。温州政府的作用表现在两个层面。在精神层面，温州

---

① 史晋川、金祥荣、赵伟、罗卫东等著：《制度变迁与经济发展：温州模式研究》，浙江大学出版社 2002 年版。

政府表现为"有为"，不唯书，不唯上，只唯实；在管理层面，表现为"无为"，放手让民营企业迅速成长，起了保驾护航的作用，但并不直接参与市场的运作。（4）家族管理。温州民营企业中，所有权属于家庭或者家族成员所有的中小企业占了很大比例，即使是具有现代企业组织形态的股份合作企业、股份制企业，其资金组合、决策方式，用人选择等方面也带有明显的家族企业痕迹。大部分民营企业在创业阶段采用了家族式管理，提高了效率，降低了成本。温州企业的内部组织管理，也同样表现出很强的血缘、地缘关系的作用，企业主出于信任关系和成本上的考虑，在用人制度上，显示出内外有别，这时，家族成员或同乡、朋友等信任关系即作为一种节约交易成本的社会资源进入。这样家族的伦理约束简化了企业的监督和激励机制。温州的民营企业是基于家族化管理的凝聚力、灵活性以及在代理问题上的优势，获得了迅速的成长。从中可以观察到，它们在进入新市场和适应市场需求变化时，通过企业内部的社会关系网络和资源，形成相互依赖，相互信任的组织网络。决策速度快，能很快付诸实施，体现了机制灵活的特点，减少了不确定性。当环境改变时，它们通常能比竞争对手更快速地调整价格，消化库存，降低成本。这不仅可以降低市场风险，获得相互支持和学习，同时，也是降低交易成本的有效组织方式。这都显示了温州家族企业的较强的竞争力。据对日本、韩国、印尼与欧洲、美国华人企业的调查，成功企业90%为家族企业。世界上一些著名企业，如杜邦、洛克菲勒集团都是家族企业。世界500强企业中，家族企业也占了40%，这说明了血缘、亲情这些社会资本在相互沟通，取得共识等方面，产生了正式制度所不能产生的独特作用。（5）市场网络。社会上流传着一句话，"哪里有温州人，哪里就有市场；哪里有市场，哪里就有温州人"，这说明了市场与温州人是紧紧联系在一起的。费孝通提出了"小商品，大市场"（费孝通，1998）概念，其中"大市场"不只限于20世纪80年代在温州涌现的10个著名专业市场，而是指向全国及世界经济的交往网络。以专业市场为主要形式的"小商品，大市场"格局，形成了自己独特的竞争优势。温州小商品为主的产品结构，采取的是"小而专、小而联"的生产方式。产品的各道工序一般都在不同的企业间实行分工协作，通过建立企业与企业间的社会联系，营造信任的基础，促进相互合作的机会和经济资讯的交流。温州在一村、一乡乃至更大范围内家家户户参与的基础上形成了全国性的产销基地或者说专业市场。这种专业市场成为网络建立的场所，协助成员有效及灵活地收集资讯和资源。家族企业之间的这种分工协作不仅大大降低了生意上的交易成本，而且能够迅速灵活地回应市场的变化，以较快的速度、较低的成本获取全方位的市场信息，从而提高企业的生产效率。怀特在其著名论文《市场从何而来》中指出，市场是从社会网络发展而来的：第一，生产经营者们从一开始就处在同一社会网络中，他们互相接触，相互观察对方在做什么，特别是对方在同类或相关产品上如何定价的。所以，生产经营者的社会网络为他们提供了必要的经营信息。第二，处于同一网络中的生产经营者们相互传递信息并相互暗示，从而建立了一种信任关系，在这种信任关系的制约下，大家共同遵守同一规则，一起维持共识，从而使商业往来得以延续。第三，市场秩序事实上产生于同处一个网络圈子中的生产经营者，他们并不是按照纯粹的市场规律来行事。换言之，市场秩序是生产经营者网络内部相互交往产生的暗示、信任和规律的反映（White，1981，2002）。① 我国是一个城乡分割的二元社会，社会经济资源基本上都集中在城市，而拥有绝大多数人口的乡村却一直在承担着一个农业国家在短期内发展现代化大工业所必须付出的代价。所以，乡镇企业在起步阶段是没有多少社会经济资源可利用的，但乡镇企业在短时间内取得了国企所无法比拟的成就。在乡镇企业兴起之时，也是中国由计划经济向市场经济转轨之初，农村传统的社会资本，即以血缘、亲情、熟人形成的社会资本在乡镇企业同外界的市场交换中发挥

---

① Harrison C. White(1981)，"Where do Markets Come From?"，*American Journal of Sociology 87*，pp. 517-547；Harrison C. White(2002)，*Markets from Networks：Socioeconomic Models of Production*，Princeton University press，Princeton.

了重要的作用。植根于我国广大农村的乡镇企业，以血缘和地缘关系为基础的社会资本使处于其中的人们相互间的权利、责任和义务及相互间的信任不是通过法律或正式的规章制度建立，而是通过习惯或传统得以确定和保证的，为推动我国民营经济，促进经济增长作出了重要贡献。

9.2.3　社会资本与正式权力结合

尽管私人企业在改革开放初期所面对的制度环境并不宽松，但是，它还是在熟人社区的关系网络中借助社会资本存量倔强地生长并逐步壮大。私人企业一方面通过家族的力量逐步壮大，另一方面，私人企业还通过各种手段与地方政府搞好关系。例如，为了获得更容易的审批程序和税收方面的优惠，一些私人企业竭力乔装打扮，戴上"红帽子"以获得某种政治庇护。这些"红帽子"私人企业，挂靠于某个行政事业部门之下，常与乡镇企业混在一起，难以分辨。我国经济发展过程中地方政府具有双重特征：他们一方面是"经济参与人"，即像任何经济主体一样关注经济利益，20世纪80年代以来的行政性分权和财政包干强化了地方政府的经济动机；另一方面，这些地方政府官员同时也是"政治参与人"，他们关注政治晋升和政治收益。各地的官员不仅在经济上为财税和利润而竞争，同时也"官场"上为晋升而竞争。20世纪80年代初期实施的领导干部选拔和晋升标准的重大改革使地方官员的晋升与地方经济发展绩效挂钩。

随着经济总量的增长、市场范围的扩张和地区分工程度的渐次加深，跨地区交易的数量也与日俱增。仅仅依靠原有的个人关系网络来支撑这些交易便越来越显得不足，尤其那些原本就缺乏跨地区性个人关系的私人企业越来越多地成长起来以后。尽管锁定交易对象是解决合同执行问题的一个有效办法，不过这一策略的成本却是丧失了调整交易对象的灵活性。那么，在法庭提供公正执法的能力不足的情况下，如何寻找替代性的保证非人格化交易的机制呢？中国的私人企业家的一个创造性办法就是：在现有的个人关系网络基础上，通过利益的交换机制来建立与外地地方政府官员的个人关系。当一个私人企业考虑要去外地与另一个未曾谋面的企业进行交易时，它首先的行动是要在当地政府中寻找到一个官员作为自己的"合同执行代理人"。如果在它现有的关系网络中存在合适的人选，这个问题自然就解决了。如果没有，那么就要制造出这样一个关系，就要设法去"拉关系"。拉关系需要有中间人，即原本就和当地某个重要官员有着亲密关系的人员，有时找到这样一个中间人都非常不容易。在中间人的引见下，私人企业家得以结识该政府官员，但是，这并不意味着相互就形成了亲密关系。私人企业家必须要进行相应的投资——提供金额不菲的现时消费。只有在经过多次的交往之后，私人企业家才可能进入到该官员的核心关系圈内。有了这样一个代理人，私人企业家就可以放心地与当地的任何一家企业进行非人格化交易。地方官员往往也乐于扮演这样一个角色，首先是他本人的确有能力来执行合同；其次是保证跨地区交易的实现也有利于本地经济的发展，而且可以通过示范效应争取更多的企业来扩展本地区市场；最后一点当然是他本人从中分享了交易所实现的一部分经济租金。这样一种非正式的合同执行机制的政治经济学含义之一是，在中国市场化改革所带来的巨大机会面前，不是所有的个人都拥有同样的利用这些机会的能力。这种能力的差异不是来自个人企业家才能的差别，而完全取决于个人关系网络的特征，以及把重要的地方官员调整到核心关系圈内的经济实力。所以，关系与权力严重影响着人们进入市场的机会。第二层含义是，市场交易所带来的收益——经济租金的分配不但取决于生产要素的边际产品价值，而且，权力也参与到了分配过程。由于一些社会成员处在特定的掌握公共权力的位置，他能够利用这一权力来分享市场交易的成果。

香港人到广东，台湾人到福建，还有一些人到上海，去建立合资企业，合作的对方往往是当地的政治领导人，制造的产品向外销。结果乡镇企业高速增多。合作的交易以高度个人化关系为基础，而不是以法律为基础。海外华人投资者争取到了种种优惠，从多年安排的减免税，到固定的低工资，名目不少。就这样，一段时期之内，依靠非正式关系办事的传统造成了奇迹，资本迅速流进中国，建立新企业，其速度要比依照法律谈判签约的办法快得多。甚至连一些外国银行家也迷上了他们所理解的中国非正式网络的精髓，愿意根据中国官员的点头、眨眼或者握手提供贷款。

然而，企业缺乏透明度或法律文书，早晚必然导致任人唯亲的资本主义和广泛的腐败。商业交易缺乏法律基础，这在好光景时也许能加快交易，但一旦情况恶化，就没有明确的程序来处置破产。尽管中国的市场化程度在不断深化，但是掌握再分配资源的权力拥有者依然支配着经济活动。这是因为，在这种由地方政府主导的市场化过程中，地方政府官员的个人关系网络本身就是必不可少的因素。潘必胜结合中国近代家族企业发展，从宏观角度指出在市场法制不完备的情况下，家族企业通过社会网络与行政力量的勾结，将行政力量引入企业经营会形成官僚家族企业，由此使公开、公平、公正的市场经济体制不可能建立起来。[①]"如何建立一道私人经济与政治权力之间的隔离带和过滤网的工作还未得到重视，政企不分成为家族势力通过企业组织渗透行政机构的通道。"Max Boisot 和 John Child 对当代中国企业与政府组织，特别是与地方政府组织之间的关系也进行了较为深入的研究，并指出当前中国出现一种"类似晚清的官僚资本体系和有权势的家族控制相结合的民族资本主义体系"。[②] 其经济秩序的演变并非朝向市场秩序，而是一种可能称为网络资本主义的经济组织形式。他们所揭示的征兆有可能成为未来中国企业组织与政府组织相互之间路径依赖的一种趋势，值得特别警惕，并亟须深入研究。

---

① 潘必胜：《家族企业与中国市场化进程》，载《中国社会科学季刊》，1999 年冬季号。
② Max Boisot and John Child(1996)，"From Fiefs to Clan and Network Capitalism：Explaining China's Emerging Economic Order"，*Administrative Science Quarterly*.

9.3 路径依赖与社会资本投资

毋庸置疑，社会资本为中国经济发展与转型提供了强大的动力和支撑，但是，在中国传统的社会背景下，中国的社会资本主要是一种社会关系网络，与之相对应的信任仅仅是通过人与人之间互相接触而产生的，人与人之间的直接了解和道德规范构成传统信用文化的基础。这种信用文化只适用于范围较狭小的社会经济活动，随着经济的发展，传统的信用文化就不能满足需要。中国长期以来的计划经济单一的产权制度模糊了不同交易主体之间的利益关系，不仅弱化了中国传统的信用文化，更影响了中国传统信用文化向现代信用文化转变。此外，中国的"渐进式"改革已经从增量体制扩张逐渐深入到了体制存量调整阶段，并逐渐触及到了体制的"核心"。体制的存量调整，不能像增量体制改革那样保证改革具有帕累托效应，而是在促进社会总福利增加的同时，给部分参与者带来福利损失。存量改革中弱势群体会对改革充满失望和不满情绪，同时也会产生对社会或他人的不信任，形成近几年来普遍的信任危机，从而阻碍人们之间进行广泛的合作，使社会资本闭锁在家庭、亲戚和朋友等狭小的范围内。同时，从计划经济向市场经济的转型过程中，转型时期的经济运行同时承担着经济体制转型和经济发展阶段的双重任务，也同时包括政府公共权力的转型，即在经济体制与经济发展的转轨的同时实现政府的转型。中国所特有的渐进式改革，在经济发展与转型过程中所出现的腐败和收入不公等社会问题，更导致人们的思想价值观念的更新转换和政府公共权力的转型十分艰难这种特有现象。由于在整个改革过程中，市场因素始终是政府为了经济发展而引入的，市场框架是在强大的政府能力的基础上构建起来的，并需要在此框架上不断修正完善，政府公共权力的影子随处可见，使制度既有市场的特征又有计划的特征，更形成了社会分配比真正的市场经济甚至以往的计划经济存在更大的不平等。在这一复杂的背景下，近些年，传统的公民参与网络、共享规范与社会信任遭受侵蚀，表现在：（1）相对频繁的职业者流动率总体上打破了中国单位型社会体制，而单位型社会体制是城市居民传统社会资本的依托方式。（2）人与人之间的"关系"由改革前的"情感"交换倾向转变为非情感交易倾向，使得居民对"关系"对象的信任被"金钱"交换所取代，致使中国居民的社会资本由于越来越长时间的不使用而趋于衰竭之中。其表现形态是，尽管物质生活水平在膨胀，但城市居民却变得越来越不愿承担社会公共责任，表现出前所未有的冷漠、孤立与空虚，城市社会生活缺乏活力。20 世纪 90 年代中期以后经济体制改革速度的放慢与此不无关系，因为社会资本的短缺约束了制度变迁的效率，以至于诱致性制度变迁不再产生。因此，中国制度变迁不断深入，一方面依赖于正式制度的不断创新，另一方面依赖于传统社会资本的重新聚合与新型社会资本的构建，进而解除社会资本的缺失对经济社会制度变迁效率的闭锁。所以，在全球化背景下，各个制度的创新主要来自于社会资本的多重均衡。社会资本状况与转型国家的制度创新息息相关，并在很大程度上决定正式制度的有效性，社会资本作为一个国家长期交往合作所形成的一系列认同关系，其背后积淀着历史文化、信仰和行为模式，脱离本国的社会资本实际而嫁接外来的正式制度将会扭曲制度的绩效。正如钱穆所说："正因制度是一种随时地而适应的，不能推之四海而皆准，正如其不能行之百世而无弊。我们讲论中国历史上的历代制度，正该重视中国历史之特殊性。……政治只是全部文化中一项目，我们若不深切认识到某一国家某一民族全部历史之文化意义，我们很难孤立抽出其政治一项目来讨论其意义与效用。"①转型国家要想获得有序的、平滑的秩序转型效果，必须超越"政府与市场的二元观"的简单思维，以政府、市场和社会资本多元主义为理论视角重构国家治理模式，投资社会资本，构建中国经济发展与转型进程中的动态治理模式。

---

① 钱穆：《中国历代政治得失》，三联书店 2005 年版，第 4 页。

本章结论

　　本章在评述中国经济发展的相关理论基础上，从社会资本角度阐述中国经济发展的动力机制，并认为社会资本可以看做是中国社会结构转型时期经济发展的特殊动力。中国渐进式改革进程中所推行的一系列制度，无论是农村家庭承包责任制还是财政分权制度，以及家族企业的繁荣，甚至于外资的流入等，无不是内生于以家庭为基本组织的中国传统社会结构中的社会资本（包括习俗、信任关系等社会规范）。这种一致性使创新的制度更容易得到公民的认同，内生为自觉遵守的社会规范，并在此基础上形成信任关系，促进制度创新，推动经济增长。但是，随着市场经济范围的扩张，传统社会资本的弊端逐渐显现，我们需要在中国进一步深化改革的进程中投资新型社会资本。

第六部分
结语与展望

每一个时代都有它的重大课题，解决了它就把人类社会向前推进一步。

——海涅，1928

我们难以预测2030年的社会将是什么样子。不过，我们深信：信任、社团、合作与宽容仍将是社会良好运行的润滑剂。社会资本所倡导的人与人之间的合作互惠将是通往和谐社会的关键所在。

第 10 章 结论与展望：投资社会资本通往和谐之路

> 每个人的自由发展是一切人的自由发展的条件。
>
> ——《马克思恩格斯选集》第 1 卷，1972 年

改革开放以来，中国经济发展、社会风貌以及人情世故发生了翻天覆地的变化，"中国奇迹"进入了世人的视野。虽然我们不必十分在意 2008 年美国《新闻周刊》首期封面文章对于中国是"一个威猛而又脆弱的超级大国"（a fierce yet fragile superpower）这一令人尴尬的评价，然而，我们必须面对经济快速发展的进程中摆在我们的面前一些深层次问题。由于传统的社区范围内的信任关系逐渐残缺凋零，在单一制的社会主义国家权力的卵翼之下的稳定生活也几乎变成了历史的记忆，而人际互动关系中固有的社会伦理规范经过革命大潮和市场经济的商业浪潮先后冲刷洗礼之后所剩无几，以法治秩序为凭借的治理模式却尚未成型，在中国经济转型与发展过程中，市场化和全球化带来的挑战将会比其他社会更强烈。在经历了近 30 年的"增长导向"的发展之后，如何更好地应对经济、社会与政治协调发展的挑战，以通往和谐之路，是我们新世纪面临的重大课题。本书试图从社会资本的角度横跨经济学、政治学与社会学等传统领域探讨经济转型与发展的治理模式；试图基于社会资本的制度变迁角度为经济转型与发展做出一些探索，并试图得到更广泛的政策建议。

10.1　政策含义

　　无论是经验的研究还是理论研究，都还没有能为制度构建或者经济转型提供清楚或者明确的政策建议。毫无疑问，好的治理模式与经济绩效之间有重大的联系。新自由主义试图用"华盛顿共识"包打天下，将发达国家的政策简单复制到其他国家，但却难遂其愿。中国渐进式改革和以俄罗斯为代表的激进式改革表明，发展中国家更应该在它们自己的人力资本和社会资本积累下开发出与其文化传统相一致的发展模式，而不是简单的拿来主义。制度建设是一个长期的渐进过程，新组织的创建和平稳运行、新法律规则的制定和完全实施，尤其是不同经济主体的行为变迁，都需要花费较长的时间。本书从社会资本的角度探讨中国经济转型与发展的路径，经济转型与发展不是简单的政府退出，政府内生于经济转型与发展过程中，它不是简单的外生变量，在经济转型与发展中，政府的作用至关重要。同时，市场经济的发展也是一个漫长的培育与完善的过程。社会资本有助于市场经济发挥作用，弥补市场失灵，也可以限制政府权力，矫正政府失灵。因而，成功的经济发展需要改善公共部门、私有部门以及公民组织的功能，三者在实现平衡与分享的可持续发展过程中扮演重要互补作用。

　　（1）本书试图从社会资本角度探讨在经济转型与发展中，社会资本的重要性。社会资本的研究弥补了新古典经济学的缺陷，社会资本是经济发展的深层次原因，社会资本的研究有助于我们理解经济转型过程中市场经济培育的伦理道德基础。

　　（2）通过非政府组织参与和社区自治的形式，让民众能多渠道地参与公共政治与经济生活，这与建设现代国家并不矛盾。总之，民间非政府组织作为社会资本的重要载体，它的发展为中国经济转型提供重要的治理模式，它能够弥补政府与市场所不能实现的一些功能，有助于形成政府、市场和社会资本的多元治理模式。

（3）我国新农村建设以自然村为载体，而且建设的主要内容是农村公共基础设施，根据"十一五"规划，五年内政府每年的支农资金达到2700亿元，平均每个县超过1亿元。虽然国家投入了大量资金，以村为社区单位的公共物品仅仅依靠国家出资是很难解决的，全国农村自然村的分散状态使国家自上而下的供给机制无法满足以村为单位的公共物品提供的差异性和多样性。为了避免国家财政资金的浪费，让生活在社区中的农民享受到切切实实的实惠，我们需要尊重农民的需求，动员农民参与乡村的公共决策和管理实施，从而避免新农村建设出现"剃头挑子一头热"的现象，只有公民积极参与新农村建设之中，才能使建设工作落到实处。从政策层面，第一，新农村建设成功与否的关键在于建设的主体——农民的参与，社区村民的参与是农村可持续发展的"驱动力"。第二，考虑到农村税费改革后，以村为单位的农村社区失去对财务收入的控制权。未来的支农资金需要确立村一级和中央政府之间的财政安排，以保证农村基层社区发挥公共物品提供方面的主要作用。改变支农资金单纯由政府单一控制现状，形成中央、地方与社区共同管理资金的模式。并且多渠道向社会融资，形成政府主导，多元投入的局面。第三，当前以基础设施为重点的建设只是新农村建设的重要切入点和突破口，可以作为近期要着力实现的目标。毫无疑问，新农村建设这一"润物细无声"的复杂问题，各项事业需要协调发展，还需要配套开展多方面的工作：加强基层民主建设，保障和维护农民合法权益；发展农民经济合作组织，提高农民组织化程度和抗风险能力；政府对农民参与组织进行规范、支持、引导和推动，提高农民的自组织保障。

（4）中国现代化进程中的突出特点是：具有悠久的历史与传统文化、实行的是社会主义制度、经济转型与经济发展问题并存、人口与地域大国。中国这些独特的差异性使得仅仅依赖传统的经济学理论难以有效地解决中国的问题，西方发达经济的治理模式在中国也不是灵丹妙药。本书从社会资本角度出发，探讨基于社会资本的制度变迁模式。构建了国家、市场与社区（社会资本）三位一体的治理和发展模式，并指出其是中国经济转型与发展的关键。由此，在经济发展与转型进程中，培育社会资本，推动民间组织与社区的发展，有利于推动政府向服务型政府转型，从而，社会资本与政府共同为市场经济发展提供支撑作用。在经济转型与发展过程中，社会资本与政府、市场一道支撑现代经济的发展。

（5）中国可持续发展的社会与政治结构。过去30年里，政府从社会中退出给企业或个人的经济行为更大的自由，这导致了中国经济奇迹般的起飞。但是，仅仅做到这一点，并不能摆脱我们失败的历史。要突破我们的局限，就必须再往前走一步，给基层社会共同体以更大的自治权力，比如农村基层选举的开展、城市内拥有房产的业主的社区自治、工会和各种行业协会的自由组合等等，都将刺激社会资本投资。这样，各种大大小小的基层共同体，就成为社会的基本单位，构筑起对个人权利的保护层，对外可以集体制衡其他权力机构，对内可以培养人们自我组织、自我管理的能力，培养同舟共济的共同体成员之间彼此和谐的社会。本书从社会资本角度探悉了传统社会资本在促进中国经济发展进程中的重要作用，认为在新的历史时期，中国可持续发展过程中需要在自上而下的治理模式中嵌入社会资本的自下而上的治理模式，这有利于处理好中央与地方之间集权与分权产生的经济与社会问题，形成政府与社会资本协同的治理框架。在中国经济转型与发展进程中，应推进服务型政府改革，政府让利于市场，放权给社会，构建官（政府）、民（社会资本）、商（市场）携手共进的和谐社会。

10.2 对未来研究的启示

支持经济发展的非正式制度——社会资本的研究，是跨学科领域研究的交汇点，它将像"人力资本"、"交易成本"等词汇一样成为经济学家关注的焦点，也可能成为一门独立的研究领域。当然，关于社会资本的经济学研究还有待进一步深入，本书在分析研究过程中涉及的下面这些问题无疑是有待探讨的领域。

（1）社会资本的多重均衡问题。世界各国和地区经济、文化、地理以及语言的差异决定了各自发展路径的差异性，完全照搬别人的制度不仅是不必要的，而且有时候会出现"东施效颦"效应，由社会资本网络扩散的信息和惩罚机制提供自发的治理模式有利于经济转型与发展。如何借鉴一些国家先进的制度嵌入本国的社会网络中，在现代化进程中提升传统社会资本有待深入研究。

（2）社会资本测度问题。近年来，制度经济学的研究进入一个新的阶段标志便是一些学者用实证方法研究制度对经济增长的影响。而社会资本作为非正式制度的延续，经济学家对社会资本的理论研究还有待扩展，本书虽然在测度企业社会资本方面作了一些工作，但进一步的实证研究仍是经济学者面临的挑战。

（3）社会资本与制度的内生性。中国仍在转型与发展过程中，当然需要将产权保护、法制体系、宪政体制这些人类文明智慧的结晶尽数纳入。但是，制度的变迁内生于一国社会资本投资状况，而且，经济发展与转型过程中，治理模式是一个动态过程，关系型社会资本治理对规则性治理是有益的补充，两者将长期并行存在。如何在不破坏社会资本的前提下实行法治有待进一步研究。

参考文献

一、中文部分

1. D. 瑞著，陶然译：《发展经济学》，北京大学出版社 2002 年版。

2. V. N. 巴拉舒伯拉曼雅姆、桑加亚·拉尔主编：《发展经济学前沿问题》，中国税务出版社 2000 年版。

3. W. 舒尔茨：《论人力资本投资》，北京经济学院出版社 1990 年版。

4. 阿特金森、斯蒂格利茨：《公共经济学》，上海三联书店 1994 年版。

5. 阿维纳什·迪克西特：《法律缺失与经济学：可供选择的经济治理模式》，中国人民出版社 2007 年版。

6. 埃克哈德·施里特著，秦海、杨煜东、张晓译：《习俗与经济》，长春出版社 2005 年版。

7. 艾里克·乌斯拉纳：《民主与社会资本》，载马克·沃伦：《民主与信任》，华夏出版社 2004 年版。

8. 安德烈·施莱弗、罗伯特·维什尼编著，赵红军译：《掠夺之手》，中信出版社 2004 年版。

9. 安妮·克鲁格：《发展中国家实施经济政策的教训》，载《经济社会体制比较》1995 年第 5 期。

10. 包亚明主编：《布迪厄访谈录——文化资本与社会炼金术》，上海人民出版社 1997 年版。

11. 保育钧主编：《中国私营经济年鉴》，华文出版社 2000 年版。

12. 边燕杰：《城市居民社会资本的来源及作用：网络观点与调查发现》，载《中国社会科学》2004年第3期。

13. 边燕杰、丘海雄：《企业的社会资本及其功效》，载《中国社会科学》2000年第2期。

14. 边燕杰等：《中国城市的职业、阶层和关系网》，载《开放时代》2005年第4期。

15. 卜长莉：《社会资本的负面效应》，载《学习与探索》2006年第2期。

16. 卜长莉：《社会资本与社会和谐》，社会科学文献出版社2005年版。

17. 布拉西著，乔宇译：《克里姆林宫的经济私有化》，上海远东出版社1999年版。

18. 曹荣湘主编：《走出囚徒困境——社会资本与制度分析》，上海三联书店2003年版。

19. 常越：《中国当代企业家管理思想述评》，中国纺织出版社2004年版。

20. 陈传明、周小虎：《关于企业家社会资本的思考》，载《南京社会科学》2001年第11期。

21. 陈剑波：《制度变迁与乡村非正规制度——中国乡镇企业的财产形成与控制》，载《经济研究》2000年第1期。

22. 陈劲、张方华：《社会资本与技术创新》，浙江大学出版社2002年版。

23. 陈凌：《信息特征、交易成本和家族式组织》，载《经济研究》1998年第7期。

24. 程民选：《信誉与产权》，西南财经大学出版社2006年版。

25. 程漱兰：《新农村建设需要"平权式"治理结构》，载《农民日报》2007年2月10号。

26. 储小平：《家族企业研究：一个具有现代意义的话题》，载《中国社会科学》2000年第5期。

27. 储小平、李怀祖：《信任与家族企业的成长》，载《管理世界》2003年第6期。

28. 达斯古普特帕·撒拉格尔丁主编，张慧东等译：《社会资本——

个多角度的观点》，人民大学出版社 2005 年版。

29. 戴维·S. 兰德斯著，门洪华等译：《国富国穷》，新华出版社 2007 年版。

30. 戴维·菲尼：《制度安排的需求与供给》，载 V. 奥斯特罗姆等编辑：《制度分析与发展的反思》，商务印书馆 2001 版。

31. 戴逸：《关于中国传统文化的几个问题》，载沙莲香主编：《中国民族性（一）》，中国人民大学出版社 1988 年版。

32. 戴勇、宋耘：《企业社会资本与技术创新关系的理论研究述评》，载《现代管理科学》2007 年第 5 期。

33. 恩斯明格：《未开垦的实验经济学：为何制度会发生作用》，载罗纳德·H. 科斯等著，克劳德·梅纳尔编：《制度、契约与组织：从新制度经济学角度的透视》，经济科学出版社 2003 年版。

34. 费孝通：《乡土中国 生育制度》，北京大学出版社 1998 年版。

35. 弗兰西斯·福山：《社会资本、公民社会与发展》，载《马克思主义与现实》2003 年第 2 期。

36. 弗兰西斯·福山著，黄胜强、许铭原译：《国家构建：21 世纪的国家治理与世界秩序》，中国社会科学出版社 2007 年版。

37. 弗兰西斯·福山著，李宛蓉译：《信任：社会道德与繁荣的创造》，远方出版社 1998 年版。

38. 冈纳·缪尔达尔著，方福前译：《亚洲的戏剧》，北京经济出版社 1992 年版。

39. 古德：《家庭》，社会科学文献出版社 1986 年版。

40. 顾昕："以社会制约权力"，载刘军宁等编：《市场逻辑与国家观念》，三联书店 1996 年版。

41. 郭国庆、汪晓凡：《我国民营科技企业的社会资本分析》，载《管理评论》2005 年第 11 期。

42. 郭熙保主编：《发展经济学经典论著选》，中国经济出版社 1998 年版。

43. 郭毅、朱熹：《社会资本与管理学研究新进展——分析框架与应用述评》，载郭毅、罗家德主编：《社会资本与管理学》，华东理工大学出版社 2007 年版。

44. 哈耶克著，郑正来等译：《法律、立法与自由》，中国大百科全书出版社 2000 年版。

45. 海因茨·沃尔夫冈·阿恩特著，唐宇华等译：《经济发展思想史》，商务印书馆 1999 年版。

46. 贺雪峰、罗兴佐：《论农村公共物品供给中的均衡》，载《经济学家》2006 年第 1 期。

47. 贺振华：《转型时期的农村治理及宗族：一个合作博弈的框架》，载《中国农村观察》2006 年第 1 期。

48. 亨利·明茨伯格：《经理工作的性质》，中国社会科学出版社 1986 年版。

49. 洪银兴：《以制度和秩序驾驭市场经济》，人民出版社 2005 年版。

50. 胡荣：《社会资本与中国农村居民的地域性自主参与——影响村民在村级选举中参与的各因素分析》，载《社会学研究》2006 年第 2 期。

51. 胡荣、李静雅：《城市居民信任的构成及影响因素》，载《社会》2006 年第 6 期。

52. 黄少卿：《中国转型时期一个非正式合同执行机制：背景、模型与解说》，载《制度经济学研究》2006 年第 2 期。

53. 吉尔伯特·罗兹曼主编，国家社会科学基金"比较现代化"课题组译：《中国的现代化》，江苏人民出版社 1988 年版。

54. 蒋涛：《吸毒人群社会支持网研究——对重庆市南岸区戒毒所的调查》，载《社会》2006 年第 4 期。

55. 杰拉尔德·迈耶、约瑟夫·斯蒂格利茨：《发展经济学前沿——未来展望》，中国财政经济出版社 2003 年版。

56. 井上隆一郎：《亚洲的财阀和企业》，三联书店 1994 年版。

57. 考希克·巴苏：《规范和法律在经济学中的作用——一项政治经济

学研究》，载《比较》2006 年第 23 期。

58. 柯武刚、史漫飞著，韩朝华译：《制度经济学——社会秩序与公共政策》，商务印书馆 2004 年版。

59. 科斯著：《财产权利与制度变迁》，上海三联书店 1989 年版。

60. 雷丁：《海外华人企业家的管理思想——文化背景与风格》，上海三联书店 1993 年版（原英文书名为 *The Spirit of Chinese Capitalism*，1990）。

61. 李稻葵：《转型经济中的模糊产权理论》，载《经济研究》1995 年第 4 期。

62. 李惠斌、杨雪冬主编：《社会资本与社会发展》，社会科学文献出版社 2000 年版。

63. 李路路：《社会资本与私营企业家——中国社会结构转型的特殊动力》，载《社会学研究》1995 年第 6 期。

64. 李路路：《私营企业主的个体背景与企业成功》，载《中国社会科学》1997 年第 2 期。

65. 李新春：《企业家过程与国有企业的准企业家模型》，载《经济研究》2000 年第 6 期。

66. 李新春：《信任、忠诚与家族主义困境》，载《管理世界》2002 年第 6 期。

67. 李新春、胡骥：《企业成长的控制权约束——对企业家控制的企业的研究》，载《南开管理评论》2000 年第 3 期。

68. 李义平：《来自市场经济的繁荣》，三联书店 2007 年版。

69. 李亦园：《中国人的家庭与家的文化》，载文崇一、萧新煌主编：《中国人：观念与行为》，台湾巨流图书公司 1988 年版。

70. 厉以宁：《论效率的双重基础》，载《北京大学学报》1998 年第 6 期。

71. 梁漱溟：《中国文化要义》，上海人民出版社 2005 年版。

72. 林聚任、刘翠霞：《山东农村社会资本状况调查》，载《开放时代》

2005 年第 4 期。

73. 林南著，张磊译：《社会资本：关于社会结构与行动的理论》，上海人民出版社 2005 年版。

74. 林毅夫：《再论制度、技术与中国农业发展》，北京大学出版社 2000年版。

75. 林毅夫：《制度、技术与中国农业发展》，上海三联书店 1994 年版。

76. 林毅夫、蔡昉、李周：《中国的奇迹：发展战略与经济改革》，上海三联书店、上海人民出版社 1999 年版。

77. 林语堂：《中国人智慧》，陕西师范大学出版社 2007 年版。

78. 刘军：《法村社会支持网络：一个整体研究的视角》，社会科学文献出版社 2006 年版。

79. 刘军：《法村社会支持网络的整体结构研究：块模型及其应用》，载《社会》2006 年第 3 期。

80. 刘少杰：《以行动与结构互动为基础的社会资本研究——评林南社会资本理论的方法原则和理论视野》，载《国外社会科学》2004 年第 2 期。

81. 刘易斯著，施炜等译：《二元经济论》，北京经济学院出版社 1989年版。

82. 陆德明：《中国经济发展动因分析》，山西经济出版社 1999 年版。

83. 陆铭、陈钊：《城市化、城市倾向的经济政策与城乡收入差距》，载《经济研究》2004 年第 6 期。

84. 罗伯特·索罗：《论经济运行与行为模式》，载曹荣湘选编：《走出囚徒困境：社会资本与制度分析》，上海三联书店 2003 年版。

85. 罗伯特·韦德著，孙晓彤译：《驾驭市场》，企业管理出版社 1994年版。

86. 罗家德、叶勇助：《中国人的信任游戏》，社会科学文献出版社 2007年版。

87. 罗家德、赵延东：《社会资本的层次及其测量方法》，载李培林、覃

方明主编：《社会学：理论与经验》，社会科学文献出版社 2005
年版。

88. 罗仁福、张林秀、黄季焜、罗斯高、刘承芳：《村民自治、农村税
费改革与农村公共投资》，载《经济学（季刊）》2006 年第 5 期。

89. 罗荣渠：《现代化新论——世界与中国的现代化进程（增订版）》，
商务印书馆 2004 年版。

90. 罗斯托著，贺力平等译：《从起飞进入持续增长的经济学》，四川人
民出版社 1988 年版。

91. 马克思、恩格斯：《马克斯恩格斯全集》第 6 卷，人民出版社 1961
年版。

92. 马克斯·韦伯著，王容芬译：《儒教与道教》，商务印书馆 1995
年版。

93. 马克斯·韦伯著，于晓等译：《新教伦理与资本主义精神》，三联书
店 1987 年版。

94. 迈克尔·武考克：《社会资本与经济发展：一种理论综合与政策构
架》，载李惠斌、杨雪冬主编：《社会资本与社会发展》，社会科学
文献出版社 2000 年版。

95. 梅因：《古代法》，商务印书馆 1996 年版。

96. 倪志伟：《市场转型理论：国家社会主义从再分配向市场的过渡》，
载边燕杰主编：《市场转型与社会分层：美国社会学者分析中国》，
三联书店 2002 年版。

97. 潘必胜：《家族企业与中国市场化进程》，载《中国社会科学季刊》
1999 年冬季号。

98. 潘必胜：《乡镇企业中的家族经营问题——兼论家族企业在中国的
历史命运》，《中国农村观察》1998 年第 1 期。

99. 彭泗清：《信任的建立机制：关系运作与法制手段》，载《社会学研
究》1999 年第 2 期。

100. 彭玉生、折晓叶、陈婴婴：《中国乡村的宗族网络、工业化与制度

选择》，载《中国乡村研究》（第一辑），商务印书馆 2003 年版。

101. 钱德勒著，唐武译：《看得见的手：美国企业的管理革命》，商务印书馆 1987 年版。

102. 钱穆：《中国历代政治得失》，三联书店 2005 年版。

103. 钱颖一、许成钢：《中国的经济改革为什么与众不同》，载钱颖一：《现代经济学与中国经济改革》，中国人民大学出版社 2003 年版。

104. 秦晖：《传统十论：本土社会的制度文化与其变革》，复旦大学出版社 2003 年版。

105. 青木昌彦等主编：《政府在东亚经济发展中的作用》，中国经济出版社 1998 年版。

106. 青木昌彦著，郑江淮等译：《企业的合作博弈理论》，中国人民大学出版社 2005 年版。

107. 青木昌彦著，周黎安译：《比较制度分析》，上海远东出版社 2001 年版。

108. 邱建新：《市场排斥权力还是权力主导市场？——关于市场转型过程中权力转移的讨论》，载《当代中国研究》2003 年第 7 期。

109. 热若尔·罗兰著，张帆、潘佐江译：《转型与经济学》，北京大学出版社 2002 年版。

110. 塞缪尔·亨廷顿、劳伦斯·哈里森主编，程克雄译：《文化的重要作用：价值观如何影响人类进步》，新华出版社 2002 年版。

111. 石骏：《汇通天下的晋商》，浙江人民出版社 1997 年版。

112. 史晋川、金祥荣、赵伟、罗卫东著：《制度变迁与经济发展：温州模式研究》，浙江大学出版社 2002 年版。

113. 世界银行：《变革世界中的可持续发展》，中国财政经济出版社 2003 年版。

114. 世界银行：《变革世界中的政府》，中国财政经济出版社 1997 年版。

115. 世界银行：《发展面临的挑战》，中国财政经济出版社 1991 年版。

116. 世界银行：《改善投资环境　促使人人受益》，清华大学出版社

2005 年版。

117. 斯蒂格利茨著，郑秉文译：《政府为什么干预经济》，中国物资出版社 1998 年版。

118. 孙立平：《守卫底线：转型社会生活的基础秩序》，社会科学文献出版社 2007 年版。

119. 谭崇台：《发展经济学新发展》，武汉大学出版社 1999 年版。

120. 谭秋成：《转型时期乡村组织行为与乡镇企业发展》，载《中国社会科学》2003 年第 2 期。

121. 唐力行：《商人与中国近世社会》，中华书局 1995 年版。

122. 田国强：《中国乡镇企业的产权结构及其改革》，载《经济研究》1995 年第 3 期。

123. 汪丁丁：《经济发展与制度创新》，上海人民出版社 1995 年版。

124. 汪丁丁：《回顾"金融革命"》，载《经济研究》1997 年第 12 期。

125. 汪丁丁：《资本概念的三个基本维度——及资本人格的个性化演变路径》，载《哲学研究》2006 年第 10 期。

126. 王名、刘培峰：《民间组织通论》，时事出版社 2004 年版。

127. 王士永：《论政府与社会关系中的社会资本》，载《中共济南市委党校学报》2004 年第 4 期。

128. 王卫东：《中国城市居民的社会网络资本与个人资本》，载《社会学研究》2006 年第 3 期。

129. 王霄、胡军：《社会资本结构与中小企业融资》，载《管理世界》2005 年第 7 期。

130. 王小卫：《宪政经济学》，立信会计出版社 2006 年版。

131. 王晓玉：《基于企业社会资本的竞争优势探索》，载《商业研究》2005 年第 5 期。

132. 王永钦、张晏、章元、陈钊、陆铭：《十字路口的中国经济：基于经济学文献的分析》，载《世界经济》2006 年第 10 期。

133. 王永钦、张宴、章元、陈钊、陆铭：《中国的大国发展之道：来自经济学的声音》，世纪出版集团、上海人民出版社 2005 年版。

134. 韦恩·贝克：《新型社会资本及其投资》，载曹荣湘主编：《走出囚徒困境——社会资本与制度分析》，上海三联书店 2003 年版。

135. 韦森：《经济学与哲学》，世纪出版集团、上海人民出版社 2005 年版。

136. 韦影：《企业社会资本的测量研究》，载《科学学研究》2007 年第 5 期。

137. 魏伯乐、奥兰·杨、马赛厄斯·芬格著，刘昶译：《私有化的局限》，上海人民出版社 2006 年版。

138. 翁贝托·梅洛蒂，高铦等译：《马克思与第三世界》，商务印书馆 1981 年版。

139. 沃尔特·W. 鲍威尔：《基于信任的管理形式》，载罗德里克·M. 克雷默、汤姆·R. 泰勒编：《组织中的信任》，中国城市出版社 2003 年版。

140. 武志伟：《企业社会资本的内涵和功能研究》，载《软科学》2003 年第 5 期。

141. 熊彼特著，何畏等译：《经济发展理论：对于利润、资本、信贷、利息和经济周期的考察》，商务印书馆 1991 年版。

142. 徐琦、莱瑞·莱恩、邓福贞编著：《社区社会学》，中国社会出版社 2004 年版。

143. 雅诺什·科尔奈著，肖梦译：《后社会主义转轨的思索》，吉林人民出版社 2002 年版。

144. 亚当·斯密：《道德情操论》，商务印书馆 1997 年版。

145. 亚当·斯密：《国民财富的性质和原因研究》（上），商务印书馆 1972 年版。

146. 亚瑟·亨·史密斯著，乐爱国、张华玉译：《中国人的性格》，学苑出版社 1998 年版。

147. 燕继荣：《投资社会资本：政治发展的一种新维度》，北京大学出版社 2006 年版。

148. 杨国枢：《家族化历程、泛家族主义及组织管理》，载郑伯埙等主编，司徒达贤等著：《海峡两岸之组织与管理》，台湾远流出版公司 1998 年版。

149. 杨开忠、陶然、刘明兴：《解除管制、分权与中国经济转轨》，载《中国社会科学》2003 年第 3 期。

150. 叶航：《利他行为的经济学解释》，载《经济学家》2005 年第 3 期。

151. 叶敬忠：《农民视角的新农村建设》，社会科学文献出版社 2006 年版。

152. 俞克纯、沈迎选编著：《激励·活力·凝聚力：行为科学的激励理论与群体行为理论》，中国经济出版社 1988 年版。

153. 约翰·斯图亚特·密尔：《代议制政府》，商务印书馆 1984 年版。

154. 约瑟夫·斯蒂格利茨著，周立群等译：《社会主义向何处去：经济体制转型的理论与证据》，吉林人民出版社 1998 年版。

155. 詹姆斯·P. 盖拉特：《21 世纪非营利组织管理》，中国人民大学出版社 2003 年版。

156. 詹姆斯·S. 科尔曼著，邓方译：《社会理论的基础》，社会科学文献出版社 1999 年版。

157. 张方华：《企业社会资本与技术创新绩效：概念模型与实证分析》，载《研究与发展管理》2006 年第 3 期。

158. 张方华、朱朝晖：《知识型企业的社会资本与知识创造》，载《中国科技论坛》2003 年第 6 期。

159. 张厚义、明立志主编：《中国私营企业发展报告》，社会科学文献出版社 1999 年版。

160. 张军：《分权与增长：中国的故事》，载《经济学（季刊)》2008 年第 1 期。

161. 张军、周黎安：《为增长而竞争》，上海人民出版社 2008 年版。

162. 张明亲：《企业社会资本概念模型及运作机理研究》，载《西安交通大学学报（社会科学版）》2006 年第 4 期。

163. 张其仔：《社会资本的投资策略与企业绩效》，载《经济管理》
     2004 年第 16 期。

164. 张其仔：《社会资本论：社会资本与经济增长》，社会科学文献出
     版社 1997 年版。

165. 张其仔：《社会资本与国有企业绩效研究》，载《当代财经》2000
     年第 1 期。

166. 张千帆等：《宪政、法治与经济发展》，北京大学出版社 2004 年版。

167. 张维迎：《产权、政府与信誉》，三联书店 2001 年版。

168. 张维迎：《法律制度的信任基础》，载《经济研究》，2002 年第
     1 期。

169. 张文宏：《城市居民社会网络资本的阶层差异》，载《社会学研究》
     2005 年第 4 期。

170. 张文宏：《城市居民社会网络资本的结构特征》，载《学习与探索》
     2006 年第 2 期。

171. 张文宏：《阶层地位对城市居民社会网络构成模式的影响》，载
     《开放时代》2005 年第 6 期。

172. 张文宏：《社会资本：理论争辩与经验研究》，载《新华文摘》
     2003 年第 10 期。

173. 张文宏：《中国的社会资本研究：概念、操作化测量和经验研究》，
     载《江苏社会科学》2007 年第 3 期。

174. 张晓波、樊胜根、张林秀、黄季焜：《中国农村基层治理与公共物
     品提供》，载《经济学（季刊）》2003 年第 4 期。

175. 张缨：《信任、契约及其规划：转型期中国企业间信任关系及其结
     构重组研究》，经济管理出版社 2004 年版。

176. 张正明：《晋商兴衰史》，山西古籍出版社 1995 年版。

177. 赵成根著：《民主与公共政策研究》，黑龙江人民出版社 2000
     年版。

178. 赵延东:《再就业中社会资本的使用——以武汉市下岗职工为例》,载《学习与探索》2006 年第 2 期。

179. 郑伯埙:《差序格局与华人组织行为》,载《本土心理学》1995 年第 2 期。

180. 郑伯埙、刘怡君:《义利之辨与企业间的交易历程》,载《本土心理学》1995 年第 8 期。

181. 周其仁:《产权与制度变迁》,社会科学文献出版社 2002 年版。

182. 周其仁编:《农村变革与中国发展 (1978—1989)》,牛津大学出版社 1994 年版。

183. 周小虎:《企业社会资本与战略管理:基于网络结构观点的研究》,人民出版社 2006 年版。

184. 周小虎、陈传明:《企业社会资本与持续竞争优势》,载《中国工业经济》2004 年第 5 期。

185. 朱国宏、桂勇主编:《经济社会学》,复旦大学出版社 2000 年版。

186. 邹至庄:《中国经济转型》,中国人民大学出版社 2005 年版。

二、英文部分

187. Acemoglu, D. , S. Johnson and J. A. Robinson (2002), " Reversal of Fortune:Geography and Institutions in the Making of the Modern World Income Distribution", *Quarterly Journal of Economics*, 117.

188. Acemoglu, Daron and James A. Robinson(2002), "Economic Backwardness in Political Perspective", NBER Working Paper, No. 8831.

189. Acemoglu, Daron and James A. Robinson (2002), "Why did the West Extend the Franchise? Democracy, Inequality and Growth in Historical Perspective", *Quarterly Journal of Economics*, CXV.

190. Acemoglu, Daron, James A. Robinson and Simon Johnson (2001), "The Colonial Origins of Comparative Development:An Empirical Investigation", *American Economic Review*, Vol. 91.

191. Acemoglu, Daron, James A. Robinson and Simon Johnson (2003),
"Religion and Economic Growth", NBER Working Paper, No. 9682.

192. Acemoglu, Daron, Simon Johnson and James A. Robinson (2004), "Insti-
tutions as the Fundamental Cause of Long-Run Growth", NBER Working
Paper, No. 10481.

193. Acemoglu, Daron, Simon Johnson and James A. Robinson (2005), "The
Rise of Europe: Atlantic Trade, Institutional Change and Economic
Growth", *American Economic Review*, December, Vol. 95.

194. Adler, P. S. and S. W. Kwon (2002), "Social Capital: Prospects for a New
Concept", *The Academy of Management Review*, vol. 27.

195. Aghion, Philippe and Howitt, Peter (1992), "A Model of Growth
Through Creative Destruction", *Econometrica*, 60.

196. Akerlof, George and Rachel E. Kranton, (2000), "Economics and Identi-
ty", *Quarterly Journal of Economics* Vol. 115, No. 3.

197. Alesina, Alberto and Edward L. Glaeser (2004), *Fighting Poverty in the
US and Europe*, Oxford University Press, Oxford.

198. Alesina, Alberto and Eliana La Ferrara (1999), "Participation in Hetero-
geneous Communities", NBER Working Paper, No. 7155.

199. Alesina, Alberto and Eliana La Ferrara (2001), "Preferences for Redistri-
bution in the Land of Opportunities", NBER Working Paper, No. 8267.

200. Anderson, Alistair R. and Claire J. Miller (2003), "Class Matters: Human
and Social Capital in the Entrepreneurial Process", *Journal of Socio-Eco-
nomics*.

201. Andreoni, James (1995), "Cooperation in Public Goods Experiments:
Kindness or Confusion", *American Economic Review*, Vol. 85.

202. Aoki, Masahiko (1988), *Information, Information, Incentives, and Bar-
gaining in the Japanese Economy*, Cambridge: Cambridge University
Press.

203. Arrow, K. (1971), "Political and Economic Evaluation of Social Effects and Externalities", in M. D. Intriligator (eds.), *Frontiers of Quantitative Economics*, Amsterdam: North Holland.

204. Arrow, K. (1972), "Gifts and Exchanges", *Philosophy and Public Affairs*, 1(4).

205. Arrow, K. (2000), "Observations on Social Capital", in P. Dasgupta and I. Serageldin (eds.), *Social Capital: A Multifaceted Perspective*, World Bank, Washington.

206. Axelrod, Robert (1970), *Conflict of Interest: A Theory of Divergent Goals with Applications to Politics*, Chicago: Markham.

207. Axelrod, Robert (1984), *The Evolution of Cooperation*, New York: Basic Books.

208. Baland, J. M. and J. P. Platteau (2003), "Institutions and the Efficient Management of Environmental Resources".

209. Baland, Jean Marie, Pranab Bardhan and Samuel Bowles (2002), *Inequality, Cooperation and Environmental Sustainability*, NewYork: Russell Sage.

210. Bandiera, O. , I. Barankay and Rasul (2006), "Social Connections and Incentives in the Workplace: Evidence from Personnel Data ", Mimeo, LSE.

211. Banerjee, A. , Mookherjee, D. , K. Munshi and D. Ray (2001), "Inequality, Control Rights and Efficiency: A Study of Sugar Cooperatives in Western Maharashtra", *Journal of Political Economy*, Vol. 109 (1).

212. Banerjee, A. and Newman (1998), "Information, the Dual Economy and Development", *The Journal of Economic Studies*, Vol. 65, No. 4.

213. Banfield, E. (1958), *The Moral Basis of a Backward Society*, New York: Free Press.

214. Bardhan, P. K. and Christopher Udry (1999), *Development Microeconom-*

ic, Oxford University Press.

215. Bardhan, Pranab, Samuel Bowles and Herbert Gintis(2000), "Wealth Inequality, Credit Constraints, and Economic Performance", in Anthony Atkinson and Francois Bourguignon(eds.), *Handbook of Income Distribution*, Dortrecht: North-Holland.

216. Barr, A. (2000), "Social Capital and Technical Information Flows in the Ghanaian Manufacturing Sector", *Oxford Economic Papers*.

217. Barro, R. (1989), "Economic Growth in a Cross-Section of Countries", NBER Working Paper 3120.

218. Barro, R. (1991), "Economic Growth in a Cross-Section of Countries", *Quarterly Journal of Economics*, 106.

219. Barro, R. (1997), *Determinants of Economic Growth*, Cambridge, MA, MIT Press.

220. Barro, R. and Sala-i-Martin, X. (1992), "Convergence", *Journal of Political Economy*, 100, 223-51.

221. Barro, R. and Sala-i-Martin, X. (1995), *Economic Growth*, New York, McGraw-Hill.

222. Barro, Robert J., McCleary and M. Rachel(2002), "Religion and Political Economy in an International Panel", National Bureau for Economic Research Working Paper, No. 8931.

223. Basu, Kaushik(2001), *The Role of Norms and Law in Economics: an Essay on Political Economy*, Princeton University Press.

224. Batjargal, B. and M. Liu(2004), "Entrepreneurs Access to Private Equity in China: The Role of Social Capital", *Organization Science*, Vol. 15(4).

225. Baumol, W. J. (1996), "Productivity Growth, Convergence, and Welfare: What the Long-Run Data Show", *American Economic Review*, 76(5).

226. Becker, Gary(1996), "Preferences and Values", in Becker Gary(eds.), *Accounting for Taste*, Harvard University Press, Cambridge.

227. Benabou, Roland and Jean Tirole (2006), "Belief in a Just World and Redistributive Politics", *Quarterly Journal of Economics*, forthcoming.

228. Besley, Timothy and Stephen Coate(1995), "Group Lending, Repayment Incentives and Social Collateral", *Journal of Development Economics*, Vol. 46.

229. Beugelsdijk, S. and N. G. Noorderhaven et al. (2003), "Organizational Culture, Alliance Capabilities and Social Capital", Working Paper.

230. Bisin, Alberto, G. Topa and T. Verdier(2004), "An Empirical Analysis of Religious Homogamy and Socialization in the US", *Journal of Political Economy*, Vol. 112(3).

231. Bliss, C. J. (1975), *Capital Theory and the Distribution of Income*, North-Holland Publishing Company.

232. Bornhorst, Fabian, A. Ichino, Karl Schlag and Eyal Winter (2005), "Trust and Trustworthiness among Europeans: South-North Comparison", European Institute Working Paper.

233. Botticini, Maristella and Aloysius Siow (2003), "Why Dowries?" *American Economic Review*, Vol. 93(4).

234. Botticini, Maristella and Zvi Eckstein (2005), "Jewish Occupational Selection: Education, Restrictions, or Minorities?" *Journal of Economic History*, Vol. 65(4).

235. Bowles, Herbert Gintis (1998), "The Moral Economy of Community: Structured Populations and the Evolution of Prosocial Norms", *Evolution & Human Behavior*, Vol. 1.

236. Bowles, S. and H. Gintis(2002), "Social Capital and Community Governance", *Economic Journal*, Vol. 112(483).

237. Bowles, Samuel(1998), "Endogenous Preferences: The Cultural Consequences of Markets and Other Economic Institutions", *Journal of Economic Literature*, Vol. 36, March.

238. Bowles, Samuel (2000), "Walrasian Economics in Retrospect", *Quarterly Journal of Economics*, November.

239. Bowles, Samuel (2001), "The Economics of Shame and Punishment", Santa Fe Institute Working Paper.

240. Bowles, Samuel (2002), *Economic Behavior and Institutions: An Evolutionary Approach to Microeconomics*, Princeton University Press.

241. Brooke, Harrington (2002), "Organizational Performance and Corporate Social Capital: A Contingency Model", *Social Capital of Organizations*, Vol. 18.

242. Burkett, J. (1990), "How Much Will People Pay for Status", *The American Economist*, Vol. 1, No. 1.

243. Burt, R. S. (1992), *Structural Holes: The Social Structure of Competition*, Harvard University Press.

244. Campbell, K. E. and B. A. Lee (1991), "Name Generators in Surveys of Personal Neighbor Networks", *Social Networks*, vol. 13.

245. Casey, Terrence (2004), "Social Capital and Regional Economies in Britain", *Journal Political Studies*, 52.

246. Coase, Ronald H. (1937), "The Nature of the Firm", *Economica* (IV).

247. Cohen, D. and Prusak, L. (2000), *In Good Company: How Social Capital Makes Organizations Work*, Harvard Business School Press, Harvard.

248. Cohen, Dov (1998), "Culture, Social Organization, and Patterns of Violence", *Journal of Personality and Social Psychology*, Vol. 75.

249. Coleman, J. (1988), "Social Capital in the Creation of Human Capital", *American Journal of Sociology*, Vol. 94, Supplement: S95-120.

250. Coleman, J. (1990), *Foundations of Social Theory*, Harvard University Press, Cambridge.

251. Collier, P. (1998), "Social Capital and Poverty", World Bank Social Capital Series.

252. Collier, P. (2002), "Social Capital and Poverty: A Microeconomic Perspective", in C. Grootaert, T. van Bastelaer (eds.), *The Role of Social Capital in Development: An Empirical Assessment*, Cambridge University Press, Cambridge, U. K.

253. Cooke, P. and N. Clifton (2002), "Social Capital, and Small and Medium Enterprise Performance in the United Kingdom, Entrepreneurship in the Modern Space-Economy: Evolutionary and Policy Perspectives", Tinbergen Institute, Keizersgracht 482, Amsterdam.

254. Craig, Ben and John Pencavel (1995), "Participation and Productivity: A Comparison of Worker Cooperatives and Conventional Firms in the Plywood Industry", Brookings Papers: Microeconomics.

255. Dasgupta, M. (1987), "Informal Security Mechanisms and Population Retention in Rural India", *Economic Development and Cultural Change*, Vol. 36, No. 1.

256. Dasgupta, P. (2000), "Economic progress and the idea of social capital", in P. Dasgupta, I. Serageldin (eds), *Social Capital: A Multifaceted Perspective*, World Bank, Washington.

257. Dasgupta, P., Ismail Serageklin (2000), *Social Capital: A Multifaceted Perspective*, Washington, D. C., World Bank.

258. David D. Li. (1996), "Theory of Ambiguous Property Right in Transition Economics: the Case of the Chinese Non-state sector", *Journal of Comparative Economics*, Vol. 23.

259. Dawes, Robyn M., John M. Orbell and J. C. Van de Kragt (1986), "Organizing Groups for Collective Action", *American Political Science Review*, Vol. 80.

260. Dayton-Johnson, J., Pranab Bardhan (2002), "Inequality and the Governance of Water Resources in Mexico and South India", in Jean Marie Baland, Pranab Bardhan, and Samuel Bowles (eds.), *Inequality, Cooper-*

ation and Environmental Sustainability, New York: Russell Sage.

261. De Tocqueville, Alexis (1958), *Democracy in America*, Volume II, New-York NY: Vintage.

262. DeLong, J. Bradford and Andrei Shleifer (1993), "Princes and Merchants: City Growth before the Industrial Revolution", *Journal of Law and Economics*, 36.

263. Dewatripont, Mathias and Eric Maskin (1995), "Credit and Efficiency in Centralized and Decentralized Economies", *Review of Economic Studies*, 62 (4).

264. Dhesi, A. S. (2000), "Social Capital and Community Development", *Community Development Journal*, vol. 35.

265. DiMaggio, Paul (1994), "Culture and Economy", in Neil Smelser and Richard Swedberg (eds.), *The Handbook of Economic Sociology*, Princeton University Press: Princeton.

266. Doner, R. and B. Schneidery (2000), "Business Association and Economic Development: Why Some Association Contribute More than Others", *Business and Politics*, Vol. 2, No. 3.

267. Dong, Xioa-yuan and Gregory Dow (1993), "Monitoring Costs in Chinese Agricultural Teams", *Journal of Political Economy* 101, 3.

268. Durlauf, S. N, M. Fafchamps (2003), *Empirical Studies of Social Capital*: *a Critical Survey*, University of Wisconsin at Madison.

269. Durlauf, S. N. , M. Fafchamps (2004), "Social capital", NBER Working Paper Series, No. 10485.

270. Durlauf, S. T. (2002), "On The Empirics of Social Capital", *The Economic Journal*, 112 (November).

271. Easter, K. (2000), "Asia's Irrigation Management in Transition: A Paradigm Shift Faces High Transaction Costs", *Review of Agricultural Economics*, Vol. 22, No. 2.

272. Easterly, W. and R. Levine (2003) , "Tropics, Germs and Crops: how Endowments Influence Economic Development", *Journal of Monetary Economics* ,50(1).

273. Elinor Ostrom, T. K. Ahn(2002) , "Social Capital and the Second-Generation Theories of Collective Action: an Analytical Approach to the Forms of Social Capital", Presented at the American Political Science Association annual meeting, Boston, MA, August 30-September 1.

274. Etzioni, A. (2000) , "Creating Good Communities and Good Societies", *Contemporary Sociology* , vol. 29.

275. Fafchamps, M. (1996) , "The Enforcement of Commercial contracts in Ghana", *World Development* , 24(3).

276. Fafchamps, M. , B. Minten (2002) , "Returns to Social Network Capital among Traders", *Oxford Economic Papers* , 54.

277. Fedderke, J. , Dekadt, R. and Luiz, J. (1999) , Economic Growth and Social Capital: a Critical Reflection", *Theory and Society* 28.

278. Fehr, E. and Simon Gachter(2000) , "Fairness and Retaliation: The Economics of Reciprocity", *Journal of Economic Perspectives* , vol. 14(3).

279. Fehr, E. and U. Fischbacher(2004) , "Social Norms and Human Cooperation", Macroeconomics 0409026, Econ WPA.

280. Fehr, Ernst and Klaus M. Schmidt(1999) , "A Theory of Fairness, Competition, and Cooperation", *Quarterly Journal of Economics* , 114.

281. Fehr, Ernst and Simon Gachter(2000) , "Cooperation and Punishment in Public Goods Experiments", *The American Economic Review* , Vol. 90, No. 4.

282. Fernández Raquel, Alessandra Fogli (2005) , "Culture: an Empirical Investigation of Beliefs, Work, and Fertility", NBER WP 11268.

283. Fernández, R. , A. Fogli, and C. Olivetti (2004) , "Mothers and Sons: Preference Formation and Female Labor Force Dynamics", *Quarterly*

Journal of Economics, 119(4).

284. Fox, Jonathan A. (1997), "Transparency for Accountability: Civil Society Monitoring of Multilateral Development Bank Anti-Poverty Projects", *Development in Pratice*, Vol. 7, No. 2.

285. Fudenberg, D., and Maskin, E. (1986), "The Folk Theorem in Repeated Games with Discounting or with Incomplete Information", *Econometrica*, vol. 54(3).

286. Fukuyama, F. (1997), "Social capital", *Tanner Lecture on Human Values*, 26.

287. Fukuyama, Francis(1995), *Trust: The Social Virtues and the Creation of Prosperity*, Free Press, New York.

288. Gabbay, S. M., Zuckerman, E. W. (1998), "Social Capital and Opportunity in Corporate R&D——the Contingent Effect of Contact Density on mobility expectations", *Social Science Research*, 27.

289. Gerschenkron(1962), *Economic Backwardness in Historical Perspective*, Cambridge Mass, Harvard University Press.

290. Ghemawat, Pankaj(1995), "Competitive Advantage and Internal Organization: Nucor Revisited", *Journal of Economic and Management Strategy*, 4.

291. Gintis, Herbert (2000), *Game Theory Evolving*, Princeton, NJ: Princeton University Press.

292. Gintis, Herbert(2000), "Strong Reciprocity and Human Sociality", *Journal of Theoretical Biology*, 206.

293. Glaeser, E. L., R. La Porta, F. Lopez-De-Silanes and A. Shleifer(2004), "Do Institutions Cause Growth?" *Journal of Economic Growth*, 9.

294. Glaeser, Edward L. and Denise Dipasquale (1999), "Incentives and Social Capital: Are Homeowners Better Citizens?" *Journal of Urban Economics* 45.

295. Glaeser, Edward, David Laibson and Bruce Sacerdote (2002), "An Economic Approach to Social Capital", *Economic Journal* 112.

296. Glaeser, Edward, David Laibson, Josè A. Scheinkman and Christine L. Soutter(2000), "Measuring Trust", *Quarterly Journal of Economics*, 115 (3).

297. Glaeser, Jose A. Scheinkman and Christine L. Soutter(2000), "Measuring Trust", *Quarterly Journal of Economics*, 65.

298. Grafton, R. Q., Kompas, T. and Owen, P. D. (2004), "Bridging the barriers: knowledge connections, productivity, and capital accumulation", The Australian National University, Asia Pacific School of Economics and Government, International and Development Economics Working Papers IDEC04-5.

299. Grafton, R. Q., S. Knowles(2004), "Social Capital and National Environmental Performance: a Cross-Sectional Analysis", *The Journal of Environment and Development*, 13(4).

300. Granovetter, M. (1985), "Economic Action and Social structure: The Problem of Embeddedness", *American Journal Sociologiy*, 91.

301. Granovetter, M. S. (1973), "The Strength of Weak Ties", *American Journal of Sociology*, 78(6).

302. Gregory Chow(1997), "Challenges of China's Economic System for Economic Theory", *American Economic Review*, Vol. 87, No. 2, May.

303. Greif, Avner(1994), "Cultural Beliefs and the Organization of Society: A Historical and Theoretical Reflection on Collectivist and Individualist Societies", *Journal of Political Economy*, 102(5).

304. Greif, Avner (2005), *Institutions: Theory and History, Comparative and Historical Institutional Analysis*, Cambridge University Press: Cambridge.

305. Greve, A. and J. Salaff (2001), *The Development of Corporate Social in Complex Innovation Processes*, Social Capital of Organization.

306. Grief, A. (2006), *Institution and the Path to Modern Economy*, Cambridge University Press, Cambridge.

307. Grootaert, C. (1998), "Social Capital: the Missing Link", Social Capital Initiative Working Paper, World Bank.

308. Grootaert, C. (1999), "Social Capital, Household Welfare, and Poverty in Indonesia", World Bank Policy Research Working Paper, No. WPS2148.

309. Grootaert, C. , D. Narayan, V. N. Jones and M. Woolcock (2004), "Measuring Social Capital: an Integrated Questionnaire", World Bank Working Paper, No. 18.

310. Grootaert, C. , Thierry van Bastelaer, eds. (2002), *The Role of Social Capital in Development*, Cambridge University Press.

311. Grossman, G. M. and Helpman, E. (1991), "Quality Ladder and Product Cycle", *Quarterly Journal of Economics*, 106.

312. Guinnane, T. W. (2005), "Trust: a Concept Too Many", Center Discussion Paper no. 907, Economic Growth Center, Yale University.

313. Guiso, Luigi, Paola Sapienza and Luigi Zingales (2003), "People's Opium? Religion and Economic Attitudes", *Journal of Monetary Economics*, *50(1)*.

314. Guiso, Luigi, Paola Sapienza and Luigi Zingales (2004a), "The Role of Social Capital in Financial Development", *The American Economic Review*, 94(3).

315. Guiso, Luigi, Paola Sapienza and Luigi Zingales (2004b), "Cultural Biases in Economic Exchange", NBER WP 11005.

316. Guiso, Luigi, Paola Sapienza, and Luigi Zingales (2005), "Trusting the Stock Market", University of Chicago, mimeo.

317. Güth, Werner and Reinhard Tietz (1990), "Ultimatum Bargaining Behavior: a Survey and Comparison of Experimental Results", *Journal of Economic Psychology*, 11.

318. H. YIi-Renko, E. Autio and V. Tontti (2002), "Social Capital, Knowledge, and the International Growth of Technology-based New Firms", *International Business Review*, 11.

319. Haddad, L., Maluccio, J. K. (2003), "Trust, Membership in Group, and Household Welfare: Evidence from KwaZulu-Natal", *South Africa Economic Development and Culture Change*.

320. Hall, R. E., C. I. Jones (1999), "Why do Some Countries Produce so much more Output per Worker than others?" *Quarterly Journal of Economics*, 114(1).

321. Hanifan, L. J. (1920), *The Community Center*, Silver, Burdette and Co., Boston.

322. Hansen, Daniel G. (1997), "Individual Responses to a Group Incentive", *Industrial and Labor Relations Review* 51.

323. Hansen, M. T. (1999), "The Search-transfer Problem: the Role of Weak ties in Sharing Knowledge Across Organization Subunits", *Administrative Science Quarterly*, 44.

324. Hansen, M. T. (2002), "Knowledge Networks: Explaining Effective Knowledge Sharing in Multiunit Companies", *Organization Science*, 13, 3.

325. Hansen, M. T., Podolny, J. M. and Pfeffer, J. (2001), "So Many Ties, So Little Time: A Task Contingency Perspective on the Value of Corporate Social Capital in Organizations", In K. S. Cook and J. Hagan (eds.), *Research in the Sociology of Organizations*, vol. 18. Greenwich, CT: JAI Press.

326. Hansmann, H. (1996), *The Ownership of Enterprises*, Harvard University Press.

327. Hardin, G. (1968), "Tragedy of the Commons", *Science*, vol. 162.

328. Hayami, Y. (1997), *Development Economics*, New York: Oxford Universi-

ty Press Inc.

329. Hayami, Y. (2006), "Social Capital, Human Capital and the Community Mechanism: Toward a Conceptual Framework for Economists", Discussion Paper Series on International Development Strategies.

330. Hayami, Y. and Toshihiko Kawagoe(1993), *Communities and Markets in Economic Development*, Oxford University Press.

331. Hayami, Yujiro and Yoshihisa Godo(2005), *Development Economics: from the Poverty to the Wealth of Nations*(third edition), Oxford: Oxford University Press.

332. Hayami, Yujiro(1989), "Community, Market and State", in A. Maunder and A. Valdes (eds.), *Agriculture and Governments in an Independent World*, Amherst, MA: Social Capital and Community Governance 22 Gower.

333. Helliwell, J. F. (1996), "Economic growth and social capital in Asia", NBER Working Paper No. 5470.

334. Henrich, Joseph, Robert Boyd, Sam Bowles, Colin Camerer, Herbert Gintis, Richard McElreath and Ernst Fehr(2001), "In search of Homo economicus: Experiments in 15 Small-Scale Societies", *American Economic Review*, 91(2).

335. Henrich, Joseph, Robert Boyd, Samuel Bowles, Colin Camerer, Ernst Fehr, Herbert Gintis, and Richard McElreath (2001), "Cooperation, Reciprocity and Punishment in Fifteen Small-scale Societies", *American Economic Review*, 91.

336. Hirsch, F. (1976), *Social Limits to Growth*, Harvard University Press.

337. Hoff, Karla and Pandey, Priyanka (2005), "Belief Systems and Durable Inequalities: an Experimental Investigation of Indian Caste", World Bank working paper.

338. Holm, H. J., A. Danielson (2005), "Tropic trust versus Nordic trust:

experimental evidence from Tanzania and Sweden", *Economic Journal*, 115(503).

339. Huang, Yasheng(2002), "Managing Chinese Bureaucrats: An Institution Economics Perspective", *Political Studies*, Vol. 50.

340. Iannaccone L. (1988), "A Formal Model of Church and Sects", *American Journal of Sociology*, 94.

341. Ichino, Maggi(2000), "Work Environment and Individual Background: Explaining Regional Shirking Differentials in a Large Italian Firm", *Quarterly Journal of Economics*, 115(3).

342. Ichniowski, C. , Shaw, K. L. (2005), "Connective Capital: Building Problem-Solving Networks Within Firms", mimeo, Stanford University.

343. Ikujiro Nonaka, Noboru Konno(1998), "The Concept of 'Ba': Building a Foundation for Knowledge Creation", *California Management Review*, Vol. 40. No. 3 Spring.

344. Ingelhart, R. , M. Basáñez, J. Díez-Medrano, L. Halman and R. Luijkx (2004), *Human Beliefs and Values: a Cross-Cultural Sourcebook Based on the 1999 – 2002 Values Surveys*, Siglo Veintiuno Editores, Mexico.

345. Irene van Stveren(2003), "Beyond Social Capital in Poverty Research", *Journal of Economic Issues*, June, 37, 2.

346. Isham, J. , Kelly, T. and Ramaswamy, S. (2002), *The Concept of Social Capital in Development Economics*, Cambridge University Press.

347. Isham, J. , T. Kelly and S. Ramaswamy(2002), "Social capital and well-being in developing countries: an introduction", in J. Isham, T. Kelly and S. Ramaswamy (eds.), *Social Capital and Economic Development: Well-being in Developing Countries*, Edward Elgar, Cheltenham, U. K. .

348. John Field(2004), *Social Capital*, Routledge, 12.

349. Jun, J. S. (1986), *Public Administration: Design and Problem Solving*, N. Y. : Macmillan Publishing Company.

350. Jung, Courtney (1998), "Community is the Foundation of Democracy: but what if your Community Looks Like This?" Yale University.

351. Kandel, Eugene and Edward P. Lazear (1992), "Peer Pressure and Partnerships", *Journal of Political Economy* 100, 4.

352. Karma Sherif, James Hoffman and Bob Thomas (2006), "Can Technology Build Organizational Social Capital? ——The Case of a Global IT Consulting Firm", *Information & Management*, 43.

353. Kaufmann, D., A. Kraay and P. Zoido-Lobatón (2002), "Governance matters II-updated indicators for 2000/1", World Bank Policy Research Department Working Paper, No. 2772.

354. Kaufmann, D., A. Kraay, and M. Mastruzzi (2004), "Governance Matters III: Governance Indicator for 1996-2002", World Bank Policy Research Working Paper, 3106.

355. Knack, S. (2002), "Social capital, growth and poverty: a survey of cross-country evidence", in C. Grootaert, T. van Bastelaer (eds.), *The Role of Social Capital in Development: An Empirical Assessment*, Cambridge University Press, Cambridge, U. K.

356. Knack, S., P. Keefer, (1997), "Does Social Capital have an Economic Payoff? A Crosscountry Investigation", *Quarterly Journal of Economics*, 112(4).

357. Knack, Stephen and Paul Zak (2001), "Trust and Growth", *Economic Journal*, 111(470).

358. Knez, Marc and Duncan Simester (1998), "Firm-wide Incentives and Mutual Monitoring", Graduate School of Business, University of Chicago.

359. Knowles, J., A. Postlewaite (2004), "Do Children Learn to Save from Their Parents", University of Pennsylvania Working Paper.

360. Knowles, S. (2005), "The Future of Social Capital in Development Economics Research", paper presented at the WIDER Jubilee Conference,

Helsinki(http://www. wider. unu. edu/conference/conference-2005-3/ conference-2005-3).

361. Knowles, Stephen(2006), "Is Social Capital Part of the Institutions Continuum and is it a Deep Determinant of Development?", University of Otago.

362. Koka, B. R. , Prescott, J. E(2002), "Strategic Alliance as Social Capital: a Multidimensional View", *Strategic Management Journal*, 23.

363. Kolakowski, L. (1978), *Main Currents of Marxism*, Oxford University Press: Clarendon.

364. Kornai, Janos (1992), "The Postsocialist Transition and the State: Reflecting in the Light of Hungarian Fiscal Problems", *American Economic Review*, Vol. 82, No. 2.

365. La Porta, R. , F. Lopez-De-Silanes, A. Shleifer and R. W. Vishny(1997), "Trust in Large Organizations", *American Economic Review Papers and Proceedings*, 87(2).

366. La Porta, Rafael, Lopez de Silanes, Florencio, Shleifer, Andrei, and Vishny, Robert, (1999), "The Quality of Government", *Journal of Law Economics and Organization*, 15(1).

367. Laibson, David (1997), "Golden Eggs and Hyperbolic Discounting", *Quarterly Journal of Economics*, 62(2).

368. Lam, Wai Fung (1996), "Institutional Design of Public Agencies and Coproduction: A Study of Irrigation Associations in Taiwan", *World Development* 24, 6.

369. Landes, David (1998), *The Wealth and Poverty of Nations*, Norton & Company Inc. , New York.

370. Lau, Lawrence J. , Qian, Yingyi, Roland(1997), "Gerard Pareto-Improving Economic Reforms Through Dual-Track Liberalization", *Economics Letters*, Vol. 55, No. 2.

371. Leenders, R. T. A. J. , Gabbay, S. M. , et al. (2001), "Corporate Social Cpital and the Strategic Management Paradigm: a Contingency View on Organizational Performance", Working paper.

372. Leenders, R. T. A. J. , Gabbay. S. M. (1999), *Corporate Social Capital and Liability*, Boston, Kluwer.

373. Li Li(2005), "The Effects of Trust and Shared Vision on Inward Knowledge Transfer in Subsidiaries, Intra-and Inter-Organizational Relationships", *International Business Review*(14).

374. Licht, Amir N. Chanan Goldschmidt and Shalom H. Schwartz (2004), "Culture Rules: the Foundations of the Rule of Law and Other Norms of Governance", Hebrew University Working paper.

375. Lin, N. (2001), *Social Capital*, Cambridge University Press, Cambridge, UK.

376. Lin, Nan and M. Dumin(1986), "Access to Occupations through Social Ties", *Social Networks*, vol. 8:365-85.

377. Lipton and Sachs(1990), "Creating a Market Economy in Eastern Europe: The Case of Poland", *Brookings Papers on Economic Activities*, Vol. 1.

378. Loury, G. C. (1977), "A Dynamic Theory of Racial Income Differences", in Wallace, P. A. , La Mond, A. M. (eds), *Women, Minorities, and Employment Discrimination*, Lexington MA.

379. Lucas, R. , Jr. (1988), "On the Mechanics of Economic Development", *Journal of Monetary Economics*, 22.

380. Lucas, R. , Jr. (1990), "Why Doesn't Capital Flow from Rich to Poor Countries?", *American Economic Review* 80(May).

381. Lucas, R. , Jr. (1993), "Making a Miracle", *Econometrica*, 61.

382. Lucas, R. , Jr. (2000), "Some Macroeconomics for the 21st Century", *Journal of Economic Perspective*, Vol. 14, Winter.

383. Macaulay, S. (1963), "Non-Contractual Relations in Business: a Prelimi-

nary Study", *American Sociological Review*, No. 1, Vol 28.

384. Macaulay, Stewart (1963), "Non-Contractual Relations in Business: A Preliminary Study", *American Sociological Review*, vol. 28 (1).

385. Manski Charles (2000), "Economic Analysis of Social Interactions", *Journal of Economic Perspectives*, Vol. 14, No. 3.

386. Marwell, G. and Pamela Oliver(1993), *The Critical Mass in Collective Action*, Cambridge University Press.

387. Maula, M. V. J., E. Autio and G. C. Murray (2003), "Prerequisites for the Creation of Social Capital and Subsequent Knowledge Acquisition in Corporate Venture Capital", *Venture Capital: An International Journal of Entrepreneurial Finance*, vol. 5.

388. Meier, G., Stiglitz, J. (2001), *Frontiers of Development Economics: the Future in Perspective*, Oxford University Press.

389. Meinzen-Dick, R., K. V. Raju and Ashok Gulati(2002), "What Affects Organization and Collective Action for Managing Resources? Evidence from Canal Irrigation Systems in India", *World Development*, vol. 30 (4).

390. Morse, Adair and Sophie Shive (2004), "Patriotism in your Portfolio", working paper, University of Michigan.

391. Muller, Holger and Thomas Philippon(2005), "Concentrated Ownership and Labor Relations", NYU working paper.

392. Muth, J. F. (1961), "Rational Expectations and the Theory of Price Movements", *Econometrical*, 29 (3)

393. Nahapiet, J., Ghoshal, S. (1997), "Social Capital, Intellectual Capital and the Creation of Value in Firms", Academy of Management Proceedings.

394. Nan Lin, Karen Cook and Ronald S. Burt (2001), *Building a Network Theory of Social Capital in Social Capital: Theory and Research*, New York: Aldine De Gruyter.

395. Narayan, D. , L. Pritchett (1999) , " Cents and sociability: Household income and social capital in rural Tanzania", *Economic Development and Cultural Change*, 47(4).

396. Nisbett, Richard E. and Dov Cohen (1996) , *Culture of Honor: The Psychology of Violence in the South*, Boulder: Westview Press.

397. North, D. (1981) , *Structure and Change in Economic History*, New York: Norton.

398. North, D. (1990) , *Institutions, Institutional Change and Economic Performance*, Cambridge University Press, Cambridge.

399. North, Douglass C. , and Robert P. Thomas (1973) , *The Rise of the Western World: A New Economic History*, Cambridge: Cambridge University Press.

400. Nrose, Edith T. (1959) , *The Theory of the Growth of the Firm*, Basil Blackwell Publisher, Oxford.

401. Ogilivie, S. (2004) , " How does Social Capital Affect Women? Guilds and Communities in Early Modern Germany", *American Historical Review*, 109(2).

402. Olson, O. , D. A. Hibbs Jr. (2005) , " Biogeography and Long-run Economic Development", *European Economic Review*, 49.

403. Osili, Okonkwo U. and Anna Paulson (2004) , " Institutional Quality and Financial Market Development: Evidence from International Migrants in the U. S", manuscript.

404. Ostrom, E. (1990) , *Governing the Commons: The Evolution of Institutions for Collective Action*, Cambridge University Press, Cambridge.

405. Ostrom, E. (1999) , "Social Capital: A Fad or a Fundamental Concept", in P. Dasgupta and I. Serageldin (eds) , *Social Capital: A Multifaceted Perspective*, World Bank, Washington, 172-214.

406. Ostrom, E. , (1996) , " Crossing the Great Divide: Coproduction, Synergy,

and Development", *World Development* 24,6.

407. Ostrom, E., (1997), "The Comparative Study of Public Economies", Workshop in Political Theory and Policy Analysis: Center for the Study of Institutes, Population and Environmental Change, Indiana University.

408. Ostrom, E., James Walker, and Roy Gardner (1992), "Covenants with and without a Sword: Self-Governance is Possible", *American Political Science Review* 86,2.

409. Ostrom, E., T. k Ahn (2003), *Foundations of Social Capital*, Edward Elgar, Publishing Limited.

410. Ouchi, William (1980), "Markets Bureaucracies and Clans", *Administrative Sciences Quarterly* 25 (March).

411. Paldam, M. (2000), "Social Capital: One or Many? Definition and Measurement", *Journal of Economic Surveys*, 14(5).

412. Paldam, M., G. T. Svendsen (2000), "An Essay on Social Capital: Looking for the Fire Behind the Smoke", *European Journal of Political Economy*, 16.

413. Palfrey, T. R., and Prisbrey, J. E. (1997), "Anomalous Behavior in Public Goods Experiments: How Much and Why?", *American Economic Review*, vol. 87(5).

414. Peerenboom, Randall (2002), "Social Networks, Rule of Law and Economic Growth in China: the Elusive Pursuit of the Right Combination of Private and Public Ordering", *Global Economic Review*, Vol. 31, No. 2.

415. Pencavel, John (2001), "Worker Participation: Lessons from the Worker Co-ops of the Pacific North-West", Stanford University, Department of Economics.

416. Peng M. W., Luo Y. (2000), "Managerial Ties and Firm Performance in a Transition Economy: The Nature of a Micro-macro Link", *Academy of Management Journal*.

417. Peter Drucker(1999), "Managing Oneself", *Harvard Business Review* 77, No. 2

418. Petro, N. (2001), "Creating Social Capital in Russia: The Novogorod Model", *World Development*, Vol. 29.

419. Platteau, J. P. , Seki, E. (2007), "Heterogeneity, Social Esteem and Feasibility of Collective Action", *Journal of Development Economics*, 83.

420. Platteau, J. P. , Seki, E. , (2001), "Communities Arrangements to Overcome Market Failures: Pooling Groups in Japanese Fisheries", in Aoki, M. , Hayami, Y. (Eds.), *Market, Community and Economic Development*, Clarendon Press, Oxford.

421. Polanyi, K. , C. Arensberg and H. Pearson(eds)(1957), *Trade and Market in the Early Empires: Economies in History and Theory*, Reprinted in 1971 Chicago: Henry Regnery Company.

422. Polanyi, Karl(1957), *The Great Transformation*, Boston: Beacon Press.

423. Polanyi, Karl(1985), *The Great Transformation*, Boston: Beacon Press.

424. Porter, M. E. (1990), "The competitive advantage of nation", *Harvad Business Rview*.

425. Portes Alejandro(1998), "Social Capital: Its Origins and Applications in Modern Sociology", *Annual Review of Sociology*, 24.

426. Pretty, J. (2003), "Social Capital and the Collective Management of Resources", *Science*, vol. 302.

427. Putnam, R. D. (1993), *Making Democracy Work: Civiv Traditions in Modern Italy*, Princeton, NJ: Princeton University Press.

428. Putnam, R. D. (2000), *Bowling Alone*, Simon and Schuster, New York.

429. Putnam. R. D. (1993), "The Prosperous Community: Social Capital and Public Life", *American Prospect*, 13.

430. Qian, Yingyi and Barry Weingast(1997), "Federalism As a Commitment to Preserving Market Incentives", *Journal of Economic Perspectives*, Vol.

11, No. 4.

431. Qian, Yingyi and Chenggang Xu (1993) , "Why China's Economic Reforms Differ: The M-Form Hierarchy and Entry/Expansion of the Non-State Sector", *The Economics of Transition*, Vol. 1, No. 2.

432. Qian, Yingyi and Gérard Roland(1998) , "Federalism and the Soft Budget Constraint", *American Economic Review*, December, Vol. 88, No. 5.

433. Qian, Yingyi and Roland, Gerard (1996) , "The soft budget constraint in China", *Japan and the World Economy*, Vol. 8, No. 2.

434. Qian, Yingyi, Hehui Jin and Barry R. Weingast (2005) , "Regional Decentralization and Fiscal Incentives: Federalism, Chinese Style", *Journal of Public Economics*, Vol. 89, No. 9-10.

435. Rapoport, Anatol and Albert Chammah (1965) , *Prisoner's Dilemma*, Ann Arbor, MI, University of Michigan Press.

436. Ray, D. (2000) , "What's New in Development Economics", *The American Economist*, Vol. 44, No. 2.

437. Richerson, Peter J. and Robert Boyd (2005) , *Not By Genes Alone: How Culture Transformed Human Evolution*, University of Chicago Press, Chicago.

438. Rodrik, D. , A. Subramanian and F. Trebbi(2002) , "Institutions rule: the primacy of institutions over geography and integration in economic development", NBER Working Paper, No. 9305

439. Rogers, E. M. (1983) , *Diffusion of Innovations* (third edition) , The Free Press, New York.

440. Roland, Gérard(2005) , "Understanding Institutional Change: Fast Moving and Slow Moving Institutions", Working Paper.

441. Romer, P. (1986) , "Increasing Returns and Long Run Growth", *Journal of Political Economy*, 94.

442. Romer, P. (1987) , "Growth Based on Increasing Returns Due to Special-

ization", *American Economic Review Papers and Proceedings*, 77.

443. Romer, P. (1990), "Endogenous Technological Change", *Journal of Political Economy*, 98, S71-S102.

444. Romer, P. (1993), "The Origins of Endogenous Growth", *Journal of Economic Perspectives*, 8.

445. Rosenthal, E. A. (1996), *Social Networks and Team Performance*, University of Chicago.

446. Roth, Alvin (1995), "Bargaining Experiments", in John Kagel and Alvin Roth (eds.), *The Handbook of Experimental Economics*, Princeton, NJ: Princeton University Press.

447. Sachs, J. and T. Wing (1994), "Structural Factors in the Economic Reforms of China, Eastern Europe and the Former Soviet Union", *Economic Policy*, Vol. 18, No. 1.

448. Sachs, J. and W. T. Woo (1994), "Understanding the Reform Experiences of China, Eastern Europe and Russia", *Journal of Comparative Economics*, Vol. 18, No. 3.

449. Sachs, J. D. (2003), "Institutions don't Rule: Direct Effects of Geography on per Capita Income", NBER Working Paper, No. 9490.

450. Salamon (1992), "Prairie Patrimony: Family, Farming, and Community in the Midwest", *Studies in Rural Culture*, University of North Carolina Press, Chapel Hill.

451. Sato, Kaori (1987), "Distribution and the Cost of Maintaining Common Property Resources", *Journal of Experimental Social Psychology*, 23 (January 1987).

452. Schwartz, Shalom H. (1999), "Cultural Value Differences: Some Implications for Work", *Applied Psychology International Review* 23.

453. Schwartz, Shalom H. (2004), "Mapping and Interpreting Cultural Differences around the World", in Henk Vinken, Joseph Soeters and Peter

Ester(eds.), *Comparing Cultures*, Brill Academic Publishers, Leiden.

454. Scott, James(1998), *Seeing Like A State : How Certain Schemes to Improve the Human Condition Have Failed*, New Haven : Yale University Press.

455. Sen, A. K. (1999), *Development as Freedom*, New York : Alfred Knopf.

456. Sobel, J. (2002), "Can we trust social capital?", *Journal of Economic Literature*, 40.

457. Sokoloff, K. , S. Engerman (2003), "Institutional and Non-Institutional Explanations of Economic Differences", NBER Working Paper, No. w9989.

458. Solow, R. (1956), "A Contribution to the Theory of Economic Growth", *Quarterly Journal of Economics*, 70.

459. Sparrowe, R. , R. Linden, S. J. Wayne and M. Kraimer (2001), "Social Networks and the Performance of Individuals and Groups", *Academy of Management Journal*, vol. 44.

460. Spolaore, Enrico and Romain Wacziarg(2005), "The Diffusion of Development", Stanford Working Paper.

461. Stigler George J. , Gary S. Becker(1977), "De Gustibus Non Est Disputandum", *The American Economic Review*, Vol. 67(2).

462. Stuart, T. E. (2000), "Interorganizational Alliances and the Performance of Firms : A Study of Growth and Innovation Rates in a High-technology Industry", *Strategic Management Journal*, 21.

463. Stulz, Rene M. and Williamson, Rohan (2003), "Culture, Openness, and Finance", *Journal of Financial Economics*, 70(3).

464. Svejnar, J. and F. Spinnewyn(1990), "Optimal Membership, Employment and Income Distribution in Unionized and Labor Manager Firms", *Journal of Labor Economics*, Vol. 8, No. 3.

465. Swan, T. W. (1956), "Economic Growth and Capital Accumulation", *Economic Record*, 32.

466. Tabellini Guido (2005) , " Culture and Institutions: Economic Development in the Regions of Europe", working paper.

467. Talmud. I. (1999) , *Corporate Social Capital and Liability: A Conditional Approach to Three Consequences of Corporate Social Structure*, Dordrecht, Kluwer Academic Publishers.

468. Temple, J. (1999) , " The New Growth Evidence", *Journal of Economic Literature*(March) .

469. Tendler, Judith(1997) , *Good Government in the Tropics*, Baltimore: Johns Hopkins.

470. Tilly, Charles (1981) , " Charivaris, Repertoires and Urban Politics", in John M. Merriman (ed.) , *French Cities in the Nineteenth Century*, New York: Holmes and Meier.

471. Todaro, M. P. and S. C. Smith(2006) , *Economic Development* (Ninth Edition) , Pearson Addison Wesley.

472. Todeva and D. Knoke (2002) " Strategic Alliances and Corporate Social Capital", in the special issue on " Sociology of Organizations", edited by Jutta Allmendinger and Thomas Hinz, in the Kölner Zeitschrift für Soziologie und Sozialpsychologie, 2002.

473. Tsui et al. (2006) , " Hierarchical Ties and Network Closure as Social Capital for Chinese Managers", working paper, state university.

474. Unger, D. (1998) , *Building Social Capital in Thailand*, Cambridge University Press.

475. Uzawa, H. (1965) , " Optimum Technical Change in an Aggregative Model of Economic Growth", *Review of Economic Studies*, 6.

476. Uzzi, B. , Gillespie, J. J. (2002) , " Knowledge Spillover in Corporate Financing Networks: Embededdness and the Firm's Debt Performance", *Strategic Management Journal*, 23, 7.

477. Verba, Sidney, Kay Lehman Schlozman, and Henry Brady (1995) , *Voice*

and Equality: *Civic Voluntarism in American Politics*, Cambridge, MA, Harvard University Press.

478. Wade, Robert (1988), "Why Some Indian Villages Cooperate", *Economic and Political Weekly* 33.

479. Weber, Max (2001), *The Protestant Ethic and the Spirit of Capitalism*, Routledge Classic, London.

480. Weitzman. M. , C. Xu (1994), "Vaguely Defined Cooperative and Cooperative culture ", *Journal of Comparative Economics*, vol. 18, no. 2.

481. Westlund, H. (2003), "Implications of Social Capital for Business in the Knowledge Economy: Theoretical Considerations", International Forum on Economic Implication of Social Capital.

482. Westlund, H. and Elin Nilsson (2003), "Measuring Enterprises' Investment in Social Capital-A Pilot Study", paper prepared for presentation at the 43rd Congress of the European Regional Science Association.

483. White, Harrison C. (1981), "Where do markets come from?", *American Journal of Sociology*, Vol. 87.

484. White, Harrison C. (2002), *Markets from Networks: Socioeconomic Models of Production*, Princeton: Princeton University press.

485. White, Martin K. (1996), "The Chinese Family and Economic Development: Obstacle or Engine?", *Economic development and Cultural Change*, Vol. 45, No. 1.

486. Whiteley, P. F. (2000), "Economic Growth and Social Capital", *Political Studies*, 48.

487. Whyte, William F. (1955), *Money and Motivation*, New York: Harper & Row.

488. Wondolleck, J. M. and S. L. Yaffee, (2000), *Making Collaboration Work: Lessons from Innovation in Natural Resource Management*, Island Press, Washington DC.

489. Woolcock, M. (1998), "Social Capital and Economic Development: Toward a Theoretical Systhesis and Policy Framework", *Theory and Society*, 27.

490. Woolcock, M. (2001), "The Place of Social Capital in Understanding Social and Economic Outcomes", *Canadian Journal of Policy Research*, 2 (1).

491. World Bank (1997), *World Development Report 1997*, Oxford University Press.

492. World Bank (2005), Social Capital Home Page, http://www1.worldbank.org/prem/poverty/scapital/index.htm, accessed 2.

493. Xin K., Pearce J. (1996), Guanxi: "Connections as Substitutes for Formal Institutional Support", *Academy of Management Journal*, vol. 39.

494. Yamagishi, Toshio(1988), "The Provision of a Sanctioning System in the United States and Japan", *Social Psychology Quarterly* 51, 3.

495. Yamagishi, Toshio, "Group Size and the Provision of a Sanctioning System in a Social Dilemma", in W. B. G. Liebrand, David M. Messick, and H. A. M. Wilke(eds.), *Social Dilemmas*.

496. Young, H. Peyton (1998), *Individual Strategy and Social Structure: An Evolutionary Theory of Institutions*, Princeton, NJ: Princeton University Press.

497. Zak, P. J., S. Knack(2001), "Trust and growth", *Economic Journal*, 111 (470).

498. Zucker, Lynne G. (1997), *Production of Trust: In-Stitutional Sources of Economic Structure, 1840-1920*.

后 记

完成本书的最后一个字符，已经是万籁俱寂的雪夜。推开窗户眺望多年来罕见的大雪，莫泊桑对雪夜的描述"漫无边际的旷野平畴，在白雪的覆压下蜷缩起身子，好像连挣扎一下都不情愿的样子"正体现了我完稿后的心情，与其说如一个十月怀胎的母亲有了分娩之后的如释重负和舐犊之乐，不如说书稿又让我多了一份遗憾。茫茫太空，默然无语地注视着大地，越发显出它的高深莫测。雪夜充满着安详与静谧，掩盖了城市的喧嚣。伴着雪花的飞舞，我不由得思绪万千。

20 世纪 90 年代末，笔者求学于美丽的东湖之畔的武汉大学商学院攻读发展经济学硕士和博士学位，在一次偶然的资料收集中结识了"social capital"，在当时资本词汇泛滥的时期，好奇心促使我将社会学家所关注的社会资本记录在自己的读书笔记中。随着时间的推移，出于对社会资本的浓厚兴趣，我像蚂蚁搬家似地收集了大量的社会资本文献。进入 21 世纪，经济学家又一次令社会学家不满地将社会资本嫁接到经济学领域。十年来，在中国大地经历着跌宕起伏、丰富多彩的制度变迁中，我开始沉醉于用社会资本解释经济转型与发展。从对社会资本的不经意地关注到深深迷恋，我历练过何为"为'其'消得人憔悴"。在跨越经济学、社会学、政治学与管理学的学科对话中拼命借用"他人的鲜花"，作为一个年轻的研究者尽管竭尽全力地整理着浩如烟海的文献，仍感觉"不识庐山真面，只缘身在此山（社会资本）中"，在社会资本这一张无边的网中，感觉自己仿佛经历了一场人生思想的洗礼，对社会科学甚至人性的诠释有了深刻的变革，社会资本时时萦绕在我的思绪中，苦苦的思索伴随着我度过春夏秋冬，瞬间迸发的激情与火花便成为我思索的墨迹，引领我走进社会资本的迷宫。让我在经济增长的社会与政治结构中嵌入社会资本；在反思国家与市场二分法的缺陷中构建政府、市场和社会资本的治理模式；在探索中国经济长治久安的愿景中论述"社会资本何以至关重要"。

人作为社会行动性动物，如果没有社会网络中不同人的关怀和帮助，伴随他的将是孤立、无助！感谢我的硕士、博士学位的导师郭熙保教授对本书给予我无私、利他的"售后服务"，在与其互动与交往中，他的儒雅风范和治学态度潜移默化着浮躁的我，使我也能坐坐"冷板凳"；感谢华中科技大学 Sunday 篮球协会，这一自发性协会组织让我尽情享受运动的快乐、释放工作与生活的压抑、感受球场上人与人之间真诚的合作。我的传统而又平凡的家庭承载我前进的动力，年迈的父母多年的投入还未贴现又来为我们料理家务，任劳任怨，无私地倾注所有爱给予下一代，使我深深感受到传统社会资本在长辈身上显现；在调皮而"不服管教"的九岁儿子那里体会到"父为子纲"的变迁；与我多年同甘共苦的太太田华女士是我心中的挚爱。家庭是慰藉、安适、爱和友情的来源，随着现代社会的变迁，情感的困惑、不安、怀疑、孤独及焦虑感日益增长，家庭仍将为我们心灵的港湾。

感谢国家社会科学青年基金的资助，一些匿名评审专家的指导性建议丰富了本书的内容！感谢华中科技大学文科基金的资助！感谢华中科技大学管理学院提供了良好的学术环境，感谢管理学院的张金隆院长、王韬教授、田志龙教授、廖建桥教授、张兆国教授、崔南方教授、刘芳副院长、张涛书记以及华中科技大学中国乡村治理研究中心的贺雪峰教授对我的关心和支持！还有让我太多需要感谢而又难以一一列举的同事和研究生！感谢陈登先生不嫌拙文粗浅，他字斟句酌的修改使本书能够在人民出版社顺利出版！

后　记

　　在社会资本这一跨学科的研究中，我深知学识浅陋、积累有限，留下颇多缺憾，还望各位批评指正！在市场化与网络化时代，孤独似乎成为"社会瘟疫"在 21 世纪蔓延。最后，愿世界充满怜悯、真诚和友爱！人类需要多一份关爱、理解与尊重，少一份冷漠、分离与排斥，多一份沟通、对话和交流。

张克中

2009 年 11 月 11 日定稿

责任编辑:陈　登

图书在版编目(CIP)数据

社会资本:中国经济转型与发展的新视角/张克中著.
-北京:人民出版社,2010.5
ISBN 978-7-01-008904-1

Ⅰ.社…　Ⅱ.张…　Ⅲ.社会资本-作用-经济发展-研究-中国　Ⅳ.F124

中国版本图书馆 CIP 数据核字(2010)第 079556 号

社会资本:中国经济转型与发展的新视角

SHEHUI ZIBEN:ZHONGGUO JINGJI ZHUANXING YU FAZHAN DE XIN SHIJIAO

张克中　著

人民出版社 出版发行
(100706　北京朝阳门内大街166号)

北京龙之冉印务有限公司印刷　新华书店经销

2010 年 5 月第 1 版　2010 年 5 月北京第 1 次印刷
开本:710 毫米×1000 毫米 1/16　印张:24.5
字数:348 千字　印数:0,001-3,000 册

ISBN 978-7-01-8904-1　定价:49.00 元

邮购地址 100706　北京朝阳门内大街 166 号
人民东方图书销售中心　电话 (010)65250042　65289539